Jekka McVicar

Der grosse Kräuterführer

Bassermann

Für Mac, Hannah and Alistair

ISBN 978-3-8094-2213-6

Umschlaggestaltung: Atelier Versen, Bad Aibling
Fotos: © Jessica McVicar 1994, © Michelle Garrett 1994, © Sally Maltby 1994
Gestaltung: © Sally Maltby 1994; Geoff Hyes
Übersetzung: Print Company Verlagsges.m.b.H., Wien

Druck: Kyodo, Singapur

Printed in Singapore

817 2635 4453 6271

Danksagung
Vielen Dank an Mac für all seine Unterstützung, an Anthea für ihre Hilfe unter diesem Zeitdruck, an Kyle, dafür dass sie das Wagnis auf sich genommen hat, an Piers für das Lesen und an Penny für ihre Komplimente.

Fotonachweis
Die Pflanzenfotos stammen von Jekka McVicar und Sally Maltby. Alle anderen Fotos wurden von Michelle Garrett aufgenommen, außer: S. 38 links unten und S. 39 rechts Mitte von Roger Philips; S. 69 mit Genehmigung von Rowden Garden; S. 173 von Sally Maltby; S. 215 von Peter Knab; S. 220 und 235 von Derek St Romaine.

Warnung und Hinweis
In diesem Buch werden die Heilwirkungen der verschiedenen Kräuter genannt. Es sollte nicht als medizinisches Buch gesehen werden, sondern als Informationsquelle. Wenn Sie irgendwelche Heilwirkungen der Kräuter ausprobieren, sollten Sie nur eine geringe Dosis verwenden, um zu testen, ob dadurch unerwünschte Nebeneffekte wie z. B. Allergien hervorgerufen werden.
Bedenken Sie außerdem, dass einige Kräuter, die in kleinen Mengen hilfreich sein können, in großen Dosierungen schädliche Auswirkungen haben. Sie sollten niemals über einen längeren Zeitraum ohne ärztliche Konsultation Eigenbehandlungen durchführen.
Rezepte, Anwendungen, Zubereitungsmethoden und alle weiteren Angaben in diesem Buch wurden mit größter Sorgfalt zusammengestellt. Eine Garantie kann jedoch nicht übernommen werden. Der Verlag schließt eine Haftung für Personen-, Sach- und Vermögensschäden aus.

Inhalt

EINLEITUNG

In westlichen Zivilisationen beschrieben Kräuterkundige bereits im 1. Jahrhundert nach Christus die Heilwirkung von Kräutern, so z. B. Dioscorides in „De Materia Medica". In diesem umfassenden Werk führt der griechische Arzt 500 Pflanzen auf, beschreibt diese auf Grund eigener Beobachtungen und gibt Ratschläge für den Anbau, die Ernte sowie die Lagerung der „Blüten und süß duftenden Dinge" in „trockenen Behältern aus Lindenholz". Die früheste Kopie seines Manuskripts stammt aus dem 6. Jahrhundert. Sie ist bekannt als „Codex Vindobonensis" und befindet sich in Wien. Die beschriebenen Pflanzen stammen aus dem mediterranen Raum. Im Lauf der Jahrhunderte haben viele Gelehrte daran gearbeitet, diese zu finden und zu identifizieren.
In den folgenden 1500 Jahren versuchten Kräuterkundige die kulinarischen und medizinischen Verwendungen der Kräuter darzustellen, manchmal eingebettet in eine Mischung aus Mythos und Magie, aber auch als praktische Erläuterung des Anbaus und der Aufbereitung. Eines der bekannten Werke aus jener Zeit stammt von dem Engländer John Gerard: „Herball", geschrieben 1597. Hierbei handelt es sich mehr um eine Gartenabhandlung als nur um eine Aufzählung von Pflanzen. Viele praktische Tipps, die der Autor auf Grund eigener Erfahrungen mit der Aufzucht von Pflanzen gibt, machen das Werk besonders wertvoll.

Im Jahr 1994 züchtete Jekka McVicar in ihrer Gärtnerei 300 verschiedene Kräuter. In dem vorliegenden Buch vereint sie brillant das Wissen über Arten und Sorten, deren Kultivierung und gärtnerischen Nutzen, mit den Möglichkeiten der medizinischen, kulinarischen und kosmetischen Anwendung sowie dem Gebrauch in der Aromatherapie. Die vielen Rezepte laden zum Ausprobieren ein. Neben altbekannten Arten werden auch spezielle Arten und Kultursorten aufgeführt, die sowohl nützlich als auch für den Anbau im eigenen Garten geeignet sind. Außerdem zeigt die Autorin, wie man diese Pflanzen zur Gartengestaltung einsetzt. Sie beschreibt detailliert Aussaat, Vermehrung durch Ableger, die Pflege der Pflanzen und das Fördern des Wachstums.
Jekka McVicar schlägt einen gelungenen Bogen von der industriellen Nutzung zur reinen Freude an der Kräutergärtnerei, aber auch

von der historischen Anwendung – sie bezieht sich auf das Wissen alter Kräuterkundiger und setzt dieses in Beziehung zu heutigen Kenntnissen – zur modernen Nutzung. Die Autorin ermutigt den Leser, eine große Zahl von Kräutern zu züchten und damit zu experimentieren. Ihre Ratschläge, Anregungen und Rezepte sind in jahrelanger Praxis erprobt.

Penelope Hobhouse

Anmerkung der Autorin

Seit Menschengedenken werden Kräuter als Lebensmittel und zu Heilzwecken verwendet. Es gibt nicht viele Pflanzen, die so vielseitig einsetzbar sind wie Kräuter.

Das steigende Interesse an Kräutern ist Teil einer Bewegung hin zu einem gesünderen Lebensstil und dem Trend „zurück zur Natur". Kräuter werden zum Kochen verwendet, in Reinigungsmitteln, in der alternativen Medizin und für kosmetische Zwecke.

Am beeindruckendsten ist die vielseitige Verwendbarkeit der Kräuter. Sie denken bei bestimmten Kräutern vielleicht nur an deren kulinarische oder medizinische Nutzung, werden aber feststellen, dass diese auch für andere Zwecke verwendet werden können. Thymian ist z. B. nicht nur in der Küche besonders wertvoll, sondern auch in der Medizin und in der Aromatherapie.

Was sind Kräuter? Man kann allgemein sagen, dass alle nützlichen Pflanzen Kräuter sind. Genauer definiert sind Kräuter jene Pflanzen, die Speisen oder Getränken zugesetzt werden, um diese zu aromatisieren oder zu konservieren, bzw. die auf Grund ihrer Heilkraft in der Medizin eingesetzt werden oder als Kosmetika, ebenso wie in der Aromatherapie wegen ihres Duftes oder ihrer reinigenden Eigenschaften Verwendung finden.

Als ich vor Jahren auf einer Kräuterfarm zu arbeiten begann, waren die einzigen Kunden Hexen und Vegetarier. Mitterweile kommt jeder. Das steigende Interesse beruht auf der allgemeinen Erkenntnis, dass es eine Vielzahl an Kräutern gibt, die unterschiedlich genutzt werden können, aber auch darauf, dass die Menschen erkannt haben, dass diese Pflanzen erhalten werden müssen.

Seit 1985 hat sich „Jekka's Herb Farm" als Fachgeschäft für Kräuter etabliert. Heute kultiviere ich über 300 Arten nach biologisch-dynamischen Gesichtspunkten. Wir nehmen an zahlreichen Ausstellungen, darunter auch an der „Chelsea Flower Show" und der „Hampton Court Palace Flower Show", teil. Außerdem stellen wir im Herbst in den Royal Horticultural Society Halls in Westminster aus.

Dieses Buch soll den Leser in die beeindruckende Welt der Kräuter entführen, ihm nicht nur praktische Informationen zum Anbau und

Nutzen der einzelnen Kräuter liefern, sondern ihm auch den mystischen, magischen und historischen Zsammenhang nahe bringen.
Seit etwa 20 Jahren beschäftige ich mich nun mit Kräutern. In diesem Buch habe ich versucht, Sie durch mein Wissen und meine Freude im Umgang mit den Gewächsen für diese Pflanzen zu begeistern.

DER UMGANG MIT DIESEM BUCH

Dieses Buch enthält detaillierte Informationen zu den einzelnen Kräutern und ist alphabetisch nach den lateinischen Bezeichnungen gegliedert. Ich habe einbezogen:

Die botanischen lateinischen Bezeichnungen und Familiennamen
Weitere Namen, unter denen die Pflanzen im Volksmund bekannt sind.
Natürliche Standorte mit Ursprung und Verbreitungsgebiet.
Arten: Unter diesem Stichwort werden einige wichtige Arten und Sorten aufgeführt, wobei zu beachten ist, dass nicht immer alle bedeutenden Arten oder Sorten genannt werden konnten.
Vermehrung: Detaillierte Informationen zu den einzelnen Vermehrungsmethoden wie z. B. Aussaat, Ableger oder Anhäufeln.
Gartenkultivierung: Hier werden die bevorzugten Standorte und Bodenverhältnisse beschrieben sowie Details zur Pflege der Pflanzen, zu den besten Wachstumsbedingungen, Wassergaben und Überwinterung angegeben.
Pflanzen in Kübeln: Sowohl für Pflanzkübel im Freien als auch im Haus werden Informationen zur Bodenqualität, zu Wassergaben und zur Düngung gegeben.
Anfälligkeiten: Wenn Pflanzen für Schädlinge oder Krankheiten besonders anfällig sind, wird dies detailliert beschrieben.
Ernte: Hier werden die Teile der Pflanze, die geerntet werden können, sowie die günstigste Erntezeit, abhängig von der künftigen Verwendung und der Form der Lagerung aufgeführt.
Nutzung: Hier wird in kulinarische, medizinische und sonstige Nutzung unterschieden, wodurch die Vielseitigkeit der Kräuter hervorgehoben wird.

Wichtige Details beim Ziehen von Kräutern
Vermehrung: Was Sie bei der Vermehrung der Pflanzen benötigen, sei es bezüglich Aussaat, Ableger, Anhäufeln oder Teilung. Detaillierte Anleitungen werden für jede Methode gegeben.
Einen Kräutergarten planen: Nützliche Tipps für die Planung eines Kräutergartens mit Plänen für zehn Kräutergärten.
Kräuter in Kübeln: Beinhaltet praktische Ratschläge, um Kräuter in Behältern – in Haus und Garten – erfolgreich zu ziehen.
Ernte: Methoden zur Ernte, zum Trocknen, Lagern und Einfrieren.
Kräuteröle, Kräuteressig und Eingelegtes: Anleitungen für diverse Produkte aus dem Garten.
Farbtabelle: Anleitungen zum Färben verschiedener Materialien mit natürlichen Farben.
Schädlinge und Krankheiten: Hauptkrankheiten und -schädlinge werden beschrieben, und die besten Strategien zur Bekämpfung werden genannt.
Jahreskalender: Eine Checkliste der Aufgaben, die Monat für Monat zu erledigen sind, und Angabe der Erntezeit der einzelnen Arten.
Botanische Bezeichnungen: Erklären die Verwandtschaft zwischen den Familien, Gattungen und Arten.

KRÄUTER VON A BIS Z

Achillea decolorans

SCHAF-GARBE

Familie: Korbblütler *(Compositae)*

Achillea decolorans wurde 1798 erstmals in der Schweiz entdeckt. Sie wurde erfolgreich in nördlichen, gemäßigten Ländern angesiedelt. Dieses Küchenkraut ist relativ unbekannt und wird nur wenig genutzt.
Die Art zählt zur Gattung Achillea, die nach Achilles benannt wurde, da er die medizinischen Eigenschaften dieser Gattung entdeckt haben soll.

Schafgarbe
(Achillea decolorans)

ARTEN

Achillea decolorans
Schafgarbe
Winterhart, mehrjährig; Höhe während der Blüte: 30 bis 40 cm. Büschel von kleinen, cremefarbenen Blüten im Sommer. Die Blätter sind leuchtend grün, schmal und tief gezähnt.

KULTIVIERUNG

Vermehrung
Ableger: Dies ist die beste Methode, wenn Sie viele Exemplare der Art erhalten möchten. Trennen Sie die Ableger im Spätsommer ab. Verwenden Sie ein Rinden-Torf-Gemisch. Sobald die Ableger angewurzelt und widerstandsfähig sind, pflanzen Sie diese in einem Abstand von ca. 30 cm in den Garten.
Teilung: Wenn Sie nur einige wenige Pflanzen benötigen, ist dies die beste Methode. Entweder teilen Sie die Pflanzen im zeitigen Frühjahr oder im Herbst. Setzen Sie die Pflanzen an den vorbereiteten Standort. Die Pflänzchen müssen unbedingt geschützt werden, wenn Sie in einer Gegend wohnen, in der es im Winter oft friert.

Anfälligkeiten
Diese Art bleibt von Schädlingen und Krankheiten verschont.

Pflegemaßnahmen
Frühling: Kräftige Pflanzen teilen.
Sommer: Blüten zurückschneiden und Ableger nehmen.
Herbst: Kräftige Pflanzen teilen.
Winter: Kein Schutz nötig.

Gartenkultivierung
Diese widerstandfähige Pflanze bevorzugt einen sonnigen, gut drainierten Standort.
Zunächst zeigen sich Büschel von langsam wachsenden, tief gezackten Blättern. Im Sommer erscheinen dann an langen Stängeln die cremefarbenen Blüten. Schneiden Sie die Pflanzen nach der Blüte zurück, um das Wachstum der Blätter zu fördern und eine zweite Blüte zu sichern.
An einem windigen Standort sollten Sie die Pflanzen anbinden.

Ernte
Die Blätter vor der Blüte abschneiden und in kleinen Behältern einfrieren. Die Blüten im Sommer pflücken und kopfüber in kleinen Sträußen an einem schattigen, luftigen Ort aufhängen. Blätter und Blüten der Schafgarbe trocknen gut.

Kulinarisches

Die klein gehackten Blätter eignen sich gut zum Füllen von Hähnchen, für aromatische Suppen, Eintöpfe und zum Bestreuen von Kartoffeln, Reis und Nudelgerichten. Sie haben einen milden, aromatischen Geschmack und passen gut zu anderen Kräutern.

Folienhähnchen mit Schafgarbe

(4 Personen)

4 Hähnchenbrüste
2 EL Joghurt
2 EL Dijon-Senf
Salz
schwarzer Pfeffer
Olivenöl
6 EL gehackte Schafgarbe
Saft von einer Zitrone

Den Ofen auf 190 °C vorheizen. Joghurt und Senf vermischen und die Hähnchenstücke damit bestreichen. Salzen und pfeffern. Vier Stücke Alufolie abtrennen und mit Olivenöl bestreichen. Die Hähnchenstücke darauf legen und eine dicke Schicht gehackte Schafgarbenblätter darüber verteilen. Mit Zitronensaft beträufeln. Die Alufolie verschließen, sodass kein Saft auslaufen kann. Die Stücke auf einen Gitterrost geben und in den Ofen schieben. 30 Minuten garen. Dazu passen Reis und grüner Salat.

Weitere Nutzung

Die Blüten eignen sich für Trockengestecke.

Pflanzen in Kübeln

Achillea decolorans kommt in Terrakottatöpfen gut zur Geltung. Sie benötigt viel Platz. Verwenden Sie ein Rinden-Torf-Sand-Gemisch. Während der Wachstumsphase regelmäßig gießen und während der Blütezeit im Sommer mit Flüssigdünger düngen. Die Pflanzen nach der Blüte zurückschneiden, damit sie nicht umkippen und um neues Wachstum anzuregen. Im Winter sterben die oberirdischen Pflanzenteile ab, deshalb kann der Kompost beinahe austrocknen. Die Kübel an einem kühlen, frostfreien Platz überwintern.

Schafgarbe
(*Achillea decolorans*)

Achillea millefolium

GEMEINE SCHAFGARBE

Auch bekannt als Scharfrippe, Tausendblatt und Neunkraut. Familie: Korbblütler *(Compositae)*

Die Gemeine Schafgarbe findet man auf der ganzen Welt. Sie ist in Europa, Asien und Nordamerika bekannt und wächst auf Ödland ebenso wie auf Weiden und Wiesen.
Es handelt sich hierbei um ein Kraut, das seit alters her bekannt ist. Schon die alten Griechen benutzten es, um Blutungen zu stillen, wofür es auch heute noch in der Homöopathie verwendet wird.
Der Legende nach soll Achilles beim Kampf um Troja die Wunden vieler Krieger mit Schafgarbenblättern geheilt haben. Darauf beruht auch der lateinische Name *Achillea.*
Lange Zeit wurde die Schafgarbe als ein heiliges Kraut angesehen. Von den Druiden z. B. sollen die Stängel der Pflanze benutzt worden sein, um das Wetter vorherzusagen. Außerdem wurden Achillea millefolium magische Kräfte zugeschrieben. Die Angelsachsen glaubten, sie schütze vor dem Bösen, und in Frankreich und Irland galt sie als eines der Kräuter von St. John. Am Abend von St. John hängen die Iren noch heute Schafgarbe in ihren Häusern auf, um Krankheiten fern zu halten.
Der Name Schafgarbe hat übrigens nichts mit Schafen zu tun, sondern ist das Ergebnis sprachlicher Oberflächlichkeit – die Schafgarbe heißt eigentlich Scharfgarbe wegen ihres etwas strengen Geruchs.

Gemeine Schafgarbe *(Achillea millefolium)*

ARTEN

Achillea millefolium
Gemeine Schafgarbe
Winterhart, mehrjährig; 30 bis 90 cm groß. Weiße Blüten mit einem Hauch Rosarot erscheinen vom Sommer bis in den Herbst. Die Bezeichnung millefolium bezieht sich auf die vielen Blätter, die dunkelgrün und gefiedert sind.

***Achillea millefolium* 'Fire King'**
Winterhart, mehrjährig; Höhe: 60 cm. Während der Sommermonate zeigen sich viele flache, rote, schmale Blütenköpfe.
Die Sorte hat viele dunkelgrüne, gefiederte Blätter und bildet einen aufrechten, kräftigen Stock.

***Achillea* 'Coronation Gold'**
Winterhart, mehrjährig; 1 m groß. Im Sommer zeigen sich große, flache, goldfarbene Blüten, die sich gut zum Trocknen eignen. Die Sorte hat sehr viele silbrige, gefiederte Blätter.

Achillea Moonshine
Winterhart, mehrjährig; 60 cm groß. Während des Sommers zeigen sich flache, hellgelbe Blüten.
Die Pflanze bildet sehr viele graue bzw. grüne Blätter, die schmal und gefiedert sind.

Kultivierung

Vermehrung
Aussaat: Um gute Ergebnisse zu erzielen, säen Sie den sehr kleinen Samen im Herbst aus. Verwenden Sie eine spezielle Saatschale und säen Sie mit dem Kartontrick (siehe S. 217). Überwintern Sie die Kultur in einem Kalthaus. Im Frühjahr setzen Sie die widerstandsfähigen Sämlinge in einem Abstand von 30 cm an den vorgesehenen Platz im Garten.

Teilung: Die Schafgarbe ist sehr wuchsfreudig. Sie bildet viele Wurzelausläufer in nur einem Sommer. Um ein unkontrolliertes Ausbreiten zu verhindern, den Wurzelstock im Frühjahr oder zu Herbstbeginn teilen und die Teile an geeigneter Stelle wieder auspflanzen.

Anfälligkeiten
Die Schafgarbe ist gegenüber Krankheiten und Schädlingen nicht anfällig.

Pflegemaßnahmen
Frühling: Kräftige Büschel am besten teilen.
Sommer: Verblühte Blüten abschneiden.
Herbst: Aussaat; kräftige Pflanzen teilen.
Winter: Kein Schutz erforderlich.

Gartenkultivierung
Die Schafgarbe ist eine äußerst resistente Pflanze. Die Fähigkeit zur Selbstaussaat und zum Gedeihen auf fast allen Böden garantiert ihr das Überleben, sodass sie manchmal zu einer richtigen Plage werden kann. Die Schafgarbe ist der „Pflanzendoktor" im Garten. Die Absonderungen ihrer Wurzeln erhöhen die Resistenz anderer Pflanzen, die in ihrer Nähe wachsen, gegenüber Krankheiten. Sie intensiviert außerdem die medizinische Wirkung anderer Kräuter und verstärkt deren Duft und Aroma.

Ernte
Blätter und Blüten zum Trocknen abschneiden, sobald die Pflanze zu blühen beginnt.

Pflanzen in Kübeln

Die Schafgarbe gedeiht in Kübeln nicht gut. Hybriden und einige Varietäten kommen in Kübeln jedoch gut zur Geltung.
Verwenden Sie ein Rinden-Torf-Sand-Gemisch und geben Sie während der Blütezeit flüssigen Dünger. Nach dem Verblühen schneiden Sie die Pflanzen zurück und reduzieren das Gießen im Winter auf ein Minimum. Im Haus gedeihen die Varietäten nicht.

Wildkräutersalat

Kulinarisches

Salat mit drei Wildkräutern

Zu gleichen Teilen Schafgarbe, Wegerich und Brunnenkresse
1 Knoblauchzehe, zerdrückt
1/2 Salatgurke
Schnittlauch und Petersilie, gehackt
1 mittelgroße, gekochte und abgekühlte Kartoffel, in Scheiben geschnitten
Für das Dressing etwas Zitronensaft, Schlagsahne und etwas Apfelsaft

Die Kräuter verlesen, waschen und abtropfen lassen. Schafgarbe und Wegerich in mundgerechte Stücke zupfen, Brunnenkresse im Ganzen lassen und in eine Schüssel geben. Übrige Zutaten zufügen. Für das Dressing Zitronensaft, Sahne und Apfelsaft vermengen und über den Salat gießen. Gut mischen und kurz ziehen lassen.

Weitere Nutzung

Die Blüten eignen sich für Trockengestecke.
Außerdem besitzt diese unscheinbare Pflanze eine ganz besondere Eigenschaft: ein einziges Blatt genügt, um die Zersetzung von einer Schubkarre Kompost zu beschleunigen.

Warnung

Schafgarbe kann Hautreizungen hervorrufen, deshalb sollte man sie nur in Maßen und nie über längere Zeit zu sich nehmen. Große Dosen können Kopfschmerzen und Schwindel verursachen.

Heilkraft

Schafgarbe hilft bei Fieber. Wird sie als heißes Getränk verabreicht, leitet sie Schweißausbrüche ein, die das Fieber senken, und unterstützt das Ausschwemmen von Giften. Bei aufgesprungener Haut und Hautausschlägen als Absud für Umschläge verwenden. Als Mundspülung dient sie bei entzündetem Zahnfleisch.

Aconitum

EISENHUT

Auch bekannt als Sturmhut, Wolfswurz und Venuswagen.
Familie: Hahnenfußgewächse *(Ranunculaceae)*

In gemäßigten Zonen gedeihen verschiedene Arten des Eisenhuts. Man findet ihn an schattigen Uferbereichen, in Laubwäldern und in gebirgigen Regionen. Alle Arten sind äußerst giftig!
Man nimmt an, dass die Gattungsbezeichnung *Aconitum* von dem griechischen Wort „akontion" („Pfeil") abgeleitet wurde. Der Saft der Pflanze wurde benutzt, um Pfeilspitzen zu vergiften. Das starke Nervengift Aconitin befindet sich in den Stängeln, Blüten und Blättern der Pflanze.
In der griechischen Mythologie hielt man das Gift für den Geifer des Höllenhundes Zerberus. Die Römer verboten den Handel mit Eisenhutessenzen und im Mittelalter wurde ein Aufguss aus Blüten und Blättern des Eisenhuts als Hinrichtungstrank „serviert". Ihre deutsche Bezeichnung verdankt die Pflanze dem oberen Blütenblatt, das sich wie ein Helm über die Blüte stülpt.
Im 16. Jahrhundert beschreibt Gerard in seinem Kräuterbuch, dass die Blüten in Form eines Helms so hübsch seien, dass die Menschen dachten, es handle sich um eine sehr tugendhafte Pflanze.
Man sollte sich nie auf das äußere Erscheinungsbild verlassen …
150 Jahre später schreibt Miller in seinem Gartenwörterbuch, dass Eisenhut in fast allen alten Gärten zu finden war, jedoch außerhalb der Reichweite von Kindern.

Eisenhut *(Aconitum)*

ARTEN

Aconitum lamarckii
(auch: *Aconitum pyrenaicum*)
Hahnenfußblättriger Eisenhut
Winterhart, mehrjährig; 1,2 m groß. Die hellgelben Blüten zeigen sich von Juni bis August. Diese Art ist äußerst widerstandsfähig.

Aconitum napellus
Blauer Eisenhut
Winterhart, mehrjährig; 1,5 m groß. Die hellblauen, indigofarbenen oder blauen Blüten, die sich im Spätsommer zeigen, sitzen in Trauben am oberen Teil des Stängels. Die Blätter sind dunkelgrün und tief eingeschnitten.

Aconitum vulparia
Gelber Eisenhut
Winterhart, mehrjährig; 1,7 m groß. Die hellgelben Blüten zeigen sich im Spätsommer. Der Wurzelstock dieser Art ist nicht knollig verdickt.

Blauer Eisenhut *(Aconitum napellus)* **und Dill** *(Anethum graveolens)*

Kultivierung

Vermehrung
Aussaat: Diese Methode ist nicht immer erfolgreich, im Extremfall keimt der Samen nicht. Säen Sie den Samen am besten im Herbst – notfalls auch im Frühjahr – aus. Verwenden Sie flache Keimschalen und bedecken Sie den Samen mit Perlit.
Sobald die Sämlinge im Frühjahr groß genug zum Auspflanzen sind, setzen Sie diese in Abständen von ca. 30 cm an einen schattigen Standort. Waschen Sie Ihre Hände nach dem Einpflanzen. Bis zur ersten Blüte dauert es 2 bis 3 Jahre.
Teilung: Teilen Sie die Wurzelstöcke im Herbst, solange der Boden noch nicht gefroren ist. Setzen Sie die Pflanzen an den vorbereiteten Standort.
Aus einem Wurzelstock können Sie ca. 12 Pflanzen gewinnen. Waschen Sie sich nach dem Teilen die Hände.
Lagern Sie die geteilten Pflanzen an einem warmen, trockenen Ort, um sie später auszupflanzen.

Anfälligkeiten
Normalerweise bleiben die Pflanzen sowohl von Krankheiten als auch von Schädlingen verschont.

Pflegemaßnahmen
Frühling: Pflanzen sie die Herbstsämlinge aus.
Sommer: Schneiden Sie die Pflanzen nach der Blüte zurück.
Herbst: Aussaat; kräftige Pflanzen werden geteilt.
Winter: Keine Schutzmaßnahmen erforderlich.

Gartenkultivierung
Diese Pflanze wächst auf den meisten guten Böden. Pflanzen Sie *Aconitum* an unzugänglichen Stellen, z. B. unter Bäumen und Büschen, wo Tiere sie nicht fressen und Kinder nicht berühren können. Es ist hilfreich die Pflanzen in den Schatten von Bäumen zu setzen, solange diese noch nicht zu dicht sind.
Wenn der Eisenhut gut gedüngt wird, belohnt er Sie jedes Jahr mit einer reichen Blüte. In heißen Sommern ist er für gelegentliches Gießen dankbar.

Ernte
Die Pflanze ist sehr giftig und sollte nicht geerntet werden.

Pflanzen in Kübeln

Wegen seiner Giftigkeit sollte Eisenhut nicht in Kübeln gezogen werden.
Wenn Sie jedoch im Umgang mit der Pflanze vertraut sind, kommt sie in einem großen Kübel, umgeben von Wilden Stiefmütterchen gut zur Geltung.
Verwenden Sie ein Rinden-Torf-Sandgemisch und gießen Sie im Sommer regelmäßig. Geben Sie nur im Sommer flüssigen Dünger.

Warnung

Das Nervengift Aconitin kann ein Brennen auf der Zunge, Erbrechen, Bauchschmerzen und Diarrhö auslösen sowie zu Lähmungserscheinungen und sogar zum Tod führen. Sie sollten deshalb im Umgang mit dieser Pflanze äußerst vorsichtig sein.

Heilkraft

Aconitin zählt zu den stärksten Nervengifte im Pflanzenreich. Als Analgetikum wird es verwendet, um innere und äußere Schmerzen zu lindern.
Diese Mittel sind verschreibungspflichtig.
Manchmal werden Eisenhuttinkturen in der Homöopathie verwendet.
Unter keinen Umständen sollten Sie jedoch Präparate aus Eisenhut selbst herstellen und zur Eigenbehandlung verwenden.

Kulinarisches

Keine Verwendung.

Agastache foeniculum

ANISYSOP

Familie: Lippenblütler *(Labiatae)*

Agastache foeniculum ist in Nordamerika beheimatet, *A. cana* und *A. mexicana* 'Brittonastrum mexicana' sind in Mexiko zu Hause und *A. rugosa* findet man in Korea.
Man weiß nicht viel über die Geschichte dieser Pflanze. Laut Allen Paterson, Leiter des Royal Bontanical Garden in Ontario, soll sie mit den Minzearten verwandt sein. In nordamerikanischen Kräutergärten findet man diese Art, die hübsche Blüten hervorbringt und angenehm duftet, häufig. Die violetten, blauen und rosafarbenen Blütenstände sind bei Bienen und Schmetterlingen äußerst beliebt.

ARTEN

Agastache cana
Moskitopflanze
Nicht ganz winterharte Pflanze; 60 cm groß. Rosafarbene, röhrenförmige Blüten erscheinen im Sommer. Die aromatischen Blätter sind oval und gezähnt.

Agastache mexicana
'Brittonastrum mexicana'
('Cedronella mexican')
Nicht ganz winterharte Pflanze; 1 m groß. Die schmalen, röhrenförmigen Blüten erscheinen im Sommer in Quirlen und sind rosa bis purpurrot. Die Blätter sind gepunktet, gezähnt und verströmen einen eukalyptusartigen Duft.

Agastache rugosa
Koreanische Minze
Winterharte, mehrjährige Pflanze; 1 m groß. Mauve- bis violettfarbene Blüten im Sommer. Die ovalen Blätter verströmen einen minzeartigen Duft.

Anisysop
(Agastache foeniculum)

Agastache foeniculum
Anisysop
Winterharte, mehrjährige Pflanze; 60 cm groß. Die langen violetten Blüten erscheinen im Sommer. Die mittelgrünen, ovalen Blätter duften nach Anis.

PFLANZEN IN KÜBELN

Nicht geeignet für das Haus. Anisysop und Koreanische Minze sind jedoch gute Terrassenpflanzen, vorausgesetzt, der Behälter hat einen Durchmesser von 25 bis 30 cm. Verwenden Sie ein Rinden-Torf-Gemisch und düngen Sie nur einmal pro Jahr nach der Blüte mit Flüssigdünger. Im Sommer benötigen die Pflanzen viel Wasser.

Kultivierung

Vermehrung
Aussaat: Die kleinen, feinen Samen brauchen Wärme zur Keimung: 17 °C. Verwenden Sie den Karton-Trick (S. 217) und künstliche Wärme, wenn Sie im zeitigen Frühjahr aussäen. Nehmen Sie entweder vorbereitete Saat- oder Anzuchtschalen oder säen Sie wenig Samen in einen Topf und bedecken Sie ihn mit Perlit. Die Keimung dauert 10 bis 20 Tage.
Man kann auch im Freien aussäen, wenn der Boden im Herbst warm ist, aber junge Pflanzen brauchen während der Wintermonate besonderen Schutz.
Sobald die Sämlinge groß genug sind, nehmen Sie sie heraus und topfen sie in ein Rinden-Torf-Gemisch um. Im Sommer, wenn Luft- und Bodentemperatur ansteigen, pflanzen Sie sie in einem Abstand von 45 cm aus.
Ableger: Nehmen Sie im Frühjahr von weichen, jungen Trieben Ableger. Verwenden Sie ein Gemisch aus 50 % Rinde und 50 % Torf zum Anwurzeln. Im Herbst sind die Ableger kräftig genug zum Auspflanzen.
Holzige Ableger können im Spätsommer genommen werden. Verwenden Sie die gleiche Erde. Nach dem Anwurzeln wird umgetopft. Die Pflanzen werden in einem Kalt- oder Gewächshaus überwintert.
A. mexicana kann nur durch Ableger vermehrt werden.
Teilung: Teilen Sie im zweiten oder dritten Jahr die kriechenden Wurzeln, indem Sie die ganze Pflanze ausgraben und teilen.

Anfälligkeiten
Auf Grund des starken Geruchs meiden Schädlinge die Pflanze. Die Sämlinge können verrotten.

Pflegemaßnahmen
Frühling; Aussaat.
Sommer: Nehmen Sie schwach verholzte Ableger spät in der Saison.
Herbst: Schneiden Sie verholzte Stellen und alte Blüten zurück, um die Form zu erhalten; Aussaat; schützen Sie die Pflanzen vor Frost.
Winter: Schützen Sie nicht ganz winterharte Arten (und *A. foeniculum* bei Temperaturen unter –6 °C) mit Rinde oder Stroh.

Gartenkultivierung
Alle Arten bevorzugen einen fruchtbaren, feuchten Boden und volle Sonne. Sie tolerieren jedoch auch die meisten einfachen Böden, wenn sie an einem sonnigen Standort wachsen.
Um stets Pflanzen dieser kurzlebigen Arten zu erhalten, sollten Sie jedes Jahr vermehren.
A. mexicana 'Brittonastrum mexicana' benötigt bei Temperaturen unter –3 °C Schutz.

Ernte
Blüten
Schneiden Sie die Blüten zum Trocknen ab, sobald sie sich öffnen.

Blätter
Ernten Sie die Blätter kurz vor der Blüte im späten Frühling.

Samen
Sobald der Samen reift, verfärben sich die Köpfe braun. Wenn die ersten Samen abfallen, entfernen Sie die Köpfe und hängen sie kopfüber auf. Bedecken Sie die Samenköpfe mit einer Papiertüte.

Weitere Nutzung

Die Blätter von *A. foeniculum, A. rugosa* und *A. mexicana* verströmen einen angenehmen Duft und sind für Potpourris hervorragend geeignet.

Sommerliches Getränk mit *Agastache foeniculum*

Kulinarisches

Die beiden Arten, die sich am besten eignen, sind:

Anisysop
Die Blätter können in Salaten verwendet werden und für erfrischenden Tee. Wie Borretsch kann man sie zu sommerlichen Fruchtgetränken hinzufügen. Außerdem können sie gehackt werden und als Gewürz für Schweinefleischgerichte oder pikante Reisgerichte verwendet werden.
Die Blüten passen gut in Fruchtsalate.

Koreanische Minze
Die Blätter haben ein starkes Pfefferminzaroma. Man kann daraus einen erfrischenden Tee zubereiten. Außerdem passen sie gehackt gut in Salate und die Blüten wirken sehr dekorativ, wenn man sie über einen Nudelsalat streut.

Tee aus *Agastache rugosa*

Alchemilla

FRAUENMANTEL

Familie: Rosengewächse *(Rosaceae)*

Der Frauenmantel ist in den Bergen Europas, Asiens und Amerikas beheimatet. Man findet ihn sowohl an feuchten Plätzen als auch in trockenen, schattigen Wäldern.
Tautropfen, die sich wie glänzende Perlen auf den großen Blättern des Frauenmantels sammeln, bezeichneten die Alchimisten im Mittelalter als „himmlischen Tau", dem sie magische Kräfte zuschrieben. Diesem Umstand verdankt die Pflanze ihren lateinischen Namen, *Alchemilla.* Die Alchimisten glaubten, dass der Tau z. B. die Jugend einer Frau erhalte, wenn diese ihn sammelte. Dies musste allerdings im Mai bei Vollmond geschehen, und dic Frau musste alleine und vollkommen nackt – als Zeichen der Reinheit und um böse Mächte abzuwehren – sein.
Außerdem war die Pflanze im Mittelalter der Jungfrau Maria geweiht. Sie wurde benutzt, um den Menstruationszyklus positiv zu beeinflussen und die Wechseljahre zu erleichtern. Im 18. Jahrhundert legten Frauen die Blätter auf ihre Brüste, um sie nach der Stillzeit wieder zu straffen.

ARTEN

Alchemilla conjuncta
Verwachsener Silbermantel
Winterhart, mehrjährig; 30 cm groß. Die zierlichen, grüngelben Blüten zeigen sich von Juni bis September. Die handförmig gelappten Blätter sind an der Oberseite graugrün und tragen an der Unterseite silbrige Härchen.
Die Staude bevorzugt kalkhaltige Böden in voller Sonne.

Alchemilla alpina
Alpenfrauenmantel
Winterhart, mehrjährig; 15 cm groß. Die zierlichen, grüngelben Blüten, die von Juni bis August erscheinen, bilden kugelförmige Knäuel.
Die Blätter sind fünf- bis siebenteilig und dunkelgrün. Sie tragen an der Unterseite eine silbrige Behaarung.

Alchemilla mollis
Weicher Frauenmantel
Winterhart, mehrjährig; 50 cm groß. Im Sommer zeigen sich zierliche, hellgelbe Blüten in luftigen Rispen. Die Blätter haben gekräuselte Ränder.

Weicher Frauenmantel (*Alchemilla mollis*)

Alchemilla vulgaris
Gemeiner Frauenmantel
Winterharte, mehrjährige Pflanze; 15–45 cm groß. Die zierlichen, hellgrünen bzw. hellgelben Blüten zeigen sich von Mai bis September.
Die lang gestielten, handförmig gelappten Grundblätter stehen in einer Rosette.

KULTIVIERUNG

Vermehrung
Aussaat: Es ist äußerst schwierig, *Alchemilla* aus Samen zu ziehen. Säen Sie den sehr feinen Samen im zeitigen Frühjahr bzw. Herbst in kleine Töpfe oder Anzuchtschalen (nutzen Sie den Karton-Trick S. 217) und bedecken Sie den Samen mit Perlit.
Die Keimung dauert 2 bis 3 Wochen. Wenn diese im Herbst erfolgt, überwintern Sie die Keimlinge in den Schalen und pflanzen sie im Frühjahr, nach dem letzten Frost, in einem Abstand von ca. 45 cm aus.
Teilung: Im Frühjahr bzw. Herbst können kräftige Pflanzen geteilt und an den gewünschten Ort gesetzt werden.

Anfälligkeiten
Der Frauenmantel bleibt von Schädlingen und Krankheiten verschont.

Pflegemaßnahmen
Frühling: Teilen Sie kräftige Pflanzen; Aussaat.
Sommer: Um Selbstaussaat zu verhindern, schneiden Sie die Blütenköpfe zurück, sobald sie verblüht sind.
Herbst: Teilen Sie kräftige Pflanzen; Aussaat.
Winter: Keine Schutzmaßnahmen erforderlich.

Gartenkultivierung
Diese vollkommen winterharte Pflanze gedeiht in nährstoffreichen Böden am besten. Wenn Sie im Frühjahr säen, werden die Pflanzen im nächsten Sommer zur Blüte kommen.
Der Frauenmantel wird gerne als Rabattenabschluss gepflanzt, aber durch Selbstaussaat kann er auch zur Plage werden. Um dies zu vermeiden, schneiden Sie die Pflanzen nach der Blüte zurück.

Morgentau auf *Alchemilla mollis*

Ernte
Ernten Sie während des ganzen Sommers junge Blätter zur frischen Verwendung. Zum Trocknen ernten Sie vor der Blüte.

PFLANZEN IN KÜBELN

Alle Arten des Frauenmantels können in Kübeln gezogen werden. Verwenden Sie erdigen Kompost, gießen Sie während des Sommers regelmäßig und geben Sie ab und zu Flüssigdünger. Im Winter, wenn die oberirdischen Teile der Pflanze absterben, stellen Sie den Kübel in ein Kalthaus oder ein kühles Gewächshaus und gießen nur selten. Auch in Hängekörben sieht der Frauenmantel hübsch aus.

HEILKRAFT

Alchemilla wird bei Menstruationsbeschwerden angewendet. Frauenmanteltee soll die Gebärmutter kräftigen und die Entbindung erleichtern. Außerdem kann die Pflanze nach Zahnextraktionen als Mundspülung verwendet werden und soll in Form von Umschlägen und Waschungen Ekzeme und andere Hautausschläge lindern.

KULINARISCHES

Teilen Sie junge Blätter, die einen milden, leicht bitteren Geschmack haben, in mundgerechte Stücke und geben Sie diese in Salate.

WEITERE NUTZUNG

Der Frauenmantel eignet sich gut für Blumenarrangements. Die Blätter werden zum Färben (grün) von Wolle gekocht. In der Veterinärmedizin setzt man die Pflanze zur Behandlung von Diarrhö ein.

Zum Trocknen ausgebreitete Blätter

Allium

ZWIEBELN

Familie: Liliengewächse *(Liliaceae)*

Zwiebeln sind in der ganzen Welt verbreitet. Sie werden schon so lange kultiviert, dass ihr Herkunftsland nicht mehr festzustellen ist. Man nimmt jedoch an, dass Zentralasien die ursprüngliche Heimat dieser Gewächse ist. Von den etwa 300 Arten, die auf der nördlichen Halbkugel gedeihen, sind viele als Nutzpflanzen bekannt, z. B. Knoblauch, Porree, Schalotten und Schnittlauch.
Im Mittelalter glaubte man, dass ein Strauß Zwiebeln, den man an die Eingangstür hängte, die Bewohner vor der Pest schütze. Der Saft der Zwiebeln wurde verwendet, um Schusswunden zu heilen. Wissenschaftliche Untersuchungen haben gezeigt, dass in der Zwiebel enthaltene Schwefelstoffe eine desinfizierende Wirkung haben.

Winterzwiebel *(Allium fistulosum)*

ARTEN

Es gibt unzählig viele Zwiebelarten. Die beiden Arten, die im Folgenden beschrieben werden, haben Kräuterqualität.

Allium fistulosum
Winterzwiebel
Immergrüne, winterharte, mehrjährige Pflanze; Höhe: 60 bis 90 cm.
Im Frühsommer des zweiten Jahres zeigen sich grünlich gelbe Blüten.
Die Blätter sind grün und röhrenförmig.
Ursprungsland dieser Art ist Sibirien, sie ist mittlerweile jedoch auch in China und Japan weit verbreitet.

Allium cepa* var. *proliferum
Ägyptische Zwiebel
Winterharte mehrjährige Pflanze; Höhe: 90 bis 150 cm. Die grünlich weißen Blüten erscheinen im frühen Sommer. Von dieser Art gibt es zahlreiche Kultursorten, die sich durch Farbe, Form und Größe unterscheiden. Am besten gedeihen die Pflanzen in sandigem Lehm. Sie bevorzugen einen sonnigen Platz im Garten.

Ägyptische Zwiebeln *(Allium cepa* var. *proliferum)*

KULTIVIERUNG

Vermehrung
Aussaat: Die Winterzwiebel verliert ihre Keimfähigkeit innerhalb von 2 Jahren. Säen Sie den frischen Samen im Winter bzw. zeitigen Frühjahr geschützt aus. Die Bodenwärme sollte zwischen 15 °C und 21 °C liegen. Bedecken Sie das Ganze mit Perlit.
Sobald die Sämlinge groß genug sind, pflanzen Sie sie nach dem Abhärten in einem Abstand von 25 cm an die gewünschte Stelle im Garten.
Die Ägyptische Zwiebel kann man leider nicht aus Samen ziehen.
Teilung: Sowohl die Winterzwiebel als auch die Ägyptische Zwiebel können im Abstand von 3 Jahren im Frühjahr geteilt werden.
Zwiebeln: Die luftwurzelnden Zwiebeln der Ägyptischen Zwiebel haben kleine Wurzelsysteme, von denen jedes einzelne zum Heranziehen einer neuen Pflanze verwendet werden kann.
Die Pflanzen bevorzugen nahrhafte Erde und werden entweder im Herbst oder im Frühjahr gesetzt.

Anfälligkeiten
Die Zwiebelfliege ist ein weit verbreiteter Schädling, von dem schon die Sämlinge befallen sein können, die dann in der Regel umfallen. Wenn die Zwiebel von diesem Schädling befallen ist, sitzen in der unterirdischen Zwiebel die Maden, während die Larven der Fliege die Herzblätter fressen. Dies führt dazu, dass sich die Zwiebel bräunlich verfärbt und aufweicht.
Nach einer zu intensiven Düngung kann Zwiebelfäule auftreten. Dies zeigt sich daran, dass die Zwiebelschalen von einem grauschimmeligen Belag überzogen werden, auf dem sich schwarze Pusteln bilden. Wenn man die fauligen Zwiebeln zerschneidet, sind sie im Inneren glasig und

müssen verbrannt werden. Vom Falschen Mehltau können in regenreichen Jahren vor allem junge Pflanzen befallen werden. Typisch hierfür ist eine bleiche Fleckenbildung mit Schwarzfärbung der Blätter.

Pflegemaßnahmen
Frühling: Aussaat; teilen Sie 3-jährige Pflanzen; pflanzen Sie Ägyptische Zwiebeln.
Sommer: Binden Sie ausgewachsene Pflanzen an, damit sie nicht umkippen.
Herbst: Geben Sie eine dünne, gut verrottende Mulchschicht um die Zwiebeln.
Winter: Keine Art benötigt Schutz.

Gartenkultivierung
Winterzwiebel: Diese Pflanze wächst auf allen fruchtbaren und gut durchlässigen Böden.
Sie können den Samen im Frühjahr, nach dem letzten Frost, in einem Abstand von ca. 25 cm in die Erde säen. Wässern Sie während der Wachstumsphase gut.

Ägyptische Zwiebel: Vor dem Pflanzen graben Sie etwas gut verrottenden Mulch ein. Pflanzen Sie die Zwiebeln büschelweise in einem Abstand von 30 bis 45 cm an einen sonnigen Platz, in gut drainierten Boden.
Im ersten Jahr wird nicht viel passieren. Wenn der Sommer sehr heiß wird, müssen Sie viel gießen. Im zweiten Jahr werden die Pflanzen 90 bis 150 cm groß und bringen viele kleine Zwiebeln hervor – vorausgesetzt Sie haben die Gewächse im Herbst mit einer Schicht gut verrottendem Mulch umgeben.

Ernte
Ab Sommeranfang können Winterzwiebeln geerntet werden. Die Blätter lassen sich nicht so gut trocknen, können aber eingefroren werden.
Schneiden Sie die Blätter mit einer Schere ab und geben Sie sie in einen Plastikbeutel.
Die Ägyptischen Zwiebeln werden von den Stängeln gepflückt und gelagert. Legen Sie sie an einem kühlen Platz mit guter Luftzirkulation auf einem Regal aus.

Kulinarisches

Winterzwiebeln sind widerstandsfähiger und früher „reif" als Frühlingszwiebeln. Sie eignen sich für Salate und kurzgebratene Gerichte. Hacken Sie die Zwiebeln klein und verwenden Sie sie anstelle von Schnittlauch.
Ägyptische Zwiebeln passen grob gehackt in Salate oder im Ganzen in Eintöpfe und Schmortöpfe.

Pissaladière
(4–6 Personen)

4 EL Olivenöl
20 Ägyptische Zwiebeln, fein gehackt
1 Knoblauchzehe, zerdrückt
1 TL frischer Thymian, gehackt
Salz, schwarzer Pfeffer, frisch gemahlen
360 g einmal aufgegangener Brotteig
250 g vollreife Tomaten, abgezogen und in Stücke geschnitten
60 g Sardellenfilets aus der Dose, abgetropft und der Länge nach halbiert
16 große, schwarze Oliven, halbiert und entkernt

Das Olivenöl in einer beschichteten Pfanne erhitzen, die Zwiebeln hinzufügen und die Pfanne abdecken. Die Zwiebeln unter gelegentlichem Umrühren 15 Minuten anbraten lassen. Knoblauch und Thymian zugeben und alles weitere 15 Minuten ohne Deckel kochen bzw. so lange, bis die Zwiebeln zu einem klaren Püree reduziert sind. Vom Herd nehmen und abkühlen lassen. Den Ofen auf 200 °C vorheizen. Den Brotteig auf einem Backblech ausrollen. Die Zwiebeln über den Teig verteilen, Tomaten darüber geben und Sardellenfilets sowie Oliven hinzufügen. 5 Minuten backen, die Temperatur auf 190 °C reduzieren und weitere 30 Minuten backen, bis der Teigrand braun ist.
Heiß mit Kräutersalat servieren.

Pissaladière

Pflanzen in Kübeln

Winterzwiebeln gedeihen in einem erdigen Kompost, der nicht austrocknen darf. Während des Sommers benötigen sie regelmäßig etwas Flüssigdünger. Ägyptische Zwiebeln sind für Kübel zu groß.

Weitere Nutzung

Zwiebeln sollen vor Erkältungen schützen und Magenverstimmungen kurieren. Der frische Saft wirkt antibakteriell, harntreibend, schleim- und krampflösend und wird zur Behandlung von Erkältungen, Kehlkopfentzündung und Magen-Darm-Katarrh eingesetzt. Zwiebeln sollen den Blutdruck senken und die Potenz wiederherstellen, sofern diese durch Krankheit oder mentalen Stress beeinträchtigt wurde.

Allium sativum

KNOBLAUCH

Familie: Liliengewächse *(Liliaceae)*

Knoblauch ist eine der ältesten und wertvollsten Pflanzen. Ursprünglich stammt er aus Zentralasien. Von dort wurde er über den Nahen Osten nach Süd- und schließlich nach Mitteleuropa gebracht.
Odysseus soll nach der griechischen Sage *Allium ursinum*, Bärlauch, verwendet haben, um die Zauberin Circe davon abzuhalten, ihn in ein Schwein zu verwandeln.
Die alten Ägypter nutzten *Allium sativum* zu medizinischen Zwecken. Man gab den Arbeitern, die die Cheopspyramide erbauten, täglich eine Portion Knoblauch, um sie bei Kräften zu halten.
Auch die römischen Soldaten wurden aus diesem Grund mit Knoblauch versorgt.
Als Heilmittel gegen Keuchhusten wurde früher eine Knoblauchzehe in die Schuhe des Erkrankten gelegt.
Eine Tradition, die heute noch im ländlichen New Mexico gepflegt wird, sagt, dass Knoblauch einer jungen Frau hilft, einen unerwünschten Bewerber fern zu halten.
Und wer kennt nicht den alten Aberglauben, dass Knoblauch vor Vampirbesuchen schütze …

Knoblauchzehen

ARTEN

Allium sativum
Knoblauch
Winterhart wird im Garten einjährig gezogen;
Höhe: 40–60 cm. Die Knolle, bestehend aus mehreren Zehen, wird von einer pergamentartigen, weißen Haut umgeben. Die Zehen können weiß bis rosa gefärbt sein. Im Sommer erscheinen weiße bzw. rosa Blüten.

Allium oleraceum
Ross-Lauch
Winterhart, mehrjährig;
Höhe: bis zu 80 cm. Im Sommer erscheinen rosa Blüten.

KULTIVIERUNG

Vermehrung
Pflanzen Sie die Zehen im April in einem Abstand von 15 cm ein.

Anfälligkeiten
Anfällig für Weißfäule, die eine Gelbfärbung der Blätter und ein Wachstum von weißen Pilzen auf den Zehen bewirkt. Entfernen Sie infizierte Pflanzen und die Erde.

Pflegemaßnahmen
Frühling: Pflanzen Sie im April.
Sommer: Geben Sie Kaliumkarbonat; graben Sie die Zwiebeln aus.
Herbst: Pflanzen Sie Zehen.
Winter: Schützen Sie die Pflanzen bei Temperaturen unter –15 °C.

Gartenkultivierung
Pflanzen Sie die Knollen im Frühjahr an einen sonnigen, windgeschützten Platz in lehmig-humosen, tiefgründigen und gut durchlässigen Boden.
Zerteilen Sie die Knollen in die Zehen und pflanzen Sie diese mit dem abgerundeten Ende nach oben in 2 cm tiefe Löcher in einem Abstand von jeweils 15 cm. Danach wässern Sie das Ganze gründlich.
Die Pflanzen sind im Sommer ausgewachsen, sobald die an der Oberfläche sichtbaren Teile ihre Farbe ändern und umknicken.

Ernte
Graben Sie die Knollen aus, sobald die Blätter absterben und ihre Farbe verlieren (etwa Mitte des Sommers bis Spätsommer).
Trocknen Sie die Knollen einige Tage in der Sonne, binden Sie sie zu Zöpfen zusammen und lagern Sie den Knoblauch kühl und luftig.

PFLANZEN IN KÜBELN

Setzen Sie im Frühjahr einzelne Zehen in einen Topf und stellen Sie diesen auf ein Fensterbrett. Düngen Sie regelmäßig mit Flüssigdünger und ernten Sie die grünen Blätter wie Schnittlauch.

MISCHKULTUREN

Man sagt, Knoblauch verhindere die Kräuselkrankheit von Obstbäumen.
Rosen soll er vor schwarzen Punkten schützen.

WEITERE NUTZUNG

Knoblauchsaft hat hervorragende Klebeeigenschaften und ermöglicht es, saubere Öffnungen in Glas zu machen. Reiben Sie eine zerquetschte Zehe auf das Glas und lassen Sie es trocknen. Anschließend schneiden Sie das Stück aus dem Glas.

Kulinarisches

Knoblauch hat zwar einen strengen Geruch, ist als Würzmittel aber beinahe unentbehrlich. Man teilt die gesamte Zwiebel in einzelne Zehen, die man schält und anschließend zerdrückt oder klein schneidet. Knoblauch findet in einer Vielzahl von Speisen Verwendung.
So können z. B. Schweine-, Rind-, Hammel- und Lammfleisch, Geflügel, Kaninchen, Kräutersuppen, Salate, Kartoffelgerichte und Soßen mit Knoblauch verfeinert werden.
Zu beachten ist, dass Knoblauch um so milder wird, je länger man ihn kocht.
In Öl eingelegter Knoblauch hat einen sehr milden Geschmack und zerdrückte Zehen mit Butter vermischt schmecken köstlich auf getoastetem Weißbrot.
Um den unangenehmen Mundgeruch nach dem Genuss von Knoblauch zu beseitigen, empfiehlt es sich, etwas Milch zu trinken bzw. Petersilie, Basilikum, Minze oder Thymian zu kauen.

Heilkraft

Der Verzehr von Knoblauch wird bei hohem Blutdruck empfohlen und soll das Risiko eines Schlaganfalls vermindern. Auch bei Diarrhö, Ruhr, Tuberkulose, Keuchhusten, Typhus und Hepatitis soll Knoblauch helfen.
Als Mittel gegen Darmparasiten und Blähungen sowie zur Regulierung der Darmmikroflora wird er ebenfalls empfohlen.
Kräuterkundige halten ein Knoblauchtonikum für ein appetitanregendes Mittel und sind der Meinung, dass er zur Behandlung von Zahn- und Ohrenschmerzen sowie von Erkältungen eingesetzt werden sollte.
Äußerlich kann Knoblauch bei Insektenstichen, Furunkeln und Frostbeulen angewendet werden, jedoch nicht über einen längeren Zeitraum.
Vorsicht: Knoblauch kann manchmal Hautreizungen hervorrufen!

Knoblauchtonikum

Allium ursinum

Bär-lauch

Familie: Liliengewächse *(Liliaceae)*

Der Bärlauch stammt ursprünglich aus Asien, wurde aber in Ländern der nördlichen Hemisphäre, wie z. B. in Deutschland, England und Nordamerika, eingebürgert.

Arten

Allium ursinum
Bärlauch
Winterhart, mehrjährig; Höhe: 35 bis 45 cm.
Leuchtend weiße Blüten von Mai bis Juni.

Kultivierung

Vermehrung
Aussaat: Am besten säen Sie direkt an den vorgesehenen Platz in den Garten.
Teilung: Teilen Sie kräftige Pflanzen im Spätsommer nach der Blüte.

Pflegemaßnahmen
Frühling: Wenn sich die Pflanzen stark ausbreiten, entfernen Sie einige.
Sommer: Teilen Sie sie im Spätsommer nach der Blüte.
Herbst: Aussaat.
Winter: Keine Schutzmaßnahmen erforderlich.

Gartenkultivierung
Bärlauch bevorzugt kalkhaltige Böden und Halbschatten. Die Aussaat sollte im Herbst erfolgen und der Samen mit etwas Erde bedeckt werden. Die Keimung erfolgt im Frühjahr. Bärlauch vermehrt sich durch Selbstaussaat, so dass er zu einer Plage werden kann.

Anfälligkeiten
Bleibt von Schädlingen und Krankheiten verschont.

Kulinarisches

Blüten, Stängel und Blätter eignen sich für Salate, Suppen und Gemüsegerichte.

Weitere Nutzung

Bärlauch dient im Haushalt als Desinfektionsmittel.

Bärlauch *(Allium ursinum)*

Allium schoenoprasum

Schnittlauch

Familie: Liliengewächse *(Liliaceae)*

Schnittlauch ist der einzige Vertreter aus der Gruppe der Zwiebelgewächse, der wild in Europa, Australien und Nordamerika wächst. Er gedeiht in gemäßigten und warmen, aber auch in heißen Gebieten. Obwohl der Schnittlauch eines der ältesten Kräuter ist, fand er erst ab dem 16. Jahrhundert Eingang in die europäischen Gärten.
Seit dem 3. Jahrtausend vor Christus wird der Schnittlauch in China verwendet. Die Pflanzen wurden wegen ihres milden Zwiebelaromas bevorzugt und man verwendete sie als Gegengift und um Blutungen zu stoppen.
Marco Polo führte den Schnittlauch in der westlichen Welt ein und im Mittelalter wurde er als „Binsenlauch" – nach den griechischen Wörtern „schoinos" („Binse") und „prason" („Lauch") – bezeichnet.

Schnittlauch ***(Allium schoenoprasum)***

Schnittlauch ***(Allium schoenoprasum)***

Arten

Allium schoenoprasum
Schnittlauch
Winterhart, mehrjährig; Höhe: 30 cm. Die rosa bis violetten Blüten zeigen sich von Juni bis Juli und stehen in dichter, kugeliger Scheindolde. Die Blätter sind als dünne Röhren ausgebildet.

Allium schoenoprasum
Zartblättriger Schnittlauch
Winterhart, mehrjährig; Höhe: 20 cm. Violette Blüten im Sommer. Zarte Blattröhren mit mildem Geschmack. Um die Wurzelentwicklung nicht zu hemmen, sollten die Blüten rechtzeitig entfernt werden.

Allium schoenoprasum
Weißer Schnittlauch
Winterhart, mehrjährig; Höhe: 20 cm. Die Blüten erscheinen im Sommer. Die Blätter sind röhrenförmig und grün. Hierbei handelt es sich um eine Kultursorte mit angenehmem Geschmack.

Allium schoenoprasum roseum
Rosa Schnittlauch
Winterharte, mehrjährige Pflanze; Höhe: 20 cm. Während des Sommers erscheinen rosafarbene Blüten. Die grünen Blätter sind röhrenförmig. Die Pflanze eignet sich sehr gut für Blumenarrangements.

Allium tuberosum

Allium tuberosum
Chinesischer Schnittlauch
Winterhart, mehrjährig; Höhe: 40 cm. Während des Sommers zeigen sich weiße Blüten. Die jungen Blätter haben einen leichten Knoblauchgeschmack, ältere werden holzig und schmecken unangenehm.

KULTIVIERUNG

Vermehrung
Aussaat: Schnittlauch braucht eine Temperatur von 19 °C, um zu keimen. Wenn Sie ihn im Freien aussäen wollen, warten Sie bis zum späten Frühling. Am besten säen Sie im Frühjahr in Anzuchtschalen mit Bodenheizung. Geben Sie 10 bis 15 Samen in 3 cm große Vertiefungen. Wenn der Gartenboden warm genug ist, pflanzen Sie die Setzlinge ins Freiland.
Teilung: Teilen Sie die Zwiebeln etwa alle 3 Jahre. Die Pflanze ausgraben und die Zwiebeln in Gruppen von 6 bis 10 Zwiebeln mit 15 cm Abstand einpflanzen. Geben Sie Kompost oder Dünger hinzu.

Anfälligkeiten
Die grüne Blattlaus kann für Topfpflanzen zum Problem werden. Waschen Sie die Pflanzen deshalb gelegentlich unter fließendem Wasser. Blattläuse können sich auch tief in den Zwiebeln verstecken.
Ein kalter, feuchter Herbst kann zu Schimmelbefall führen, die Blätter sterben von der Spitze her ab. Entfernen und teilen Sie befallene Pflanzen und topfen Sie sie um. Schneiden Sie die Pflanzen zurück, damit sich die Krankheit nicht ausbreiten kann.
Schnittlauch kann auch von Rost befallen werden. Sie sollten kranke Pflanzen sofort entfernen und verbrennen. Auf keinen Fall kompostieren! Setzen Sie keine Gewächse, die für Rost anfällig sind, an diese Stellen.

Pflegemaßnahmen
Frühling: Düngen Sie mit Flüssigdünger und reinigen Sie die Erde um kräftige Pflanzen; Aussaat.
Sommer: Entfernen Sie die Blütenknospen, um die Blattproduktion anzuregen.
Herbst: Ein Büschel ausgraben, eintopfen und im Haus überwintern.
Winter: Kräftigen Schnittlauch ausschneiden und regelmäßig düngen.

Gartenkultivierung
Schnittlauch ist bezüglich des Bodens und des Standorts sehr tolerant. Am besten gedeiht er jedoch im Abstand von jeweils 15 cm in kalkreichem, humosem und feuchtem Lehmboden. Außerdem bevorzugt er einen sonnigen bis halbschattigen Platz. Als Randbepflanzung sollten Sie den Schnittlauch im Abstand von etwa 10 cm setzen und eine Blüte erlauben. Frisch gepflanzter Schnittlauch wird im Frühling gut gewässert und darf im Sommer nicht austrocknen, da die Blätter sonst rasch verschrumpeln.
Wenn Sie ein Büschel im Herbst ausgraben, in einen Topf mit nährstoffreichem Kompost geben und an einen warmen, hellen Platz stellen, können Sie auch im Winter Schnittlauch ernten.

Ernte
Schnittlauch kann viermal jährlich auf 3 cm über dem Boden geschnitten werden. Sie sollten die Blätter nicht tiefer abschneiden, da die Pflanzen sonst zu sehr geschwächt werden. Im Kühlschrank können sie Schnittlauch in einem Plastikbeutel etwa 7 Tage lagern. Wenn Sie die Blüten für Salate und Soßen verwenden, schneiden Sie sie, sobald sie vollkommen geöffnet sind, ab, bevor die Farbe verblasst.

HEILKRAFT

Schnittlauch ist reich an Vitamin C. Die Blätter regen den Appetit an, wirken verdauungsfördernd und blutdrucksenkend.

PFLANZEN IN KÜBELN

Schnittlauch gedeiht gut in Töpfen auf Fensterbrettern oder in Blumenkästen. Er benötigt viel Wasser und gelegentlich Flüssigdünger. Wenn Sie den Schnittlauch im folgenden Jahr in den Garten setzen möchten, sollten Sie nicht alle Blätter abschneiden, damit sich die Zwiebel regenerieren und kräftigen kann.
Auch sollten Sie die grünen Teile im Winter absterben lassen, wenn Sie den Schnittlauch im nächsten Frühjahr wiederverwenden möchten.

MISCHKULTUR

Wenn man Schnittlauch in die Nähe von Apfelbäumen pflanzt, soll er Schorf verhindern und bei Rosen schwarze Flecken. Man sagt auch, dass er Möhrenfliegen vertreibt, wenn man ihn neben Karotten pflanzt.

WEITERE NUTZUNG

Bei Tieren soll Schnittlauch der Räude vorbeugen.

KULINARISCHES

Zum Würzen eignen sich nur die frischen, jungen Blätter, die lauchartig riechen und schmecken. Fein geschnitten werden sie über bereits gekochte Speisen gestreut. Gut schmeckt Schnittlauch in Eierspeisen, Salaten, Soßen und Suppen, aber auch mit Zwiebeln, Salz und Pfeffer unter Quark gemischt sowie auf ein Butterbrot gestreut.

Schnittlauchbutter
Verwenden Sie Schnittlauchbutter für Rühreier, Omelettes und gekochtes Gemüse sowie zu gegrilltem Lamm bzw. Fisch oder zu gefüllten Ofenkartoffeln.

100 g Butter
4 EL Schnittlauch, gehackt
1 EL Zitronensaft
Salz und Pfeffer

Schnittlauch und weiche Butter vermengen. Zitronensaft untermengen und mit Salz und Pfeffer abschmecken. Zugedeckt im Kühlschrank aufbewahrt hält die Butter einige Tage.

Ajuga reptans

KRIECHENDER GÜNSEL

Auch bekannt als Güldengünsel
Familie: Lippenblütler *(Labiatae)*

Die Heimat des Kriechenden Günsel ist Europa. Man findet ihn sehr oft in gebirgigen Gebieten, aber auch auf Wiesen sowie in Mischwäldern. Der Günsel, der in Nordamerika vorkommt, zählt zur Gattung *Lycopus.*
Seit Jahrhunderten gilt der Günsel als besonders wertvolle Heilpflanze, die häufig zur Wundbehandlung und bei Frauenleiden eingesetzt wird.

ARTEN

Ajuga reptans
Kriechender Günsel
Immergrün, winterhart, mehrjährig; Höhe: 30 cm. Hervorragender Bodendecker, der vom Frühling bis zum Sommer blaue Blüten zeigt. Die ovalen Blätter sind dunkelgrün mit einer ins Violette spielenden Färbung.

Ajuga reptans atropurpurea
Bronzegünsel
Immergrün, winterhart, mehrjährig; Höhe: 15 cm. Guter Bodendecker; blaue Blüten vom Frühling bis zum Sommer. Tief bronzefarbene Blätter.

***Ajuga reptans* 'Multicolor'**
Immergrün, winterhart, mehrjährig; Höhe: 12 cm. Dünne Ähren von blauen Blüten vom Frühling bis zum Sommer.
Die dunkelgrünen Blätter haben creme- und rosafarbene Punkte.

KULTIVIERUNG

Vermehrung
Aussaat: Säen Sie im Herbst oder Frühjahr. Bedecken Sie den Samen mit wenig Erde. Die Keimung geht – wenn überhaupt – nur recht langsam voran.
Teilung: Schneiden Sie die Ausläufer des Günsels im Juli, und pflanzen Sie sie in einem Abstand von 60 cm ein. Die Pflanze breitet sich sehr schnell aus.

Anfälligkeiten
Nichts kann diese Pflanze zerstören!

Pflegemaßnahmen
Frühling: Entfernen Sie abgestorbene Pflanzenteile. Graben Sie Ausläufer aus und setzen Sie sie woanders wieder ein; Aussaat.
Sommer: Kontrollieren Sie die kräftigen Pflanzen.
Herbst: Aussaat; graben Sie die Ausläufer kräftiger Pflanzen aus, setzen Sie sie in Töpfe mit einem Rinden-Torf-Gemisch und überwintern Sie sie in einem Kalthaus.
Winter: Bis unter –20 °C keine Schutzmaßnahmen nötig.

Gartenkultivierung
Der Günsel gedeiht am besten in feuchtem Humusboden, im Schatten großer Bäume und Sträucher. Er verträgt aber auch volle Sonne, wenn er reichlich gegossen wird. Um ein Versengen der Blätter zu vermeiden, sollten Sie buntblättrige Varietäten nicht in die volle Sonne setzen. Als Bodendecker eignet sich der Günsel hervorragend für Steingärten.

Ernte
Für medizinische Zwecke pflücken Sie die Blätter und Blüten im Frühsommer.

PFLANZEN IN KÜBELN

Vor allem die buntblättrigen und violetten Varietäten kommen in Kübeln und Hängekörben gut zur Geltung. Verwenden Sie ein Rinden-Torf-Gemisch.

KULINARISCHES

Einen exotischen Geschmack erhalten Salate, wenn man Günselknospen untermischt.

HEILKRAFT

Ein Aufguss aus getrockneten Blättern, die mit kochendem Wasser überbrüht wurden, soll den Blutdurck senken und innere Blutungen stoppen. In der Homöopathie wird der Günsel z.B. bei Halsschmerzen verwendet.

WEITERE NUTZUNG

In manchen Ländern wird der Günsel als Viehfutter angebaut.

Aloe barbadensis

ALOE

Auch bekannt als Wundkaktus und Bitterschopf.
Familie: Liliengewächse *(Liliaceae)*

Es gibt 250 bis 350 verschiedene Arten der Aloe. Ihr Ursprung liegt in den trockenen Gebieten Südafrikas. Um die Aloe zu kultivieren, braucht man eine frostfreie Umgebung. Seit dem 4. Jahrhundert v. Chr. schätzt man diese Pflanze. Damals wurde Alexander der Große von Aristoteles beauftragt, die Insel Socotra – wo viele Aloearten gedeihen – im Indischen Ozean zu erobern.

ARTEN

Aloe arborescens
'Variegata'
Nicht winterharte, mehrjährige Pflanze, die im Freien eine Höhe von 2 m erreicht. Die Mindesttemperatur sollte bei 7 °C liegen. Jeder Schaft wird von Rosetten aus langen, blaugrünen, gezähnten Blättern mit cremefarbenen Streifen gekrönt. Im Frühjahr erscheinen rote, röhrenförmige Blüten.

Aloe barbadensis
Aloe Vera
Nicht winterhart, mehrjährig; im Freien erreicht die Pflanze eine Höhe von 60 cm. Im Haus wird sie nur 30 cm groß. Mindesttemperatur: 10 °C.
Die graugrünen Blätter bringen manchmal einen Blütenstängel mit glockenförmigen, gelben Blüten hervor.

Aloe variegata
Nicht winterhart, mehrjährig, gedeiht nur in gemäßigtem Klima im Haus; Höhe: 30 cm. Mindesttemperatur: 7 °C. Dreieckige Blätter mit weißen Querbändern; rosa Blüten im Frühjahr.

KULTIVIERUNG

Vermehrung
Aussaat: Säen Sie den Samen in einen Topf oder eine Schale und bedecken Sie ihn mit Perlit. Setzen sie die Behälter in eine beheizbare Saatkiste. Für die Keimung ist eine Temperatur von 21 °C notwendig.
Teilung: Schneiden Sie die Schösslinge von der Mutterpflanze vorsichtig mit den Wurzeln ab und lassen Sie sie einen Tag trocknen. Pflanzen Sie die Schösslinge in 2 Teile Komposterde und 1 Teil Sand, wässern Sie gut und stellen Sie die Pflanzen zum Anwachsen an einen warmen Ort.

Anfälligkeiten
Übermäßiges Gießen kann zu Fäulnis und Verrottung führen.

Pflegemaßnahmen
Frühling: Geben Sie Kübelpflanzen gutes Erdreich! Besprühen Sie die Blätter mit Wasser und düngen sie gut.
Sommer: Entfernen Sie die Schösslinge von der Mutterpflanze. Topfen Sie die Mutterpflanze, falls nötig, um.
Herbst: Bringen Sie die Töpfe bei Frost ins Haus.
Winter: Stellen Sie alle Kübelpflanzen in einen kalten Raum (Mindesttemperatur 5 °C), und reduzieren Sie Wassergaben auf ein Minimum.

Gartenkultivierung
Aloe bevorzugt einen warmen Standort in voller Sonne oder im Halbschatten und humosen, lehmig-sandigen Boden. Pflanzabstand: 1 m.

Ernte
Ernten Sie die Blätter während der Wachstumsperiode. Nach 2 Jahren ist die Pflanze voll entwickelt.

PFLANZEN IN KÜBELN

Die Erde muss sandig und gut durchlässig sein. Gießen Sie nicht zu viel und stellen Sie die Pflanze in eine frostfreie, helle Umgebung.

Aloe *(Aloe barbadensis)*

HEILKRAFT

Der Saft, der austritt, wenn man die Blätter bricht, ist ein bemerkenswertes Heilmittel. Wenn man ihn auf Wunden streicht, bildet sich ein klarer, schützender Film, und die Regeneration der Haut wird beschleunigt. Auf Schnittwunden und Verbrennungen aufgetragen, beruhigt er die verletzte Stelle.

KOSMETIK

Aloe Vera wird in kosmetischen Präparaten verwendet wie z. B. Handcremes, Bräunungslotions und Shampoos.

WARNUNG

Aloe sollte nicht in Selbstversuchen angewendet werden. Sie sollten vor der Verwendung von Aloepräparaten unbedingt Rücksprache mit Ihrem Hausarzt halten.

Aloysia triphylla (Lippia citriodora)

ZITRONENSTRAUCH

Auch bekannt als Zitronenverbene. Familie: Verbenengewächse *(Verbenaceae)*

Die Heimat des Zitronenstrauchs ist Chile. Im 18. Jahrhundert wurde er jedoch von den Spaniern, die diese stark nach Zitrone duftende Pflanze für Parfüme verwendeten, in Europa eingeführt.

ARTEN

Aloysia triphylla (Lippia citriodora)
Zitronenstrauch
Nicht winterhart, laubabwerfend, mehrjährig; Höhe: 1 bis 3 m. Im Frühsommer erscheinen weiße Blüten, mit lila Tönung. Die Blätter sind blassgrün, lanzettförmig und duften stark nach Zitrone.

KULTIVIERUNG

Vermehrung
Aussaat: Der Samen keimt nur in warmen Klimazonen und sollte im Frühjahr in vorbereitete Samen- oder Anzuchtschalen gesät und mit Perlit bedeckt werden. Bodenwärme von 15 °C unterstützt die Keimung. Den Samen in 9 cm großen Töpfen ausbringen. In den ersten beiden Jahren in den Töpfen lassen, dann die Pflanzen mit 1 m Abstand in den Garten setzen.
Ableger: Verwenden Sie noch nicht verholzte Ableger. Die abgeschnittenen Teile welken rasch, deshalb sollten Sie alles für das Einpflanzen vorbereitet haben. Halb verholzte Ableger im späten Sommer oder frühen Herbst nehmen und 2 Jahre in den Töpfen lassen.

Anfälligkeiten
Die Pflanzen können von Weißen Fliegen oder Spinnmilben befallen werden.

Pflegemaßnahmen
Frühling: Noch nicht verholzte Ableger nehmen; kräftige Pflanzen entfernen; Aussaat.
Sommer: Pflanzen nach der Blüte abschneiden; halbverholzte Ableger nehmen.
Herbst: Die Pflanzen zurückschneiden und vor dem ersten Frost ins Haus bringen.
Winter: Pflanzen schützen.

Gartenkultivierung
Der Zitronenstrauch bevorzugt ein feuchtwarmes Klima. Der Boden sollte leicht, gut durchlässig und warm sein. Ein Platz an einer sonnigen Wand ist ideal. Bei Temperaturen unter 4 °C und an einem windigen Standort muss die Pflanze geschützt werden. In unserer Klimazone lässt sich der Zitronenstrauch nicht im Freien überwintern. Im Frühjahr schneidet man ihn zurück und besprüht ihn mit Wasser. Geben Sie die Pflanze nicht frühzeitig auf, denn neues Wachstum zeigt sich oft erst im Spätsommer.
Alte Stängel werden entfernt, sobald sich neue Triebe zeigen.

Ernte
Pflücken Sie die Blätter, bevor sie welken und dunkel werden. Die Blätter trocknen rasch und behalten ihre Farbe und den Duft. Luftdicht verschlossen lagern.

PFLANZEN IN KÜBELN

Der Kübel sollte maximal 20 cm breit sein. Verwenden Sie ein Rinden-Torf-Sand-Gemisch. Stellen Sie den Behälter an einen warmen, sonnigen und luftigen Platz. Während der Wachstumsphase gießen Sie regelmäßig und düngen mit Flüssigdünger während der Blütezeit. Dann schneiden Sie die Pflanzen zurück, um die Form zu erhalten. Im Winter bringen Sie den Kübel in ein Kalthaus und lassen die Erde fast austrocknen.

HEILKRAFT

Tee vom Zitronenstrauch – vor dem Zubettgehen getrunken – wirkt regenerierend und hat eine leicht beruhigende Wirkung, er lindert bronchiale und nasale Beschwerden und Magenverstimmungen.

KULINARISCHES

Frische Blätter verleihen Essig und Öl, Getränken, Fruchtpudding, Konfekt, Gelee, Kuchen und Füllungen ein zitronenartiges Aroma. Geben Sie zu selbstgemachter Eiscreme einen Teelöffel frisch gehackte Blätter und Sie erhalten ein köstliches Dessert.

WEITERE NUTZUNG

Die Blätter mit dem starken Zitronenduft eignen sich hervorragend für Potpourris und Duft- bzw. Kräuterkissen. Das destillierte Öl, das aus den Blättern gewonnen wird, findet in Parfüms Verwendung.

Althaea officinalis

ECHTER EIBISCH

Auch bekannt als Samtpappel.
Familie: Malvengewächse *(Malvaceae)*

Der Echte Eibisch kommt wild wachsend von Europa über Sibirien bis nach China vor. Man findet ihn auf salzigem Marschland und in der Nähe des Meeres.

Der Gattungsname, *Althaea*, stammt vom Lateinischen „altheo" und bedeutet „ich heile". Vermutlich hat Hippokrates diese Pflanze zum Heilen von Wunden empfohlen. Die Römer entdeckten den köstlichen Geschmack der Samtpappel und verwendeten sie zum Würzen von Gerstensuppe und zum Füllen von Spanferkeln. In der Renaissance nutzten Kräuterkundige die Pflanze, um Halsentzündungen, Magenverstimmungen und Zahnschmerzen zu kurieren.

ARTEN

Althaea officinalis
Echter Eibisch
Mehrjährig, winterhart; Höhe: 60 bis 120 cm. Im Spätsommer bzw. zu Herbstbeginn rosa oder weiße Blüten. Die Blätter sind gezackt und flaumig behaart.

KULTIVIERUNG

Vermehrung
Aussaat: Den Samen in vorbereitete Töpfe oder Anzuchtschalen geben. Mit etwas Kompost bedecken und unter Glas im Freien überwintern. Keimung erfolgt im Frühjahr. Sobald die Pflänzchen groß genug sind, werden sie im Abstand von 45 cm in die Erde gesetzt.
Teilung: Im Frühjahr oder Herbst kräftige Pflanzen teilen und an den vorbereiteten Platz im Garten setzen.

Anfälligkeiten
Die Pflanze ist nicht anfällig für Schädlinge und Krankheiten.

Pflegemaßnahmen
Frühling: Kräftige Pflanzen teilen.
Sommer: Nach der Blüte zurückschneiden.
Herbst: Aussaat; die Pflanzen im Freien unter Glas überwintern.
Winter: Kein Schutz nötig.

Gartenkultivierung
Schmetterlinge lieben den Echten Eibisch, der einen sonnigen Platz auf feuchtem, gut durchlässigem Boden bevorzugt. Zur Förderung der Blattbildung die Pflanzen nach der Blüte zurückschneiden.

Ernte
Die Blätter werden frisch zubereitet. Zum frischen oder getrockneten Gebrauch eignen sich die Wurzeln zweijähriger Pflanzen, die Sie im Herbst ausgraben, sobald Blüten und Blätter abgestorben sind.

HEILKRAFT

Blätter, Blüten und Wurzeln enthalten Schleimstoffe, die bei Entzündungen schmerzlindernd und reizmildernd wirken.
Ein Absud aus Blättern und Blüten dient als Gurgelmittel bei Erkältungen; ein Absud aus den Wurzeln kann bei Erkältungen, Fieber, Diarrhö und Schlaflosigkeit helfen.
Die pulverisierten Wurzeln können als warme Breipackung bei Hautkrankheiten verwendet werden.

KULINARISCHES

Die Wurzeln weich kochen, schälen und in Butter anbraten. Die Blüten passen zu Salaten, ebenso wie die Blätter, die als Beigabe zu Essig und Öl dienen oder gedünstet als Gemüse serviert werden.

WEITERE NUTZUNG

25 g geputzte, klein gehackte Wurzeln in 150 ml kaltem Wasser 24 Stunden einweichen. Durchsieben. Einen Esslöffel des Dekokts zu zwei Esslöffeln gemahlenen Mandeln, einem Teelöffel Milch und einem Teelöffel Apfelessig geben. Gut verschlagen. Einige Tropfen Lavendelöl zufügen und in einem Glas mit Schraubverschluss aufbewahren.

Anethum graveolens

DILL

Familie: Doldenblütler *(Umbelliferae)*

Die Heimat des Dills liegt im Süden Europas und in Westasien. Er wächst wild auf Maisfeldern in mediterranen Ländern und ebenso in Nord- und Südamerika.
Der Gattungsname „Anethum" stammt vom griechischen Wort „Anethon" und die Bezeichnung „Dill" soll von dem angelsächsischen Wort „dylle" bzw. von dem nordischen Wort „dilla" abgeleitet sein, was so viel bedeutet wie „beruhigen".
Bereits vor 5000 Jahren haben ägyptische Heilkundige Dill gegen Kopfschmerzen verwendet. Überreste dieser Pflanzen wurden in den Ruinen römischer Häuser in England gefunden.
Dill wird in einem Gospelsong über den heiligen Matthäus als Zahlungsmittel für Steuern vorgeschlagen – wenn dies nur auch für die heutige Zeit gelten würde …
Während des Mittelalters wurde Dill als Schutz gegen Hexenzauber gepriesen. Während Magier ihn in ihre Zaubersprüche einbezogen, gaben ihn die „Sterblichen" in ihren Wein, um ihre Leidenschaft anzufachen. Einst war diese Pflanze ein wichtiges Heilkraut, um Husten und Kopfschmerzen zu behandeln, aber auch als Zutat in Salben und um bei Kindern Keuchhusten zu lindern.
Früher gab man Kindern während langer Predigten Dill, auf dem sie kauten, damit sie kein Hungergefühl verspürten.

ARTEN

Anethum graveolens
Dill
Einjährige Pflanze; Höhe: 60–150 cm. Winzige gelbgrüne Blüten zeigen sich im Sommer in flachen Dolden. Die grünen Blätter sind fiederig und aromatisch.

Dill *(Anethum graveolens)*

KULTIVIERUNG

Vermehrung
Aussaat: Säen Sie den Samen von März bis April in einem Abstand von 20 bis 30 cm in die Erde. Drücken Sie den Samen leicht an und gießen Sie gründlich. Sie können Dill auch in Töpfen oder Anzuchtschalen in guter Gartenerde kultivieren. Setzen Sie vier Samen pro Schale oder verteilen Sie den Samen auf der Oberfläche des Topfes und bedecken Sie ihn mit Perlit.
Die Keimung dauert 2 bis 4 Wochen, abhängig von der Wärme der Umgebung.
Sobald die Sämlinge groß genug sind und kein Frost mehr zu erwarten ist, setzen Sie die Sämlinge ins Freie in einem Abstand von 20–30 cm.

Gartenkultivierung
Achten Sie darauf, dass Sie Dill nicht neben Fenchel pflanzen, da sich die Gewächse gegenseitig befruchten und ihr individuelles Aroma verlieren.
Dill bevorzugt einen gut durchlässigen, kargen Boden in voller Sonne. Säen Sie ihn im Frühjahr in flache Saatrillen an einen windgeschützten Platz, wo er auch geerntet wird.
Wenn die Pflanzen groß genug sind, dünnen Sie sie auf einen Abstand von 20 cm aus, um ihnen Platz zum Wachsen zu geben. Sie können mehrere Folgeaussaaten vornehmen, so dass Sie den ganzen Sommer über mit frischem Dill versorgt sind. Der Samen ist 3 Jahre lang haltbar.
In sehr heißen Sommern müssen Sie die Pflanzen regelmäßig gießen. Sie brauchen keinen Flüssigdünger, da dieser die Pflanze nur für Schädlinge und Krankheiten anfällig macht.

Anfälligkeiten
Wenn die Pflanzen sehr dicht wachsen, besteht die Gefahr, dass sie von der Grünen Blattlaus befallen werden. Behandeln Sie die Pflanzen dann mit einem flüssigen Mittel aus dem Gartencenter.
Vorsicht: Auch bei Nacktschnecken steht Dill auf dem Speiseplan.

Pflegemaßnahmen
Frühling: Es können mehrere Aussaaten erfolgen.
Sommer: Gießen Sie regelmäßig und dünnen Sie die Pflanzen aus, damit sich die verbliebenen Gewächse ausbreiten können.
Herbstbeginn: Erntezeit für Samen.
Winter: Graben Sie alle Pflanzen aus. Entfernen Sie alle Samenkapseln, bevor Sie die Pflanzen kompostieren, denn der Samen ist drei Jahre haltbar. Durch Selbstaussaat kann sich Dill wie Unkraut vermehren und zur Plage werden.

Ernte
Sobald die Pflanzen ausgereift sind, pflücken Sie die Blätter zum frischen Gebrauch. Die erste Ernte erfolgt nach 6 bis 8 Wochen. Die Blätter können zwar getrocknet werden, was aber sehr mühsam ist. Es ist besser, den Samen zu trocknen und zu lagern.
Sobald der Samen zu reifen beginnt, schneiden Sie die Stiele der Blütenköpfe ab. Geben Sie die Samenköpfe mit dem Kopf nach unten in eine Papiertüte, verschließen Sie diese und legen Sie sie eine Woche an einen warmen Platz. Die Samen lösen sich aus den Kapseln, wenn Sie sie zwischen den Handflächen reiben. Lagern Sie den Samen in einem luftdichten Behälter.

Pflanzen in Kübeln

An einem geschützten Standort in voller Sonne, gedeiht Dill auch in einem Kübel, sofern er angebunden wird. Sie sollten die Pflanze mehrmals zurückschneiden, um das Wachstum anzuregen und die Pflanze kompakt zu halten. Der Nachteil ist, dass Dill in Kübeln sehr kurzlebig ist, so dass Sie Folgeaussaaten in mehreren Töpfen vornehmen müssen, um stets einen Vorrat zu haben.
Es empfiehlt sich nicht, Dill im Haus zu ziehen, da er lang und weich wird und zu Krankheiten neigt.

Heilkraft

Dilltee oder -öl wirkt appetitanregend, ist ein bekanntes Heilmittel gegen Blähungen, Schluckauf und Schlaflosigkeit und fördert bei stillenden Frauen den Milchfluss.
Er ist in vielen Grippemitteln enthalten, ebenso wie in Medizin für Kinder, da er Blähungen und Koliken lindert.

Graved Lachs mit Dill – ein traditionelles skandinavisches Gericht

Kulinarisches

Dill regt den Appetit an. Der Unterschied zwischen Dillblättern und -samen liegt in der Schärfe. Zu manchen Gerichten, z. B. zu Suppen, Lammeintopf, gegrilltem oder gekochtem Fisch, passt der Samen, der einen schärferen Geschmack hat, besser als die Blätter. Der Samen verfeinert Reisgerichte und kann mit Weinessig vermischt werden, um Dillessig herzustellen.
Dillblätter passen zu sehr vielen Gerichten, da sie den Eigengeschmack der Speisen verstärken.
Bevor der Dill Samen ausbildet, geben Sie einen Blütenkopf in ein Glas mit Essiggurken, zu Salatgurken oder Blumenkohl, um ein stärkeres Aroma als mit Dillblättern zu erreichen, das jedoch auch frischer ist als mit Dillsamen.

Graved Lachs
Marinierter Lachs mit Dill

Bei diesem traditionellen skandinavischen Gericht wird der Lachs so zubereitet, dass er sich im Kühlschrank problemlos etwa eine Woche hält.

400–800 g Lachs, Mittel- oder Endstück
1 gehäufter EL Meersalz
1 EL Zucker
1 TL schwarze Pfefferkörner, zerstoßen
1 EL Brandy (falls vorrätig)
1 gehäufter EL frischer Dill

Den Lachs reinigen, die Schuppen entfernen, der Länge nach halbieren und filetieren. Die übrigen Zutaten vermischen und einen Teil des Gemisches in eine flache Schüssel (aus Glas oder Email) geben. Eine Hälfte der Lachshaut in die Schüssel legen, eine Hälfte des Lachses darauf legen und etwas von der Soße darüber träufeln. Das zweite Stück Lachs hinzufügen, mit der übrigen Haut bedecken und die restliche Soße darüber gießen. Das Ganze mit Alufolie bedecken und einen Teller oder ein Holzbrett darüber legen. Die Abdeckung beschweren und alles für 36 bis 72 Stunden im Kühlschrank aufbewahren.
Nach jeweils ca. 12 Stunden die Fischstücke wenden und rundherum mit der Soße bestreichen. Vor dem Servieren die Soße abgießen, den Fisch trocken tupfen und schräg in dünne Scheiben schneiden. Mit gebuttertem Roggenbrot und Senfsoße servieren.

Für die Senfsoße:
4 EL milder Dijonsenf
1 TL Senfpuder
1 EL Raffinade
2 EL Weinessig
6 EL Öl
3–4 EL gehackter Dill

Alle Zutaten mischen. Nach und nach 6 Esslöffel Öl zufügen, bis die Soße eine der Majonäse ähnliche Konsistenz hat. Dann den Dill untermischen.

Weitere Nutzung

Wer eine salzlose Diät einhalten muss, kann Salz durch Dillsamen ersetzen. Kauen Sie die Samen, um Mundgeruch zu überdecken.
Um Ihre Nägel zu härten, pressen Sie die Samen aus und baden Ihre Nägel in der Flüssigkeit.

Dillessig

Angelica archangelica

ANGELIKA

Auch bekannt als Echte Engelwurz oder Brustwurz.
Familie: Doldenblütler *(Umbelliferae)*

Angelika ist in Europa, Asien und Nordamerika beheimatet. Wild wachsend findet man die Pflanze auf feuchten Wiesen, an Flussufern und in Mittelgebirgen.
Die Bezeichnung „Angelica" stammt vermutlich von dem griechischen Wort „angelos", „Bote". Eine Legende besagt, dass ein Engel einem Mönch im Traum erschien und ihm mitteilte, dass man mit der Echten Engelwurz die Pest heilen könne.
Außerdem sah man in dieser Pflanze einen effektiven Schutz gegen das Böse, insbesondere gegen Hexerei. Sicher handelt es sich hierbei um eine Pflanze, die keine Hexe, die etwas auf sich hält, in ihren Hexentrank mischen würde.
Angelika verleiht Likören, wie z. B. Benediktiner, das typische Aroma, obwohl ihr Eigengeschmack nicht von den anderen Zutaten unterschieden werden kann.
Die Echte Engelwurz wird auch in der Medizin und für kosmetische Produkte verwendet.

ARTEN

Angelica archangelica
Angelika, Echte Engelwurz
Zweijährig oder ausdauernd; 1 bis 2,5 m groß. Von Juli bis August grünlich weiße Blüten, die in Doppeldolden stehen und süß duften. Die unteren Blätter sind größer und zwei- bis dreifach gefiedert; die oberen Blätter sind kleiner und einfach gefiedert. Der Wurzelstock variiert in der Farbe von Blassgelb über Beige bis Rotbraun.

Angelica atropurpurea
Amerikanische Angelika
Zweijährige Pflanze; Höhe: 1,2 bis 1,5 m. Die Blüten ähneln denen von Angelica archangelica. Sie sind weiß bis grünlich weiß, und erscheinen während des ganzen Sommers. Die Blätter sind groß und gegenständig. Der Wurzelstock ist violett. Die frischen Pflanzen verströmen einen kräftigen Duft.

Angelica sylvestris
Wald-Engelwurz
Zweijährige Pflanze; Höhe: 1,2 bis 1,5 m. Im Sommer zeigen sich weiße Blüten, die oft rosa überlaufen sind. Die Blüten sind kleiner als die von *Angelica archangelica*. Die unteren Blätter sind groß, gefiedert und tief gezähnt. Die Stängel weisen oft eine violette Färbung auf. Der Wurzelstock ist dick und an der Außenseite grau.

Angelica sinensis
Chinesische Angelika
Auch bekannt als Dang Gui und Frauen-Ginseng.

KULTIVIERUNG

Vermehrung
Aussaat
Angelika kann nur über Aussaat vermehrt werden. Da die Samen jedoch innerhalb von drei Monaten ihre Keimfähigkeit verlieren, sollten Sie stets frisches Saatgut verwenden. Die Aussaat erfolgt im Herbst. Die Sämlinge lassen sich nicht gut verpflanzen, deshalb sollten Sie sie am gewünschten Platz aussäen. Entfernen Sie alle schwachen Sämlinge, sobald die Keimung erfolgt ist. Wenn sich ein Verpflanzen nicht vermeiden lässt, tun Sie dies, solange die Sämlinge noch klein und bevor die Wurzeln kräftig sind.
Achten Sie beim Verpflanzen bzw. Ausdünnen darauf, dass die Pflanzen in einem Abstand von 1 m zueinander stehen. Wenn Sie Angelika für die nächste Saison erhalten wollen, markieren Sie den bisherigen Standort, da die grünen Teile der Pflanzen im Winter absterben.
Sobald die Pflanzen Samen gebildet haben, schneiden Sie sie zurück und graben die Wurzeln aus.

Anfälligkeiten
Gehen Sie gegen Blattläuse mit einem entsprechenden Mittel vor.

Fruchtende Engelwurz *(Angelica archangelica)*

Pflegemaßnahmen
Frühling: Den Boden um die Pflanzen reinigen; Herbstsämlinge auspflanzen; Aussaat.
Sommer: Zweijährige Stängel zurückschneiden; junge Blätter vor der Blüte entfernen, um sie frisch in Salaten oder getrocknet für Medizin oder kulinarische Genüsse zu verwenden. Angelika benötigt viel Wasser. Wenn die Blätter grünlich gelb werden, braucht die Pflanze mehr Wasser.
Herbst: Aussaat
Winter: Keine Schutzmaßnahmen erforderlich.

Gartenkultivierung
Angelika bevorzugt feuchte, humose und tiefgründige Lehmböden in sonniger Lage. Geben Sie gut verrottenden Kompost hinzu, um die Feuchtigkeit zu erhalten. Bedenken Sie, dass Angelika im Winter oberirdisch abstirbt, im zeitigen Frühjahr jedoch wieder grüne Triebe hervorbringt. Angelika ist eine zweijährige Pflanze, die im ersten Jahr große Laubbüschel trägt und im zweiten Jahr eine reiche Blüte erzeugt, die, nachdem sich der Samen gebildet hat, verblüht. Die Pflanzen können auch durch Selbstaussaat vermehrt werden. Wenn Sie Angelika jedoch im Herbst zurückschneiden und die Blüten vor der Samenbildung entfernen, kann eine Pflanze etwa 4 Jahre lang erhalten werden.

Ernte
Ab dem Frühjahr können Sie die frischen Blätter ernten; zum Trocknen vom Frühsommer bis zur Blüte. Wild wachsende Angelika wird zu Beginn des Herbstes geerntet.
Für Trockenblumen-Arrangements pflücken Sie die Blüten im Frühsommer.
Sammeln Sie die Samen ein, sobald diese zu reifen beginnen.
Im zweiten Herbst können Sie die Wurzeln für medizinische Zwecke ernten. Dies muss jedoch sofort nach der Blüte geschehen und die Wurzeln müssen getrocknet werden.

Pflanzen in Kübeln

Angelika ist keine Pflanze für das Haus. In einem sehr großen Behälter gedeiht sie jedoch auch drinnen. Achten Sie darauf, dass Sie die Pflanze nicht überdüngen und binden Sie sie in der Blütezeit an einem Stab fest.

Kulinarisches

Die jungen Blätter der Wald-Engelwurz passen gut zu Salaten. Die Samen werden von Konditoren für Feingebäck verwendet.

Kandierte Angelika
Angelika ist bekannt als Kuchendekoration. Es gibt zwar Fertigprodukte, die jedoch künstlich wirken und einem Vergleich mit selbst gemachter, kandierter Angelika nicht standhalten. Hausgemacht riecht und schmeckt kandierte Angelika ähnlich wie die frisch geschnittenen Stängel oder wie die zerkleinerten Blätter der Pflanze.

Angelikastängel
Zucker
Wasser
Zucker zum Bestreuen

Junge, zarte Frühlingstriebe in 8 bis 10 cm große Stücke schneiden, in einen Topf geben und mit Wasser bedecken. Sieden, bis die Stücke weich sind, das Wasser abgießen und die äußere Haut abziehen. In den Topf zurücklegen und wiederum mit Wasser bedecken. Das Ganze zum Kochen bringen, sofort das Wasser abgießen und die Stängel abkühlen lassen.
Anschließend die Stängel wiegen und die gleiche Menge Kristallzucker zufügen. Zucker und Angelika auf eine Platte legen, abdecken und 2 Tage kalt stellen. Angelika und den Sirup, der sich gebildet hat, in einen Topf geben, langsam zum Kochen bringen und sieden lassen, gelegentlich umrühren, bis die Stängel klar werden und eine angenehme Farbe zeigen. Wieder abgießen und mit Zucker bestreuen.
Die Stängel im Ofen bei 100 °C vollständig trocknen lassen. Wenn die Stängel nicht vollkommen getrocknet sind, werden sie schimmelig. In einem luftdichten Behälter zwischen Pergamentpapier trocknen.

Kandierte Engelwurz

Rhabarberkompott
Wenn Sie Rhabarber kochen, geben Sie junge Angelikablätter hinzu, dann benötigen Sie nicht so viel Zucker. Angelika süßt zwar die Früchte nicht, aber ihr Aroma mildert die Säure des Rhabarbers.

1 kg Rhabarber
225 g Angelikastängel
Saft und Schale von einer Orange
150 ml Wasser
50 g Zucker

Heilkraft

Angelika regt den Kreislauf an, hat antibakterielle Eigenschaften und wirkt gegen Pilze.
Aus jungen Blättern kann man Tee herstellen. Vor dem Zubettgehen getrunken löst er Spannungen, ist gut gegen Kopfschmerzen, Verdauungsstörungen, Blutarmut, Husten und Erkältung.
Tee, der aus der Wurzel zubereitet wird, hilft bei Erkältungen und anderen bronchialen Beschwerden, die bei feuchtem, kaltem Wetter auftreten.
Äußerlich wird Angelika in Badezusätzen bei Erschöpfung und Rheuma verwendet. Zerdrückte Blätter erfrischen die Luft im Auto und beugen der Reisekrankheit vor.
Amerikanische Angelika ist vor allem für ihre Wirkung gegen Sodbrennen und Blähungen bekannt.
Chinesische Angelika ist ein Bluttonikum, das in chinesischer Kräutermedizin verwendet wird.

Warnung

Hohe Dosen stimmulieren zunächst das zentrale Nervensystem, lähmen es dann aber. Für Diabetiker ist der Tee nicht geeignet.
Die Wald-Engelwurz kann zwar ebenfalls als Heilmittel verwendet werden, hohe Dosen wirken sich jedoch negativ auf das zentrale Nervensystem aus.

***Vorsicht:* Wald-Engelwurz kann mit dem Wasserschierling *(Cicuta virosa)*, der äußerst giftig ist, verwechselt werden!**

Anthriscus cerefolium

KERBEL

Familie: Doldenblütler *(Umbelliferae)*

Der Gartenkerbel stammt ursprünglich aus Südosteuropa und Südwestasien, wurde jedoch – vermutlich von den Römern – in Mittel- und Westeuropa kultiviert, so dass man ihn heute gelegentlich auch hier wild wachsend findet.
Oft wird der Gartenkerbel mit dem Wiesenkerbel *(Anthriscus sylvestris)* verwechselt, der jedoch nicht über das Aroma von *Anthriscus cerefolium* verfügt.

Gerard, Arzt in elisabethanischer Zeit, der die Gärten von Lord Burleigh beaufsichtigte, schrieb 1636 in seinem Kräuterbuch: „Die Blätter des süßen Kerbels sind ausgesprochen gut, gesund und passen zu anderen Salatkräutern. Sie verleihen dem Ganzen einen Anisgeschmack."

Kerbel *(Anthriscus cerefolium)*

ARTEN

Anthriscus cerefolium
Gartenkerbel
Winterharte einjährige (selten zweijährige) Pflanze; 30 bis 60 cm groß. Die winzigen, weißen Blüten zeigen sich von Mai bis Juni und stehen in zwei- bis sechsstrahligen Dolden. Die hellgrünen Blätter sind zwei- bis dreifach gefiedert, hellgrün und an der Unterseite behaart. Die jungen Blätter haben eine gewisse Ähnlichkeit mit glatter Petersilie. Die Wurzel des Gartenkerbels ist dünn und spindelförmig.

Anthriscus cerefolium crispum
Krauser Kerbel
Winterharte einjährige Pflanze, die *Anthriscus cerefolium* ähnelt, jedoch nicht so aromatisch ist wie dieser.

KULTIVIERUNG

Vermehrung
Aussaat
Sobald Luft- und Bodentemperatur im Frühling ansteigen, keimt der Samen sehr schnell, vorausgesetzt das Saatgut ist frisch (es verliert seine Keimfähigkeit nach etwa einem Jahr).
Junge Pflanzen können etwa 6 bis 8 Wochen nach der Aussaat abgeschnitten werden. Danach produzieren sie ständig Blätter – vorausgesetzt man entfernt die Blütentriebe regelmäßig.
Die letzte Aussaat kann im September erfolgen, sodass man im darauf folgenden Frühjahr sehr früh ernten kann.
Sie können auch in Anzuchtschalen säen und diese mit Perlit bedecken. Geben Sie den Samen in Töpfe mit einem Durchmesser von mindestens 12 cm.

Anfälligkeiten
Wenn der Kerbel von Blattläusen befallen wird, waschen Sie diese mit einem handelsüblichen Mittel vorsichtig ab.

Pflegemaßnahmen
Frühling: Aussaat.
Sommer: Eine späte Aussaat im Sommer bringt die Blätter durch den Winter, da die Pflanze winterhart ist. Vor Mittagssonne schützen.
Herbst: Aussaat für eine zeitige Ernte im nächsten Frühjahr.
Winter: Kerbel ist zwar winterhart, die Blätter benötigen jedoch einen gewissen Frostschutz.

Gartenkultivierung
Gartenkerbel stellt keine großen Ansprüche an den Boden, dieser sollte lediglich feucht und locker sein. Die Pflanzen bevorzugen einen sonnigen Standort, können aber auch im Halbschatten gedeihen und benötigen reichlich Wasser. In voller Sonne kommen sie zu sehr zur Blüte und können dann nicht mehr als Küchengewürz verwendet werden kann. Pflanzen Sie *Anthriscus cerefolium* in einem Abstand von 20 bis 30 cm in den Boden.

Ernte
Pflücken Sie die Blätter zum frischen Gebrauch, wenn die Pflanzen 6 bis 8 Wochen alt sind. Sie können das ganze Jahr ernten, wenn die Pflanzen im Winter geschützt werden. Zum Trocknen eignet sich der Kerbel nicht.

Pflanzen in Kübeln

Wenn Sie Kerbel in der Küche ziehen, verliert er seine Farbe und Standfähigkeit und beginnt zu schießen. Pflanzen Sie ihn deshalb im Freien in einen Kübel, der Feuchtigkeit speichert und im Halbschatten steht.
Auf dem Fensterbrett macht sich Kerbel gut, er muss jedoch vor der Mittagssonne geschützt werden.

Heilkraft

Die rohen Blätter enthalten Vitamin C, Karotin, Eisen und Magnesium. Man kann daraus Tee zubereiten, der die Verdauung anregt, Leberbeschwerden und chronischen Katarr lindert. Frische Blätter, als warmer Umschlag aufgelegt, lindern Gelenkschmerzen.

Kulinarisches

Man kann Kerbel wie Petersilie einsetzen. Da er würziger ist als diese, schmecken Salate, Eierspeisen, Suppen, Fisch und Fleisch mit frischem Kerbel verfeinert besonders gut. Geben Sie das Kraut erst gegen Ende der Kochzeit zu den Speisen, damit es sein Aroma nicht verliert. Auch zur Zubereitung von Kräuterbutter und Quarkspeisen kann man Kerbel verwenden. Für die Zubereitung von Kräuterbutter, die man gut einfrieren kann, nehmen sie je eine Hand voll Brunnenkresse, Kerbel und Petersilie. Wiegen Sie die Kräuter fein und vermengen Sie sie mit einer gehackten Schalotte, einer Knoblauchzehe, einer Prise Salz und 225 g Butter.

Weitere Nutzung

Eine Lösung aus Kerbelblättern kann zum Reinigen der Haut verwendet werden, um sie geschmeidig zu halten und Faltenbildung entgegenzuwirken.

Kerbel mit dicken Bohnen

Armoracia rusticana

MEERRETTICH

Auch bekannt als Kren oder Bauernsenf.
Familie: Kreuzblütler *(Brassicaceae)*

Die Heimat von *Armoracia rusticana* ist Südosteuropa. Er wurde in Mitteleuropa und Nordamerika kultiviert. Ursprünglich wurde Meerrettich als Heilpflanze angebaut, heute wird er vor allem als Gewürz sehr geschätzt.
Bereits im 12. Jahrhundert wurde Meerrettich in Mitteleuropa kultiviert und als Beilage zu Fleischspeisen gereicht. Im 16. Jahrhundert war das Kraut vor allem in Skandinavien und Deutschland sehr beliebt, da man es hier als vorzügliche Beilage zu Fischgerichten schätzen lernte.

ARTEN

Armoracia rusticana
Meerrettich
Winterhart, mehrjährig; Höhe: 60 bis 90 cm. Von Mai bis Juli zeigen sich weiße Blüten. Die lang gestielten Grundblätter werden bis zu 50 cm lang. Der ein- oder vielköpfige Wurzelstock ist rübenförmig, wird bis zu 60 cm lang und 5 cm breit.

***Armoracia rusticana* 'Variegata'**
Winterhart, mehrjährig; Höhe: 60 bis 90 cm. Weiße Blüten im Frühjahr. Lang gestielte grün und cremefarbene Blätter. Die lange Wurzel reicht tief in die Erde. Diese Sorte ist nicht so aromatisch wie *A. rusticana.*

In England wird Roastbeef traditionell mit Meerretich serviert

KULTIVIERUNG

Vermehrung
Fechser
Ziehen Sie den Meerrettich für den Küchengebrauch aus ca. 25 cm langen und 1 cm dicken Wurzelabschnitten (Fechser), die Sie im Herbst ernten und im Winter im Keller in Sand eingeschlagen lagern. Entfernen Sie vor dem Pflanzen alle Augen bis auf eines am Ende jedes Fechsers. Reiben Sie dazu die Fechser im Mittelteil mit einem groben Tuch glatt. So verhindern Sie ein Wurzelwachstum in diesem Bereich, der später die essbare Meerrettichwurzel bildet. Im März legen Sie die Wurzelabschnitte in 10 cm tiefe Rillen in einem Abstand von 30 cm. Graben Sie die Wurzeln im Juni nochmals aus und reiben Sie sie mit einem Tuch ab. Die Ernte erfolgt im Oktober.

Anfälligkeiten
Kohlweißlingraupen fressen an den Blättern des Meerrettichs. Pilze können schwache Pflanzen befallen, diese müssen entfernt und verbrannt werden.

Pflegemaßnahmen
Frühling: Vermehrung durch Fechser.
Sommer: Flüssigdüngergaben, die Seetang enthalten.
Herbst: Ausgewachsene Wurzeln bei Bedarf ausgraben.
Winter: Keine Schutzmaßnahmen erforderlich.

Gartenkultivierung
Wenn Sie Meerrettich einmal gepflanzt haben, werden Sie ihn nicht wieder los, es sei denn, Sie sieben alle kleinsten Wurzeln aus dem Boden heraus. Für eine gute Ernte sollten Sie Meerrettich nicht in zu schweren, tiefgründigen Sandboden setzen.

Ernte
Die jungen Blätter können Sie frisch oder getrocknet verwenden. Wenn die Wurzeln ausgewachsen sind, können Sie diese frisch verwenden oder im Oktober ausgraben und im Winter in Sand an einem dunklen, kühlen Ort lagern. Alternativ dazu können Sie die Wurzeln auch waschen, in Scheiben schneiden und

trocknen oder im Ganzen in Weinessig einlegen.
Wenn Sie viel Meerrettich ernten möchten, sollten Sie den Pflanzen ein eigenes Beet geben, in dem sich die Wurzeln ausbreiten können und der Boden nach jeder Ernte wieder aufgefüllt wird. Versorgen Sie das Beet ein Jahr vorher im Herbst mit reichlich gut verrottetem Kompost.
Um starke, gerade Wurzeln zu erhalten, eignet sich die folgende Methode aus einem alten Gartenbuch: Graben Sie mit einer Brechstange 40 cm tiefe Löcher und geben Sie ein 5 bis 8 cm langes Stück Meerrettich mit einem Aufsatz an der Oberseite hinein. Der Aufsatz zeigt nach oben. Füllen Sie die Löcher mit gut verrottendem Dünger. Nach 2 bis 3 Jahren entwickeln sich starke Wurzeln. Manchmal kann man schon nach einem Jahr ernten.

Kulinarisches

Die rohe Wurzel enthält unter anderem Kalzium, Magnesium, Vitamin C und Senföl, das für den charakteristischen Geschmack und die Schärfe verantwortlich ist. In der Küche verwendet man Meerrettich am besten frisch, geschält und gerieben als appetitanregende, pikante Beilage zu gekochtem Fleisch, z. B. Tafelspitz, und zu geräuchertem Fisch, wie z. B. Forelle.
Frischen, in Scheiben geschnittenen Meerrettich verwendet man als Gewürz zum Einlegen von Gurken, Roten Beten und Mischgemüse. Außerdem eignet er sich zur Geschmacksverbesserung von Majonäsen, Quark, Rahmsoßen und Senf sowie zum Füllen von Avocados.
Die jungen Blätter verleihen Salaten Pfiff.
Meerrettichsoße schmeckt besonders gut zu Roastbeef und geräuchertem, öligem Fisch.

Avocado mit Meerrettichsahnesoße

1 frische Meerrettichwurzel (15 cm); bei der Verwendung von in Essig eingelegtem Meerrettich lässt man den Zitronensaft weg.
1 EL Butter
3 EL Semmelbrösel
1 Apfel, gerieben
1 TL Joghurt
1 TL Zitronensaft
je 1 Prise Salz und Zucker
1 TL frischer Gartenkerbel, gehackt
je 1/2 TL frischer Estragon und Dill, gehackt
3–4 EL Crème double
2 Avocados halbieren und die Steine entfernen

Meerrettich schälen und reiben. Butter in einer Pfanne zerlassen, Semmelbrösel zufügen und braten, bis sie braun werden. Meerrettich hinzugeben, vom Herd nehmen und den geriebenen Apfel dazugeben. Joghurt, Zitronensaft, Salz, Zucker und Kräuter untermischen. Abkühlen lassen und im Kühlschrank aufbewahren. Vor dem Servieren Crème double untermischen und das Ganze in die Avocadohälften füllen. Mit grünem Salat und Toast servieren.

Mischkultur

Pflanzen Sie Meerrettich in die Nähe von Kartoffeln, um sie resistenter gegen Krankheiten zu machen.

Meerrettichwurzel

Heilkraft

Meerrettich hat antibiotische Eigenschaften. Als harntreibendes Mittel wirkt er bei Blaseninfektionen. Hin und wieder kann er auch bei Rheuma und Gicht angewendet werden. Äußerlich wird geriebener Meerrettich als Breiumschlag bei Frostbeulen, steifen Muskeln, Ischias und Gelenkrheuma eingesetzt sowie, um den Blutfluss anzuregen.
Bei Grippe empfiehlt sich der Genuss von Meerrettich wegen seines hohen Vitamin-C-Gehalts.

Warnung

Verwenden Sie Meerrettich nicht, wenn Sie an einer Schilddrüsenunterfunktion leiden oder Thyroxin einnehmen. Schwangere und Menschen mit Nierenproblemen sollten Meerrettich nicht regelmäßig zu sich nehmen.

Weitere Nutzung

Geben Sie fein gehackten Meerrettich ins Hundefutter, um Würmer zu bekämpfen und das Fell glänzend zu machen.
Wurzeln und Blätter können als natürliche Färbemittel verwendet werden. Sie erzielen damit eine Gelbfärbung.
In Milch gekochte Meerrettichstückchen ergeben eine Lotion zur Tiefenreinigung der Haut.

Arnica montana

ARNIKA

Auch bekannt als Bergwohlverleih.
Familie: Korbblütler *(Asteraceae)*

Arnika findet man wild wachsend in den Bergregionen Mittelasiens und Europas, wo sie unter Naturschutz steht.
Die Bezeichnung „arnica“ soll von dem griechischen Wort „ptarmikos“ abgeleitet sein, was „niesen“ bedeutet. Wenn man an der Pflanze riecht, kann das ein Niesen hervorrufen.
In der Volksheilkunde wird Arnika schon seit dem 16. Jahrhundert geschätzt.
In Frankreich bezeichnet man die Pflanze auch als Vogesentabak, da pulverisierte Arnikablüten als Schnupftabak verwendet werden.

ARTEN

Arnica montana
Bergwohlverleih
Winterhart, mehrjährig; 30 bis 60 cm groß. Von Juni bis August hellgelbe Randblüten um eine dunkelgelbe Mittelblüte. Die Blätter sind behaart.

KULTIVIERUNG

Vermehrung
Aussaat: Geben Sie den Samen im Frühjahr oder Spätsommer in Töpfe oder Saatschalen und bedecken Sie ihn mit Perlit. Stellen Sie die Behälter an einen kalten Ort. Der Samen braucht zum Keimen manchmal bis zu zwei Jahre. Wenn die Sämlinge groß genug sind, topfen Sie sie um und härten sie in einem Kalthaus ab.
Wenn Sie den Samen sammeln und nicht später als zu Herbstbeginn aussäen, erhalten Sie eine zuverlässigere Keimung. Nach dem Umtopfen überwintern Sie die jungen Pflanzen geschützt. Die grünen Teile sterben im Winter ab. Die Wurzelballen Frühjahr in einem Abstand von 30 cm eingraben.

Teilung: Arnikawurzeln produzieren kriechende Rhizome, die man im Frühjahr problemlos teilen kann. Diese Methode ist wesentlich effektiver als Aussaat.

Anfälligkeiten
Raupen und Nacktschnecken befallen die Blätter.

Pflegemaßnahmen
Frühjahr: Aussaat; kriechende Rhizome teilen.
Sommer: Ernte für medizinischen Gebrauch.
Herbst: Samen sammeln und aussäen oder luftdicht aufbewahren.
Winter: Den Standort im Garten merken, denn die Pflanzen sterben vollkommen ab.

Gartenkultivierung
Arnika bevorzugt saure, humusreiche und feuchte Böden an einem sonnigen Platz. Es handelt sich um eine sehr dekorative Pflanze, die eine lange Blütezeit hat. Für große Steingärten eignet sie sich gut.

Ernte
Arnika darf nur aus Gartenkulturen geerntet werden. Pflücken Sie die Blüten für medizinische Zwecke im Sommer, kurz bevor sie in voller Blüte stehen. Zum Trocknen pflücken Sie die Blüten mit Stängel, wenn sie voll erblüht sind. Zum Trocknen eignen sich auch die Wurzeln von zwei- und dreijährigen Pflanzen, nachdem die grünen Teile abgestorben sind.

HEILKRAFT

Arnika ist eine Pflanze, die in der Homöopathie zur Herstellung von Tinkturen und anderen Präparaten verwendet wird. Man setzt diese Präparate äußerlich zum Einreiben und für Umschläge bei schwer heilenden Wunden, Abschürfungen und Schwellungen sowie bei Rheuma ein.
Außerdem wirkt Arnika gegen Seekrankheit und bei Salmonellen und soll den Haarwuchs fördern.

WARNUNG

Arnikapräparate nie ohne Anweisung eines Homöopathen oder Arztes zu sich nehmen, da größere Dosen giftig sind. Äußerliche Anwendungen können zu Hautreizungen führen.

WEITERE NUTZUNG

Blätter und Wurzeln können getrocknet und zu Tabak verarbeitet werden.

Artemisia abrotanum

EBERRAUTE

Auch bekannt als Eberreis und Zitronenkraut.
Familie: Korbblütler *(Asteraceae)*

Die Eberraute stammt aus Vorderasien. Sie wurde in vielen Ländern eingeführt und gedeiht heute in den meisten gemäßigten Zonen. Die Herkunft des Gattungsnamen ist unklar. Er könnte sich auf Artemisia beziehen, eine bekannte Botanikerin und medizinische Forscherin, Schwester von König Mausolus (353 v. Chr.), oder auf Artemis, die griechische Göttin der Natur, der Jagd und der Jungfräulichkeit.
Im 17. Jahrhundert entdeckte Culpeper, dass die Asche von Zitronenkraut vermischt mit Salatöl ein hervorragendes Mittel gegen Kahlheit ist.

Eberraute *(Artemisia abrotanum)*

ARTEN

Artemisia abrotanum
Eberraute
Ausdauernder Halbstrauch; Höhe: 1 m. Im Sommer zeigen sich kleine gelblich weiße Blüten, die zu einer dicken Rispe vereinigt sind. Die fiederteiligen Blätter sind an der Unterseite fein behaart und duften angenehm.

KULTIVIERUNG

Vermehrung
Aussaat: Nur in wärmeren Gebieten kann die Pflanze durch Aussaat vermehrt werden.
Ableger: Nehmen Sie junge, noch nicht verholzte Ableger im Frühjahr bzw. schwach verholzte im Sommer. Verwenden Sie ein Rinden-Torf-Sand-Gemisch, damit die Ableger gut anwurzeln. Ableger mit Wurzeln können Sie überwintern, wenn diese ihre Blätter abwerfen und ruhen. Halten Sie die Ableger trocken und beginnen Sie im zeitigen Frühjahr mit gelegentlichen Wassergaben. Versetzen Sie die Pflanzen nach dem letzten Frost in einem Abstand von etwa 60 cm.

Anfälligkeiten
Die Pflanze bleibt von Schädlingen und Krankheiten verschont.

Pflegemaßnahmen
Frühling: Pflanzen zurückschneiden; Ableger nehmen.
Sommer: Ableger nehmen.
Herbst: Blüten entfernen.
Winter: Die Wurzeln im Winter mit Mulch schützen.

Gartenkultivierung
Die Pflanzen bevorzugen trockenen, humusreichen und durchlässigen Boden in sonniger Lage. Schneiden Sie das Zitronenkraut nie ganz zurück, da es sonst eingeht. Schneiden Sie den Halbstrauch erst im Frühjahr, nach dem letzten Frost, zurück.

Ernte
Ernten Sie die frischen Blätter während der Wachstumsperiode. Zum Trocknen der Blätter ernten Sie im Hochsommer.

KULINARISCHES

Die Blätter, sparsam verwendet, dienen zum Würzen von Salaten sowie zur Herstellung von Kräuteressig.

HEILKRAFT

Bei Husten und Bronchialkatarrh wird das Zitronenkraut verwendet. Die Blätter wirken appetitanregend und verdauungsfördernd.

WEITERE NUTZUNG

Sträußchen aus Eberraute halten Fliegen und Motten ab. Reiben Sie Ihre Haut mit dem Kraut ein, um Stechmücken abzuschrecken. Die Blätter passen gut zu alkoholischen Mixgetränken.

WARNUNG

Während der Schwangerschaft sollte man kein Zitronenkraut zu sich nehmen.

Artemisia absinthium

WERMUT

Auch bekannt als bitterer Beifuß oder Absinth.
Familie: Korbblütler *(Asteraceae)*

Die Heimat des Wermut ist Asien, Nordafrika, Mittel- und Südeuropa. Er wurde in Amerika erfolgreich angesiedelt. Man findet ihn auf Dämmen, an Wegen, auf warmen, felsigen Hängen und an steinigen Ufern in warmen Gebieten.

Der Wermut ist eine traditionelle Heilpflanze, die schon vor 3000 Jahren von den alten Ägyptern und später von Griechen und Römern geschätzt wurde.

Vermutlich leitet sich die Bezeichnung „Artemisia" aus dem Griechischen ab. In der griechischen Mythologie ist die Göttin der Natur, der Jagd und der Jungfräulichkeit, Artemis, auch die Schutzgöttin der Frauen – der Beifuß hat auch eine heilende Wirkung bei Frauenkrankheiten.

Jahrhundertelang wurde Wermut als wichtige Zutat für Aperitifs und trockene Weine verwendet. Sowohl der Absinth als auch der Vermouth verdanken ihren Namen dieser Pflanze.

Früher wurde Wermut an Türen gehängt, um böse Geister und unerwünschte, nächtliche Besuche von Kobolden abzuwehren. Man fügte ihn außerdem der Tinte hinzu, um Mäuse davon abzuhalten, alte Briefe anzuknabbern.

Auch zum Schutz vor Flöhen wurde Wermut verwendet:

„Wermut wird ausgesät, nimm eine Hand voll
oder zwei, um dich vor Flöhen zu schützen.
Wo die Kammer gereinigt und Wermut
ausgestreut ist,
wird kein Floh, dem sein Leben lieb ist, sich
trauen zu verweilen."

(Auszug aus Thomas Tussers „Five Hundred Pointes of Good Husbandrie"; 1573)

Man hält den Wermut für das Kraut, das Shakespeare meinte, als Titania von Oberon mit „dem Saft von Dianas Knospe" verzaubert wurde. Bei den Römern entsprach die griechische Göttin Artemis der Göttin Diana.

Wermut *(Artemisia absinthium)*

ARTEN

Artemisia absinthium
Wermut
Ausdauernd; Höhe: 1 m. Unscheinbare, gelbe Blüten erscheinen von Juli bis September. Seidig behaarte Blätter, die zwei- bis dreifach fiederteilig sind. Die Pflanze ist silbriggrau behaart.

Artemisia absinthium
'Lambrook Silver'
Winterhart, mehrjährig; Höhe: 80 cm. Winzige graue Blüten erscheinen von Juli bis September. Silbergraue, fiederteilige und aromatische Blätter. An windigen Plätzen sollte diese Sorte geschützt werden.

Artemisia
'Powis Castle'
Immergrüne, winterharte, mehrjährige Staude; Höhe: 90 cm. Die winzigen, unscheinbaren, gräulich gelben Blüten zeigen sich von Juli bis September. Die Blätter sind fiederteilig, aromatisch und silbergrau.

Artemisia vulgaris
Gemeiner Beifuß
Der Beifuß wird auch als Wilder Wermut oder Gänsekraut bezeichnet. Er ist eine ausdauernde Staude und erreicht eine Höhe von 1 m bis 1,5 m. Die Blüten sind gelblich braun bis rotbraun und erscheinen von Juli bis September zahlreich in ästigen Rispen. Die Blätter sind ein- bis zweifach fiederlappig, an der Oberseite dunkelgrün und kahl, an der Unterseite weißfilzig.

Artemisia **'Powis Castle'**

Kultivierung

Vermehrung
Aussaat: Von den genannten Arten können nur Absinth und Beifuß aus Samen gezogen werden. Geben Sie den sehr kleinen Samen im Frühjahr in eine vorbereitete Saat- oder Anzuchtschale.
Verwenden Sie ein Rinden-Torf-Sand-Gemisch, bedecken Sie das Ganze mit Perlit und achten Sie auf eine Temperatur zwischen 15 und 21 °C. Wenn die Sämlinge groß genug sind und abgehärtet wurden, können Sie sie auspflanzen.
Ableger: Nehmen Sie zu Sommeranfang nicht verholzte Ableger von neuen Trieben, schwach verholzte im Spätsommer. Verwenden Sie ein Rinden-Torf-Sand-Gemisch.
Teilung: Sie können den Stock alle 2 bis 3 Jahre teilen. So halten Sie die Pflanzen gesund und verhindern, dass sie innen absterben. Graben Sie die Pflanzen im Frühling oder Herbst aus, teilen Sie den Stock und verpflanzen Sie ihn an den gewünschten Ort.

Anfälligkeiten
Wermut kann von Blattläusen befallen werden. Gehen Sie mit einem handelsüblichen Mittel aus dem Gartencenter dagegen vor.

Pflegemaßnahmen
Frühling: Aussaat; kräftige Pflanzen teilen, neue Triebe abschneiden, unverholzte Ableger nehmen.
Sommer: Schwach verholzte Ableger nehmen.
Herbst: Die Pflanzen bis auf 15 cm über der Erde zurückschneiden; kräftige Pflanzen teilen.
Winter: Die Pflanzen müssen bei Temperaturen unter –5 °C geschützt und mit Stroh und Rinde bedeckt werden.

Gartenkultivierung
Wermut bevorzugt einen trockenen, durchlässigen und kalkhaltigen Boden in voller Sonne. Auf Düngung sollten Sie verzichten, denn dadurch wird das Aroma der Pflanze beeinträchtigt. Wermut beeinflusst das Aroma von Dill und Koriander, deshalb sollten Sie ihn nicht in die Nähe dieser Kräuter pflanzen.

Ernte
Pflücken Sie die Blüten, sobald sie sich öffnen. Pflücken Sie die Blätter im Sommer zum Trocknen.

Pflanzen in Kübeln

Artemisia absinthium 'Lambrook Silver' kommt in Terrakottatöpfen gut zur Geltung. Verwenden Sie ein Rinden-Torf-Sand-Gemisch und düngen Sie nur im Sommer. Wenn Sie zu früh düngen, verlieren die Blätter ihre silbrige Farbe und werden grün.
Im Winter reduzieren Sie Wassergaben auf ein Minimum und schützen die Pflanzen vor Frost.

Weitere Nutzung

Aus Wermut kann ein gelbes Färbemittel gewonnen werden.

Wermut-Essig
Mit diesem Essig sollen sich Diebe eingerieben haben, bevor sie Menschen, die an der Pest gestorben waren, ausgeraubt haben.

1 EL Wermut
1 EL Lavendel
1 EL Rosmarin
1 EL Salbei
1 l Essig

Die zerstoßenen Kräuter in ein Tongefäß geben. Essig zufügen, Gefäß abdecken und 2 Wochen an einem warmen, sonnigen Platz stehen lassen. In Flaschen mit eng anliegenden, nicht metallischen Deckeln füllen. Ein belebender Badezusatz.

Wermut-Essig

Mottenschutz
Wermut und Eberraute können als Mottenmittel verwendet werden. Sie verbreiten einen durchdringenden, erfrischenden Geruch, der nicht an den Kleidern haftet, wie der von Mottenkugeln aus Kampfer.

Wermut als Mottenschutz

Rezept gegen Wanzen
2 EL getrockneter Wermut oder getrocknete Eberraute
2 EL getrockneter Lavendel
2 EL getrocknete Minze

Die Zutaten mischen und in ein kleines Kissen geben.

Heilkraft

Wermut wirkt desinfizierend und wurmtreibend – vor allem bei Faden- und Spulwürmern.

Warnung

Ohne ärztliche Genehmigung soll Wermut nicht eingenommen werden. Er kann Krämpfe und Erbrechen verursachen. Überdosen führen zu Schwindel, Krämpfen und Delirium. Reines Wermutöl ist sehr giftig. In der Schwangerschaft darf Wermut nicht eingenommen werden.

Artemisia dracunculus

ESTRAGON

Auch bekannt als Dragon. Familie: Korbblütler *(Asteraceae)*

Estragon ist in den südöstlichen Teilen Russlands und in Zentralasien beheimatet und wurde in Europa, Amerika und Südasien kultiviert.
Dracunculus bedeutet „kleiner Drache". Der Name könnte auf Grund der Form der Wurzeln oder wegen des feurigen Aromas entstanden sein. Wie auch immer, man hielt Estragon für ein wirksames Heilmittel bei Bissen von Schlangen und von anderen giftigen Tieren.
In früherer Zeit war eine Mixtur aus Estragon und Fenchelsaft ein beliebtes Getränk indischer Könige.
Zur Zeit Heinrichs VIII. fand Estragon seinen Weg in die englischen Gärten, und man munkelt, dass Heinrich VIII. sich von Katharina von Aragonien wegen ihres rücksichtslosen Gebrauchs von Estragon scheiden ließ …

ARTEN

Artemisia dracunculus
Französischer Estragon
Nicht ganz winterharte, mehrjährige Pflanze; Höhe: 90 cm. Unscheinbare gelbe Blüten zeigen sich von August bis Oktober. Daraus entwickeln sich jedoch nur selten – in warmen Regionen – reife Samen. Die grünen Blätter sind lang und schmal und duften angenehm.

Artemisia dracunculoides
Russischer Estragon
Winterharte, mehrjährige Pflanze; Höhe: 1,2 m. Im Sommer erscheinen winzige, gelbe Blüten in Rispen. Die Blätter sind grün, lang und schmal. Diese Art hat ihren Ursprung in Sibirien, deshalb ist sie auch sehr robust.

KULTIVIERUNG

Vermehrung
Aussaat: Nur *Artemisia dracunculoides* produziert keimfähige Samen. Viele Händler verkaufen ihn als *Artemisia dracunculus,* Vorsicht ist also geboten. Geben Sie das Saatgut im Frühjahr in Anzuchtschalen oder Töpfe mit einem Rinden-Torf-Sand-Gemisch. Die Samen brauchen keine Wärme. Sobald die Pflänzchen groß genug sind, verpflanzen Sie sie in den Garten, in einem Abstand von 60 cm.
Ableger: Beide Arten können durch Ableger vermehrt werden. Sobald der letzte Frost vorüber ist, graben Sie die unterirdischen Wurzelausläufer aus und ziehen Sie sie auseinander; nicht auseinander schneiden! Aus den Wurzelverdickungen gehen in der nächsten

Saison neue Triebe hervor. Geben Sie 8 bis 10 Wurzeln mit Verdickungen in einen 8 cm breiten Topf, bedecken Sie das Ganze mit einem Rinden-Torf-Sand-Gemisch und stellen Sie den Topf an einen warmen, gut gelüfteten Ort. Reduzieren Sie Wassergaben. Wenn die Pflanzen angewurzelt sind, härten Sie sie ab und setzen sie mit einem Abstand von 60 cm in den Garten.
Im Sommer kann man Ableger von den Spitzen der Pflanzen nehmen. Halten Sie die Blätter feucht, den Kompost eher trocken. Die Pflanzen gedeihen gut bei einer Bodenwärme von 15 °C.
Teilung: Sie können kräftige Pflanzen im Frühjahr teilen.

Anfälligkeiten
Achten Sie beim Kauf von *Artemisia dracunculus* auf Anzeichen von Rost wie kleine Rostpunkte an der Unterseite der Blätter.
Wenn eine Pflanze von Rost befallen ist, graben Sie sie aus, entfernen Sie alle Blätter und verbrennen Sie diese. Waschen Sie die Erde von den Wurzeln und setzen Sie diese in frische, sterile Erde.
Falls dieses Vorgehen erfolglos bleibt, geben Sie die Wurzeln in heißes Wasser, nachdem Sie sie gründlich gereinigt haben. Die Wassertemperatur sollte bei 40 bis 46 °C liegen, keinesfalls darüber, sonst nehmen die Wurzeln Schaden.
Lassen Sie die Wurzeln 5 Minuten im Wasser, bevor sie an einem neuen Platz im Garten eingepflanzt werden.

Pflegemaßnahmen
Frühling: Aussaat von *A. dracunculoides;* kräftige Pflanzen teilen; Wurzelableger nehmen.
Sommer: Blüten entfernen.
Herbst: Wurzelteile von *A. dracunculus* umtopfen.
Winter: *A. dracunculus* schützen. Sie stirbt oberirdisch völlig ab, und der Wurzelstock muss mit Stroh oder einer dicken Mulchschicht geschützt werden.

Gartenkultivierung
A. dracunculus hat einen intensiveren Geschmack und ist zarter als *A. dracunculoides.* Am besten gedeiht er an einem warmen, trockenen Standort, im Winter muss er geschützt werden und er mag keinen feuchten Boden. Man sollte die Pflanze alle drei Jahre erneuern, da sie im Alter an Geschmack verliert.
A. dracunculoides ist vollkommen winterhart und gedeiht unter fast allen Bedingungen. Es stimmt nicht, dass er um so besser gedeiht, je länger er am ersten Pflanzort seht. Diese Art ist tolerant gegenüber den meisten Bodenarten, bevorzugt aber einen sonnigen Standort in 60 cm Abstand von anderen Pflanzen.

Ernte
Um Essig herzustellen, pflücken Sie die Zweige von *A. dracunculus* früh in der Saison.
Während der Wachstumsperiode können Sie die Blätter zum frischen Gebrauch pflücken. Zum Einfrieren ernten Sie die Blätter im Hochsommer.

Pflanzen in Kübeln

A. dracunculus gedeiht gut in Kübeln. Verwenden Sie ein Rinden-Sand-Gemisch. Achten Sie darauf, dass die Pflanze genug Platz im Topf hat, damit sich die Wurzelausläufer ausbreiten können, ohne dass der Behälter Schaden nimmt. Gießen Sie nur tagsüber.
A. dracunculus mag keine nassen „Füße". Düngen Sie nur minimal, da eine Überdüngung das Aroma negativ beeinflusst. Im Winter halten Sie die Erde trocken und stellen den Behälter an einen kühlen, aber frostfreien Platz.

Kulinarisches

Man verwendet nur die frischen oder getrockneten Blätter, die einen würzig herben Geschmack haben. Estragon passt sehr gut zu Hühnchen, Rind, Fisch, gefüllten Tomaten, Reisgerichten, Salatdressing, vor allem aber ist er ein wichtiger Bestandteil der Sauce béarnaise.

Hähnchensalat mit Estragon und Trauben
(4–6 Personen)

1 gekochtes Hähnchen (ca. 1,3 kg)
150 ml Majonäse
75 ml Crème double
1 gehäufter TL Estragon, frisch gehackt
3 Frühlingszwiebeln, fein gehackt
100 g grüne Trauben, kernlos
1 kleiner Kopfsalat
einige Stängel Brunnenkresse
Salz und Pfeffer

Haut und Knochen vom Hähnchen entfernen. Das Fleisch in mundgerechte Stücke schneiden und in eine Schale geben. In einer Schüssel Majonäse, Crème double, Estragon und Frühlingszwiebeln vermischen. Über die Hähnchenstücke verteilen und alles gut vermischen. Den geputzten Salat auf einem Teller arrangieren und das Hähnchen-Majonäse-Gemisch darüber verteilen. Mit den Trauben und der Brunnenkresse garnieren. Mit gefüllten Kartoffeln in der Schale oder Reissalat servieren.

Heilkraft

Früher wurde Estragon bei Zahnschmerzen verabreicht.
Tee aus Estragonblättern soll bei Schlaflosigkeit helfen.

Rote Gartenmelde
(Atriplex hortensis 'Rubra')

Atriplex hortensis

GARTENMELDE

Familie: Gänsefußgewächse *(Chenopodiaceae)*

Die Heimat der Gartenmelde ist Osteuropa. Sie ist aber mittlerweile in vielen Ländern mit gemäßigtem Klima zu Hause. Früher war sie unter dem Namen „Bergspinat" bekannt und wurde als Gemüse angebaut. Die rote Sorte, *Atriplex hortensis* 'Rubra' wird heute noch in einigen Teilen von Kontinentaleuropa als Gewürz z. B. für Brot verwendet.
Die Spreizende Melde, *Atriplex patula*, war das Kraut des armen Mannes, weil sie keine Ansprüche an die Bodenbeschaffenheit stellt und sich wie Unkraut vermehrt.

ARTEN

Atriplex hortensis
Gartenmelde
Einjährig; Höhe: 1,5 m. Im Sommer hellgrüne Blüten in kleinen rispigen Scheinähren. Die Blätter sind bläulich grün. Die unteren herzförmig bis dreieckig, die oberen länglich und spitz zulaufend.

***Atriplex hortensis* 'Rubra'**
Rote Gartenmelde
Winterhart, einjährig; Höhe: 1,2 m. Die unscheinbaren, rötlichen Blüten zeigen sich von Juli bis September. Die dreieckigen Blätter sind rötlich gefärbt.

Atriplex patula
Spreizende Melde
Winterhart, einjährig; Höhe: 90 cm. Die Blüten ähneln denen von *Atriplex hortensis*, während die Blätter eher speerförmig und schmaler sind.

KULTIVIERUNG

Vermehrung
Aussaat: Säen Sie im zeitigen Frühjahr. Geben Sie den Samen in Anzuchtschalen und bedecken Sie ihn mit Perlit. Sobald die Sämlinge groß genug und abgehärtet sind, versetzen Sie sie in den Garten, in einem Abstand von 25 cm.

Anfälligkeiten
Das Kraut ist resistent.

Pflegemaßnahmen
Frühling: Aussaat.
Sommer: Die Blüten vor dem Aufblühen entfernen.
Herbst: Samenkapseln abschneiden, bevor der Samen ausgereift ist, um zu starke Selbstaussaat zu vermeiden.
Winter: Graben Sie alte Pflanzen aus.

Gartenkultivierung
Wenn der Boden nährstoffreich ist, produziert diese Pflanze besonders große Blätter. Deshalb sollten Sie die Erde mit gut verrottetem Dünger anreichern. Für die Rote Gartenmelde wählen Sie einen Platz im Halbschatten, da die Blätter der Pflanze in heißen Sommern versengen können.
Im Frühjahr, wenn sich die Erde erwärmt hat, setzen Sie die Samen in Reihen, in einem Abstand von 60 cm. Sobald die Sämlinge groß genug sind, dünnen Sie sie aus und versetzen sie. Während der Wachstumsphase müssen Sie viel gießen.
Da diese Sorte sehr schnell wächst, sollten Sie zweimal aussäen, um stets einen Vorrat an jungen Blättern

Atriplex hortensis

Die Gartenmelde ist eine reizvolle Kübelpflanze

zu haben. Als Rabatte wirkt *Atriplex hortensis* 'Rubra' besonders hübsch.
Entfernen Sie die frisch aufgeblühten Blütenköpfe, um die Form der Pflanze zu erhalten.
Wenn Sie Selbstaussaat vermeiden wollen, pflücken Sie die Blüten, sobald sie sich öffnen. Sammeln Sie den Samen ein, bevor er ausgereift ist, sonst wird ihr Garten vom „Nachwuchs" der Gartenmelde überwuchert …

Ernte

Pflücken Sie junge Blätter zum frischen Gebrauch, das Kraut lässt sich nicht gut trocknen oder einfrieren.

Kulinarisches

Die jungen Blätter können roh in Salaten verzehrt werden. Sie sollten alte Blätter nur gekocht verwenden, da sie ein wenig zäh und bitter sind. Sie können als Ersatz für Spinat verwendet oder in einer hellen Soße serviert werden.
In Europa wird das Kraut immer beliebter, vor allem als Zutat in Suppen.

Suppe von Roter Gartenmelde

450 g Kartoffeln
225 g junge Gartenmeldeblätter
50 g Butter
900 ml Hühnerbrühe
1 Knoblauchzehe, zerdrückt
Salz und schwarzer Pfeffer
4 EL Sauerrahm

Kartoffeln schälen und in dicke Scheiben schneiden. Blätter waschen und grob hacken. Kartoffeln 10 Minuten in Salzwasser kochen und abgießen. Butter in einem Topf zerlassen, Knoblauch und Gartenmeldeblätter hinzufügen und 5 bis 10 Minuten ziehen lassen, bis die Blätter weich sind (wenn die Blätter jung sind, genügen 5 Minuten). Blätter und Hühnerbrühe in den Topf geben, die Kartoffeln zufügen und zum Kochen bringen. Wenn alle Zutaten weich sind, etwas abkühlen lassen; anschließend im Mixer pürieren. Dann die Suppe in einen frischen Topf gießen, mit Salz und Pfeffer abschmecken und langsam erhitzen (nicht mehr kochen lassen). Den Sauerrahm unterziehen; heiß servieren.

Pflanzen in Kübeln

Die Rote Gartenmelde kommt in Kübeln gut zur Geltung. Knipsen Sie neue Triebe ab und lassen Sie keine Blüte zu. Verwenden Sie ein Rinden-Torf-Gemisch. Die Pflanze im Hochsommer an einen Platz im Halbschatten stellen und stets mit Wasser versorgen. Bei sehr großer Hitze die Blätter nicht mit Wasser besprühen, da diese sonst versengen.

Heilkraft

Früher verabreichte man das Kraut bei Halsentzündungen, Gicht und Gelbsucht.

Suppe von Roter Gartenmelde

Ballota nigra

SCHWARZNESSEL

Auch bekannt als Gottvergess. Familie: Lippenblütler *(Labiatae)*

Zu dieser Gattung zählen etwa 25 Arten, die hauptsächlich in mediterranen Regionen beheimatet sind. Einige Arten verbreiten einen unangenehmen Geruch und nur ganz wenige gedeihen gut im Garten.
Man findet die Schwarznessel am Straßenrand, an Böschungen und auf Müllhalden, verbreitet fast in ganz Europa, in Australien und Amerika.
Von den alten Griechen wurde die Pflanze „ballote" genannt. Man nimmt an, dass diese Bezeichnung von dem griechischen Wort „ballo" stammt, was so viel bedeutet wie „abweisen" oder „vermeiden", denn Kühe oder anderes Weidevieh vermeiden diese Pflanze instinktiv.

ARTEN

Ballota nigra
Schwarznessel
Winterhart, mehrjährig; Höhe: 40 bis 100 cm. Violettrosa gefärbte, attraktive Blüten, die sich im Sommer zeigen. Alle Teile der Pflanze sind behaart und verströmen einen starken, unangenehmen Geruch.

Ballota pseudodictamnus
Nicht ganz winterhart, mehrjährig; Höhe: 60 cm. Im Sommer zeigen sich weiße Blüten mit zahlreichen violetten Punkten. Die Blätter sind weiß und wollig behaart. Die Pflanze ist auf Kreta beheimatet. Die getrockneten Blütenkelche sehen aus wie kleine, flauschige Kreisel.
Man verwendete sie früher in Petroleumlampen als schwimmende Dochte.

Schwarznessel *(Ballota nigra)*

KULTIVIERUNG

Vermehrung
Aussaat
Säen Sie die Samen im Spätsommer in einem Abstand von 40 cm direkt in den Garten.

Teilung
Im Frühling werden die Wurzeln geteilt.

Anfälligkeiten
Keine Gefahr.

Pflegemaßnahmen
Frühling: Kräftige Pflanzen ausgraben, teilen und am gewünschten Platz wieder einsetzen.
Sommer: Blütenköpfe nach der Blüte abschneiden, bevor der Samen reif ist.
Herbst: Aussaat.
Winter: Keine Schutzmaßnahmen erforderlich.

Gartenkultivierung
Die Schwarznessel gedeiht auf allen Böden, bevorzugt aber wasserspeichernde Erde. Sie kommt am Rande von Hecken gut zur Geltung. Bienen lieben diese Art, und die Blüten wirken sehr attraktiv.
Brechen Sie die Schwarznessel nicht ab, da sie sonst einen unangenehmen Geruch verströmt.

Ernte
Die Blätter sollten vor der Blüte gepflückt werden und müssen mit Sorgfalt getrocknet werden.

Pflanzen in Kübeln

Wegen des unangenehmen Geruchs ist die Schwarznessel nicht für Kübel geeignet.

Heilkraft

Man sollte die Schwarznessel nur nach Rücksprache mit dem Arzt oder einem Homöopathen zu medizinischen Zwecken einsetzen.
Sie kann als Beruhigungsmittel eingesetzt werden, um Brechreiz zu unterdrücken und um Übelkeit während der Schwangerschaft zu bekämpfen.

Schwarznessel *(Ballota nigra)*

Borago officinalis

BORRETSCH

Auch bekannt als Gurkenkraut oder Herzfreude. Familie: Raublattgewächse *(Boraginaceae)*

Ursprünglich stammt diese Pflanze aus Kleinasien. Sie wurde jedoch in Europa und Nordamerika angesiedelt. Manchmal kann man verwilderte Exemplare dieser Art sogar auf Ödland finden.
Der Ursprung des Gattungsnamens ist nicht genau bekannt. Die französische Bezeichnung „bourrache" soll von einem alten Wort für „haarig" oder „behaart" abgeleitet sein, womit vermutlich die Blätter beschrieben wurden. Aber das Attraktive am Borretsch sind eher die leuchtend blauen Blüten. Man nimmt an, dass diese Farbe Ludwig XIV. veranlasst hat, die Pflanze in Versailles anbauen zu lassen.
Der walisische Name bezeichnet das Gurkenkraut als „Kraut der Freude", im Arabischen nennt man es „Vater des Schweißes" und die Kelten gaben ihm den Namen „borrach" („Mut").
Griechen und Römer glaubten, dass Borretsch sowohl eine beruhigende als auch eine anregende Wirkung habe.
Auch den Kreuzrittern wurde in den Abschiedstrunk Borretsch gemixt, um ihnen Mut zu verleihen.
Und die amerikanischen Siedler waren von der Wirkung des Gurkenkrauts so sehr überzeugt, dass sie Samen mit auf ihre lange Reise nahmen. Man fand Aufzeichnung aus dem Jahr 1631, die dies belegen.

Borretsch *(Borago officinalis)*

ARTEN

Borago officinalis
Borretsch
In der Regel einjährig; Höhe: 60 cm mit hohlen, borstigen und ausladenden Stängeln. Die sternförmigen Blüten sind leuchtend blau und erscheinen von Mai bis August. Die Blätter werden ca. 10 cm lang und 5 cm breit, sind sehr rau und oval geformt. Am Grund bilden sie eine Rosette ansonsten sind sie gegenständig.

***Borago officinalis* 'Alba'**
In der Regel einjährig; Höhe: 60 cm. Die Blüten, die ab Frühlingsende und während des ganzen Sommers erscheinen, sind weiß und sternförmig. Die Blätter sind borstig und oval. Diese Sorte wird verwendet wie *Borago officinalis.*

KULTIVIERUNG

Vermehrung
Geben Sie das Saatgut im März in Anzuchtschalen oder einzelne Samenkörner in kleine Töpfe. Versetzten Sie die Sämlinge möglichst bald an den gewünschten Standort, nach dem Abhärten und dem letzten Frost. Zwischen den Pflanzen lassen Sie einen Abstand von 50 cm, damit sie sich gut entwickeln. Nach 6 bis 8 Tagen keimt der Borretsch. Es dauert ca. 5 Wochen bis Sie die ersten Blätter ernten können.

Anfälligkeiten
Blattläuse können die Pflanzen befallen. Wenn diese überhand nehmen, bekämpfen Sie sie mit einem handelsüblichen Mittel.
Eine Krankheit, die gegen Ende der Saison auftreten kann, ist eine Art von Mehltau. Am besten graben Sie befallene Pflanzen aus und verbrennen sie.

Pflegemaßnahmen
Frühling: Aussaat.
Sommer: Aussaat. Wenn Sie nicht überall in Ihrem Garten Borretsch haben möchten, sollten Sie den Samen einsammeln. Entfernen Sie abgestorbene Blüten regelmäßig, um die Blütezeit zu verlängern.
Herbst: Wenn der Borretsch abstirbt, sammeln Sie die alten Pflanzen ein. Kompostieren Sie keine Blüten, da der ganze Garten sonst im nächsten Jahr von Borretsch überwuchert wird.
Winter: Borretsch blüht bis zum ersten richtigen Frost.

Gartenkultivierung
Borretsch bevorzugt einen gut durchlässigen, leichten, eher mageren Kalk- oder Sandboden.
Im März säen Sie das Saatgut 5 cm tief aus und im späten Frühjahr wiederholen Sie dies, um stets frischen Borretsch zur Verfügung zu haben.
Da sich die Pflanzen kräftig entwickeln, sollten sie in einem Abstand von 50 cm gesetzt werden.
Für Gartenausstellungen eignet sich das Gurkenkraut hervorragend und solange man verwelkte Blüten regelmäßig entfernt, bleibt eine lange Blütezeit gewährleistet.

Ernte
Wenn die Blüten geöffnet sind, pflücken Sie sie zur frischen Verwendung, zum Einfrieren oder Trocknen. Im Sommer ernten Sie die jungen Blätter. Sie werden frisch verzehrt. Bevor die Pflanze abstirbt, sammeln Sie den Samen und bewahren ihn in einem lichtgeschützten Behälter kühl auf.

Mischkulturen

Borretsch eignet sich gut für Mischkulturen mit Bohnen und Erdbeeren. Bienen lieben seine Blüten.
Ein weiterer Pluspunkt ist, dass Borretsch Blattläuse auf sich zieht und somit die anderen Pflanzen vor einem Befall schützt.
Außerdem fördert er ein gesundes Wachstum von Tomatenpflanzen.

Pflanzen in Kübeln

Für Behälter, die im Haus stehen ist Borretsch nicht geeignet. Im Freien jedoch, in große Tröge gepflanzt, kann das Gurkenkraut ausgezeichnet mit anderen großen Gewächsen kombiniert werden, z. B. mit Margeriten, Mohn und Kornblumen.

Warnung

Mit seinen Borstenhaaren kann der Borretsch Hautausschläge und -entzündungen hervorrufen.

Kulinarisches

Haben Sie Mut und versuchen Sie ein junges Blatt. Es mag haarig und vielleicht ein wenig kratzig sein, aber im Mund lösen sich die Haare auf und ein angenehmer Geschmack – wie der einer frischen Salatgurke – breitet sich aus.
In Salaten, mit Frischkäse, zu Joghurt und sogar zu einem Ei-Mayonäse-Sandwich schmeckt Borretsch vorzüglich. Die Blätter verleihen kalten Sommergetränken ein frisches Aroma und sie unterstützen eine salzlose Diät, da sie reich an Mineralsalzen sind.
Kombinieren Sie Gurkenkrautblätter mit Spinat oder würzen Sie damit eine Raviolifüllung.
Die Blüten schmecken ausgezeichnet in Salaten oder können als Kuchenverzierung kandiert werden.
Außerdem sind sie eine hübsche Garnierung für Häppchen oder Süßspeisen und auf Kaltschalen.

Gesichtspflege für trockene Haut
Zwei Hand voll Borretschblätter in eine Schüssel geben und 1,5 l kochendes Wasser darüber gießen. Rasch mit einem hölzernen Kochlöffel verrühren. Ein Handtuch über den Kopf legen und das Gesicht in etwa 30 cm Entfernung über das Wasser halten. Die Augen geschlossen halten und etwa 10 bis 15 Minuten über die Schüssel gebeugt bleiben. Anschließen das Gesicht mit lauwarmem Wasser abwaschen und mit einem Wattebausch eine Tinktur mit Schafgarbe darauf tupfen, um die Poren zu schließen.

Weitere Nutzung

Die getrockneten leuchtend blauen Blüten bringen Farbe in Potpourris.

Borretsch und Frischkäse

Heilkraft

Man sagt, dass Borretschtee fiebersenkend wirke, wenn man ihn heiß trinkt. Denn dadurch wird Schweiß produziert – Borretsch wirkt schweißtreibend – und so das Fieber gesenkt. Diese Eigenschaft macht Borretsch zu einem wirksamen Heilmittel bei Erkältungen und Grippe, vor allem, wenn diese sich auf die Lunge auswirken. Sowohl Blätter als auch Blüten sind reich an Kalium und Kalzium und deshalb zur Blutreinigung und als Stärkungsmittel geeignet.
Bei nervösem Herzleiden kann Borretschblütentee hilfreich sein.

Borretschtee

eine kleine Hand voll frische Borretschblätter
500 ml kochendes Wasser

Die Blätter mit kochendem Wasser übergießen und 5 Minuten ziehen lassen.

Natürlicher Schlaftrunk

3 TL frische Borretschblätter
1 Tasse kochendes Wasser
1 TL Honig
1 Scheibe Zitrone

Die grob gehackten Blätter in eine gewärmte Tasse geben und mit kochendem Wasser überbrühen.
Mit einer Untertasse abdecken und 5 Minuten ziehen lassen.
Den Tee durch ein Sieb gießen, die Flüssigkeit in einer Tasse auffangen und den Honig sowie die Zitronenscheibe hinzufügen.
Vor dem Zubettgehen heiß trinken.

Zwergbuchsbaum
(*Buxus sempervirens* 'Suffruticosa')

Buxus sempervirens

BUCHS

Auch bekannt als Palm. Familie: Buchsbaumgewächse (*Buxaceae*)

Der Buchsbaum kommt natürlich in Europa, Westasien und Nordafrika vor. Er wurde in der ganzen Welt verbreitet, und in Amerika findet man ihn entlang der Atlantikküste vor allem als Zier- und Heckenpflanze.
Die Bezeichnung „Buchs" stammt vom Lateinischen „buxus", was vom Griechischen „puxus" abgeleitet wurde und „kleine Schachtel" bedeutet. Früher war diese Pflanze in Europa weit verbreitet, aber die Nachfrage nach dem Holz, das doppelt so hart wie Eichenholz ist, führte dazu, dass die Buchsbäume radikal abgeholzt wurden. Das Holz hat eine feine Maserung. Es verzieht sich nicht und ist daher gut für Möbelstücke, gravierte Platten, Schnitzereien, Musik- und Navigationsinstrumente geeignet.
Heute wird die Pflanze nicht mehr in der Medizin verwendet, aber die ätherischen Öle, welche der Buchsbaum enthält, wurden früher zur Behandlung von Epilepsie, Syphilis und Hämorrhoiden verwendet und ebenso als Alternative zu Chinin bei der Behandlung von Malaria. Aus der Rinde wurde einst ein Parfüm hergestellt, und ein Gemisch aus Blättern und Sägemehl wurde als rötlichbraunes Haarfärbemittel eingesetzt. Wenn es regnet, duftet Buchsbaum moschusartig. Königin Anne hasste den Geruch so sehr, dass sie die Beeteinfassungen aus Buchsbaum im St. James Park (angelegt für ihre Nachkommen William und Mary gegen Ende des 17. Jahrhunderts) entfernen ließ.

ARTEN

Buxus balearica
Nicht ganz winterhart, immergrün; Höhe: 2 m. Die breiten, ovalen Blätter sind hellgrün. Für eine Hecke sollten Sie die Pflanzen in einem Abstand von 30 bis 40 cm setzen.

Buxus microphylla
Winterhart, immergrün; Höhe: 1m. Diese Art produziert viele dichte Blätter, die dunkelgrün, glänzend und rund bis oval sind. Eine attraktive Sorte dieser Art ist 'Green Pillow', die sich gut für Formschnitte eignet. Für eine Hecke sollten sie die Pflanzen in einem Abstand von 15 bis 25 cm setzen.

Buxus sempervirens
Winterhart, immergrün; Höhe und Breite: 5 m. Die Blätter sind glänzend grün und oval. Diese Art eignet sich gut für Trennwände und Ornamentschnitte. Für eine Hecke setzen Sie die Pflanzen in einem Abstand von 35 bis 45 cm.

***Buxus sempervirens* 'Elegantissima'**
Winterhart, immergrün; Höhe: 1 m. Die Blätter sind goldgrün. Um die Panaschierung zu erhalten, schneiden Sie die Pflanze regelmäßig. Diese Sorte wirkt besonders attraktiv für sich allein an einem gut sichtbaren Platz gepflanzt. Für eine Hecke setzen Sie die Pflanzen in einem Abstand von 30 bis 40 cm.

***Buxus sempervirens* 'Handsworthiensis'**
Winterhart, immergrün; Höhe: 3 m. Die Sorte hat breite, dunkelgrüne Blätter und zählt zu den schnell wachsenden Buchsbäumen mit dichtem Blattwerk, ideal zum Bewachsen von Trennwänden. Der Pflanzabstand für eine Hecke beträgt 35 bis 45 cm.

***Buxus sempervirens* 'Suffruticosa'**
Zwergbuchsbaum
Winterhart, immergrün; Höhe: 45 cm. Der Strauch bringt ein dichtes Blattwerk hervor, wächst aber langsam. In einem formal angelegten Kräutergarten bildet diese Sorte die ideale Beeteinfassung. Für eine Hecke wird sie auf etwa 15 cm Höhe gehalten und in einem Abstand von 15 bis 25 cm gepflanzt.

Buxus wallichiana
Himalajabuchsbaum
Winterhart, immergrün; Höhe: 2 m. Wächst langsam und trägt lange, glänzende Blätter. Für eine Hecke beträgt der Pflanz-abstand 30 bis 40 cm.

Buchs (*Buxus sempervirens*)

Kultivierung

Vermehrung
Ableger: Buchsbaum wird aus Ablegern gezogen, die man im Frühjahr von jungen Trieben nimmt. Verwenden Sie ein Rinden-Torf-Sand-Gemisch. Halten Sie die Ableger feucht, an einem kühlen Ort im Schatten. Nach 3 bis 4 Monaten werden sie wurzeln.
Wenn Sie eine beheizbare Saatkiste besitzen, werden die Ableger bei einer Temperatur von 21 °C nach 6 bis 8 Wochen wurzeln.
Besprühen Sie die Pflanzen regelmäßig. Sobald die Ableger wurzeln, werden sie in erdehaltigen Kompost umgetopft oder ausgepflanzt, wobei der Abstand sich nach der Art bzw. Sorte richtet.
Sie können auch schwach verholzte Ableger im Sommer nehmen, wobei Sie das gleiche Kompostgemisch verwenden wie oben. Das Anwurzeln dauert dann etwa 2 Monate länger, mit einer beheizbaren Saatkiste jedoch nur 3 bis 4 Wochen.

Anfälligkeiten
Wenn Sie weiße Ablagerungen auf den Pflanzen entdecken, sehen Sie genauer hin. Sie werden feststellen, dass sich einige Blätter eingerollt haben. Im Inneren werden Sie eine sehr kleine Raupe entdecken. Beschneiden Sie die Pflanze und werfen Sie die entfernten Teile in den Müll. Anschließend besprühen Sie die Gewächse mit einem speziellen Mittel aus dem Gartencenter.

Pflegemaßnahmen
Frühling: Ableger nehmen; schnell wachsende Sorten schneiden.
Sommer: Schwach verholzte Ableger nehmen; Hecken schneiden.
Herbst: Zurückschneiden.
Winter: Kein Schutz nötig.

Buxus sempervirens **'Elegantissima'**

Gartenkultivierung
Die Pflanze ist äußerst langlebig. Sie kann 600 Jahre überstehen. Buchsbaum gedeiht auf Kalkstein und Kreideböden; er bevorzugt alkalische Erde, ist aber gegenüber allen Böden tolerant, sofern diese nicht nass sind. Er verträgt Sonne und Halbschatten.
Hecken dienen als Begrenzungen im Garten, sie konturieren, schützen und betonen. Die Vorbereitung der Pflanzstelle für Hecken entspricht der eines Kräutergartens.
Wenn Sie Buchsbäume besonders eng pflanzen möchten, ist es wichtig, dass Sie den Boden zunächst ausreichend mit schnell verrottendem Dünger oder Gartenkompost versorgen.
Für eine Begrenzungshecke sollten Sie eine Breite von 60 cm planen, wohingegen für schmale Hecken innerhalb des Gartens 30 cm genügen. Die Pflanzabstände variieren nach Art und Sorte. Wenn Sie *B. sempervirens* oder *B. sempervirens* 'Handsworthiensis' verwenden, die rasch wachsen, schneiden Sie die Pflanzen im Frühjahr und gegen Ende des Sommers bzw. zu Herbstbeginn zurück. Die langsam wachsenden Arten nur im Sommer schneiden. Für die Form einer dichten Hecke gilt: unten breit, im weiteren Verlauf abgerundet, aber nicht zu flach, um Schäden bei starkem Schneefall zu vermeiden.

Pflanzen in Kübeln

Buchsbaum, vor allem die langsam wachsenden Arten, eignet sich hervorragend für eine Kübelbepflanzung. *Buxus sempervirens* 'Elegantissima' kommt z. B. in einem Terrakottatopf gut zur Geltung. Diese Gewächse sind äußerst pflegeleicht. Verwenden Sie erdehaltigen Kompost, Flüssigdünger im Frühjahr und gießen Sie im Winter sparsam.

Weitere Nutzung

Buchsbaumholz ist bei Möbelherstellern und Drechslern sehr beliebt, da es nicht faserig ist.

Eine verzierte Mahagonischachtel mit Buchsbaumholzkästchen

Heilkraft

Es ist ratsam, diese Pflanze nicht in Selbstversuchen anzuwenden. Buchsbaum wird in der Homöopathie intensiv genutzt. Eine Tinktur aus frischen Blättern soll bei Fieber, Rheuma und Blasenentzündungen helfen.

Warnung

Tiere starben nach dem Verzehr von Buchsbaumblättern. Alle Teile der Pflanze sind giftig! Es ist gefährlich, sie innerlich anzuwenden, und man sollte sie nie für Eigenbehandlungen sammeln. Vergiftungserscheinungen sind Erbrechen, Bauchschmerzen und blutige Diarrhö.

Calamintha

Bergminze

Familie: Lippenblütler *(Labiatae)*

Die Berminze stammt aus Europa und ist heute überall in gemäßigten Zonen verbreitet. Sie wird seit dem 17. Jahrhundert kultiviert, und Aufzeichnungen von Kräuterkundigen belegen, dass die Bergminze vor allem Frauen verschrieben wurde.

Arten

Calamintha grandiflora
Großblütige Bergminze
Winterhart, mehrjährig; Höhe: 35 cm. Aus dem kriechenden Wurzelstock wachsen quadratische Stängel. Vom Sommer bis in den Herbst zeigen sich dichte Spiralen von lilafarbenen Blüten über den nach Minze duftenden, gezähnten, ovalen Blättern.

***Calamintha grandiflora* 'Variegata'**
Buntblättrige Bergminze
Winterhart, mehrjährig; Aussehen wie *C. grandiflora,* aber bunte Blätter.

Calamintha nepeta
Echte Bergminze
Mehrjährig; Höhe 30 bis 60 cm. Kleine lilaweiße Blüten zeigen sich vom Sommer bis zum Herbstanfang. Stängel und Blätter sind mit feinen, flaumigen Haaren überzogen. Der Duft dieser Art lockt Schmetterlinge und Bienen an.

Calamintha sylvatica
Aufsteigende Bergminze
Winterhart, mehrjährig; Höhe: 30 cm. Vom Spätsommer bis in den frühen Herbst erscheinen blassviolette Blüten.

Echte Bergminze *(Calamintha nepeta)*

Die Blätter sind oval, fein gezähnt und duften nach Minze.

Kultivierung

Vermehrung
Aussaat: Säen Sie den feinen Samen im Frühjahr oder Herbst entweder am endgültigen Standort oder in Schalen, die Sie mit etwas Perlit abdecken.
Wenn Sie im Herbst in Schalen säen, lassen Sie die Samen im Freien unter Glas überwintern. Manchmal ist eine Aussaat im Herbst erfolgreicher, da der Samen dann jedem Wetter ausgesetzt ist, was die Keimung positiv beeinflussen kann. Sobald die Sämlinge groß genug sind, werden sie in einen großen Topf mit einem Rinden-Torf-Sand-Gemisch verpflanzt oder im späten Frühjahr direkt an den gewünschten Platz, nachdem sie abgehärtet wurden.
Ableger: Nehmen Sie Ableger von jungen Trieben im Frühjahr. Diese Methode ist vor allem für die buntblättrige Sorte geeignet. Sie gedeihen problemlos, müssen aber im Schatten stehen, bis sie vollständig wurzeln und sie dürfen nicht austrocknen. Sobald die Ableger völlig abgehärtet sind, setzen Sie sie in den Garten.
Teilung: Wenn die Pflanzen kräftig genug sind, können sie im Frühjahr oder Herbst geteilt werden.
Setzen Sie die Pflanzen sofort an den vorbereiteten Standort oder in Töpfe. Verwenden Sie ein Rinden-Torf-Sand-Gemisch. Wenn Sie die Teilung im Herbst vornehmen, überwintern Sie die Pflanzen in einem Kalthaus.

Anfälligkeiten
Die Blätter duften stark, sodass die Pflanze nicht von Schädlingen befallen wird.

Pflegemaßnahmen
Frühling: Aussaat; nehmen Sie Ableger von neuen Trieben.
Sommer: Schneiden Sie die Pflanzen nach der ersten Blüte zurück; Flüssigdüngergaben für eine zweite Blüte.
Herbst: Aussaat; Pflanzen nach der zweiten Blüte zurückschneiden.
Winter: Unter –4 °C müssen die Pflanzen mit Farn, Stroh oder Kiefernnadeln geschützt werden.

Gartenkultivierung
Die Bergminze bevorzugt einen sonnigen Standort in gut durchlässiger, nährstoffarmer Erde. Die Blätter von *Calamintha grandiflora* 'Variegata' werden leicht versengt und benötigen deshalb etwas Schatten.

Ernte
Pflücken Sie die Blüten und Blätter, um sie frisch oder getrocknet zu verwenden.

Kulinarisches

Die Blätter von *C. nepeta* haben einen minzeartigen Geschmack und können zu Salaten und für erfrischenden Tee verwendet werden.

Pflanzen in Kübeln

Im Haus sollte man die Bergminze nicht in Kübel pflanzen, im Freien dagegen kommt sie gut zur Geltung. Verwenden Sie ein Rinden-Torf-Sand-Gemisch und Behälter, die mindestens einen Durchmesser von 12 cm haben. *C. grandiflora* 'Variegata' wirkt in einem Terrakottatopf besonders hübsch.

Heilkraft

Bei Koliken hilft ein Tee von getrockneten Blättern. Verwenden Sie frische Blätter als Umschlag bei blauen Flecken.

Calomeria amaranthoides (Humea elegans)

WEIHRAUCH

Familie: Korbblütler *(Compositae)*

Der Ursprung der Pflanze ist Südaustralien, Afrika und Madagaskar. Die lateinische Bezeichnung „Humea" wurde zu Ehren von Lady Hume von Wormleybury gewählt und im Jahr 1993 in „Calomeria" umgewandelt. Der Weihrauch war besonders in Viktorianischer Zeit beliebt.

Weihrauchblüten
(Calomeria amaranthoides)

ARTEN

Calomeria amaranthoides
Weihrauch
Zarte zweijährige Pflanze (manchmal nur einjährig); Höhe: bis zu 1,8 m. Unscheinbare, zarte, korallenfarbene Blütenstände erscheinen zahlreich an langen Zweigen.
Die Pflanze hat große, ovale, grüne Blätter.

Warnung: Die Blätter können Reizungen und das gleiche Brennen auf der Haut hervorrufen wie die Weinraute.
Der Duft kann zu Atembeschwerden führen; während der Blüte verbreitet die Pflanze viele Pollen und kann Asthma-Anfälle hervorrufen.

KULTIVIERUNG

Vermehrung
Aussaat: Die zweijährige Pflanze zieht man aus dem Samen, der nur kurze Zeit keimfähig ist. Sammeln Sie ihn im Sommer von den Pflanzen, sobald er reif ist, und geben Sie ihn in vorbereitete Anzuchtschalen oder Töpfe. Verwenden Sie ein Rinden-Torf-Sand-Gemisch und lassen Sie die Samen ohne Schutz stehen. Im Winter stellen Sie die Töpfe in ein Kalthaus und bedecken sie mit Glas oder Plastik.
Die Keimung dauert sehr lange. Sobald die Sämlinge erscheinen, topfen Sie um, ohne die Wurzeln zu beschädigen. Stellen Sie die Sämlinge an einen kalten, frostfreien Standort und halten Sie die Wurzeln im Winter fast trocken. Im Frühjahr steigern Sie die Wassergaben nach und nach und topfen um.

Anfälligkeiten
Als Kübelpflanze kann Weihrauch von der Grünen Blattlaus und der Spinnmilbe befallen werden. Verwenden Sie ein handelsübliches Mittel, um die Plage zu bekämpfen.

Pflegemaßnahmen
Frühling: Einjährige auspflanzen; Zweijährige umtopfen.
Sommer: Regelmäßig düngen und gießen; Aussaat.
Herbst: Schützen Sie einjährige Pflanzen.
Winter: Pflanzen vor Frost schützen und Wassergaben stark reduzieren.

Gartenkultivierung
Setzen Sie die Pflanzen erst ins Freie, wenn die Nachttemperaturen nicht mehr unter 4 °C abfallen. Wählen Sie einen windgeschützten Standort und binden Sie die Pflanzen an. Grundsätzlich ist es besser, Weihrauch als Hauspflanze zu ziehen, dann kann man auch den angenehmen Duft genießen.

Ernte
Sammeln Sie im Sommer die Blüten zum Trocknen. Sie eignen sich gut für Potpourris.

PFLANZEN IN KÜBELN

Weihrauch hat einen hohen Zierwert und ist sehr gut als Kübelpflanze geeignet. Er kann bei richtiger Pflege bis zu 1,5 m hoch werden. Verwenden Sie ein Rinden-Torf-Sand-Gemisch, topfen Sie regelmäßig bis zu einer maximalen Topfgröße von 30 cm Durchmesser um und düngen Sie mit Flüssigdünger. Die Pflanze hat im Topf eine relativ kurze Lebensdauer. Setzen Sie den Kübel in die volle Sonne und gießen Sie während der Wachstumsperiode regelmäßig.

WEITERE NUTZUNG

Verwendung in Potpourris.

Calendula officinalis

RINGELBLUME

Auch bekannt als Ringelrose, Sonnwendblume, Studentenblume oder Totenblume.
Familie: Korbblütler *(Asteraceae)*

Die Heimat der Ringelblume sind die Mittelmeerländer und der Iran. Sie wurde auf der ganzen Welt als Gartenpflanze kultiviert. Als Erstes wurde die Sonnwendblume von indischen und arabischen Kulturen genutzt und dann von den alten Ägyptern und Griechen „entdeckt".
Die Ägypter schätzten die Pflanze als verjüngendes Kraut und die Griechen garnierten und aromatisierten Lebensmittel mit den Blütenblättern. Der Gattungsname stammt von dem lateinischen Wort „calendae", was den Ersten des Monats bezeichnet.
Im Mittelalter wurde die Pflanze als Symbol der Liebe betrachtet, und sie war eine der wichtigsten „Zutaten" eines komplizierten Zauberspruchs, mit dessen Hilfe eine junge Frau erfahren sollte, wen sie heiraten würde. Wenn man von Ringelblumen träumte, bedeutete das etwas Gutes und der bloße Anblick der Blume sollte böse Gedanken vertreiben.
Im Amerikanischen Bürgerkrieg wurden die Blätter der Ringelblume in Lazaretten verwendet, um offene Wunden zu behandeln.

ARTEN

Calendula officinalis
Ringelblume
Einjähriges Kraut; Höhe: 60 cm. Die Gänseblümchen ähnlichen, gelben bis orangefarbenen Blüten erscheinen von Juni bis Oktober. Die Blätter sind hellgrün, lanzettförmig und duften.

Ringelblume
(Calendula officinalis)

KULTIVIERUNG

Vermehrung
Aussaat
Die Samen werden im Herbst in Töpfe oder einzeln in Anzuchtschalen gegeben und mit Kompost bedeckt. Sie können so überwintert werden. Nach dem letzten Frost werden sie in einem Abstand von 30 bis 45 cm ausgepflanzt.

Anfälligkeiten
Nacktschnecken lieben die Blätter junger Ringelblumen. Stellen Sie Schnecken-

fallen auf, z. B. eine mit Bier gefüllte Schale.
Gegen Ende der Saison können die Pflanzen von Blattläusen befallen werden. Im Anfangsstadium können Sie die Schädlinge abwischen und befallene Teile entfernen. In fortgeschrittenem Stadium behandeln Sie die Pflanzen mit einem handelsüblichen Mittel.
Gegen Ende der Saison werden die Blätter manchmal von einem puderigen Mehltau überzogen. Schneiden Sie befallene Teile der Pflanze ab und verbrennen Sie sie.

Pflegemaßnahmen
Frühling: Aussaat im Garten.
Sommer: Entfernen Sie einige Blüten, um das Blütenwachstum anzuregen.
Herbst: Den Samen geschützt aussäen.
Winter: Junge Pflanzen schützen.

Gartenkultivierung
Die Ringelblume gedeiht auf jedem Boden, vorausgesetzt er ist nicht zu nass, bevorzugt aber einen sonnigen Standort.
Die Blüten sind gegenüber Temperaturschwankungen und Feuchtigkeit empfindlich. Regen Sie eine dauerhafte Blüte an, indem Sie die Blüten regelmäßig ausputzen.
Die Pflanzen vermehren sich zwar durch Selbstaussaat, werden jedoch nie zur Plage. Die Keimung bei Selbstaussaat findet in unseren Breiten gewöhnlich erst im nächsten Frühjahr statt. Im nächsten Sommer zeigen sich Blüten.

Ernte
Zum frischen Gebrauch und zum Trocknen pflücken Sie die Blüten im Sommer, sobald sie sich öffnen. Trocknen Sie die Blüten bei geringer Wärme. Sie können ein farbiges Öl herstellen. Pflücken Sie junge Blätter zum frischen Gebrauch.

KULINARISCHES

Die Blütenblätter werden zum Färben von Butter, Käse und – als „Armer-Leute-Safran" – von Reis verwendet. Sie schmecken außerdem in Salaten und Omelettes köstlich und verleihen Tee ein interessantes Aroma. Junge Blätter können in Salate gemischt werden.

Ringelblumentörtchen
(ergibt 18 Törtchen)

100 g weiche Butter
100 g Zucker
2 Eier
100 g mit Backpulver vermischtes Mehl
1 TL Backpulver
2 EL frische Ringelblumenblüten

Butter, Zucker, Eier, gesiebtes Mehl und Backpulver in eine Schüssel geben und vermischen, bis ein glatter, glänzender Teig entsteht. $1\frac{1}{2}$ Esslöffel Ringelblumenblüten hinzufügen. Den Teig in Alu- oder Papierbackförmchen geben und einige Blüten mit etwas Zucker vermischt über die Törtchen streuen.
Im Ofen bei 160 °C etwa 25 bis 30 Minuten backen.

PFLANZEN IN KÜBELN

Ringelblumen sehen in Kübeln prächtig aus und lassen sich gut mit anderen Pflanzen kombinieren. Sie kommen auf dem Fensterbrett gut zur Geltung. Verwenden Sie ein Rinden-Torf-Sand-Gemisch. Dünnen Sie neue Triebe aus. Entfernen Sie einige Blütenköpfe, um die Blüte anzuregen.

WEITERE NUTZUNG

Es gibt viele Haut- und Kosmetikpräparate, die Ringelblume enthalten. Zerreiben Sie die Blüten und verwenden Sie sie als Hautlotion, um große Poren zu schließen, der Haut Nährstoffe zu geben und Pickel zu bekämpfen.

HEILKRAFT

Ringelblumen beinhalten antiseptische, pilzbekämpfende und antibakterielle Wirkstoffe, die die Heilung unterstützen. Legen Sie bei Verbrennungen, Verbrühungen oder Insektenstichen eine Kompresse aus den Blüten auf. Eine kalte Lösung kann als Augenkompresse bei Bindehautentzündung und bei der Behandlung von Soor helfen. Der Saft aus den Stängeln soll Warzen, Hühneraugen und Schwielen entfernen.

Ringelblumen-Hautlotion

Carum carvi

KÜMMEL

Familie: Doldenblütler *(Umbelliferae)*

Die Heimat des Kümmels ist Europa, Asien und Indien. Er wächst in fast allen feuchtwarmen Gebieten der Erde und wird in sehr vielen Ländern angebaut, insbesondere in Deutschland, Holland und Bulgarien.

Der Name wurde von dem alten arabischen Wort für Samen, „karawya“, abgeleitet. Die alten Ägypter verwendeten den Samen als Gewürz und als Heilmittel. Man fand tatsächlich Kümmelsamen aus der Mittelsteinzeit, was bedeutet, dass dieses Kraut schon seit mindestens 5000 Jahren verwendet wird. Man hat außerdem in den Überresten von Mahlzeiten aus der Steinzeit und in ägyptischen Gräbern Kümmelsamen gefunden sowie an den Rastplätzen der Karawanen auf der Seidenstraße.

Vermutlich gelangte *Carum carvi* erst im 13. Jahrhundert nach Europa, aber er hinterließ einen bleibenden Eindruck. Im 16. Jahrhundert, als in Shakespeares Heinrich IV. Falstaff ein Tafelapfel und eine Schale mit Kümmel gereicht wurde, war das Gewürz bereits ein traditioneller Abschluss bei elisabethanischen Festessen. Die Beliebtheit des Kümmels stieg etwa 250 Jahre später weiter an, als Königin Victoria Prinz Albert heiratete, der deutlich machte, dass er die Vorliebe seiner Landsleute für Kümmel teilte.

Jedem Kraut, das bereits in alter Zeit bekannt war, wurden auch magische Kräfte zugesprochen. Die Kraft des Kümmels lag darin, dass er Hexen fern hielt und Liebhaber vom Fremdgehen abhielt – diese Eigenschaft des Krauts sollte selbst Hühner und Tauben standhaft machen …

ARTEN

Carum carvi
Kümmel
Winterhart, zweijährig; Höhe im ersten Jahr: 20 cm, im zweiten Jahr: 60 cm.
Die weißen bzw. rosaroten Blüten zeigen sich im Frühsommer in doldigen Büscheln. Die Blätter sind zwei- bis dreifach gefiedert und hellgrün. Die dicke Wurzel verjüngt sich. Der Kümmel ist nicht sehr dekorativ.

Kümmel (Carum carvi)

KULTIVIERUNG

Vermehrung
Aussaat: Am besten sät man zu Herbstbeginn, wenn der Samen frisch ist. Der bevorzugte Standort liegt in der vollen Sonne oder im Halbschatten, in gut durchlässigem Boden.

Wenn Sie die Kümmelwurzeln ernten möchten, säen Sie in Reihen und behandeln die Pflanzen wie Gemüse.
Dünnen Sie die Gewächse in einem Abstand von 20 cm aus und halten Sie sie frei von Unkraut.
Kümmel, der aus Samen gezogen wurde, wird im folgenden Sommer geerntet; die Wurzeln werden im zweiten Herbst geerntet.

Wenn Sie im Frühjahr aussäen möchten, können Sie in Saatrillen säen, sobald sich der Boden erwärmt hat. Sie können auch in Anzuchtschalen säen, um eine Störung der empfindlichen Wurzeln beim Umtopfen gering zu halten. Bedecken Sie den Samen mit Perlit. Topfen Sie um, wenn die Sämlinge groß genug sind, und setzen Sie die Pflanzen im Herbst in den Garten.

Anfälligkeiten
Kümmel wird manchmal von der Möhrenfliege befallen. Die Larven dieses Schädlings graben sich in die Wurzeln. Der einzige Weg, die Plage loszuwerden, besteht darin, befallene Pflanzen herauszuziehen und in den Müll zu werfen.

Pflegemaßnahmen
Frühling: Unkraut entfernen; Aussaat.
Sommer: Blüten und Blätter pflücken.
Herbst: Samen und Wurzeln der zwei Jahre alten Pflanzen ernten; Aussaat.
Winter: Schutz ist nur in sehr kalten Wintern nötig.

Gartenkultivierung
Bereiten Sie das Saatbeet im Garten gut vor. Die Erde sollte gedüngt und frei von Unkraut sein. Dünnen Sie die Pflanzen, sobald sie kräftig genug sind, aus, sodass sie in einem Abstand von 20 cm stehen.

Ernte
Ernten Sie die Dolden im Sommer, kurz bevor die ersten Samen ausfallen, ernten Sie die Samen. Hängen Sie die Dolden mit dem Kopf nach unten über einer Schale an einem luftigen Platz auf. Früher wurde der frisch gesammelte Samen überbrüht, um ihn von Insekten zu befreien und anschließend in der Sonne zu trocknen, bevor man ihn einlagerte. Man kann den Samen aber auch in einem luftdichten Behälter aufbewahren. Pflücken Sie junge Blätter für Salate. Zum Trocknen nicht geeignet.
Graben Sie die Wurzeln im zweiten Herbst als Futterpflanze aus.

Pflanzen in Kübeln

Kümmel ist nicht als Kübelbepflanzung geeignet.

Kümmel-Käse-Kartoffeln

Kulinarisches

Normalerweise wird in Rezepten nur der Kümmelsamen verwendet. Kümmelkuchen war in Viktorianischer Zeit ein fester Bestandteil zur „teatime“. Heute wird Kümmel sowohl für pikante Gerichte als auch für Süßspeisen verwendet. Auch als Gewürz wird das Kraut auf Grund seines starken und intensiven Aromas geschätzt. Man gibt es zu Sauerkraut und benötigt es für Kümmelschnaps.
Zu schweren Gerichten wie Gänse- oder Entenbraten schmeckt Kümmel nicht nur, sondern er fördert auch die Verdauung. Um intensiven Kohlgeschmack zu mildern, gibt man etwas Kümmel in das Kohlwasser. Auch zu Apfelkuchen, Biskuits, gebackenen Äpfeln und Käse passt Kümmel. Die Kümmelwurzel kann wie Gemüse gekocht werden, und die jungen Blätter gibt man gehackt in Suppen und Salate.

Kümmel-Käse-Kartoffeln
(4 Personen)

4 große Kartoffeln
100 g geriebener Greyerzer Käse
2 TL Kümmel

Die Kartoffeln gründlich säubern, aber nicht pellen und der Länge nach halbieren. Mit Alufolie umhüllen und jede Hälfte mit etwas geriebenem Käse und Kümmel bestreuen. Den Ofen auf 180 °C vorheizen und die Kartoffeln 35 bis 45 Minuten überbacken, bis sie weich sind.

Kümmelsamen

Heilkraft

Die frischen Blätter, Wurzeln und Samen wirken verdauungsfördernd. Kauen Sie den Samen roh oder trinken Sie ihn, um den Appetit und die Verdauung anzuregen und Blähungen nach dem Essen zu erleichtern. Ein Aufguss wird aus 3 Teelöffeln zerstoßenem Samen und 1/2 Tasse Wasser zubereitet.

Weitere Nutzung

Tauben sollen dem heimischen Schlag treu bleiben, wenn gebackener Kümmelteig ausgestreut wird.

Cedronella canariensis (triphylla)

GILEADBALSAM

Familie: Lippenblütler *(Labiatae)*

Die Heimat von *Cedronella canariensis* liegt zwar auf Madeira und den Kanarischen Inseln, aber die Pflanze ist heute in vielen gemäßigten Gebieten der Welt verbreitet.
Als Gileadbalsam bezeichnete man viele Pflanzen, die einen moschus-, eukalyptus- oder kampferartigen Geruch verströmen. Die Königin von Saba schenkte Salomon einen Gileadbalsam der Art *Commiphora opobalsamum,* ein aromatischer Wüstenstrauch, der in Israel gedeiht. Heute steht diese Pflanze unter Naturschutz und darf nicht exportiert werden.
Bei dem Gileadbalsam, der in der Bibel erwähnt wird („Gibt es hier keinen Gileadbalsam; ist hier kein Arzt?"), dachte man zunächst, es handle sich um einen aromatischen Strauch der Art *Commiphora meccanensis.* Heute vermutet man, dass damit das Harz von *Balsamodendron opobalsamum* gemeint war, eine Pflanze, die inzwischen leider ausgestorben ist.
Medizinisch wertvoll ist die Art *Populus balsamifera.* Dieser Baum stammt aus Nordamerika und ist in vielen gemäßigten Regionen zu finden. Seine großen, dunkelgrünen Blätter, die an der Unterseite weißlich sind, treiben früh im Jahr und duften zunächst stark nach Balsam. Dieser Eigenschaft hat der Baum seinen deutschen Namen, Balsampappel, zu verdanken.

Balsampappel *(Populus balsamifera)*

ARTEN

Cedronella canariensis (triphylla)
Gileadbalsam
Nicht ganz winterhart, immergrün; Höhe: 1 m. Die Blätter duften nach Eukalyptus und stehen an Zweigen mit quadratischem Querschnitt. Im Sommer zeigen sich pink- oder mauvefarbene Blüten. Die Samenstände sind schwarz.

Kultivierung

Vermehrung
Aussaat: Der kleine Samen wird direkt auf die Oberfläche eines vorbereiteten Topfs oder einer Anzuchtschale gestreut und mit Perlit bedeckt. Eine Keimung ist nicht sicher, aber eine Bodenwärme von 20 °C kann hilfreich sein. Wenn Sie eine Bodenheizung verwenden, darf der Kompost nicht austrocknen. Sie sollten ihn nach Bedarf mit etwas Wasser besprühen. Die Sämlinge zeigen sich nach 2 bis 6 Wochen. Sobald sich zwei Blätter gebildet haben, pflanzen Sie die Sämlinge am gewünschten Platz in einem Abstand von 1 m aus.
Ableger: Diese Methode der Vermehrung ist zuverlässiger als Aussaat. Nehmen Sie im Frühsommer vor der Blüte Ableger von frischen Trieben oder Anfang Herbst von schwach verholzten Stängeln. Verwenden Sie ein Rinden-Torf-Sand-Gemisch.

Anfälligkeiten
Nur die Sämlinge neigen zur Fäulnis.

Pflegemaßnahmen
Frühling: Aussaat unter Schutz. In einer warmen Region kann sich die Pflanze durch Selbstaussaat vermehren; reiben Sie die Blätter von einigen Sämlingen, die sich selbst ausgesät haben, um am Geruch festzustellen, ob es sich um einen Gileadbalsam handelt oder um eine junge Nessel (Vorsicht, damit Sie sich nicht brennen!).
Pflanzen, die in Kübeln überwintert wurden, umtopfen und mit Flüssigdünger versorgen.
Sommer: Nach der Blüte zurückschneiden, um neues Wachstum anzuregen, von dem Sie später Ableger nehmen können.

Gileadbalsam
(Cedronella canariensis)

Herbst: Stängelableger nehmen; Samen sammeln.
Winter: Schützen Sie die Pflanzen vor Frost.

Gartenkultivierung
An einem geschützten Platz gedeiht der Gileadbalsam prächtig. Er benötigt einen gut durchlässigen Boden, volle Sonne und bevorzugt einen Platz an einer warmen, windgeschützten Mauer. Sie sollten die Pflanze in einem Abstand von etwa 1 m zu anderen Gewächsen setzen, da sie sehr ausladend ist.
Cedronella canariensis ist eine empfindliche Pflanze und benötigt bei Temperaturen unter –2 °C Schutz. Entweder stellen Sie sie in ein Kalthaus oder in einen Wintergarten, oder Sie umhüllen sie mit Spezialmatten.

Ernte
Pflücken Sie die Blätter zum Trocknen, bevor sich die Blüten öffnen, dann duften sie am intensivsten. Die Blüten können Sie kurz nach dem Öffnen zum Trocknen sammeln, oder Sie entfernen nach der Blüte die schwarzen Köpfchen, die sich gut für Trockensträuße eignen. Den Samen können Sie abnehmen, wenn die Blütenköpfe beim Schütteln klappern. Lagern Sie den Samen in einem luftdichten Behälter bis zur Aussaat im Frühjahr.

Heilkraft

Zerreiben Sie die Blätter und inhalieren Sie den Duft, um den Kopf zu befreien. Reiben Sie die Blätter auf die Haut, um Stechmücken fern zu halten. Man sagt, Gileadbalsam sei ein Aphrodisiakum … kein Kommentar.

Pflanzen in Kübeln

Der Gileadbalsam ist gut als Kübelpflanze geeignet. Für eine ausgewachsene Pflanze muss der Topf einen Durchmesser von etwa 25 cm haben. Verwenden Sie einen gut durchlässigen Kompost. Im Sommer düngen Sie ausgewachsene Pflanzen einmal im Monat mit Flüssigdünger. Wenn die Pflanze in einem Wintergarten steht, erfüllt der Duft der Blätter die Luft. Die Blüten halten lange und wirken den ganzen Sommer über sehr attraktiv. Im Winter reduzieren Sie die Wassergaben auf ein absolutes Minimum.

Weitere Nutzung

Getrocknete Blätter passen gut zu würzig duftenden Potpourris mit Zedernholzstücken, Rosenholz, Piniennadeln, Zypressen- und Pinienöl. Für ein belebendes Bad geben Sie eine Lösung aus Gileadbalsamblättern in das Badewasser.

Chamaemelum nobile

RÖMISCHE KAMILLE

Familie: Korbblütler *(Asteraceae)*

Die Römische Kamille wächst in Europa, Nordamerika und vielen Ländern anderer Kontinente wild. Man findet sie auf Weideland und anderen grasigen Plätzen auf sandigen Böden.
Der Gattungsname, „Chamaemelum", wurde von dem griechischen Wort „khamaimelon", was „Erdapfel" bedeutet, abgeleitet.

Färberkamille
(Anthemis tinctora)

ARTEN

Anthemis tinctora
Färberkamille
Winterhart, mehrjährig, immergrün; Höhe und Breite: 1 m. Gelbe bis orangefarbene Blüten erscheinen im Sommer. Die Blätter sind farnartig. Eine Sorte mit besonders großen Blütenköpfen ist 'Grallagh Gold'.

Chamaemelum nobile
Römische Kamille
Winterhart, mehrjährig, immergrün; Höhe: 10 cm, Breite: 45 cm. Im Sommer erscheinen weiße Blüten mit einem gelben Zentrum. Die Blätter duften süß und sind mehrfach gefiedert. Als Bodendecker ist die Römische Kamille hervorragend geeignet. Man kann sie als Rasen anpflanzen, sie muss aber regelmäßig geschnitten werden.

***Chamaemelum nobile* 'Flore Pleno'**
Gefüllte Kamille
Winterhart, mehrjährig, immergrün; Höhe: 8 cm, Breite: 30 cm. Die weißen bis blassgelben Blüten erscheinen im Sommer. Die mehrfach gefiederten Blätter duften süß. Diese Sorte eignet sich als Bodendecker, zwischen Pflastersteinen und als Rasenpflanzung. Ihr Wuchs ist kompakter als bei der Römischen Kamille und sie lässt sich gut mit *Chamaemelum nobile* 'Treneague' kombinieren.

***Chamaemelum nobile* 'Treneague' *(Anthemis nobile* 'Treneague')**
Rasenkamille
Winterhart, mehrjährig, immergrün; Höhe: 6 cm, Breite: 15 cm. Diese Sorte bildet keine Blüten. Die Blätter sind mehrfach gefiedert und duften. Als Bodendecker oder Rasenpflanzung ist die Rasenkamille hervorragend geeignet. Die Pflanzen werden in einem Abstand von 10 bis 15 cm in einen gut durchlässigen Boden gesetzt.

Matricaria chamomilla
Echte Kamille
Winterhart, einjährig; Höhe: 50 cm, Breite: 10 cm. Die duftenden, weißen Blüten mit gelben Röhrenblüten erscheinen von Mai bis September. Diese Art wird hauptsächlich für medizinische Zwecke verwendet.

KULTIVIERUNG

Vermehrung
Aussaat: Färberkamille, Echte und Römische Kamille können aus Samen gezogen werden. Geben Sie den Samen in eine Saat- oder Anzuchtschale. Verwenden Sie ein Rinden-Torf-Sand-Gemisch und bedecken Sie das Ganze mit Perlit. Die Samen benötigen eine Bodenwärme von 19 °C. Nach dem Abhärten werden die Sämlinge ausgepflanzt oder umgetopft.
Ableger: Die beschriebenen Kultursorten können nur über Ableger vermehrt werden. Nehmen Sie im Frühjahr und Herbst Ableger von jungen Trieben. Da die Ableger Luftwurzeln haben, gedeihen sie problemlos.
Teilung: Alle mehrjährigen Kamillenarten sind dankbar, wenn im Frühjahr zwei- bzw. dreijährige Pflanzen geteilt werden.

Römische Kamille
(Chamaemelum nobile)

Anfälligkeiten
Keine Art wird von Schädlingen oder Krankheiten befallen.

Pflegemaßnahmen
Frühling: Ausläufer entfernen; Aussaat. Füllen Sie Lücken, die sich in einem Kamillenrasen zeigen. Kräftige Pflanzen teilen; düngen.
Sommer: Gut wässern, damit die Pflanzen nicht austrocknen. Rasenpflanzungen im ersten Jahr regelmäßig schneiden, damit sich die Kamille gut ausbreitet. Im Spätsommer sammeln Sie die Blüten der Färberkamille und schneiden die Pflanzen auf 6 cm zurück, um

Färberkamille
(Anthemis tinctoria)

neues Wachstum anzuregen.
Herbst: Ableger nehmen; Pflanzen teilen; zurückschneiden, um frisches Wachstum anzuregen; düngen.
Winter: Nur bei extremen Temperaturen benötigen die Pflanzen Schutz.

Gartenkultivierung
Alle Kamillenarten bevorzugen einen gut durchlässigen Boden und einen sonnigen Standort, sind aber fast allen Bedingungen gegenüber tolerant. Als Rasenpflanzung ist die Kamille zwar beliebt, aber schwieriger zu erhalten als herkömmlicher Rasen aus Gras. Es gibt kein spezielles Herbizid, das die Kamille verschonen und Unkraut vernichten würde, so dass ein Kamillenrasen viel Arbeit bereitet.
Bereiten Sie den Platz für die Kamille gut vor. Vergewissern Sie sich, dass der Boden leicht ist, etwas sauer und frei von Unkraut und Steinen. Setzen Sie junge Pflänzchen in Schalen. Die beschriebenen Sorten können Sie gemischt in einem Abstand von 10 bis 15 cm säen.
Wenn Sie Kamille als Rasen anpflanzen, betreten Sie diesen in den ersten 12 Wochen nicht und nur wenig während des ersten Jahres. Danach können Sie darauf sitzen und den süßen Duft bei einem kühlen Glas Wein genießen …

Ernte
Pflücken Sie die Blätter im Frühling oder Frühsommer für den frischen Gebrauch oder zum Trocknen. Die Blüten pflücken Sie, wenn sie vollkommen geöffnet sind. Sie können sie frisch oder getrocknet verwenden. Die Blüten der Färberkamille werden im Sommer geerntet, wenn sie als Färbemittel gebraucht werden.

Mischkulturen

Kamille wird oft als „Arztpflanze“ bezeichnet, pflanzt man sie nahe zu kränkelnden Gewächsen, hilft sie, diese zu kräftigen.
Die Römische Kamille kann man in die Nähe von Zwiebeln setzen, um Insekten fern zu halten und den Ernteertrag zu steigern.

Kamillelösung
600 ml Wasser zum Kochen bringen. Eine Hand voll Kamillenblätter und -blüten zufügen, abdecken und etwa einen halben Tag ziehen lassen. Anschließend abseihen. Sprühen Sie die Lösung auf Sämlinge, damit sie nicht faulen. Wenn etwas übrig bleibt, geben Sie es auf Ihren Komposthaufen, um die Verrottung zu aktivieren.

Warnung

Innerlich angewendet, können zu hohe Dosen zu Erbrechen und Schwindel führen.

Pflanzen in Kübeln

Man sollte Kamille nicht im Haus ziehen, da sie aufschießt und anfällig für Krankheiten wird. In einem Blumenkasten an einem sonnigen Platz wirkt die Pflanze sehr attraktiv. Als Zwischenpflanzung für Zwiebeln eignen sich *Chamaemelum nobile* 'Flore Pleno' und 'Treneague'. Verwenden Sie ein Rinden-Torf-Sand-Gemisch.

Kosmetik

Kamille wird als Spülung verwendet, um blondes Haar aufzuhellen. Sie sollten die Spülung mehrmals über ihr Haar verteilen. Einen Liter kochendes Wasser über eine Hand voll Kamillenblüten gießen. 30 Minuten ziehen lassen. Abseihen, zudecken und abkühlen lassen.

Heilkraft

Die getrockneten Blütenköpfe der Echten Kamille enthalten ca. 1 % eines aromatischen Öls, das antiseptische und entzündungshemmende Eigenschaften hat.
In Form eines Tees regt die Kamille den Appetit an.
Eine Kamillenlösung kann als innerliches Antiseptikum oder als Mundspülung bei einer Aphthe und als Augenwasser verwendet werden.
Ein Öl zur Behandlung von Hautausschlägen oder Allergien kann man herstellen, indem man Blüten in ein Einmachglas gibt, mit Olivenöl bedeckt und drei Wochen in der Sonne stehen lässt.
Wenn Ihre Nerven überreizt sind, geben Sie 5 bis 6 Tropfen Kamillenöl in das Badewasser, um sich zu entspannen.

Kamillentee

1 gehäufter TL Kamilleblüten
(frisch oder getrocknet)
1 TL Honig
eine Zitronenscheibe

Die Kamillenblüten in eine Tasse geben, mit kochendem Wasser überbrühen, zudecken und 3 bis 5 Minuten ziehen lassen. Abseihen, Honig und Zitronenscheibe zufügen. Kamillentee schmeckt heiß und kalt.

Weitere Nutzung

Die Färberkamille kann – wie der Name bereits sagt – als Färbemittel verwendet werden. Die Farbe kann von hellgelb bis bräunlich gelb variieren. Die Echte Kamille und *Chamaemelum nobile* 'Flore Pleno' eignen sich gut für Kräuterkissen und Potpourris.

Chenopodium bonus-henricus

Guter Heinrich

Familie: Gänsefußgewächse ***(Chenopodiaceae)***

Der Gute Heinrich gehört zur Gattung *Chenopodium*, die in der ganzen Welt verbreitet ist und unter allen Klimabedingungen gedeiht. Diese Art stammt aus Europa. Ihren kuriosen Namen hat sie, um sie von dem giftigen *Mercurialis perennis*, Schlechter Heinrich, zu unterscheiden.
Guter Heinrich gedeiht meist an Wegrändern, alten Mauern, Hecken und Feldern. Der Gute Heinrich war früher in Dörfern ein häufiges Unkraut. Mit der zunehmenden Versiegelung von Flächen verliert er seinen Lebensraum und droht bald ganz zu verschwinden. Das ist schade, denn man kann daraus ein schmackhaftes spinatähnliches Gemüse zubereiten.

Arten

Chenopodiacea, die Familie der Gänsefußgewächse, umfasst etwa 1500 Pflanzen, von denen einige ein wichtiger Bestandteil der gesunden Ernährung sind wie z. B. Spinat und manche Rüben.

Chenopodium album
Weißer Gänsefuß
Einjährig; Höhe: 60 cm bis 1 m. Die grünlich weißen Blüten erscheinen von Juli bis September aus den Blattachseln an langen Stängeln in Scheinähren. Die Blätter sind lanzettförmig. Man entdeckte Samen dieser Art im Magen eines Menschen aus der Eisenzeit. Man vermutet, dass der Weiße Gänsefuß ein Nahrungsmittel der armen Leute war, da er viel Fett und Eiweiß liefert.

Chenopodium bonus-henricus
Guter Heinrich
Winterhart, einjährig; Höhe: 60 cm. Unscheinbare grünlich gelbe Blüten erscheinen im Frühsommer. Die Blätter sind grün und pfeilförmig. Selten findet man eine buntblättrige Form.

Guter Heinrich ***(Chenopodium bonus-henricus)***

Chenopodium ambrosioides* var. *anthelmintium
Einjährig; Höhe: 60 cm bis 1,3 m. Von Spätsommer bis in den späten Herbst grünliche Blüten. Die Blätter sind lanzettförmig. Die Heimat dieser Pflanze ist Mittelamerika. Im 18. Jahrhundert brachte man sie nach Europa. Früher wurde diese Art in der Pharmakopöe (amtliches Arzneibuch) der USA aufgelistet. Heute beschränkt sich der Gebrauch jedoch auf die Volksheilkunde und hier auf die Verwendung seines essentiellen Öls zur Bekämpfung von Spul- und Hakenwürmern.

Warnung: **Giftig! Nur nach Rücksprache mit dem Arzt verwenden! Die Pflanze verursacht Taubheit, Schwindel, Lähmung, Inkontinenz, Schweißausbrüche, Gelbsucht und kann sogar zum Tod führen!**

Kultivierung

Vermehrung
Aussaat: Für eine frühe Ernte säen Sie zeitig im Frühjahr in vorbereitete Saat- oder Anzuchtschalen. Verwenden Sie ein Rinden-Torf-Sand-Gemisch und bedecken Sie das Ganze mit Perlit. Es ist keine Wärmezufuhr nötig. Wenn die Sämlinge groß genug und abgehärtet sind, werden sie im Abstand von 25 cm in den Garten gepflanzt.
Teilung: Teilen Sie kräftige Pflanzen im Frühjahr. Sie werden feststellen, dass selbst die kleinsten Teile anwachsen.

Anfälligkeiten
Die Pflanzen bleiben von Schädlingen und Krankheiten verschont.

Pflegemaßnahmen
Frühling: Auslichten, kräftige Pflanzen teilen. Wenn die Pflanzen wie Spargel wachsen sollen, bleichen Sie die Triebe ab dem zeitigen Frühjahr. Bedecken Sie sie sofort nach dem Erscheinen mit Erde. Kübelpflanzen teilen und umtopfen.
Sommer: Flüssigdüngergaben für eine zweite Blatternte.
Herbst: Abgestorbene Blätter zurückschneiden; Pflanzen mit Mulch bedecken.
Winter: Kein Schutz nötig.

Gartenkultivierung
Wenn die Pflanze an einem sonnigen Standort in humosen, gut durchlässigen Boden tief eingegraben wird, werden Qualität und Quantität der Ernte erhöht. Säen Sie im Frühjahr in den Garten. Legen Sie die Saatreihen in Abständen von ca. 45 cm an und halten Sie die Pflanzen in den Reihen in einem Abstand von 1 cm. Die Keimung erfolgt innerhalb von 10 bis 14 Tagen. Sobald die Pflanzen groß genug sind, werden sie ausgedünnt.
In trockenen Monaten müssen Sie viel gießen. Im Herbst werden die Beete mit einer dünnen Düngerschicht bedeckt. Die Beete sollten alle 2 bis 3 Jahre erneuert werden.

Ernte
Ernten Sie erst ab dem zweiten Jahr. Ab Mitte des Frühlings können Sie die jungen Triebe als Spargelersatz ernten, wenn sie etwa 15 cm groß sind. Ernten Sie die blühenden Scheinähren, sobald sie sich öffnen. Später können Sie die größeren Blätter ernten und wie Spinat zubereiten.

Guter Heinrich ist eine interessante Alternative zu Spinat

Heilkraft

Der Samen wirkt leicht abführend. Bei Verstopfung ist er deshalb hilfreich, und man kann auch Kinder damit behandeln. Ein Umschlag reinigt und heilt wunde Haut.

Warnung

Wer an Nierenleiden und Rheuma erkrankt ist sollte auf medizinische Präparate, die *Chenopodium bonus-henricus* enthalten, verzichten.

Kulinarisches

Die Blätter des Guten Heinrich und des Weißen Gänsefußes sind reich an Vitamin B_1 und C. Sie müssen vor dem Verzehr gründlich gewaschen werden, am besten zwei- bis dreimal in frischem Wasser.
Die Blütenähren können gedämpft und in Butter geschwenkt werden. Junge Blätter schmecken roh in Salaten, gekocht in Schmortöpfen, Füllungen, Suppen und Pürees. Sie sind nährstoffreicher als Spinat oder Kohl.
Die Triebe werden blanchiert – kurz in heißes Wasser geben und sofort unter kaltem Wasser abschrecken. Sie werden gedämpft oder kurz gekocht und falls nötig geschält. Serviert werden die Triebe heiß mit geschmolzener Butter oder kalt mit einer Vinaigrette.
Der Samen des Weißen Gänsefußes kann mit Mehl bestäubt und für eine Schleimsuppe verwendet werden.

Weitere Nutzung

Guter Heinrich wird als Hustenmittel für Schafe und zum Mästen von Hühnern verwendet.
Für ein speziell granuliertes, ungegerbtes Kunstleder wird der Samen zum Grünfärben verwendet.
Der Weiße Gänsefuß wird als rotes oder goldfarbenes Färbemittel (Abbildung oben) verwendet.

Pflanzen in Kübeln

Im Freien ziehen Sie den Guten Heinrich in einem großen Behälter. Verwenden Sie ein Rinden-Torf-Sand-Gemisch und gießen Sie im Sommer regelmäßig. Einmal in der Woche müssen Sie düngen. Im Frühling teilen Sie die Pflanzen.

Cichorium intybus

WEGWARTE

Auch bekannt als wilde, gemeine oder bittere Zichorie und Feldzichorie. Familie: Korbblütler *(Compositae)*

Die Wegwarte wächst in ganz Europa auf Feldrainen und Weiden sowie an Hecken, Wegen und Böschungen. Sie wurde in Australien und Amerika eingebürgert.

Im alten Ägypten ebenso wie für Griechen und Römer war die Wegwarte ein wichtiges medizinisches Kraut und wurde als Gemüse und Salat verzehrt. Es gibt viele Geschichten über das herrliche Blau der Blüten. Eine erzählt, dass es sich um die verwandelten Augen der Liebsten eines Seefahrers handle, die vergeblich auf die Rückkehr ihres Geliebten wartete.

Ein Prinzip der weißen Magie besagte, dass destilliertes Wasser aus den Blüten dieser Pflanze Entzündungen und eine Trübung der Augen heilen könne.

Die Blüten der Wegwarte öffnen und schließen sich regelmäßig – sie öffnen sich zur Sonne hin und schließen sich etwa fünf Stunden später. Einige Gärtner, die feststellten, dass sich die Blätter der Wegwarte immer nach Norden ausrichten, glaubten, dass das Kraut eine metaphysische Bedeutung habe.

Ab dem 17. Jahrhundert wurden die getrockneten, gerösteten und gemahlenen Wurzeln der Wegwarte für Getränke verwendet. Zwei Jahrhunderte später wurde die Wegwarte als Kaffee-Ersatz angebaut. Noch heute ist sie als „Muckefuck" auf dem Markt.

Blätter der Wegwarte *(Cichorium intybus)*

ARTEN

Cichorium intybus
Wegwarte
Winterhart, mehrjährig; Höhe: 1 m. Von Juli bis September erscheinen die hübschen, blauen Blüten. Die Blätter sind grün, an der Unterseite behaart und grob gezähnt.

Wegwarte *(Cichorium intybus)*

Einige Sorten:

'Magdeburg' oder **'Brunswick'**
Diese Sorten bilden Wurzeln, die als Kaffee-Ersatz dienen.

'Pain de Sucre'
Diese Sorte ähnelt Kopfsalat und kann ebenso zubereitet werden.

'Red Verona'
Die Blätter sind purpurrot und eignen sich für Salate.

'Witloof'
Diese Sorte baut man für die Gewinnung des Chicorées an.

KULTIVIERUNG

Vermehrung
Aussaat: Säen Sie im Frühjahr oder Spätsommer den Samen dünn in Töpfe, Saat- oder Anzuchtschalen und geben Sie Perlit darüber. Für eine schnelle Keimung (7 bis 10 Tage) wird im Spätsommer gesät. Die jungen Pflänzchen werden in einem Kalthaus oder auf dem Fensterbrett in einem kühlen Raum überwintert und im Frühjahr in einem Abstand von 45 cm ausgepflanzt. Sie können den Samen auch direkt in den Garten säen.

Anfälligkeiten
Achten Sie auf Ohrwürmer im Chicorée.

Pflegemaßnahmen
Frühling: Den Samen unter Schutz aussäen. Platz für eine Freilandaussaat des Chicorée vorbereiten.
Sommer: Säen Sie die Sorte 'Witloof' für Chicorée.
Herbst: Die Wurzeln zum Abhärten ausgraben.
Winter: Dünger oder Kompost dort einarbeiten, wo im nächsten Jahr der Chicorée wächst.

Gartenkultivierung
Säen Sie an einen sonnigen Platz in leichte, alkalische Erde. Wenn Sie die Wurzeln ernten möchten, müssen Sie den Boden tief umgraben. Ab Sommermitte bis Sommerende werden die Sämlinge in einem Abstand von 15 bis 20 cm ausgedünnt. Versetzen Sie die Pflänzchen falls nötig im Frühjahr: Die Wegwarte wird relativ hoch und kommt als Randbepflanzung oder an einem Zaun gut zur Geltung. Sie muss sehr früh Sonne bekommen, da die Blüten sich bei Sonnenaufgang öffnen.

Ernte
Die Wurzeln bleiben bis zum Herbst in der Erde. Nach der Ernte kürzen Sie die Wurzeln auf 20 cm, entfernen alle Seitentriebe und Blätter und lagern sie in trockenem Sand an einem dunklen Ort. Für frischen Gebrauch pflücken Sie junge Blätter. Zum Trocknen ernten Sie vor der Blüte. Die Blüten pflücken Sie im Frühsommer. Sie können sie frisch oder getrocknet verwenden.

Pflanzen in Kübeln

Da die Wegwarte sehr groß wird, ist sie nicht für eine Kübelbepflanzung geeignet.

Chicorée
Dieser wird durch das Treiben der Wurzeln in Wärme und Dunkelheit gewonnen. Man erhält die charakteristischen, gebleichten Triebe. Bereiten Sie den Boden vor, wählen Sie einen Teil im Garten, der gut gedüngt und kultiviert ist. Setzen Sie die Pflanzen nicht an eine Stelle, die erst kürzlich gedüngt wurde, denn dies kann dazu führen, dass sich die Wurzeln gabeln.
Im Juni wird in Saatrillen mit 30 cm Abstand gesät. Die Samen sollen einen Abstand von 1 cm zueinander haben. Die Sämlinge ausdünnen. Halten Sie die Umgebung frei von Unkraut; wässern Sie regelmäßig.
Im Spätherbst bzw. zu Winteranfang graben Sie einige Wurzeln zum Treiben aus. Entfernen Sie die oberirdischen Teile knapp über der Wurzel, ohne den Vegetationspunkt zu verletzen. Pflanzen Sie die Wurzeln in einen Behälter mit lehmiger Erde, wobei die Spitzen auf Höhe der Erdoberfläche liegen. Wässern Sie und bedecken Sie das Ganze mit einem zweiten Behälter. Chicorée muss vollständig dunkel gehalten werden, damit er nicht bitter wird. Die Temperatur muss mehr als 10 °C betragen.
In 4 bis 6 Wochen wird der Chicorée 15 bis 20 cm lang und erntereif sein. Wenn Sie ihn abbrechen, anstatt ihn abzuschneiden, können Sie ein zweites Mal ernten. Die Pflanzen werden zwar kleiner, aber genauso schmackhaft sein.
Warnung: Pflücken Sie den Chicorée nicht, bevor er gebraucht wird, denn schon nach einer Stunde im Licht wird er welk.

Warnung

Beeinträchtigung der Netzhaut durch übermäßigen und andauernden Genuss.

Chicorée in einem Salat

Heilkraft

Die Wegwarte regt den Gallenfluss an. Sie kann bei Gallensteinen helfen, weshalb sie auch „Freund der Leber" genannt wird. Die Wegwarte wirkt harntreibend und kann zur Behandlung von Rheuma und Gicht verwendet werden, denn sie senkt den Harnsäurewert. Die Wurzeln sind in Form von Sirup ein hervorragendes Abführmittel für Kinder.

Weitere Nutzung

Für ein blaues Färbemittel die Blüten kochen.
Als Tierfutter geeignet.

Kulinarisches

Für Sommersalate eignen sich junge Blätter und Blüten, für Wintersalate Blätter. Geben Sie Chicorée in Salate oder braten Sie ihn in Butter als Gemüse. Geröstete Wurzeln der Wegwarte werden als Kaffee-Ersatz verwendet. Sie werden gewaschen, in Scheiben geschnitten, bei mäßiger Hitze getrocknet, geröstet und zermahlen.
Die jungen Wurzeln können ausgegraben, gekocht und mit einer Soße serviert werden.

Convallaria majalis

MAI-GLÖCKCHEN

Auch bekannt als Maiblume und Schattenblume.
Familie: Liliengewächse *(Liliaceae)*

Die Heimat des Maiglöckchens liegt in Europa, Nordamerika und Kanada. Es wurde in feuchtkalten Klimazonen auf der ganzen Welt eingebürgert.

Europäische Volksmärchen erzählen, dass die Blume aus den Tränen der Muttergottes am Fuße des Kreuzes Jesu entstanden ist oder aus den Tränen von Maria Magdalena, die diese am Tag der Auferstehung Jesu vergossen hat. Seit dem Mittelalter wurde das Maiglöckchen in Brautsträuße gebunden und galt als Zeichen von Bescheidenheit und Reinheit.

Im 16. Jahrhundert wurde die Maiblume für medizinische Zwecke verwendet. Der elisabethanische Arzt Gerard hatte ein ungewöhnliches Rezept: „Gib die Maiglöckchenblüten in ein Glas und stelle es auf einen Ameisenhügel, verschließe es gut und lass es einen Monat stehen. Dann wirst du einen Alkohol finden, der, wenn er eingenommen wird, Schmerz und Kummer der Gicht lindert."

ARTEN

Convallaria majalis
Maiglöckchen
Winterhart, mehrjährig; Höhe: 15 cm. Von Mai bis Juni zeigen sich die weißen, glockenförmigen, duftenden Blüten. Die Blätter sind oval. Es gibt viele hübsche Sorten von dieser Art, wie z. B. 'Vic Pawlowsky's Gold', mit gold gestreiften Blättern. Wild vorkommende Maiglöckchen haben kleinere Blüten als die kultivierten Sorten. Diesen Maiglöckchen am ähnlichsten ist die Sorte 'Rosea'.

Maiglöckchen *(Convallaria majalis* 'Vic Pawlowsky's Gold')

Kultivierung

Vermehrung
Aussaat: Reife Samen werden nur selten gebildet, und die scharlachroten Beeren sind hochgiftig.
Teilung: Die Pflanze produziert kriechende Rhizome mit Augen, aus denen neue Pflanzen treiben. Teilen Sie die Rhizome im Herbst, sobald die Blätter abgestorben sind. *Wichtig:* Nur dreijährige Sprosse blühen!

Anfälligkeiten
Die Pflanze bleibt von Schädlingen und Krankheiten weitgehend verschont.

Pflegemaßnahmen
Frühling: Töpfe im zeitigen Frühjahr ins Haus bringen.
Sommer: Tun Sie nichts!
Herbst: Wenn die Pflanze abgestorben ist, Rhizome ausgraben und teilen.
Winter: Kein Schutz nötig.

Gartenkultivierung
Maiglöckchen gedeihen am besten an einem leicht schattigen Standort. Sehr gut wachsen sie unter Bäumen, in Wäldern oder im Schatten eines Zauns, vorausgesetzt es sind nicht zu viele andere Pflanzen in der Nähe.
Um eine gute Blüte zu erhalten, müssen Sie den Platz, an dem das Maiglöckchen stehen soll, gut vorbereiten. Der Boden sollte tief gelockert und mit gut verrottendem Dünger oder Kompost angereichert sein. Setzen Sie die Pflanzen im Herbst, vor dem ersten Frost, in einem Abstand von 15 cm ein. Die Spitzen der Augen sollten gerade etwas unter der Erdoberfläche liegen.

Ernte
Pflücken Sie die Blüten zum Trocknen in voller Blüte, damit sie für Potpourris verwendet werden können.

Pflanzen in Kübeln

Maiglöckchen gedeihen gut in Töpfen, vorausgesetzt, diese stehen im Schatten und werden regelmäßig gegossen. Verwenden sie ein Rinden-Torf-Sand-Gemisch und während der Blütezeit Flüssigdünger. Im Winter lassen Sie die grünen Pflanzenteile absterben und stellen die Gefäße an einen kalten Platz im Freien.

Heilkraft

Die Pflanze wird zur Behandlung von Herzkrankheiten verwendet. Sie enthält hochgiftige Herzglykoside (z.B. Convallatoxin, Convallarin, Convallosid) und darf als herzwirksames Medikament nur nach ärztlicher Verordnung verabreicht werden.

Kulinarisches

Keine Verwendung, da alle Teile der Pflanze giftig sind.

Warnung

Maiglöckchenpräparate dürfen nur auf ärztliche Verschreibung verwendet werden, denn alle Teile der Pflanze sind giftig!

Maiglöckchen *(Convallaria majalis)*

Coriandrum sativum

KORIANDER

Familie: Doldengewächse ***(Apiaceae)***

Die Heimat des Koriander ist der Vordere Orient. Er wird in Russland, Nordafrika und auf dem Balkan, aber auch in vielen Ländern Mitteleuropas angebaut.

Koriander wird bereits seit über 3000 Jahren kultiviert. Man fand Samen in altägyptischen Gräbern, die dies belegen. Das Kraut wurde im Alten Testament erwähnt – „als die Kinder Israels in ihr Heimatland zurückkehrten, aßen sie Manna in der Wildnis, und das Manna war wie Koriandersamen" – und es ist noch heute eines der traditionellen bitteren Kräuter, die am Passahfest, wenn die Juden dieser großen Reise gedenken, gegessen werden.

Die Römer brachten den Koriander nach Nordeuropa. Sie vermischten ihn mit Kreuzkümmel und Essig und setzten ihn Speisen zu, um diese zu konservieren.

Die Chinesen glaubten einst, Koriander würde Unsterblichkeit verleihen, und im Mittelalter wurde er in Liebestränke gemixt, da ihm eine aphrodisierende Wirkung zugeschrieben wurde.

Sein Name soll von dem griechischen Wort „koris", „Bettwanze", abgeleitet sein, da die Pflanze stark nach Insekten riecht.

Koriander ***(Coriandrum sativum)***

Koriander ***(Coriandrum sativum)***

ARTEN

Coriandrum sativum
Koriander
Einjährig; Höhe: 60 cm. Die weißen Blüten erscheinen zwischen Juni und August. Die unteren Blätter sind einfach fiederschnittig und verströmen einen starken Duft. Die oberen Blätter sind fein eingeschnitten und riechen beißender. Die gesamte Pflanze ist essbar und produziert viele Blätter.

***Coriandrum sativum* 'Cilantro'**
Einjährig; Höhe: 60 cm. Die weißlichen Blüten erscheinen im Sommer, und auch die Blattproduktion ist sehr ausgeprägt.

***Coriandrum sativum* 'Morocco'**
Einjährig; Höhe: 70 cm. Die weißen Blüten haben einen leichten Rosaschimmer und erscheinen im Sommer. Diese Sorte ist am besten für Samengewinnung geeignet.

KULTIVIERUNG

Vermehrung
Säen Sie den Samen dünn in flache Saatrillen direkt in den Boden, bedecken Sie ihn leicht mit feiner Erde oder Kompost und gießen Sie. Nach etwa 5 bis 10 Tagen können Sie das Ergebnis begutachten. Sie können ab dem zeitigen Frühjahr (unter Glas) bis in den Spätherbst mehrmals aussäen. Sobald die Sämlinge groß genug sind, werden sie ausgedünnt, um Platz zum

Koriandersamen

Wachsen zu schaffen. Eine Aussaat in Saatschalen ist nicht so erfolgreich, da Koriander sich nicht gut verpflanzen lässt. Wenn Sie frische Blätter ernten möchten, setzen Sie die Pflanzen in einem Abstand von 5 cm; wenn Sie Samen ernten möchten, wählen Sie einen Abstand von 25 cm.

Anfälligkeiten
Nur äußerst selten wird Koriander von Blattläusen befallen. Lassen Sie sich nicht dazu verführen, die Schädlinge zu zerdrücken, da dies die Blätter zerstören würde. Entweder waschen Sie die Blattläuse sanft unter fließendem Wasser ab und schütteln die Pflanze leicht, um überschüssiges Wasser von den Blättern zu entfernen, oder Sie verwenden ein spezielles Mittel zur Schädlingsbekämpfung.

Pflegemaßnahmen
Frühling: Aussaat.
Sommer: Aussaat und Ernte der Blätter.
Herbst: Samenköpfe entfernen; in einem milden Klima Aussaat für die Herbsternte; alte Pflanzen ausgraben.
Winter: Nach dem Einsammeln der Samenstände die Pflanzen entfernen.

Gartenkultivierung
Koriander gedeiht am besten in leichtem, gut durchlässigem Boden an einem sonnigen Standort. Es bedarf eines trockenen Sommers, um Samen ernten zu können.
In kalten Regionen pflanzen Sie Koriander nach dem letzten Frost aus. Achten Sie darauf, dass sich kein Fenchel in der Nähe befindet. Sobald die Pflanze ausgewachsen ist und Samen bildet, der zu reifen beginnt, hängen die schwachen Triebe des Gewächses herunter und müssen angebunden werden. Während des Reifeprozesses entwickeln die Samen einen süßen, orangenähnlichen Geruch. Gemahlen werden Koriandersamen z. B. als Gewürz für Lebkuchen und Gewürzbrote verwendet. Selbstgezogener Koriander entwickelt ein wesentlich besseres Aroma als kommerziell angebauter.
Wenn Sie in einer milden, frostfreien Region leben, können Sie im Herbst für eine Winterernte säen. Die Pflanzen müssen in der vollen Sonne stehen.

Ernte
Pflücken Sie junge Blätter, wenn sie ca. 10 cm groß sind. Beobachten Sie die Samenstände genau, da die Samen plötzlich reifen und dann schnell abfallen. Schneiden Sie die Dolden, sobald das Aroma des Samens angenehm riecht. Geben Sie Sträuße von etwa 6 Dolden in eine Papiertüte. Verschließen Sie die Tüte und hängen Sie sie für etwa 10 Tage kopfüber an einen trockenen, warmen und luftigen Ort. Die Samen fallen aus der Hülse und können in einem luftdichten Behälter gelagert werden, wobei das Aroma erhalten bleibt.

Pflanzen in Kübeln

Koriander kann im Haus oder im Freien in Kübeln gezogen werden, wobei er bei Platzmangel im Haus nicht so gut geeignet ist.
Bis die Samen reif sind, verströmt die Pflanze einen unangenehmen Geruch.
Die einzig erfolgreiche Methode, die Pflanzen in Kübeln zu halten, besteht darin, die großen Blätter regelmäßig zu ernten.
Wenn Sie sich dazu entschließen, Koriander in einem Kübel zu ziehen, sorgen Sie für eine gute Drainage, verwenden ein Rinden-Torf-Sand-Gemisch und gießen abends nicht zu stark. Wie viele andere Kräuter mag Koriander keine nassen „Füße".

Heilkraft

Koriander ist gut für den Verdauungstrakt. Er regt den Appetit an und unterstützt die Sekretion der Magensäfte. Er hilft auch Bauchschmerzen zu vermindern, die durch die Einnahme anderer Medikamente hervorgerufen worden sind.
Zerstoßener Samen kann als Umschlag aufgetragen werden, um schmerzende Gelenke und Rheuma zu lindern.

Kulinarisches

Blätter und reife Samen haben ein unterschiedliches Aroma. Die Samen schmecken süß, während die Blätter ein erdig, beißendes Aroma haben.
Koriandersamen werden in Garam Masala (Gewürzmischung) verwendet und zu Currygerichten.
Verwenden Sie gemahlenen Samen für Tomatenchutney, Ratatouille, Currygerichte und in Apfelpasteten, Kuchen, Biskuits und Marmelade. Ganze Samenkörner eignen sich für Currygerichte, Eintöpfe, Salate, Soßen und als Garnierung.
Außerdem passen sie zu Gemüse- und Geflügelgerichten. Zu hartgekochten Eiern schmecken Korianderblätter in einer Vinaigrette.

Champignons und Koriander
(2 Personen)

500 g Champignons
2 EL Öl
2 TL Koriandersamen
1 Knoblauchzehe
2 EL Tomatenpüree
300 ml trockener Weißwein
Salz und Pfeffer
einige Korianderblätter

Die Champignons waschen und halbieren. Öl, Wein, Koriandersamen und Knoblauch in einen Topf geben und zugedeckt 5 Minuten köcheln lassen. Champignons und Tomatenpüree zufügen, 5 Minuten kochen lassen, bis die Champignons weich sind. Die Pilze herausnehmen und auf eine Servierplatte geben. Die Flüssigkeit auf die Hälfte einkochen lassen. Über die Champignons gießen und nach dem Abkühlen mit grob gehackten Korianderblättern bestreuen.

Dianthus

NELKE

Familie: Nelkengewächse *(Caryophyllaceae)*

Die Edel-Nelken sind von *Dianthus plumarius*, einer Pflanze aus Osteuropa, abgeleitet. Der wilde Vorfahre der rosaroten *D. caryophyllus* war in Mittel- und Südeuropa beheimatet. Beide Arten und ihre Varietäten sind heute in der ganzen Welt verbreitet.
Der griechische Botaniker Theophrastus (370–285 v. Chr.) führte die Bezeichnung „dianthus" ein. „Dios" bedeutet „göttlich" und „anthos" heißt „Blüte". Er bezog sich dabei auf die Zartheit und Eleganz der Blüten.
Griechen und Römer fertigten Kronen und Girlanden aus den Blüten. Seit mehr als 2000 Jahren ist die Pflanze wegen ihres süßen Geruchs sowohl in der Küche als auch in Parfüms sehr beliebt. Im 17. Jahrhundert stellte man fest, dass die Blüten kandiert werden können, und die Blütenblätter wurden für Soßen, Suppen, Sirup, Wein und Essig verwendet. Besonders im 18. und in der ersten Hälfte des 19. Jahrhunderts kam es zu einem regelrechten „Nelkenboom" mit Ausstellungen, Wettbewerben und Prämierungen für Neuzüchtungen. Auch heute noch werden einige Arten in Massen kultiviert, wie z. B. die Edel- und die Remontant-Nelken.

ARTEN

Dianthus alpinus
Alpennelke
Ausdauernd; Höhe: 12 cm. Die Staude bildet lockere Rasen und trägt von Juli bis August fleischfarbene bis rosarote Blüten, die einen großen, purpurfarbenen, weißgepunkteten Ring am Schlund haben.
Man findet die Alpennelke auf einer Höhe von 1000 bis 2300 m in den östlichen Kalkalpen.

Dianthus caryophyllus
Gartennelke
Immergrün, winterhart, ausdauernd; Höhe: 45 bis 60 cm. Die rosa- bis pinkfarbenen Blüten verbreiten einen würzig süßen Duft. Die graugrünen Blätter bilden dichte Polster.

Dianthus deltoides
Heidenelke, Blutstropfen
Ausdauernd; Höhe: 25 cm. Von Juni bis September zeigen sich blutrote Blüten, die zur Hauptblütezeit im Juni leuchtende Farbflecken bilden. Die Pflanze wächst lockerrasig und kriechend. Die Sorte 'Albiflorus' trägt weiße Blüten mit einem gezackten, roten Ring, 'Brillant' zeigt karminrote Blüten.

Dianthus gratianopolitanus (D. caesius)
Pfingstnelke
Ausdauernd, einjährig; Höhe: 15 cm. Im Sommer zeigen sich rosa bis rot gefärbte Blüten. Die Pfingstnelke bildet dichte, feste Polster und hat graugrüne, lanzettförmige Blätter.
Von dieser Art gibt es zahlreiche Sorten wie z. B. 'Feuerhexe', die purpurrot leuchtende Blüten hervorbringt, oder 'Märchenfee' mit lachsroten Blüten.

Dianthus monspessulanus
Montpelliernelke
Ausdauernd; Höhe: 60 cm. Diese Art stammt aus Südosteuropa.
Im Juni oder Juli zeigen sich weiße bis blassrosa Blüten, die bis zur Mitte gefranst sind.

Dianthus plumarius
Federnelke
Ausdauernd; Höhe: 15 cm. Die Federnelke bildet große, dichte Polster. Im Sommer zeigen sich die stark duftenden, weißen Blüten. Die graugrünen Blätter sind lanzettförmig. Auch von dieser Art gibt es viele Sorten wie z. B. 'Delicata' mit zartrosa, gefüllten Blüten oder 'Magdeburg' mit reinweißen, großen Blüten.
Die 'Edelfedernelke', die seit einigen Jahren auf dem Markt ist, hat doppelt so große Blüten wie die ursprüngliche Art. Sie eignet sich jedoch nur als Schnittblume.

Dianthus sylvestris
Steinnelke
Ausdauernd, einjährig; Höhe: bis zu 30 cm. Die Steinnelke findet man in den Alpen und im Jura. Sie wächst in dichten Polstern. Die Blüten erscheinen im Juni bzw. Juli, sind am Rand gezähnt, rosarot und duften nur schwach.

Kultivierung

Vermehrung
Aussaat: Nelken können zwar durch Aussaat vermehrt werden, Größe, Farbe und Wuchs können jedoch stark variieren.
Geben Sie den kleinen Samen im Herbst oder im zeitigen Frühjahr in Samen- oder Anzuchtschalen und bedecken Sie ihn mit Perlit. Wenn Sie im Herbst säen, müssen die jungen Pflanzen geschützt überwintert werden. Achten Sie darauf, die Pflänzchen nicht zu viel zu gießen, da sie sonst verrotten können.
Nelken brauchen gute Luftzufuhr. An warmen Tagen sollten Sie deshalb das Garten- oder Kalthaus öffnen und es nachts wieder schließen.
Im Frühjahr, wenn die Sämlinge groß genug sind, werden sie nach dem Abhärten im Abstand von 30 cm in den Garten gepflanzt.
Ableger: Ableger werden im Frühjahr und im Herbst genommen. Verwenden Sie ein Rinden-Torf-Sand-Gemisch. Wässern Sie den Kompost, bevor Sie Ableger nehmen, und halten Sie ihn anschließend eher trocken, um Krankheiten zu verhindern.
Teilung: Nach der Blüte können die Pflanzen ausgegraben und geteilt werden.
Anhäufeln: Im Spätsommer kann angehäufelt werden.

Anfälligkeiten
Der Hauptschädling ist die Spinnmilbe. Besorgen Sie sich ein handelsübliches Mittel und besprühen Sie die Pflanzen damit.
Alternativ dazu können Sie auch ein natürliches Mittel, *Phytoseiulus persimilis*, einsetzen. Verwenden Sie auf keinen Fall beide Mittel gleichzeitig.
Krankheiten treten vor allem bei der Vermehrung auf, hauptsächlich in dem Stadium, in dem die jungen Pflanzen leicht verrotten können. Dies wird meist durch Pilzbefall verursacht, wenn die Anzuchterde zu feucht gehalten wird. Dagegen kann man nichts unternehmen, außer die befallenen Pflanzen zu entfernen und in den Müll zu geben.

Pflegemaßnahmen
Frühling: Aussaat; nehmen Sie Stängelableger.
Sommer: Entfernen Sie Blüten, um die Blütezeit zu verlängern. Teilen Sie nach der Blüte. Häufeln Sie an.
Herbst: Nehmen Sie Ableger und säen Sie.
Winter: Kein Schutz nötig.

Gartenkultivierung
Nelken bevorzugen einen vollsonnigen Standort und einen kalkhaltigen, gut durchlässigen Boden.
Sie eignen sich für einen Steingarten. Da immer wieder neue Züchtungen auf den Markt kommen, sind viele ältere Varietäten in Vergessenheit geraten. Aber Sie können noch immer exzellente Sorten für den Garten finden.

Ernte
Pflücken Sie die Blüten kurz nach dem Öffnen, um sie frisch zu verwenden, die Blütenblätter zu kandieren oder für Potpourris zu trocknen. Sie können die Blüten auch für Essig oder Öl verwenden.

Pflanzen in Kübeln

Solange die Erde gut durchlässig ist, können fast alle Arten in Kübeln gezogen werden. Verwenden Sie ein Rinden-Torf-Sand-Gemisch. Nelken können gut mit anderen Pflanzen kombiniert werden, als Einzelpflanzungen wirken sie etwas verloren.

Kandierte Nelkenblütenblätter

Kulinarisches

Wenn Sie ein Blütenblatt entfernen, sehen Sie, dass es einen weißen Stiel hat. Bevor die Blütenblätter zu Speisen gegeben werden, diese bitteren Stiele entfernen. Die Blüten passen zu Salaten, Früchtepasteten und Sandwichs. Sie verleihen Zucker, Sirup und Marmelade ein angenehmes Aroma. Kandierte Blütenblätter dienen als Garnitur von Pudding. Aromatisieren Sie Mandelöl mit den geöffneten Blüten.

Zerpflückte Nelkenblüten zeigen den weißen Stiel

Heilkraft

Aus den Blütenblättern kann man einen Sirup herstellen, der mit Weißwein kombiniert ein sehr gutes Beruhigungsmittel ergibt.

Weitere Nutzung

Geben Sie getrocknete Blütenblätter in Potpourris, Duftkissen und Kosmetika.

Digitalis purpurea

ROTER FINGERHUT

Familie: Braunwurzgewächse *(Scrophulariaceae)*

Der Rote Fingerhut ist in ganz Europa beheimatet und kommt wild in gemäßigten Klimazonen auf der ganzen Welt vor. Er verbreitet sich durch Selbstaussaat, und man sieht ihn vor allem in Wäldern und an Hecken. Die Fruchtkapsel des Roten Fingerhuts umschließt viele kleine Samen, die nach dem Aufplatzen der Kapsel vom Wind verbreitet werden. Auch Hummeln lieben diese Pflanze, deren Blütenkrone perfekt auf den Besuch der Insekten eingerichtet ist: Sie weist im Inneren dunkle Flecken auf, die den Hummeln den Weg ins Blüteninnere zeigen. Dort befinden sich die Fortpflanzungsorgane und der süße Nektar der Pflanze.
Der Fingerhut besticht durch seine wunderschönen Blütenkelche. Seine Schönheit hat jedoch auch Tücken, denn in den Blüten und Blättern von *Digitalis purpurea* sind stark giftige Substanzen enthalten. Bei fachgerechter Verarbeitung und Dosierung wirken sie jedoch als Heilmittel gegen Herz- und Lungenkrankheiten.

ARTEN

Digitalis grandiflora
Großblütiger Fingerhut
Winterharte, immergrüne, ausdauernde Pflanze; Höhe: bis zu 1,2 m. Die Blüten dieser Art, die während des ganzen Sommers bewundert werden können, sind sehr groß, gelb und innen gefleckt.
Die länglichen Blätter zeigen an den Nerven eine flaumige Behaarung.

Digitalis purpurea
Roter Fingerhut
Zweijährige Pflanze; Höhe: bis zu 1,5 m. Die Blütezeit dieser Art dauert von Juni bis August. Die Blüten des Roten Fingerhuts können von Rosa über Rot bis hin zu Violett gefärbt sein.
Die rauen, länglichen Blätter sind grün.

Roter Fingerhut ***(Digitalis purpurea)***

Digitalis purpurea alba
Weißer Fingerhut
Zweijährige Pflanze; Höhe: bis zu 1,5 m. Die glockenförmigen, weißen Blüten zeigen sich während des Sommers. Die länglichen, rauen Blätter sind grün.

WARNUNG

Der Fingerhut ist sehr giftig. Schon das Berühren der Pflanze kann Hautausschlag, Kopfschmerzen und Übelkeit hervorrufen. Verwenden Sie die Pflanze nie ohne ärztliche Verordnung!

Weißer Fingerhut *(Digitalis purpurea alba)*

Kultivierung

Vermehrung
Säen Sie im Frühjahr oder Herbst mit dem „Kartontrick“ (siehe S. 217) entweder direkt in die vorbereitete Erde oder in Töpfe bzw. Anzuchtschalen. Bedecken Sie den Samen mit Glas, das Sie nicht bewegen dürfen, bis sich die Sämlinge zeigen. Es ist keine Bodenwärme erforderlich. Die Pflanzen blühen im ersten Jahr nicht.

Anfälligkeiten
Die Pflanze bleibt von Schädlingen und Krankheiten verschont.

Pflegemaßnahmen
Frühling: Aussaat. Pflanzen Sie Einjährige aus.
Sommer: Den Hauptblütentrieb nach der Blüte entfernen.
Herbst: Überprüfen Sie Zweijährige auf Sämlinge, die durch Selbstaussaat entstanden sind, und dünnen Sie aus. Sie können die Sämlinge wegwerfen oder einige in Töpfe umsetzen, wenn der Winter extrem kalt werden könnte.
Winter: Siehe folgender Punkt.

Gartenkultivierung
Der Fingerhut ist eine äußerst giftige Pflanze. Er bevorzugt Halbschatten und feuchten, gut durchlässigen, sauren Boden, der mit Blattmulch angereichert ist.
Im ersten Jahr bilden sich eine grundständige Rosette und die Blätter. Im zweiten Jahr wächst der aufrechte Blütenstängel, an dem die Blüten erscheinen.
Gewöhnlich stirbt die Pflanze danach ab, hinterlässt aber durch Selbstaussaat eine reiche „Nachkommenschaft“. Gießen Sie regelmäßig bei trockenem Wetter und entfernen Sie den Blütenstängel nach der Blüte, damit die Blüten an den Seitentrieben größer werden.
Bei Temperaturen unter –10 °C müssen Sie die Pflanzen mit Stroh, Farn oder Kiefernnadeln schützen. Wenn der Boden durchnässt und kalt ist, sollten die Pflanzen ausgegraben und in einem Topf im Kalthaus überwintert werden. Im Frühjahr werden sie dann wieder ausgepflanzt.

Ernte
Man sollte diese giftige Pflanze nicht ernten.

Heilkraft

Fingerhut wird vor allem angebaut, um eine Droge herzustellen, deren Entdeckung ein klassisches Beispiel für die Verbindung von Volkskunde und wissenschaftlicher Neugierde darstellt. Die Pflanze enthält Glykoside, die man aus den zweijährigen Blättern gewinnt, um herzwirksame Präparate herzustellen. Seit mehr als 200 Jahren wird der Fingerhut hierfür verwendet. Er ist ein wirksames Diuretikum. Obwohl inzwischen ein synthetischer Ersatz hergestellt werden kann, wird das Kraut noch für die Pharmaindustrie angebaut.

Pflanzen in Kübeln

Diese Pflanze kommt in Kübeln nicht gut zur Geltung. Wenn man sie in Behältern zieht, muss sie windgeschützt stehen. Verwenden Sie erdigen Kompost; gießen Sie regelmäßig.

Equisetum arvense

ACKER-SCHACHTELHALM

Auch bekannt als Kannenkraut, Scheuergras oder Zinnkraut.
Familie: Schachtelhalmgewächse *(Equisetaceae)*

Der Ackerschachtelhalm ist normalerweise in gemäßigten Gebieten beheimatet, einige Arten kommen jedoch auch in den Tropen vor, wo sie eine beträchtliche Größe erreichen können.

Die Pflanze gibt es schon seit der Urzeit. Anhand von fossilen Überresten des Ackerschachtelhalms konnte man feststellen, dass sich die Pflanze im Lauf der Zeit nicht wesentlich verändert hat.

Equisetum arvense blüht nicht, trägt jedoch Sporen, ähnlich den Farnen, mit denen die Pflanze verwandt ist. Der Ackerschachtelhalm absorbiert große Mengen Kieselsäure aus der Erde. Die Römer verwendeten die Pflanze, um Töpfe und Pfannen zu reinigen. Im Mittelalter wurde sie von Tischlern als Schleifmittel und zum Reinigen von Zinn, Messing und Kupfer verwendet. Außerdem diente sie als Scheuermittel für Holzbehälter und Milchkannen.

Keine Pflanze, die eine so lange Zeit überdauert, ist frei von Mythen und Magie. Man assoziierte den Schachtelhalm mit Kobolden, Kröten, Schlangen und dem Teufel.

Ackerschachtelhalm *(Equisetum arvense)*

ARTEN

Equisetum arvense
Ackerschachtelhalm
Winterhart, mehrjährig; Höhe: 45 cm. Er wächst an einem dünnen, kriechenden Wurzelstock, der im Frühjahr 20 cm lange, grünbraune, sporentragende Triebe bildet. Wenn diese absterben, werden die Sporen vom Wind verbreitet.

KULTIVIERUNG

Vermehrung
Die Pflanze vermehrt sich durch Selbstaussaat. Wenn Sie jedoch einen Vorrat haben möchten, können Sie durch Ableger vermehren. Alle Teile der Wurzel können verwendet werden. Geben Sie im Sommer kleine Stücke in eine Saat- oder Anzuchtschale. Verwenden

Sie ein Rinden-Torf-Gemisch. Sobald die Ableger gut angewurzelt sind, können sie im Frühjahr ausgepflanzt werden.

Anfälligkeiten
Eine Pflanze, die mehr als 300 Millionen Jahre überstanden hat, ist frei von Schädlingen und Krankheiten.

Pflegemaßnahmen
Frühling: Bewurzelte Sommerableger auspflanzen.
Sommer: Zurückschneiden, um Selbstaussaat zu verhindern.
Herbst: Nach der Ernte die Pflanzen bis zum Boden zurückschneiden.
Winter: Kein Schutz nötig.

Gartenkultivierung
Wenn der Ackerschachtelhalm auf einer großen, unbegrenzten Fläche wächst, wird er nur sehr schwer im Zaum zu halten sein.
Sein Wurzelsystem kann sich bis zu 12 m ausbreiten. Wenn man seine Rhizome bricht, regt dies die Knospen zum Sprießen an und bewirkt ein verstärktes Wachstum.
Wenn man den Ackerschachtelhalm im Garten ziehen will, sollte man eine abgegrenzte Fläche wählen, indem man z. B. einen Kübel teilweise in der Erde versenkt. Der Rand sollte sichtbar sein, damit die Wurzeln nicht über den Behälter kriechen.

Ernte
Die graubraunen Triebe können während der Sommermonate gesammelt und getrocknet werden.

PFLANZEN IN KÜBELN

Wenn Sie den Ackerschachtelhalm in Kübel pflanzen, sollten Sie ihn im Sommer zurückschneiden, um zu vermeiden, daß sich die Sporen verbreiten. Sie brauchen nicht zu düngen und nur wenig zu gießen.

KULINARISCHES

Früher verwendete man die Pflanze als Ersatz für Spargel, was jedoch nicht empfehlenswert ist, außer es steht nichts anderes Essbares zur Verfügung…

Schachtelhalm-Nagelfestiger

KOSMETIK

Nagelfestiger
Lassen Sie 50 g getrockneten oder frischen Schachtelhalm in 900 ml siedendem Wasser ca. 20 Minuten ziehen. Sobald die Flüssigkeit abgekühlt ist, baden Sie Ihre Fingernägel darin.

Haarspülung und Tonikum
Die Pflanze ist ein guter Festiger und verleiht dem Haar einen natürlichen Glanz.

etwa 8 Stängel, 15–20 cm lang
600 ml kochendes Wasser

Zerdrücken Sie die Stängel mit einem Löffel, bevor sie mit Wasser übergossen werden. Bedecken Sie das Ganze und lassen Sie es stehen, bis es lauwarm ist. Gießen Sie die Flüssigkeit durch ein Sieb und fangen sie in einem Behälter auf. Waschen Sie Ihre Haare, verteilen Sie die Lösung über Ihr Haar und massieren Sie sie ein. Trocknen Sie Ihr Haar mit einem Handtuch und kämmen Sie das Haar durch. Bevor Sie Ihre Haare fönen, bedecken Sie sie 10 Minuten mit einem angewärmten Handtuch.

Schachtelhalme sehen wie winzige Christbäume aus.

HEILKRAFT

Diese Pflanze enthält viele Mineralstoffe und Vitamine. Kräuterkundige verwenden sie bei Gedächtnisschwund und Schwächezuständen. Schachtelhalmtee verbessert das Blut, härtet die Fingernägel und revitalisiert stumpfes Haar. Die adstringierenden Inhaltsstoffe stärken die Venenwände und verhindern Fettablagerungen in den Arterien. Die Pflanze ist hilfreich, wenn sich weiße Punkte auf den Fingernägeln zeigen, die auf Kalziummangel hinweisen.

WARNUNG

Verwenden Sie Schachtelhalm nur nach Rücksprache mit einem Arzt.

WEITERE NUTZUNG

Die Stängel sind reich an Kieselsäure und können nach dem Trocknen zum Reinigen von Metall sowie zum Polieren von Zinn verwendet werden. Die Pflanze liefert ein gelbes bis ockerfarbenes Färbemittel.

Echium vulgare

GEMEINER NATTERNKOPF

Familie: Borretschgewächse *(Boraginaceae)*

Diese Pflanze stammt ursprünglich aus mediterranen Gebieten und ist heute auf der ganzen nördlichen Hemisphäre weit verbreitet. Man findet sie auf leicht porösen Steinen auf halbtrockenem Grasland, in Mooren und feuchten Gründen. In einigen Teilen der USA gilt sie als Unkraut. Für viele amerikanische Farmer mag dies eine Untertreibung sein, denn sie halten die Pflanze regelrecht für eine Plage.
Die Bezeichnung „Natternkopf" stammt aus dem Mittelalter. Zu jener Zeit war es Brauch, die Pflanze nach ihrem Erscheinungsbild zu benennen: Der braune Stiel erinnert an Schlangenhaut, und der Samen ist wie der Kopf einer Natter geformt. Deshalb, so glaubte man, helfe die Pflanze bei Schlangenbissen, was sich in diesem Fall auch als richtig herausstellte; man hatte Erfolg bei der Behandlung von Bissen der gepunkteten Viper.

ARTEN

Echium vulgare
Gemeiner Natternkopf
Winterhart, zweijährig; Höhe: 60 bis 100 cm. Hellblaue/rosa Blüten im zweiten Jahr. Die grünen Blätter sind borstig.

KULTIVIERUNG

Vermehrung
Säen Sie im Frühjahr in eine Saatbox oder in Anzuchtschalen, und bedecken Sie den Samen mit Perlit. Sobald die Sämlinge groß genug sind und nach dem Abhärten, werden sie in einem Abstand von 45 cm in den Garten verpflanzt.

Anfälligkeiten
Der Natterkopf wird nur selten von Schädlingen und Krankheiten befallen.

Pflegemaßnahmen
Frühling: Säen Sie im ersten Jahr; reinigen Sie den Platz um die Pflanzen im zweiten Jahr.
Sommer: Pflücken Sie im zweiten Jahr die Blüten, sobald diese absterben, um Selbstaussaat zu verhindern.
Herbst: Im zweiten Jahr werden die Pflanzen ausgegraben und entsorgt.
Winter: Einjährige Pflanzen benötigen keinen Schutz.

Gartenkultivierung
Säen Sie im Frühjahr in den Garten. Der Samen bevorzugt trockene, kiesig-sandige Lehmböden und einen sonnigen Standort.
Mit ihrer langen Wurzel übersteht die Pflanze jede Trockenheit, aber man kann die ausgewachsene Pflanze nur schwer verpflanzen.
Der Nachteil von *Echium vulgare* liegt darin, dass er sich durch Selbstaussaat so stark verbreitet, dass er zur Plage werden kann.

Ernte
Pflücken Sie die Blüten im Sommer zum frischen Gebrauch.

PFLANZEN IN KÜBELN

Im ersten Jahr bringt die Pflanze nur grüne, borstige Blätter hervor, aber im zweiten Jahr besticht sie durch ihre Blütenfülle. Verwenden Sie erdigen Kompost. Sie brauchen nicht zu düngen. Die Pflanze ist gegenüber Trockenheit sehr tolerant, sollte aber dennoch regelmäßig gegossen werden. Im ersten Winter sterben die grünen Teile des Natternkopfs ab. Stellen Sie den Kübel an einen kühlen Platz und gießen Sie die Pflanze gelegentlich.

Gemeiner Natternkopf

KULINARISCHES

Die jungen Blätter erinnern an Borretsch, haben allerdings wesentliche mehr Stacheln. Man sagt, sie seien genießbar …
Die Blüten sehen in Salaten hübsch aus, und man kann sie kandieren.

HEILKRAFT

Gehackt werden die Blütenstängel für Umschläge zur Behandlung von Furunkeln verwendet. Eine Lösung aus Blättern bewirkt Schweißausbrüche bei Fieber und lindert Kopfschmerzen.

WEITERE NUTZUNG

Früher wurde eine rotfärbende Substanz aus den Wurzeln gewonnen.

Eruca vesicaria

SENFRAUKE

Auch bekannt als Ölrauke, Rauke, Rucola oder Ruke.
Familie: Kreuzblütengewächse *(Cruciferae)*

Vom Mittelmeergebiet über Kleinasien und Armenien bis nach Afghanistan kommt die Senfrauke wild wachsend vor.
Bereits im Altertum zählte dieses Gewächs zu den weit verbreiteten Gewürzpflanzen. Der Geruch und Geschmack der Rauke wurde von den Römern sehr geschätzt.
Im Lauf der Jahrhunderte geriet die Pflanze jedoch mehr und mehr in Vergessenheit und wurde als Gewürz vom Senf abgelöst. Heute wird sie in verschiedenen Ländern allerdings wieder verwendet, so z. B. in Asien als Ölpflanze, in Indien als Senfpflanze und in Euopa als Würz- und Salatpflanze.

ARTEN

Eruca vesicaria* ssp. *sativa
Senfrauke
Nicht ganz winterhart, einjährig; Höhe: bis 60 cm. Die Blüten erscheinen von April bis Juni und sind hellgelb mit einer violetten Aderung. Die Blätter sind oval und lanzettförmig.

KULTIVIERUNG

Vermehrung
Dieses Kraut wächst am besten, wenn es direkt in den Garten gepflanzt wird.

Anfälligkeiten
Die Senfrauke ist äußerst widerstandsfähig.

Senfrauke *(Eruca vesicaria)*

Pflegemaßnahmen
Frühling: Aussaat.
Sommer: Pflücken Sie die Pflanzen, um eine Blüte zu verhindern.
Herbst: In einem milden Klima kann für Wintersalate gesät werden.
Winter: In kälteren Klimazonen ist eine Abdeckung nötig.

Gartenkultivierung
Säen Sie in vorbereitete Saatreihen in nährstoffreichen, feuchten Boden und an einem leicht schattigen Standort. In kälteren Regionen säen Sie im zeitigen Frühjahr nach dem letzten Frost. Dünnen Sie die Sämlinge auf 20 cm aus. Nach 6 bis 8 Wochen können die Pflanzen gepflückt werden. Man sollte dies vor der Blüte tun. Wenn die Blätter nicht regelmäßig gepflückt werden, wachsen dünne Blütenstängel, und die Blätter verlieren ihr Aroma.

Ernte
Ernten Sie die Blätter innerhalb von 8 Wochen nach der Aussaat im Frühling.

PFLANZEN IN KÜBELN

Die Senfrauke ist nicht für Kübel geeignet. Säen Sie im Frühjahr in einen Topf oder Blumenkasten. Verwenden Sie ein Rinden-Torf-Gemisch. Regelmäßig gießen und die Blätter abpflücken. Düngen Sie nicht, da die Blätter dadurch schlaff werden und ihr Aroma verlieren.

KULINARISCHES

Geben Sie die Blätter in Salate. Junge Blätter sind milder im Geschmack als alte, die ein leicht pfeffriges Aroma haben. Die Blätter können auch in Soßen oder für Gemüsegerichte – roh oder gedämpft – verwendet werden. Dieses Kraut ist oft in einer Mischung aus Kräutern der Provence enthalten.

***Rechts:* die Blüte der Senfrauke**

Senfraukenblätter im Salat

HEILKRAFT

Die Senfrauke wirkt appetitanregend.

Filipendula

MÄDESÜSS

Familie: Rosengewächse *(Rosaceae)*

In der Natur findet man Mädesüß in Hülle und Fülle, meist in Gruppen wachsend, in der Nähe von Bächen, Weihern, Flüssen, auf Feuchtwiesen, in Marschland oder in feuchten Wäldern bis zu einer Höhe von 1000 m. Mädesüß ist in Europa und Asien beheimatet und wurde in Nordamerika erfolgreich angesiedelt.
Der Gattungsname *Filipendula* setzt sich aus den lateinischen Bezeichnungen „filum" (Faden) und „pendulus" (hängend) zusammen. Damit werden die hängenden Wurzelknollen beschrieben, die – charakteristisch für diese Gattung – an faserigen Wurzeln hängen.
Der gebräuchlichste Name, „Mädesüß", ist verwandt mit dem angelsächsischen Wort „medesweete", welches seinen Ursprung darin hat, dass diese Pflanze zum Aromatisieren von Met verwendet wurde, den man aus fermentiertem Honig gewann.
Mädesüß ist aber auch unter anderen Namen bekannt; so zum Beispiel als „Wiesenkönigin" – eine Anspielung auf die starke Verbreitung in Feuchtwiesen –, als „Spierstaude" oder als „Rüsterstaude". In der Schweiz nennt man die Pflanze „Geißbart".
Im 16. Jahrhundert, als man die Fußböden mit Binsen und Kräutern bedeckte, um einen warmen Untergrund zu schaffen, unangenehme Gerüche zu überdecken und Infektionen vorzubeugen, war Mädesüß eine der bevorzugten Pflanzen von Königin Elisabeth I.
Der Pflanzensaft beinhaltet einen chemischen Stoff, aus der gleichen Gruppe wie die Salicylsäure. Dieser Stoff wurde erstmals im 19. Jahrhundert von einem italienischen Professor isoliert. Als man daraus später Acetylsalicylsäure entwickelte, nannte man diese Aspirin, nach dem alten botanischen Namen von Mädesüß: *Spirea ulmaria*.

ARTEN

Filipendula ulmaria
Echtes Mädesüß
Winterharte mehrjährige Pflanze; Höhe: 60 bis 150 cm. Cremefarbene Blüten von Juni bis August; grüne Blätter, jeweils fünf große Blattpaare übereinander, getrennt von Paaren kleinerer Blätter.

Filipendula ulmaria Aurea
Goldenes Mädesüß
Winterharte mehrjährige Pflanze; Höhe: 30 cm. Büschel von cremefarbenen Blüten von Juni bis August. Im Frühling helle goldgelbe, geteilte Blätter, die im Sommer kalkfarben werden. Direkte Sonneneinstrahlung verträgt die Pflanze nicht.

***Filipendula ulmaria* 'Variegata'**
Buntblättriges Mädesüß
Winterharte mehrjährige Pflanze; Höhe: 45 cm. Büschel von cremefarbenen Blüten von Juni bis August; geteilte Blätter, die im Frühjahr grün und gelb panaschiert sind. Die Pflanze verblasst gegen Ende des Frühjahrs ein wenig.

Filipendula vulgaris
(früher: ***hexapetala***)
Knollen-Mädesüß
Winterharte mehrjährige Pflanze; Höhe: 60 bis 90 cm. Weiße Blüten von Juni bis August in lockeren Trugdolden.
Die Grundblätter sind rosettig, die Hochblätter vielpaarig-fiederteilig.

Kultivierung

Vermehrung
Samen: Säen Sie im Herbst aus. Bedecken Sie den Samen mit etwas Kompost und überwintern Sie ihn im Freien unter Glas. Prüfen Sie von Zeit zu Zeit, ob der Kompost feucht genug ist, denn zu trockener Kompost verhindert das Keimen, das im Frühjahr erfolgen sollte (Stratifikation ist hilfreich, aber nicht unbedingt notwendig). Wenn die Sämlinge groß genug sind, setzen Sie diese in einem Abstand von 30 cm an den vorgesehenen Standort.
Teilung: Dies ist die erfolgreichere Vermehrungsmethode, die ebenfalls im Herbst durchgeführt wird. Graben Sie die Pflanzen aus und teilen Sie die Wurzel. Pflanzen Sie die Teile am gewünschten Standort im Abstand von 30 cm ein.

Anfälligkeiten
Mädesüß wird nur selten von Krankheiten und Schädlingen befallen.

Pflegemaßnahmen
Frühjahr: Auspflanzen von Sämlingen.
Sommer: Zurückschneiden nach der Blüte.
Herbst: Teilen der Pflanzen; Aussaat für ein Überwintern im Freien.
Winter: Kein Schutz nötig.

Gartenkultivierung
Wählen Sie sonnige bis halbschattige Standorte und Feuchtigkeit speichernden Boden. Ansonsten mischen Sie schnell verrottenden Dünger und/oder Laubkompost unter und setzen die Pflanzen in den Halbschatten.

Ernte
Pflücken Sie vor der Blüte junge Blätter. Entfernen Sie die Blüten kurz nach dem Öffnen. Blätter und Blüten werden frisch und getrocknet verwendet.

Heilkraft

Die gesamte Pflanze ist ein traditionelles Heilmittel bei Sodbrennen. Die frische Wurzel wird für homöopathische Arzneimittel verwendet und hilft bei Diarrhö. Als Tee aufgegossen, werden die Blüten bei Grippe eingesetzt.

Mädesüß *(Filipendula ulmaria)*

Goldenes Mädesüß *(Filipendula ulmaria Aurea)*

Kulinarisches

Mädesüß-Essig gibt zusammen mit Öl ein Salatdressing von außergewöhnlichem Geschmack, das hervorragend zu einem Salat aus Blüten passt. Aus den Blüten kann man ferner einen sehr guten Wein gewinnen, und sie verleihen Met und Bier eine besondere Note.
Daneben können die Blüten auch gefüllten Früchten und Marmeladen zugefügt werden, wodurch diese einen leichten Mandelgeschmack erhalten.
Junge Blätter kann man auch in Suppen verwenden – dies ist allerdings eher eine Empfehlung für experimentierfreudige Gourmets.

Weitere Nutzung

Mit Kupferbeize erhält man aus den Wurzeln ein schwarzes Färbemittel. Blüten und Blätter eignen sich für Potpourris.

Pflanzen in Kübeln

Mädesüß kommt in Kübeln gut zur Geltung. Stellen Sie den Behälter in den Halbschatten, damit die Erde nicht völlig austrocknet und um Verbrennungen durch direkte Sonneneinstrahlung zu vermeiden. Im Winter verkümmern die grünen Pflanzenteile. Die Staude sollte aber im Freien bleiben. Wenn Sie in einer kalten Gegend wohnen, stellen Sie den Kübel an einen geschützten Platz, damit er nicht gefriert und platzt. Verwenden Sie flüssigen Dünger nur zweimal während der Blütezeit.

Mädesüß-Färbemittel

„Die Gladiatoren wild und rau,
vermischten ihn mit ihrem täglichen Brot,
und derjenige, der im Kampfe siegte,
einen Kranz aus Fenchel trug.“
Henry Wadsworth Longfellow (1807–1882)

Foeniculum vulgare

FENCHEL

Familie: Doldenblütengewächse *(Apiaceae)*

Fenchel ist von Südeuropa bis Westasien heimisch. Er wurde in den westlichen USA angesiedelt. *Foeniculum vulgare* ist seit über 4000 Jahren als Heilpflanze bekannt. Schon die alten Ägypter nutzten den Samen gegen Husten und die Wurzeln als Magenmedizin. Die alten Griechen schätzten den Fenchel ebenfalls und verwendeten ihn bei Fastenkuren und zur Behandlung verschiedener Krankheiten. Auch bei römischen Banketten war Fenchel sehr beliebt. Die Römer aßen seine Blätter, Wurzeln und Samen in Salaten und backten ihn in Brot und Kuchen. Soldaten nahmen Fenchel zu sich, um gesund zu bleiben, während die römischen Damen ihn bevorzugten, um Fettleibigkeit vorzubeugen.
Die Angelsachsen aßen Fenchel in Fastenzeiten, vermutlich weil er das Hungergefühl unterdrückte.
Im Mittelalter war Fenchel die bevorzugte Würze für Eintöpfe, da er sehr aromatisch ist. Er wurde außerdem verwendet, um Speisen, die nicht mehr ganz frisch waren, ein angenehmes Aroma zu verleihen.
Im 16. Jahrhundert pries Gerard Fenchel als Hilfe für die Sehkraft und Culpeper als Gegengift bei einem Schlangenbiss oder dem Genuss von giftigen Pilzen.

ARTEN

Foeniculum vulgare
Fenchel
Winterharte zwei- bis mehrjährige Pflanze; Höhe: 1,5 bis 2 m. Im Spätsommer zeigen sich kleine, gelbe Blüten. Die Blätter sind zartgrün und gefiedert.

Foeniculum vulgare purpureum
Bronzefenchel
Wie *F. vulgare*, jedoch auffallende bronzefarbene und gefiederte Blätter.

Foeniculum vulgare* var. *dulce
Gewürzfenchel, Finocchio
Einjährige Pflanze; Höhe: 75 cm bis 1 m. Büschel von kleinen, gelben Blüten zeigen sich im Spätsommer. Die grünen Blätter sind gefiedert. Die Früchte des Gewürzfenchels werden ca. 8 mm lang, sind etwas süß und sehr aromatisch. Neben den Früchten finden auch die Blattscheiden als Gewürz Verwendung.

KULTIVIERUNG

Vermehrung
Aussaat: Säen Sie im zeitigen Frühjahr in vorbereitete Behälter und bedecken Sie das Ganze mit Perlit. Der Boden sollte eine Temperatur von 15 bis 21 °C haben, um die Keimung zu beschleunigen. Etwa 6 Wochen nach der Aussaat werden die jungen Pflanzen in einem Abstand von ca. 40 cm ausgepflanzt.
Teilung: Ist nur erfolgreich in einem leicht sandigen Boden. Man sollte die Wurzeln im Herbst teilen.

Bronzefenchel *(Foeniculum vulgare purpureum)*

Gartenkultivierung
Fenchel bevorzugt einen sonnigen, warmen Standort und fruchtbaren, gut durchlässigen und lehmigen Boden. Auf lehmigem Boden geben Sie eine extra Schicht scharfen Sand in die Saatrille. Geben Sie den Samen im zeitigen Frühjahr (März) in Abständen von ca. 40 cm in die Erde.
Setzen Sie Fenchel nicht in die Nähe von Dill oder Koriander, da dies die Samenproduktion des Fenchels reduzieren würde.
Wenn Fenchel an einen heißen, trockenen Standort gepflanzt wird, wird er nur ca. 1,2 bis 1,5 m hoch und hat sehr dünne, aromatische Blätter.
Gewürzfenchel wächst nur aus Samen. Säen Sie zu Beginn des Sommers in flache Rillen in einen gut kompostierten Boden, damit die Wurzeln des Gewürzfenchels im Herbst reif sind. An heißen Tagen sollten Sie reichlich gießen. Häufeln Sie die Knolle an, wenn sie die Größe eines Golfballs erreicht hat, und ernten Sie die Knolle, wenn sie so groß wie ein Tennisball ist.

Anfälligkeiten
Junge Wurzeln können faulen, wenn die Pflanzen zu viel gegossen werden. Die Grüne Blattlaus befällt manchmal die Pflanze. Sie kann mit Schmierseife bekämpft werden.

Pflegemaßnahmen
Frühling: Aussaat.
Sommer: Pflücken Sie die Blütenköpfe, um das Wachstum der Blätter anzuregen.
Herbst: Säen Sie den Samen in Behälter und regen Sie die Keimung durch Wärmezufuhr an.
Winter: Schneiden Sie alte Pflanzen zurück und säubern Sie den Boden um kräftige Pflanzen. Die grünen Teile des Fenchels sterben im Winter ab. Es ist kein Schutz nötig, solange die Temperatur nicht unter –10 °C sinkt.

Ernte
Pflücken Sie junge Stängel und Blätter. Frieren Sie die Blätter ein oder legen Sie sie in Öl bzw. Essig ein.
Sammeln Sie reife Samen zum Aussäen oder zum Trocknen für Speisen.
Graben Sie die Knollen des Gewürzfenchels aus, sobald diese reif sind.

Pflanzen in Kübeln

Bronzefenchel wirkt sehr attraktiv in Kübeln. Verwenden Sie ein Rinden-Torf-Sand-Gemisch. Während der Blüte muss die Pflanze an Stäben festgebunden werden.
Im Sommer sollte Bronzefenchel vor der Mittagssonne geschützt stehen sowie regelmäßig gegossen und gedüngt werden. Topfen Sie jedes Jahr um.

Weitere Nutzung

Samen und Blätter werden für Gesichtsmasken zur Tiefenreinigung verwendet.

Medizin

Geben Sie einen Teelöffel Fenchelsamen in eine Tasse, gießen Sie kochendes Wasser auf und lassen Sie das Ganze 5 Minuten ziehen. Seihen Sie den Tee ab und trinken Sie ihn, um die Verdauung anzuregen und Verstopfung vorzubeugen. Tauchen Sie eine Kompresse in den Tee und legen Sie diese auf tränende oder entzündete Augen.
Vorsicht: Eine Überdosis kann Krämpfe verursachen und das Nervensystem stören.

Forelle mit Fenchel

Kulinarisches

Fenchel ist ein hervorragendes Gewürz für fette Speisen wie Schwein oder Füllungen für Geflügel und Lamm. Sehr gut schmeckt er auch in vegetarischen Gerichten.
Verwenden Sie den Samen für Würstchen, Fischgerichte und in Brot, die Blätter klein gehackt über Salate und gekochtes Gemüse sowie in Suppen. Junge Stängel geben Salaten Biss. Die Knolle des Gewürzfenchels schmeckt gekocht ebenso wie roh gerieben auf Sandwichs und in Salaten.

Fisch mit Fenchel
(4 Personen)

4 Fische (z. B. Forelle)
1 Tasse frische Fenchelblätter, gehackt
1 EL Öl
Fenchelstängel
etwas Brandy

Fische waschen und mit den gehackten Fenchelblättern füllen. Fische auf beiden Seiten mehrmals einschneiden und mit dem Öl bestreichen. Leicht salzen und pfeffern. Die Fenchelstängel auf einem gefetteten Backblech verteilen, die Fische darauf geben und im vorgeheizten Ofen bei 230 °C ca. 15 Minuten garen.
Fische und Fenchelstängel auf hitzebeständige Teller verteilen, den Brandy erwärmen, über die Fische gießen und kurz flambieren.

Gewürzfenchelsalat
(2 Personen)

2 mittelgroße Fenchelknollen
125 g Joghurt
Saft von einer Zitrone
12 schwarze Oliven
1 kleiner Kopfsalat
einige Zitronenscheiben
Petersilie, gehackt

Fenchelknollen teilen, waschen und in mundgerechte Stücke schneiden. Mit Joghurt, Zitronensaft und Oliven vermischen. Salat putzen, waschen und die Blätter auf einem großen Teller verteilen. Fenchel-Joghurt-Gemisch darüber geben. Mit Zitronenscheiben und Petersilie dekorieren.

Fragaria vesca

WALD-ERDBEERE

Familie: Rosengewächse *(Rosaceae)*

Die Walderdbeere wächst wild an sonnigen Waldrändern, auf Lichtungen, an Böschungen und auf Waldwiesen in kälteren Regionen Europas, Nordasiens, Australiens und Nordamerikas. Der Gattungsname „Fragaria" leitet sich von der lateinischen Bezeichnung „fragrans" („zerbrechlich") ab. Die Früchte dieser Pflanze wurden der Göttin Venus und der Jungfrau Maria geweiht. Von Sebastian Kneipp wurde die Heilkraft der Walderdbeere oft gelobt. Er stellte fest, dass Erdbeerblättertee, vermischt mit etwas Waldmeisterkraut, harntreibend wirkt.

Fragaria vesca
Walderdbeere
Winterhart, mehrjährig; Höhe: 15 bis 30 cm. Die Blüten haben 4 oder 5 weiße Blütenblätter und ein gelbes Zentrum. Sie erscheinen von Mai bis Juni. Die Blätter sind langgestielt und dreizählig mit gezackten Rändern.

Fragaria vesca* var. *semperflorens
Monatserdbeere
Winterhart, mehrjährig; Höhe: 5 bis 25 cm. Die Blüten haben 4 oder 5 weiße Blütenblätter und ein gelbes Zentrum. Sie erscheinen vom Frühjahr bis in den Herbst. Die hellgrünen Blätter sind langgestielt und dreizählig mit gezackten Rändern. Die echte Monatserdbeere bildet keine Ausläufer und kann deshalb nur durch Aussaat vermehrt werden.

ARTEN

Es gibt viele Formen der Walderdbeere. Einige haben bunte Blätter, andere weiße Früchte. Die Arten, die im Folgenden beschrieben werden sind die ursprünglichen.

KULTIVIERUNG

Vermehrung
Aussaat: Der Samen der Walderdbeere ist auf der Oberfläche der Früchte verteilt. Um den Samen einsammeln zu können, lässt man die Früchte hängen, bis sie vollständig ausgetrocknet und schrumpelig sind. Dann rubbelt man den Samen ab. Säen Sie spät im Winter bzw. im zeitigen Frühjahr. Der Samen wird nicht abgedeckt, eine Bodenwärme von 15 °C ist hilfreich für die Keimung, die einige Wochen braucht. Im späteren Frühjahr können Sie die Samen ohne Wärmezufuhr aussäen, die Keimung benötigt dann die gleiche Zeit. Sobald die Sämlinge groß genug sind, werden sie in einem Abstand von 30 cm gepflanzt.
Teilung: Tochterpflanzen entstehen an Ausläufern und können durch Teilung vermehrt werden, da jeder Ausläufer ein Wurzelsystem besitzt. Von Frühling bis zum zeitigen Herbst können die Ausläufer entfernt und an den gewünschten Standort verpflanzt werden.

Anfälligkeiten
Nacktschnecken und Vögel sind die Hauptschädlinge. Das einzige, was Sie dagegen unternehmen können, ist, genügend Pflanzen zu ziehen, so dass einige Früchte für Sie übrig bleiben. Wenn die Walderdbeere in Kübel gepflanzt wird, wird sie manchmal von Mehltau befallen. Entfernen Sie die befallenen Teile und stellen Sie den Behälter an einen hellen und luftigen Platz.

Pflegemaßnahmen
Frühling: Aussaat; teilen Sie Ausläufer.
Sommer: Düngen Sie mit Flüssigdünger.

Walderdbeeren ***(Fragaria vesca)***

Herbst: Wenn sich zu viele Ausläufer ausbreiten, entfernen Sie diese.
Winter: Kein Schutz nötig.

Gartenkultivierung
Walderdbeeren bevorzugen einen gut durchlässigen Boden, der im Sommer nicht austrocknen darf, sowie einen Platz im Schatten oder Halbschatten. Sie gedeihen gut unter Bäumen, Gebüschen, Rosen und höheren Stauden. Als Bodendecker sind sie hervorragend geeignet. Die weißen Blüten sind von zarten, grünen Blättern umgeben. Die winzigen Beeren schmecken süß. Verwenden Sie regelmäßig Flüssigdünger (am besten Kalidünger), sobald sich die Beeren zeigen. Wenn Sie nicht so viele Walderdbeeren in ihrem Garten haben möchten, pflanzen Sie Monatserdbeeren.

Ernte
Wenn Sie die Blätter zum Trocknen verwenden, sollten Sie sie pflücken, bevor die Pflanze Früchte trägt. Sobald die Beeren reif sind, können sie verzehrt oder eingefroren werden.

Pflanzen in Kübeln

Walderdbeeren kommen in Kübeln gut zur Geltung. Auch in Blumenkästen, Töpfen mit Löchern an den Seiten und als Bepflanzung von Hängekörben sind sie ein hübscher Blickfang. Verwenden Sie ein Rinden-Torf-Gemisch, gießen und düngen Sie regelmäßig mit Flüssigdünger.

Weitere Nutzung

Die Erdbeere wird vor allem für Hautcremes verwendet. Zerdrücken Sie die Beeren, extrahieren Sie den Saft und geben Sie ihn zu Gesichtspackungen, um die Poren zu weiten und um Sommersprossen aufzuhellen.
Geben Sie geschnittene Erdbeeren auf das gewaschene Gesicht, um einen leichten Sonnenbrand zu lindern.

Warnung

Erdbeeren können allergische Reaktionen auslösen!

Kulinarisches

Frisch schmecken die Beeren in Fruchtsalaten oder mit Sahne. Man kann sie auch in Kuchen, Sirup und Marmelade verwenden. Die Blätter haben ein moschusähnliches Aroma. Man kann daraus Tee zubereiten, der mit anderen Kräutern gemischt noch besser schmeckt.

Heilkraft

Walderdbeeren werden bei Blutarmut, Nervosität, Magen- und Darmverstimmungen sowie bei Erkrankungen der Harnorgane und bei Hämorrhoiden verwendet.
Aus den Blättern kann man ein Gurgel- oder Mundwasser gegen einen wunden Gaumen und Aphthen herstellen.
Tee aus den Blättern unterstützt den Heilungsprozess und ist beliebt bei Kindern.

Walderdbeer-Marmelade

Galium odoratum (Asperula odorata)

ECHTER WALDMEISTER

Familie: Krappgewächse *(Rubiaceae)*

Der Echte Waldmeister ist in Europa beheimatet und wurde in Nordamerika und Australien kultiviert. Man findet ihn in schattigen Laubwäldern und Hecken.
Aufzeichnungen aus dem 14. Jahrhundert belegen, dass Waldmeister als Bettfüllung und zum Parfümieren von Leinen verwendet wurde.
Die berühmte „Maibowle" schmeckt nicht nur köstlich, sondern belebt und fördert die Verdauung.

ARTEN

Galium odoratum (Asperula odorata)
Echter Waldmeister
Winterharte, mehrjährige Staude; Höhe: 15 cm. Von April bis Juni zeigen sich die weißen, sternförmigen Blüten. Die vierkantigen Stängel tragen grüne Blattquirle. Die gesamte Pflanze duftet.

KULTIVIERUNG

Vermehrung
Aussaat: Verwenden Sie nur frischen Samen. Säen Sie im frühen Herbst in Saatboxen oder Anzuchtschalen und bedecken Sie das Ganze mit Perlit. Gießen Sie gründlich. Die Samen brauchen eine Zeit der Stratifikation (siehe S. 216). Sobald die Sämlinge groß genug sind, werden sie nach dem Abhärten in einem Abstand von 10 cm ausgepflanzt.
Wurzelableger: Der Wurzelstock ist sehr spröde und wächst nur wenig. Legen Sie im Frühsommer, nach der Blüte, kleine Stücke (2 bis 4 cm) der Wurzel in gleichmäßigen Abständen auf die Komposterde in eine Saatbox, bedecken Sie die Ableger mit einer dünnen Schicht Kompost und gießen Sie. Stellen Sie die Box an einen warmen Platz und der Waldmeister wird sprießen. Sobald die Pflanzen groß genug sind, werden sie ausgepflanzt.

Anfälligkeiten
Waldmeister bleibt von Schädlingen und Krankheiten weitgehend verschont.

Pflegemaßnahmen
Frühling: Nehmen Sie Wurzelableger vor der Blüte.
Sommer: Kontrollieren Sie, wie weit sich die Pflanzen ausgebreitet haben.
Herbst: Die Pflanze stirbt vollkommen ab; Aussaat.
Winter: Kein Schutz nötig.

Gartenkultivierung
Waldmeister bevorzugt einen Standort im Schatten oder Halbschatten und nicht zu trockenen, torfhaltigen bzw. humosen Boden. Die Blätter machen die Pflanze zu einem dekorativen Bodendecker, und die unterirdischen Wurzelausläufer verbreiten sich rasch.

Ernte
Getrocknet entfaltet Waldmeister seinen angenehmen Duft – ähnlich wie frisch gemähtes Gras. Blüten und Blätter werden im Frühsommer getrocknet.

PFLANZEN IN KÜBELN

Wenn Sie Waldmeister in Kübeln ziehen, müssen Sie darauf achten, dass diese groß genug sind. Verwenden Sie ein Rinden-Torf-Gemisch und Flüssigdünger während der Blüte. Stellen Sie den Behälter in den Halbschatten und gießen Sie nicht zu oft.

KULINARISCHES

Waldmeister mit Brombeer-, Erdbeer-, Himbeer- und Zitronenmelisseblättern mischen und mit heißem Wasser überbrühen; beruhigend und nervenstärkend. Mit Honig gesüßt, wird diese Wirkung verstärkt.

HEILKRAFT

Waldmeister hilft bei Gallen- und Leberleiden, unregelmäßiger Menstruation und bei Erkrankungen der Harnorgane.

Waldmeistertee

WARNUNG

Der Genuss großer Mengen kann Vergiftungserscheinungen wie Schwindelgefühl und Erbrechen hervorrufen.

Glycyrrhiza glabra

SÜSSHOLZ

Auch bekannt als Lakritzpflanze.
Familie: Schmetterlingsblütengewächse *(Fabaceae)*

Die Heimat dieser Pflanze sind die östlichen Mittelmeergebiete und der Nahe Osten. Heute findet man das Süßholz vor allem in Russland, im Iran, in Spanien und Indien. Die Staude wird seit 3000 Jahren für medizinische Zwecke genutzt, was ägyptische Papyrusrollen belegen. Der lateinische Name „Glycyrrhiza" stammt von „glycys" („süß") und „rhiza" („Wurzel"). In Deutschland wird Süßholz seit dem 15. Jahrhundert angebaut. In der Gegend um die oberfränkische Stadt Bamberg wurde der Anbau von Süßholz so intensiv betrieben, dass man vor einigen Jahrhunderten einen Süßholzzweig in das Wappen der Stadt aufgenommen hat.

Süßholzstangen

ARTEN

Glycyrrhiza glabra
Süßholz
Winterharte mehrjährige Staude; Höhe: 1,2 m. Von Juni bis Juli erscheinen hellviolette bis lilafarbene Blüten, die in einer lang gestielten, aufrechten Traube stehen. Die Blätter sind länglich oval.

KULTIVIERUNG

Vermehrung
Aussaat: Die Sämlinge gehen oft ein. In kälteren Regionen sind die Samen häufig nicht keimfähig.
Teilung: Nehmen Sie ca. 20 cm lange Wurzelabschnitte mit mehreren Augen und setzen Sie diese in einen Topf, der zur Hälfte mit Kompost gefüllt ist. Bedecken Sie die Abschnitte mit Kompost, wässern Sie gut und stellen Sie den Topf an einen warmen Platz, bis die Triebe erscheinen. Nach dem Abhärten die Pflanzen im Frühjahr oder Herbst versetzen.

Anfälligkeiten
Die Pflanze ist äußerst widerstandsfähig.

Pflegemaßnahmen
Frühling: Teilen Sie kräftige Pflanzen.
Sommer: Unternehmen Sie nichts.
Herbst: Teilen Sie kräftige Pflanzen.
Winter: Die Pflanzen in strengen Wintern schützen.

Gartenkultivierung
Süßholz bevorzugt einen mittelschweren bis leichten, nährstoffreichen, tiefgründigen Lehmboden an einem sonnigen Standort. Setzen Sie im Frühjahr Teile der Wurzel in vorbereitete Furchen 20 cm tief und in einem Abstand von 1 m. Am besten gedeiht Süßholz in langen, heißen Sommern, Es benötigt zusätzliche Wassergaben, wenn der Boden sehr durchlässig ist.

Ernte
Zum Trocknen ernten Sie die Wurzeln von 3- bis 4-jährigen Pflanzen im Winter.

PFLANZEN IN KÜBELN

Verwenden Sie erdigen Kompost und düngen Sie während der Wachstumsphase. Gießen Sie regelmäßig.

KULINARISCHES

Süßholz dient zum Aromatisieren von Bierspezialitäten wie z. B. Guinness.

HEILKRAFT

Süßholz wirkt krampflösend, stoffwechselanregend und harntreibend. Es beseitigt Blähungen, erhöht die Magensaftabsonderung und hat sich bei nervösen Magenbeschwerden und Darmkoliken bewährt.
Als Tee wird die Pflanze mit anderen Heilpflanzen bei Husten, Grippe, Harnsteinen sowie bei Magen- und Zwölffingerdarmgeschwüren verabreicht. Außerdem soll Süßholz den Gallenfluss fördern und den Cholesterinspiegel senken. Äußerlich angewendet hat Süßholzextrakt eine entzündungshemmende Wirkung.

WARNUNG

Hohe Dosen von Süßholz können Nebenwirkungen verursachen wie z. B. Kopfschmerzen und hohen Blutdruck.

Helichrysum italicum

STROHBLUME

Familie: Korbblütler *(Asteraceae)*

Die Pflanze stammt aus Südeuropa. Sie gedeiht auch in feuchteren, kälteren Regionen. Wegen des Currydufts der Blätter erfreut sich das Gewächs zunehmender Beliebtheit.

ARTEN

Helichrysum italicum (angustifolium)
Currypflanze
Immergrün, winterhart, mehrjährig; Höhe: 60 cm. Im Sommer zeigen sich Trauben von winzigen senffarbenen Blüten. Die kleinen, aromatischen Blätter sind silberfarben und duften stark. Der Pflanzabstand für eine Hecke beträgt 60 cm.

***Helichrysum italicum* 'Dartington'**
Immergrün, winterhart, mehrjährig; Höhe: 45 cm. Im Sommer bildet diese kompakte Pflanze Trauben von kleinen, gelben Blüten. Die graugrünen Blätter duften stark. Die Pflanze ist gut für Hecken und als Randbepflanzung geeignet. Der Pflanzabstand für eine Hecke beträgt 30 cm.

Die Blüten der Currypflanze

Helichrysum italicum microphylla ('Nanum')
Immergrün, winterhart, mehrjährig; Höhe: 30 cm. Im Sommer zeigen sich Trauben von winzigen, senffarbenen Blüten. Die kleinen, silberfarbenen Blätter sind aromatisch. Die Sorte eignet sich für Hecken und Boskettgärten. Der Pflanzabstand für eine Hecke beträgt 30 cm.

Helichrysum italicum* ssp. *serotinum
Immergrün, winterhart, mehrjährig; Höhe: 60 cm. An weißen Trieben bilden sich Trauben von kleinen, hellgelben Blüten. Die winzigen, aromatischen Blätter sind silberfarben bis grau. Der Pflanzabstand für eine Hecke beträgt 60 cm.

KULTIVIERUNG

Vermehrung
Aussaat: Die Vermehrung durch Aussaat ist äußerst problematisch. Deshalb sollte man die Pflanzen durch Ableger vermehren.
Ableger: Nehmen Sie im Frühjahr weiche Ableger und im Herbst halbreife.

Anfälligkeiten
Normalerweise bleibt die sehr stark duftende Pflanze von Schädlingen und Krankheiten verschont.

Strohblume (Helichrysum italicum)

Pflegemaßnahmen
Frühling: Schneiden Sie kräftige Pflanzen nach dem letzten Frost, um sie in Form zu halten und neues Wachstum anzuregen. Am besten nehmen Sie unverholzte Ableger.
Sommer: Pflanzen nach der Blüte zurückschneiden.
Herbst: Nehmen Sie schwach verholzte Ableger.
Winter: Unter –10 °C müssen die Pflanzen geschützt werden.

Gartenkultivierung
Helichrysum italicum ist eine attraktive Gartenpflanze, die einen starken Curryduft verströmt.
Setzen Sie die Pflanzen in die volle Sonne in einen gut durchlässigen Boden.
Schneiden Sie die Pflanzen nach dem Blühen etwas zurück, um sie in Form zu halten und neues Wachstum anzuregen. Wenn der Winter sehr nass wird und die Gewächse nicht in gut durchlässiger Erde stehen, nehmen Sie einige Pflanzen und überwintern Sie diese in einem Gewächshaus.

Ernte
Pflücken Sie die Blätter zum frischen Gebrauch. Entfernen Sie die Blüten, nachdem sie sich vollständig geöffnet haben. In kleinen Sträußen werden die Blüten kopfüber an einem luftigen Platz zum Trocknen aufgehängt.

PFLANZEN IN KÜBELN

Die beschriebenen Sorten gedeihen gut in großen Kübeln. Stellen Sie den Behälter an einen sonnigen Platz und gießen Sie nicht übermäßig.

KULINARISCHES

Die Blätter riechen stärker als sie schmecken. Man kann sie zum Füllen von Brathähnchen verwenden – eine interessante Alternative zu Estragon.
Geben Sie einige Zweige zu Gemüse- und Reisgerichten, um diesen einen Currygeschmack zu verleihen. Entfernen Sie die Zweige vor dem Servieren.

WEITERE NUTZUNG

Die hellgelben Blütchen bringen Farbe in Potpourris.

Hesperis matronalis

GEMEINE NACHTVIOLE

Auch bekannt als Julienne. Familie: Kreuzblütengewächse *(Brassicaceae)*

Dieses süß duftende Kraut ist in Italien beheimatet. Heute findet man es wild wachsend in den meisten gemäßigten Regionen. Der alte griechische Name „Hesperis" wurde von Theophrastus, einem griechischen Botaniker (370–285 v. Chr.), eingeführt. Er leitet sich von dem Wort „hesperos" („Abend") ab, denn die Blüten entfalten ihren Duft am stärksten in den Abendstunden.

ARTEN

Hesperis matronalis
Gemeine Nachtviole, Julienne
Winterharte zweijährige, gelegentlich auch mehrjährige Pflanze; Höhe: 60 bis 90 cm. Die Blüten erscheinen im zweiten Jahr von Mai bis Juni und haben vier Blätter. Sie duften sehr stark und variieren farblich – rosa, violett, mauvefarben und weiß. Die grünen Blätter sind lanzettförmig. Es gibt eine doppelblütige Sorte dieser Pflanze, die nur durch Ableger oder Teilung vermehrt werden kann und einen sandigeren, lehmhaltigeren Boden benötigt als die Stammpflanze.

KULTIVIERUNG

Vermehrung
Aussaat: Säen Sie im Herbst in Saatboxen oder Anzuchtschalen; bedecken Sie den Samen mit Perlit. Überwintern Sie die Pflänzchen in einem Kalthaus und setzen Sie sie im Frühjahr in einem Abstand von 45 cm in den Garten. Eventuell blühen die Pflanzen dann schon im ersten Jahr.

Anfälligkeiten
Dieses Kraut ist äußerst widerstandsfähig.

Pflegemaßnahmen
Frühling: Aussaat.
Sommer: Entfernen Sie abgestorbene Blüten, um die Blüte anzuregen.
Herbst: Aussaat unter Schutz.
Winter: Kein Schutz nötig.

Gartenkultivierung
Die Nachtviole bevorzugt einen sonnigen bis halbschattigen Standort und einen gut durchlässigen, kalkhaltigen Boden. Im späten Frühling werden die Samen direkt in den Garten in einem Abstand von 30 cm gesät. Dünnen Sie, falls nötig, später auf 45 cm aus.

Ernte
Pflücken Sie die jungen Blätter und die frisch geöffneten Blüten zum frischen Verzehr oder zum Trocknen.

Weißblühende Nachtviole *(Hesperis matronalis)*

PFLANZEN IN KÜBELN

Es sieht hübsch aus, wenn Sie 3 bis 4 einjährige Pflanzen in einen Behälter setzen. Postieren Sie den Kübel so, dass Sie abends den Duft der Gewächse genießen können. Verwenden Sie ein Rinden-Torf-Sand-Gemisch und gießen Sie im Sommer regelmäßig.

Violettblühende Nachtviole *(Hesperis matronalis)*

KULINARISCHES

Junge Blätter werden gelegentlich in Salate gegeben. Man sollte sie jedoch sparsam verwenden, da sie sehr bitter sind. Die Blüten kann man zum Garnieren von Desserts verwenden.

WEITERE NUTZUNG

Geben Sie getrocknete Blüten in Potpourris, um den süßen Duft zu genießen.

Humulus lupulus

HOPFEN

Familie: Hanfgewächse *(Cannabaceae)*

Die Heimat des Hopfens ist Mitteleuropa. Man findet ihn wild wachsend an Hecken und Zäunen sowie in Ufergebüschen und Erlenbrüchen. Für kommerzielle Zwecke wird er vor allem in Nordeuropa, Nordamerika und Chile kultiviert.

Römische Aufzeichnungen aus dem 1. Jahrhundert beschreiben den Hopfen als beliebte Gartenpflanze und Gemüse, die jungen Triebe wurden auf Märkten verkauft und ähnlich wie Spargel zubereitet. Als Kulturpflanze war der Hopfen bis ins 9. Jahrhundert in Europa nicht sehr verbreitet. In England wuchs die Pflanze wild und diente als Gemüse, bevor sie beim Bierbrauen eingesetzt wurde.

Bier ohne Hopfen – das wäre in Deutschland, wo sich dieses Getränk größter Beliebtheit erfreut, undenkbar, denn die weiblichen Dolden dieser Pflanze liefern das Lupulin (Hopfenbitter), das dem Bier seinen würzig-bitteren Geschmack verleiht.

Ebenso lange wie der Hopfen zum Brauen verwendet wird, wird er auch als Heilmittel eingesetzt. Die Blüten sind seit alters her bekannt für ihre beruhigende Wirkung und wurden entweder als Tee zubereitet oder in ein Kissen, auf dem man schlief, gefüllt.

Gemeiner Hopfen *(Humulus lupulus)*

Goldener Hopfen *(Humulus lupulus* 'Aureus')

Gemeiner Hopfen *(Humulus lupulus)*

ARTEN

Humulus lupulus
Gemeiner Hopfen
Winterharte mehrjährige Kletterpflanze; Höhe: bis zu 6 m. Hopfen ist eine zweihäusige Pflanze, was bedeutet, dass männliche und weibliche Blüten nicht an derselben Staude wachsen. Während die männlichen Blüten lockere Rispen bilden, stehen die weiblichen in dichtblütigen Scheinähren, aus denen sich die eiförmigen, mit grünlichgelben Harzdrüsen besetzten Dolden entwickeln. Die weiblichen Blüten duften stark; sie werden zum Bierbrauen verwendet. Die großen Blätter sind drei- bis fünflappig und grob gezähnt. Die Stängel sind hohl und mit vielen winzigen Klimmhaken versehen. Bevorzugt schlingt sich diese rechtswindende Kletterpflanze in Erlen, Pappeln und Weiden.

***Humulus lupulus* 'Aureus'**
Goldener Hopfen
Winterhart, einjährig; Höhe: bis zu 5 m. Die Blüten und Blätter dieser Pflanze sind goldfarben, wodurch sie zum attraktiven Blickfang wird.

Kultivierung

Vermehrung
Aussaat: Wenn die Pflanze aus Samen gezogen wird, ist das Geschlecht in den ersten 2 bis 3 Jahren nicht zu erkennen, denn in dieser Zeit bilden sich keine Blüten. Kaufen Sie den Samen bei einem Spezialisten. Gesät wird im Sommer oder Herbst. Der Samen sollte nur spärlich gesät werden. Wenn man Anzuchtschalen verwendet, genügt ein Samenkorn pro Zelle. Bedecken Sie den Samen mit Kompost. Dann bedecken Sie die Schalen mit einem Stück Glas oder Plastik und stellen sie an einen kühlen Platz, z.B. in ein Gewächs- oder Kalthaus, zum Keimen.
Warnung: Wenn der Samen von wildem Hopfen stammt, sollten Sie ihn nicht in der Nähe von Hopfenanbaugebieten verwenden, denn die Samen könnten die Kulturen verunreinigen.
Ableger: Unverholzte Ableger werden im Frühling oder frühen Sommer von den weiblichen Pflanzen genommen. Wählen Sie junge Triebe und nehmen Sie die Ableger am Morgen, da sie welken.
Teilung: Graben Sie die Pflanzen aus und teilen Sie die Wurzelstöcke und unterirdischen Ausläufer von kräftigen Pflanzen. Verpflanzen Sie die Stücke im Abstand von 1 m.

Anfälligkeiten
Wenn der Hopfen von der Hopfenwelke befallen wird, graben Sie die Pflanzen aus und verbrennen sie.
Die Sorte *Humulus lupulus* 'Aureus' leidet manchmal unter Verbrennungen durch zu starke Sonneneinstrahlung. Entfernen Sie die verletzten Triebe und versetzen Sie die Pflanze in der nächsten Saison.

Pflegemaßnahmen
Frühling: Teilen Sie die Wurzeln und trennen Sie bewurzelte Stängel und unterirdische Ausläufer. Topfen Sie Kübelpflanzen um. Überprüfen Sie die Kletterhilfen.
Sommer: Aussaat im Spätsommer.
Herbst: Schneiden Sie die Pflanze bis auf den Grund zurück. Versorgen Sie die Pflanzen mit Dünger bzw. Kompost; stellen Sie Kübel an einen kühlen Ort.
Winter: Kein Schutz nötig.

Gartenkultivierung
Die Pflanzen benötigen einen sonnigen, offenen Standort. Die Erde sollte sehr humos sein und tief umgegraben werden. Es ist nicht unbedingt nötig, den Hopfen anzubinden, wenn eine gute Kletterhilfe zur Verfügung steht. Dünnen Sie die Pflanzen aus und führen Sie sie in die gewünschte Richtung. Im Winter sterben die grünen Teile ab. Schneiden Sie die Pflanzen im Herbst bis zum Grund zurück und versorgen Sie sie mit Dünger oder Kompost.

Ernte
Pflücken Sie junge Seitentriebe im Frühling und junge Blätter zur frischen Verwendung.
Pflücken Sie männliche Blüten. Im frühen Herbst pflücken Sie weibliche Blüten, die Sie trocknen und innerhalb weniger Monate verbrauchen, da sie sonst ihr Aroma verlieren.

Pflanzen in Kübeln

Unterstützt von einer Kletterhilfe, kann der Gemeine Hopfen in großen Kübeln attraktiv wirken. Verwenden Sie ein Rinden-Torf-Gemisch und geben Sie regelmäßig Flüssigdünger vom späten Frühjahr bis zur Sommermitte. Im Sommer müssen die Pflanzen gut gegossen werden, während sie im Winter trocken gehalten werden. An einem hellen Platz kann man die Pflanzen im Haus ziehen, sie blühen dann aber nur selten. Schützen Sie die Sorte vor direkter Sonneneinstrahlung. Im Winter stellen Sie den Behälter an einen kühlen Platz und halten den Kompost trocken. Topfen Sie jedes Jahr um.

Weitere Nutzung

Aus den Blättern kann man ein braunes Färbemittel gewinnen. Wenn Sie in der Nähe einer Brauerei wohnen, können Sie um den gebrauchten Hopfen bitten, der einen guten Mulch abgibt oder für den Komposthaufen geeignet ist.

Warnung

Die frischen, weiblichen Blüten können allergische Hautausschläge und Übelkeit hervorrufen. Wegen der beruhigenden Wirkung der Pflanze nicht bei Depressionen anwenden.

Heilkraft

Hopfentee aus weiblichen Blüten hilft bei nervöser Diarrhö, Schlaflosigkeit und Ruhelosigkeit ebenso wie zum Anregen des Appetits, zum Lindern von Blähungen und zum Lockern von Darmkrämpfen. Kalter Hopfentee, den man eine

Hopfendolden

Stunde vor dem Essen zu sich nimmt, fördert die Verdauung.
Mit Baldrian kombiniert hilft er bei Husten und nervösen, krampfartigen Zuständen. Hopfen beinhaltet ein Hormon, das Müttern hilft, den Milchfluß anzuregen.
Für ein Hopfenkissen beträufeln Sie Hopfen mit Alkohol und füllen ihn in einen kleinen Baumwollbeutel oder ein Kissen. Hopfenkissen haben eine beruhigende Wirkung.

Kulinarisches

Im zeitigen Frühjahr die jungen Seitentriebe pflücken. Dämpfen und wie Spargel verzehren. Die männlichen Blüten können angekocht, abgekühlt und zerkleinert in Salate gegeben werden. Junge Blätter blanchieren und in Suppen oder Salate geben.

Hyoscyamus niger

BILSENKRAUT

Familie: Nachtschattengewächse *(Solanaceae)*

Diese in Europa beheimatete Pflanze wurde weltweit kultiviert. Man findet sie auf feuchtem Grund oder an Straßenrändern auf gut durchlässigen, sandigen oder kalkhaltigen Böden. Zwei berühmte Morde wurden mit Bilsenkraut begangen: Hamlets Vater wurde mit einem Bilsenkrautdestillat, das man ihm in die Ohren goß, getötet, und im Jahr 1910 vergiftete Dr. Crippen seine Frau mit einem Extrakt aus dieser Pflanze. Alle Teile der Pflanze sind giftig. Früher glaubte man, dass das Bilsenkraut aphrodisierende Wirkung habe, deshalb war es ein Hauptbestandteil von Liebestränken und Hexengebräuen. Außerdem wurde es an den Scharnieren der Haustür befestigt, um vor bösen Zaubern zu schützen.

ARTEN

Hyoscyamus niger
Bilsenkraut
Ein- bis zweijährig; Höhe: bis zu 80 cm. Gelblich braune oder cremefarbene und meist von violetten Adern durchzogene Blüten von Juni bis September. Haarige, tief gezähnte Blätter; die oberen Blätter haben keinen Stiel. Die Pflanze verströmt einen fauligen Geruch.

Hyoscyamus alba
Weißes Bilsenkraut
Einjährig; Höhe: 30 cm. Im Sommer blassgelbe Blüten mit einer violetten Aderung. Die Blätter entsprechen denen des Bilsenkrauts.

KULTIVIERUNG

Vermehrung
Aussaat: Säen Sie im Frühling in Töpfe oder Schalen. Bedecken Sie den Samen mit Perlit. Die Keimung dauert 10 bis 15 Tage. Wenn Sie die Pflanze als Zweijährige ziehen möchten, säen Sie im zeitigen Herbst und halten die Erde bis zur Keimung (die normalerweise innerhalb von 14 bis 21 Tagen erfolgt) feucht. Überwintern Sie die Pflanzen in einem Kalt- oder Gewächshaus und versetzen Sie die Gewächse im folgenden Frühjahr in einem Abstand von 30 cm.

Anfälligkeiten
Eine resistente Pflanze.

Pflegemaßnahmen
Frühling: Aussaat.
Sommer: Entfernen Sie abgeblühte Blütenköpfe (tragen Sie Handschuhe).
Herbst: Säen Sie für eine zweijährige Kultivierung.
Winter: Schützen Sie junge Pflanzen.

Gartenkultivierung
Setzen Sie diese Pflanze an einen schwer zugänglichen Platz, da sie giftig ist. Sie ist anspruchslos, bevorzugt jedoch einen gut durchlässigen Boden und einen sonnigen Standort. Die Aussaat erfolgt im späten Frühjahr. Wenn die Sämlinge groß genug sind, im Abstand von 30 cm ausdünnen.

Ernte
Sammeln Sie den Samen, wenn die Blütenköpfe braun werden und sich zu öffnen beginnen.

PFLANZEN IN KÜBELN

Diese giftige Pflanze sollten Sie nicht in Kübeln ziehen.

HEILKRAFT

Bilsenkraut wurde für die Ruhigstellung von Kranken verwendet. Das Hyoscyamin wird aus den grünen Spitzen und Blättern dieser Pflanze gewonnen und bei Seekrankheit, Erregbarkeit und Geisteskrankheit verabreicht. Außerdem wird es äußerlich zur Schmerzstillung bei Rheuma und Arthritis eingesetzt. Ein Sirup aus Bilsenkraut hat einen beruhigenden Effekt bei der Parkinsonkrankheit.

WARNUNG

Besondere Vorsicht ist geboten, wenn Sie Kinder haben. Wenn diese z. B. den Samen verschlucken, kann es zu Vergiftungserscheinungen kommen. Verwenden Sie Präparate mit Bilsenkraut nur nach ärztlicher Verordnung.

Hypericum perforatum

JOHANNISKRAUT

Auch bekannt als Hartheu.
Familie: Hartheugewächse *(Hypericaceae)*

Man findet diese Pflanze in den gemäßigten Breiten an offenen Standorten und auf halbtrockenen Böden.
„Wer nach Sonnenuntergang auf Johanniskraut tritt, wird auf den Rücken eines magischen Pferdes gehoben und bis zum Sonnenaufgang durch den Himmel getragen."
Neben seiner magischen Eigenschaften hat das Johanniskraut auch medizinische Wirkung; in England vewendete man es, um Wahnsinn zu kurieren, in Russland als Schutz gegen Tollwut, und die Brasilianer kannten es als Gegengift bei Schlangenbissen. Außerdem wurde Johanniskraut verwendet, um Geister auszutreiben.
Wenn man die Blätter zerdrückt, verströmen sie einen weihrauchähnlichen Duft, der böse Geister vertreiben soll. Der rote Farbstoff, der aus den zermahlenen Blüten gewonnen wird, symbolisiert das Blut des heiligen Johannes bei seiner Enthauptung, denn die Pflanze ist am 24. Juni, dem Tag der Hinrichtung, in voller Blüte.

ARTEN

Hypericum perforatum
Johanniskraut
Winterhart, mehrjährig; Höhe: 30 bis 90 cm. Die gelben Blüten haben schwarze Punkte. Sie duften und zeigen sich im Sommer. Die stängellosen Blätter scheinen mit zahlreichen Perforierungen bedeckt zu sein. Man schreibt dieser Art magische Kräfte zu.

KULTIVIERUNG

Vermehrung
Aussaat: Säen Sie im Frühjahr in Saat- oder Anzuchtschalen und bedecken Sie den Samen mit Perlit. Die Keimung erfolgt, abhängig vom Wetter, innerhalb von 10 bis 20 Tagen. Sobald die Sämlinge groß genug und abgehärtet sind, werden sie im Abstand von 30 cm ausgepflanzt.
Teilung: Teilen Sie kräftige Pflanzen im Herbst.

Anfälligkeiten
Die Pflanze ist resistent.

Pflegemaßnahmen
Frühling: Aussaat.
Sommer: Um Selbstaussaat zu vermeiden, werden die Pflanzen nach der Blüte zurückgeschnitten.
Herbst: Teilen Sie kräftige Pflanzen.
Winter: Kein Schutz nötig.

Gartenkultivierung
Johanniskraut toleriert die meisten Böden, in der Sonne oder im Halbschatten. Auf leichten Böden kann es jedoch zur Plage werden.

Ernte
Sie können Blüten und Blätter ernten.

PFLANZEN IN KÜBELN

Johanniskraut kommt in großen Kübeln gut zur Geltung.
Verwenden Sie erdigen Kompost, gießen Sie während des Sommers und düngen Sie nur wenig, da die Pflanze ansonsten mehr Blätter als Blüten produziert.

WEITERE NUTZUNG

Mit Alaun erhält man aus den Blüten ein gelbes, mit Alkohol ein rotes Färbemittel.

WARNUNG

Johanniskraut erhöht die Lichtempfindlichlichkeit der Haut.

HEILKRAFT

Johanniskrautöl lindert äußerlich angewendet Neuralgien, Ischias, Geschwüre, Krampfadern und Sonnenbrand. Innerlich nur nach ärztlicher Verordnung einnehmen.

„Reinigt mich mit Ysop und ich werde gereinigt sein."
(Psalm 51, Vers 7)

Hyssopus officinalis

YSOP

Familie: Lippenblütler *(Labiatae)*

Die Heimat des Ysop ist Kleinasien, wo er auf alten Mauern und trockenen Ufern gedeiht. Er wird seit etwa 600 Jahren angebaut und in ganz Europa kultiviert. Der Ysop zählt zu den Kräutern, die von den Siedlern in die Neue Welt gebracht wurden, und man verwendete ihn häufig in Tee, Tabak und als Antiseptikum.
Es wurde viel darüber diskutiert, ob der Gemeine Ysop derjenige ist, der in der Bibel erwähnt wird. Manche glauben, es handelte sich in der Bibel vielmehr um Oregano oder Bohnenkraut.
Die Perser verwendeten destilliertes Ysopwasser als Körperlotion, um ihrer Haut eine besondere Tönung zu verleihen.
Hippokrates empfahl Ysop bei Brustbeschwerden und auch heute noch wird das Kraut hierfür verschrieben. Heute schätzt man den Ysop außerdem, weil man entdeckt hat, dass der Schimmel, der auf seinen Blättern wächst, Penizillin produziert.

Ysop *(Hyssopus officinalis)*

ARTEN

Folgende Sorten sind im Handel erhältlich.

Hyssopus officinalis
Ysop
Winterharte, teils immergrüne, mehrjährige Pflanze; Höhe: 80 cm.
Von Juni bis September erscheinen die blauen Blüten. Die winzigen, schmalen, lanzettlichen Blätter sind aromatisch und dunkelgrün.

Ysop *(Hyssopus officinalis)*

Hyssopus officinalis albus
Weißer Ysop
Teils immergrün, winterhart, mehrjährig; Höhe: 80 cm. Von Sommer bis Herbst erscheinen die weißen Blüten. Die aromatischen, dunkelgrünen Blätter sind schmal, winzig und lanzettlich geformt.

Hyssopus officinalis* ssp. *aristatus
Felsysop
Teils immergrün, winterhart, mehrjährig; Höhe: 30 cm. Von Sommer bis Anfang Herbst erscheinen die blauen Blüten. Die aromatischen, dunkelgrünen Blätter sind schmal, winzig und lanzettlich geformt.

Hyssopus officinalis roseus
Rosa Ysop
Teils immergrün, winterhart, mehrjährig; Höhe: 80 cm. Die rosafarbenen Blüten erscheinen von Sommer bis zum Herbstanfang. Die Blätter sind lanzettlich geformt.

Rosa Ysop *(Hyssopus officinalis roseus)*

KULTIVIERUNG

Vermehrung
Aussaat: Säen Sie im zeitigen Frühjahr in Saattöpfe oder Anzuchtschalen, die Sie geschützt aufstellen. Verwenden Sie ein Rinden-Torf-Gemisch und bedecken Sie die Samen mit Perlit. Eine Bodentemperatur von 15 bis 21 °C ist ideal. Sobald die Sämlinge groß genug und abgehärtet sind, werden sie entweder umgetopft oder in einem Abstand von 30 cm in den Garten verpflanzt. Alle Arten – außer dem Felsysop, der nur durch Ableger vermehrt wird – können aus Samen gezogen werden. Beim Weißen bzw. Rosa Ysop sind Ableger jedoch ebenfalls die bessere Wahl.
Ableger: Im späten Frühjahr bzw. zeitigen Sommer nehmen Sie unverholzte Ableger von frischen Trieben.

Anfälligkeiten
Ysop ist eine widerstandsfähige Pflanze.

Pflegemaßnahmen
Frühling: Aussaat; ausgewachsene Pflanzen und Rabatten schneiden.
Sommer: Entfernen Sie die Blüten, um die Blüte anzuregen, schneiden Sie nach der Blüte, um die Form zu erhalten.
Schneiden Sie Rabatten.
Herbst: Schneiden Sie die Pflanzen nur in milden Klimazonen zurück.
Winter: Schützen Sie die Pflanzen in kalten, nassen Wintern und bei Temperaturen unter –5 °C mit Vlies, Stroh oder Farn.

Gartenkultivierung
Diese attraktive Pflanze bevorzugt einen gut durchlässigen Boden an einem sonnigen Standort. Die Samen können im späten Frühjahr oder zu Beginn des Sommers, wenn die Erde warm ist, direkt in die Erde gesät werden. Pflanzen Sie den Ysop in einem Abstand von 30 cm, wenn er als Rabatte dienen soll im Abstand von 18 cm.
Da alle Teile der Pflanze angenehm duften und die Blüten sehr hübsch sind, sollten Sie den Ysop am besten an eine gut einsehbare Stelle pflanzen. Die Blüten werden auch von Bienen und Schmetterlingen besucht, deshalb ist Ysop gut als Rabatte oder Randbepflanzung geeignet. Entfernen Sie die Hauptsprosse, um das Wachstum der Pflanze anzuregen.
Im zeitigen Frühjahr geben Sie den Pflanzen durch Beschneiden eine ansprechende Form.
Schneiden Sie Rabatten während der Wachstumsphase regelmäßig in Form.

Ernte
Schneiden Sie junge Blätter im Sommer zum Trocknen ab.
Die Blüten sollten gepflückt werden, sobald sie vollkommen geöffnet sind. Gewöhnlich verstärkt sich der Duft durch das Trocknen.

Heilkraft

Ein Aufguss wird bei Husten, Keuchhusten, Asthma und Bronchitis sowie bei Beschwerden der oberen Atemwege und bei Entzündungen des Harntrakts verabreicht. Äußerlich kann der Aufguss bei blauen Flecken und Verbrennungen angewendet werden.

Mischkulturen

Pflanzen Sie Ysop in die Nähe von Kohl, um Schädlinge fern zu halten, oder von Weinreben, um die Ernte zu steigern.

Warnung

Hohe Dosen, vor allem von destilliertem, ätherischem Öl, können Muskelkrämpfe auslösen. Dieses Öl sollte in der Aromatherapie nicht bei übererregbaren Patienten angewendet werden, da es epileptische Symptome hervorrufen kann. Über einen längeren Zeitraum und während der Schwangerschaft sollte man die Pflanze nicht verwenden.

Ysopsirup

Pflanzen in Kübeln

Ysop eignet sich gut für Kübel. Er bevorzugt viel Sonne und einen südexponierten, trockenen Standort. Wegen seines angenehmen Duftes macht sich der Ysop gut auf Terrassen.
Nur während der Blütezeit muss man die Pflanzen mit Flüssigdünger versorgen, und nach der Blüte werden sie zurückgeschnitten, um die Form zu erhalten.

Kulinarisches

Die Blüten schmecken delikat in Salaten. In sehr kleinen Mengen verwendet, fördern die Blätter die Verdauung von fetten Gerichten. Das Kraut hat einen leichten Minzegeschmack und passt zu Wild, Suppen, Eintöpfen und Füllungen. Besonders zu Yorkshirepudding passt ein Teelöffel gehackter Ysopblätter gut. Ysop wird gerne in Kräutersträußchen und als Aroma für konzentriertes Tomatenmark verwendet, ebenso wie in Würstchen und als Beigabe in Fruchtpasteten. Man gibt etwa $^1/_4$ Teelöffel Ysop über die Früchte, bevor die Teigschicht darüber gelegt wird.
Wenn Sie einen Sirup für Früchte herstellen, geben Sie einen Zweig Ysop hinzu, wenn Sie Zucker und Wasser kochen; dies verleiht ein angenehmes Aroma. Den Zweig entfernen, bevor Sie die Früchte mit dem Sirup überziehen. Wenn Sie eine Preiselbeerpastete herstellen, verwenden Sie die Blätter des Ysop als Tischdekoration.

Baskisches Hähnchen
(6 Personen)

4 Paprikaschoten (2 rote, 2 grüne)
1,5 kg Hähnchen
Ysop-Olivenöl
5 EL trockener Weißwein
5 mittelgroße Tomaten, geschält und grob gehackt
6 Zwiebeln
4 Knoblauchzehen
1 Kräutersträußchen
Salz und Pfeffer

Paprika waschen, Kerne und weiße Trennwände entfernen. Gemüse in Streifen schneiden. In einer Pfanne in wenig Öl weich dünsten. Aus der Pfanne nehmen und beiseite stellen. Hähnchen zerlegen und unter ständigem Wenden leicht in Öl anbraten. In einen Topf geben, salzen und pfeffern, mit Wein übergießen und bei geringer Hitze gar kochen. Zwiebeln und Knoblauch schälen und im Olivenöl in einer Pfanne glasig dünsten. Tomaten, Paprika und Kräutersträußchen hinzufügen und abschmecken. Sobald die Mischung eine cremige Konsistenz annimmt, über das Hähnchen geben und bei geringer Hitze bis zum Servieren ca. 20 bis 30 Minuten ziehen lassen.

Inula helenium

ECHTER ALANT

Auch bekannt als Flohkraut, Glockenwurz, Helenenkraut, Oland oder Ottwurz.
Familie: Korbblütengewächse *(Asteraceae)*

Die Heimat des Alant ist Asien. Heute ist er von Westeuropa bis Nordamerika kultiviert und wächst wild an Bächen, in feuchten Gräben und Ufergebüsch.

Die Herkunft des Namens der Art *Inula helenium* ist nicht genau bekannt. Drei Möglichkeiten scheinen jedoch wahrscheinlich: Man sagt, dass sich die schöne Helena mit diesem Kraut schmückte, als sie von Paris entführt wurde. Eine andere Geschichte erzählt, dass Alant eine gute Medizin für Pferde, Mulis und Menschen sei; die Bezeichnung „Inula" könnte von „hinulus" abgeleitet sein, was „junges Muli" bedeutet. Und auch den Römern war der Alant bekannt, sie nannten das Kraut „Enula Campana" („Alant der Felder") und verwendeten es zu verschiedenen Zwecken.

Dem römischen Schreiber Plinius zufolge liebte Kaiser Julius Augustus den Alant so sehr, dass er verkündete: „Lasst keinen Tag vorübergehen, ohne einige der kandierten Wurzeln zu essen, um die Verdauung zu fördern und Frohsinn zu erlangen."

Die Römer verwendeten Alant außerdem in einer kandierten Süßspeise, die sie mit Karmin färbten. Dieser Brauch überlebte Jahrhunderte, und im Mittelalter verkauften Apotheker die kandierten Wurzeln in kleinen rosafarbenen Zuckerkuchen, die angeblich bei Asthma und Verdauungsstörungen helfen sowie Mundgeruch verhindern sollten. Kräuterkundige zu Zeiten der Tudors kandierten Alant zur Behandlung von Husten, Schnupfen, Bronchitis und Brustbeschwerden. Bis 1920 wurde das Kraut verwendet, um Süßigkeiten zu aromatisieren.

In einem alten angelsächsischen Ritual wurde Alant teils medizinisch, teils magisch verwendet. Prediger besangen das Kraut, und Medizinmänner gruben die Wurzeln aus. Diese Männer durften jedoch keinesfalls mit zwielichtigen Kreaturen wie Elfen, Kobolden und Feen, die ihnen unterwegs begegnen konnten, sprechen. Anschließend wurden die Alantwurzeln über Nacht unter den Altar gelegt. Diese Medizin wurde zur Behandlung der „Elfenkrankheit" verwendet.

In Skandinavien gibt es noch heute einen alten Brauch: Man gibt die Blüten des Alant in die Mitte eines Kräuterstraußes als Symbol der Sonne und des Hauptes von Odin, der größten nordischen Gottheit.

ARTEN

Inula helenium
Echter Alant
Winterhart, mehrjährig; Größe: bis 1,5 m. Die hellgelben Blüten erscheinen von Juli bis August. Die Blätter sind lang und haarig. Die grünen Pflanzenteile sterben im Winter ab.

Inula hookeri
Winterhart, mehrjährig; Größe: 75 cm. Gelblichgrüne Blüten, die einen leichten Duft verströmen. Die lanzettlichen, haarigen Blätter sind schmaler als die von *Inula magnifica*. Die grünen Pflanzenteile sterben im Winter ab.

Inula magnifica
Winterhart, mehrjährig; Größe: 1,8 m. Die großen gelben Blüten erscheinen im Sommer. Die Pflanze bildet lange, dunkelgrüne, lanzettliche Blätter, die rau sind. Manchmal wird diese Art mit dem Echten Alant verwechselt. Man kann beide Arten jedoch an der Farbe der Blätter unterscheiden. Die grünen Pflanzenteile sterben im Winter ab.

Kultivierung

Vermehrung
Aussaat: Der Samen ähnelt dem von Löwenzahn; wenn die Pflanze gekeimt hat, kann man die Samen überall im Garten fliegen sehen, dies nur als „Warnung" … In Saatboxen oder Anzuchtschalen säen, den Samen mit Perlit bedecken. Die Keimung erfolgt in 2 bis 4 Wochen. Sobald die Sämlinge groß genug sind, herausnehmen und in einem Abstand von ca. 1 m setzen.
Wurzelteilung: Wenn die Pflanze für ihren Platz zu groß wird, wird sie im Herbst geteilt, wenn die oberirdischen Teile abgestorben sind. Da die Wurzeln sehr stark sind, muss der Teilungspunkt sorgfältig gewählt werden. Alternativ dazu die Wildlinge, die um die Mutterpflanze erscheinen, entfernen; da jeder sein eigenes Wurzelsystem besitzt, können die Wildlinge sofort in den Garten gesetzt werden. Dies kann im Frühjahr oder Herbst erfolgen.

Anfälligkeiten
Wenn der Herbst sehr nass ist, können die absterbenden Blätter von Mehltau befallen werden. Schneiden Sie die Pflanzen zurück und vernichten Sie die Blätter.

Pflegemaßnahmen
Frühling: Aussaat; teilen Sie kräftige Pflanzen.
Sommer: Entfernen Sie die Blütenköpfe nach dem Abblühen.
Herbst: Schneiden Sie die Pflanze zurück, um Selbstaussaat zu verhindern. Entfernen Sie Schösslinge und versetzen Sie diese.
Winter: Kein Schutz nötig.

Gartenkultivierung
Setzen Sie die Pflanzen in feuchte, durchlässige Erde an einen sonnigen, windgeschützten Platz. Am Ende eines Beets vor einer Steinmauer oder vor einer Wand aus Laubbäumen kommt diese Pflanze gut zur Geltung. In einem sehr heißen Sommer sollten Sie gießen.

Ernte
Graben Sie im Herbst zwei- bzw. dreijährige Wurzeln aus. Sie können als Gemüse zubereitet oder getrocknet für medizinische Zwecke verwendet werden.
Die Blüten passen in herbstliche Arrangements und trocknen kopfüber gut, wenn sie gepflückt werden, bevor der Samen braun wird.

Echter Alant ***(Inula helenium)***

Pflanzen in Kübeln

Für eine Kübelbepflanzung wird der Alant zu groß.

Kulinarisches

Alant hat einen scharf-bitteren Geschmack. Verwenden Sie getrocknete Stücke oder bereiten Sie ihn als Wurzelgemüse zu.

Weitere Nutzung

Ihre Katze könnte sich dafür interessieren, dass wissenschaftliche Untersuchungen ergeben haben, dass Alant eine beruhigende Wirkung auf Mäuse hat …

Samen auf einem Alantblatt

Heilkraft

Hauptsächlich wird Alant bei Atembeschwerden verwendet, früher vor allem bei TBC. In der Volksheilkunde wird er noch immer zur Behandlung von Husten eingesetzt. In Amerika wird Alant bei Katarrhen der Luftwege, chronischer Diarrhö, chronischer Bronchitis und Keuchhusten eingesetzt. Ein Dekokt aus den Wurzeln wurde äußerlich angewendet bei Skabies (Krätze), Herpes und Akne. Untersuchungen haben gezeigt, dass die Inhaltsstoffe, die sich in den Wurzeln befinden, Bakterien und Pilze bekämpfen.

Alantöl

Iris

IRIS

Auch bekannt als Schwertlilie.
Familie: Schwertliliengewächse *(Iridaceae)*

Alle Arten und Sorten, die hier aufgeführt werden, sind in der nördlichen Hemisphäre beheimatet. Der griechische Name „iris" („Regenbogen") bezieht sich auf den Gott des Regenbogens und beschreibt die Vielfalt an Farben, die diese Gattung hervorbringt. Man fand Darstellungen der Pflanze in einem ägyptischen Tempel aus dem Jahr 1500 v. Chr. Drei Arten dieser großen Pflanzenfamilie sind auf Grund ihrer guten Kräuterqualität besonders bemerkenswert. Die Wurzel von Iris 'Florentina' duftet nach Veilchen. Man verwendete sie im alten Ägypten und auch in Griechenland für Puder und Parfüms. Der lateinische Name „Florentina" zeigt die Verbindung mit Florenz im frühen Mittelalter. *Iris versicolor* findet man meist auf feuchtem Untergrund. Sie ist im östlichen Nordamerika beheimatet und wurde nach Europa exportiert. Diese Art wurde von den Indianern und frühen Siedlern als Heilmittel bei Magenbeschwerden verwendet und in das amtliche Arzneibuch der USA aufgenommen. In der Volksheilkunde wird die Pflanze als Blutreinigungsmittel bei bestimmten Hautausschlägen eingesetzt. Manchmal wird *Iris versicolor* wegen dieser Eigenschaft als „Leberlilie" bezeichnet.
Die Wurzel von *Iris pseudacorus*, die auf den Britischen Inseln beheimatet ist, wurde als Puder und in elisabethanischer Zeit als Zutat in Schnupftabak verwendet. Die ersten Siedler brachten diese Pflanze nach Amerika und Australien.

Sumpfschwertlilie *(Iris pseudacorus)*

ARTEN

***Iris* 'Florentina'**
Winterharte mehrjährige Pflanze; Größe: 60 cm bis 1 m. Von Sommeranfang bis -mitte erscheinen die großen weißen bis leicht lavendelfarbenen Blüten. Die Blätter sind grün und schwertförmig; der kräftige Wurzelstock duftet nach Veilchen. Diese Sorte gedeiht gut in Europa und Nordamerika mit Ausnahme der feuchtwarmen Gebiete von Florida und der Golfküste.

Iris germanica
Deutsche Schwertlilie, Garteniris
Winterharte mehrjährige Pflanze; Größe: 60 bis 90 cm. Die Blüten sind blauviolett, gelegentlich auch weiß und zeigen sich Mai bis Juni. Die graugrünen Blätter sind schwertförmig, die Wurzel ist ein dickliches Rhizom.
Von dieser Art gibt es viele Kultursorten. Sie wird wegen der Rhizome gezüchtet und wie *Iris* 'Florentina' in Parfüms und pharmazeutischen Produkten verwendet.

Iris pseudacorus
Sumpfschwertlilie
Winterharte Pflanze; Größe 40 cm bis 1 m. Die Blüten erscheinen von Mai bis Juni, sind hellgelb, mit braunen Adern durchzogen und duften leicht. Die Wurzel ist ein dickes Rhizom, von dem viele Ausläufer abzweigen.

Iris versicolor
Leberlilie, Schlangenlilie und Wilde Iris
Winterharte mehrjährige Pflanze; Größe 30 cm bis 1 m. Die Blüten zeigen sich von Sommeranfang bis -mitte und sind weinrot bis violettblau. Die großen, grünen Blätter sind schwertförmig.

Deutsche Schwertlilie (*Iris germanica*)

Kultivierung

Vermehrung
Aussaat: Die Samen benötigen etwas Zeit zum Keimen und profitieren oft von einer Stratifikation. Im Herbst Aussaat in Töpfe von 8 cm Durchmesser. Ein Rinden-Torf-Sand-Gemisch verwenden, gut gießen, die Töpfe mit Klarsichtfolie bedecken, damit die Samen nicht von Mäusen gefressen werden. Behälter nach draußen stellen. Den Kompost nicht austrocknen lassen. Stellen Sie die Töpfe gegebenenfalls in Wasser. Dies ist vor allem für *Iris pseudacorus* und *Iris versicolor* wichtig.
Teilung: Im späten Frühling oder frühen Herbst die Wurzelrhizome teilen und sofort an den vorbereiteten Standort setzen. Zwischen den einzelnen Pflanzen ausreichend Platz lassen.

Anfälligkeiten
Der einzige bedeutende Schädling ist die Iris-Sägefliege. Die dunkelgrauen Larven fressen sich entlang der Blattränder. Die Verpuppung findet zwischen den Wirtspflanzen oder in deren Nähe statt. Die ausgeschlüpften Fliegen schwirren von Sommeranfang bis -mitte umher. Wenn Sie befallene Blätter unschön finden, schneiden Sie diese aus. Die Pflanze wird nicht welken. Man kann im Prinzip nichts tun, um einen Befall durch diese Schädlinge zu verhindern.

Pflegemaßnahmen
Frühling: Wurzeln erwachsener Pflanzen teilen.
Sommer: Samen sammeln.
Herbst: Aussaat im Freien.
Winter: Kein Schutz nötig.

Gartenkultivierung
Iris 'Florentina' bevorzugt einen wasserdurchlässigen, nährstoffreichen Boden und einen sonnigen Standort. Achten Sie darauf, dass ein Teil der Rhizome frei liegt. *Iris versicolor* und Sumpfschwertlilie bevorzugen Marschland. Ideal für diese Arten ist ein sumpfiges Landstück. Sie gedeihen gut im Halbschatten, benötigen jedoch volle Sonne, um üppig zu blühen. Im Schatten zeigen sich zwar keine Blüten, aber die Pflanzen breiten sich rasch durch unterirdische Ausläufer aus, sodass Sie die Ausbreitung hin und wieder kontrollieren müssen.

Ernte
Der volle Veilchenduft von *Iris* 'Florentina' enfaltet sich erst nach zwei Jahren. Rhizome im Herbst ausgraben und umgehend trocknen. Ernten Sie im Frühsommer bzw. im Herbst die Blüten und Wurzeln der Sumpfschwertlilie, die Sie als Färbemittel verwenden können. Graben Sie im Herbst die Wurzeln von *Iris versicolor* zum Trocknen aus.

Pflanzen in Kübeln

Die beschriebenen Arten wachsen an kräftigen Rhizomen, deshalb benötigen sie einen stabilen, ausreichend großen Behälter. Für die Arten, die sumpfige Erde bevorzugen, verwenden Sie eine Erdmischung, die bis zu 75 % mehr Torf enthält als gewöhnliche Komposterde. Geben Sie Kies und Tonscherben auf den Boden des Behälters. Für die Irisarten, die eine trockenere Erde bevorzugen, verwenden Sie ein Gemisch aus Rinde, Torf und Sand. Der Kompost darf nicht austrocknen. Die Pflanzen müssen jedes Jahr umgetopft werden.

Warnung

Waschen Sie Ihre Hände nach dem Umgang mit diesen Pflanzen stets gründlich, da es ansonsten zu heftigem Erbrechen und Diarrhö kommen kann. Als Heilmittel nur nach ärztlicher Verordnung verwenden!

Iris in einem Potpourri

Weitere Nutzung

Die zu Puder verarbeitete Wurzel von *Iris* 'Florentina' gibt Leinen einen frischen Veilchenduft, ist Basis für Trockenshampoos und wird für Gesichtspackungen und in Potpourris verwendet. Aus den Blüten der Sumpf-Iris gewinnt man ein gelbes Färbemittel. Die Rhizome liefern mit Eisenbeize ein graues bzw. schwarzes Färbemittel.

Heilkraft

Iris 'Florentina' und die Sumpfschwertlilie werden heute nur selten als Heilmittel verwendet. Kräuterkundige setzen Wilde Iris zur Blutreinigung ein. Diese Irisart soll auch Blähungen und Herzbeschwerden lindern, ebenso wie heftiges Aufstoßen, Übelkeit sowie Kopfschmerzen, die mit Verdauungsproblemen einhergehen.

Kulinarisches

Man sagt, dass der geröstete Samen der Sumpf-Iris einen hervorragenden Kaffeeersatz liefern soll. Ansonsten gibt es keine kulinarische Verwendung.

Juniperus communis

WACHOLDER

Auch bekannt als Machandel.
Familie: Zypressengewächse *(Cupressaceae)*

Wacholder ist auf der ganzen Welt verbreitet und wächst entweder als Strauch oder kleiner Baum. Beheimatet ist diese Pflanze in Mitteleuropa, sie gedeiht aber auch in arktischen Regionen von Norwegen bis in die GUS, im Nord- und Westhimalaja und in Nordamerika. Man findet den Wacholder auf Heiden, in Moorland, in lichten Koniferenwäldern und auch an Berghängen.
Diese Pflanze wurde erstmals von Ärzten im alten Griechenland verwendet. Sie wird noch heute gebraucht. Der Wacholder dient als Grundlage für hochprozentige Schnäpse wie z. B. Gin.

ARTEN

Wacholder ist ein Nadelgehölz, das als Frucht eine kugelige Scheinbeere ausbildet. *Juniperus communis* ist die bedeutendste Art dieser Gattung.
Bei den im Folgenden beschriebenen Sorten ähneln sich die Blüten: Die männlichen Blüten sind sehr kleine Kätzchen, während die weiblichen Blüten rund und beerenähnlich sind. Sie setzen sich aus 3 fleischigen Tragblättern zusammen. Über einen Zeitraum von 3 Jahren verfärben sich diese blau und schließlich schwarz, wenn sie reifen.

Juniperus communis
Wacholder
Immergrüne, winterharte, mehrjährige Pflanze; Höhe: 30 cm bis 8 m. Die Größe der Pflanze ist sehr stark von ihrem Standort abhängig. Die Nadeln sind klein, hellgrün und duften.

Säulenwacholder *(Juniperus communis* 'Hibernica')

Juniperus communis
'Compressa'
Immergrüne, winterharte, mehrjährige Pflanze; Größe: 75 cm. Die Nadeln sind klein, hellgrün und duften. Diese Sorte wächst sehr langsam und säulenförmig. Sie ist bestens für Steingärten und Kübelbepflanzung geeignet.

Juniperus communis
'Hibernica'
Säulenwacholder
Immergrüne, winterharte, mehrjährige Pflanze; Größe: 3 bis 5 m. Die Nadeln sind klein, blaugrün bis silbergrün und duften. Wie der Name schon andeutet, wächst diese Sorte säulenförmig. Es handelt sich hierbei um eine sehr langsam wachsende Pflanze.

Juniperus communis
'Hornibrookii'
Immergrüne, winterharte, mehrjährige Pflanze; Größe: 50 cm. Die dunkelgrünen Nadeln sind klein und duften. Die Sorte ist gut als Bodendecker geeignet.

Juniperus communis
'Prostrata'
Immergrüne, winterharte, mehrjährige Pflanze; Größe: 20 bis 30 cm. Die kleinen Nadeln sind graugrün und duften. Für größere Flächen und zur Begrünung von Böschungen ist diese Sorte gut geeignet.

Kultivierung

Vermehrung
Aussaat: Säen Sie den Samen, den Sie von den reifen Beeren gewinnen, im frühen Herbst in einem kühlen Gewächs- oder einem Kalthaus. Am besten ziehen Sie die Sämlinge 1 bis 2 Jahre lang in einer kontrollierten Umgebung.
Geben Sie die Samen in Saatboxen oder Anzuchtschalen. Wenn die Sämlinge groß genug sind, topfen Sie sie in kleine Töpfe. Verwenden Sie eine komposthaltige Erde. Diese Methode ist die einfachste, aber um das Geschlecht der Pflanze bestimmen zu können und die gewünschte Blattfarbe zu erhalten, nimmt man besser Ableger.
Ableger: Nehmen Sie im Frühling oder Herbst schwach verholzte Ableger von jungen Trieben.

Anfälligkeiten
Wacholder kann von verschiedenen Rostarten befallen werden. Wenn Sie an der Unterseite der Nadeln rostige Sporen entdecken, schneiden Sie die Zweige aus und verbrennen Sie sie. Honigpilz befällt viele Nadelgehölze, vor allem junge Pflanzen. Graben Sie die Pflanzen aus. Achten Sie darauf, dass Sie alle Wurzeln entfernen, und verbrennen Sie die Gewächse. Pflanzen Sie keine Bäume mehr an diesen Standort.

Pflegemaßnahmen
Frühling: Pflanzen Sie zweijährige Gewächse aus. Entfernen Sie Haupttriebe, die falsch wachsen, im späten Frühjahr bzw. Frühsommer.
Sommer: Nehmen Sie schwach verholzte Ableger.
Herbst: Aussaat.
Winter: Junge Pflanzen in kühlen Gewächs- bzw. Kalthäusern überwintern.

Gartenkultivierung
Wacholder bevorzugt einen offenen, sonnigen Standort. Er toleriert einen alkalischen oder neutralen Boden. Für die Beerenproduktion benötigt man männliche und weibliche Pflanzen. Die Beeren, die nur an den weiblichen Sträuchern gedeihen, können sich an einer Pflanze in verschiedenen Reifestadien befinden.
Um die Form des Wacholders zu erhalten, entfernen Sie alle Haupttriebe bis auf den stärksten und geradesten. Bedenken Sie, dass die meisten Nadelgehölze nicht weiterwachsen, wenn sie bis aufs alte Holz zurückgeschnitten werden oder bis zu Zweigen, die sich braun verfärbt haben.

Ernte
Reife Beeren im Spätsommer ernten und zum Trocknen auslegen.

Kulinarisches

Zerstoßene Beeren sind ein hervorragendes Gewürz für Marinaden, Sauerkraut und Füllungen.
Außerdem verleiht Wacholder Hauptspeisen, Likören und vor allem Gin das typische Aroma.

Kotelett mit Wacholderbeeren

Schweinekotelett mit marinierten Wacholderbeeren
(4 Personen)

Für die Marinade:
2 TL Olivenöl
6 Wacholderbeeren, zerstoßen
2 Knoblauchzehen, zerdrückt
Salz und Pfeffer

Alle Zutaten in einer Schüssel vermischen.

4 Schweinekoteletts
25 g Mehl
275 ml trockener Cidre

Die Koteletts in eine flache Schüssel geben und mit der Marinade bedecken. Die Koteletts einmal wenden, damit sie vollständig mit Marinade bedeckt werden und mindestens 3 Stunden ziehen lassen, noch besser jedoch über Nacht. Das Fleisch aus der Marinade nehmen und beiseite stellen. Eine große beschichtete Pfanne erhitzen und die übrig gebliebene Marinade hineingießen. Sobald die Marinade heiß ist, die Koteletts hinzufügen und bei mittlerer Hitze ca. 20 Minuten unter mehrmaligem Wenden braten. Wenn das Fleisch nicht mehr rosa ist, aus der Pfanne nehmen und auf eine Platte legen. Das Mehl in die Pfanne geben, den Cidre hinzufügen und das Ganze zum Kochen bringen. Die Koteletts dazu geben, langsam erwärmen und mit Kartoffelbrei und Brokkoli servieren.

Warnung

Wacholderbeeren sollten nicht von Schwangeren oder Personen mit Nierenleiden gegessen werden. Innerliche Anwendung des ätherischen Öls nur auf Verordnung eines Arztes.

Heilkraft

Wacholder wird zur Behandlung von Zystitis, Rheuma und Gicht verwendet. Inhalationen aus Wacholderbeeren sind hervorragend für die Behandlung von Husten, Erkältungen und Schnupfen geeignet.

Pflanzen in Kübeln

Wacholder wächst langsam und wirkt in Töpfen sehr attraktiv. Verwenden Sie erdigen Kompost, zunächst einen kleinen Topf und topfen Sie nur einmal im Jahr um, falls nötig. Wenn der Wurzelballen gut aussieht, stören Sie ihn nicht. Überwässern Sie die Pflanzen nicht. Wacholder ist zwar immergrün und winterhart, der Behälter muss jedoch im Winter geschützt werden. Düngen Sie während der Sommermonate nur mit Flüssigdünger.

Laurus nobilis

LORBEER

Familie: Lorbeergewächse (*Lauraceae*)

Die Heimat des Lorbeers ist Südeuropa. Heute ist er über die ganze Welt verbreitet.
In römischer Zeit war diese Pflanze sehr beliebt, was man auch am Ursprung des Familiennamens, *Lauraceae*, erkennen kann. Die lateinischen Bezeichnungen „laurus" und „nobilis" bedeuten „gepriesen" und „berühmt". Ein Lorbeerkranz war Zeichen der Hochachtung von Poeten und Athleten, ein Symbol der Weisheit und des Ruhms.
In früherer Zeit war der Lorbeerbaum dem griechischen Gott Apoll, dem Gott der Prophezeiung, Poesie und Heilung, geweiht. Die Priester des Apoll aßen Lorbeerblätter, bevor sie das Orakel von Delphi befragten. Da große Dosen von Lorbeer leicht narkotisierend wirken, kann man damit vielleicht ihre Trance erklären. Das Dach des Tempels von Apoll war mit Lorbeerblättern bedeckt, offensichtlich, um Krankheiten, Hexenzauber und Blitze abzuhalten. Apolls Sohn, Aesculap, dem griechischen Gott der Medizin, war der Lorbeer ebenfalls geweiht, da man ihn für ein kraftvolles Antiseptikum und einen Beschützer vor Krankheit, wie z. B. der Pest, hielt.
Im 17. Jahrhundert schrieb Culpeper, dass „weder Hexe noch Teufel, Donner noch Blitz einen Menschen an dem Ort, an dem ein Lorbeerbaum steht, verletzen". Außerdem schrieb er: „Die Beeren sind sehr wirksam gegen das Gift von boshaften Kreaturen und die Stiche von Wespen und Bienen."

ARTEN

Laurus azorica (canariensis)
Mehrjähriger, immergrüner Baum; Höhe: bis zu 6 m. Rötlich braune Zweige. Diese Färbung tritt manchmal auch bei den Blättern auf.

Laurus nobilis
Lorbeerbaum
Mehrjähriger, immergrüner Baum; Höhe: bis zu 8 m. Im Frühling zeigen sich kleine, blassgelbe, wächserne Blüten. Die grünen, ovalen Beeren färben sich im Herbst schwarz. Die Blätter passen zu Brühen, Suppen und Eintöpfen und zählen zu den wichtigen Bestandteilen eines Kräutersträußchens. Diese Art ist die einzige Lorbeerart, die für kulinarische Zwecke verwendet wird.

Lorbeerbaum

***Laurus nobilis* 'Aurea'**
Goldblättriger Lorbeerbaum
Mehrjähriger, immergrüner Baum; Höhe: bis zu 5 m. Im Frühling zeigen sich kleine, blassgelbe, wächserne Blüten. Die grünen Beeren färben sich im Herbst schwarz. Die Blätter sind goldfarben. Die Sorte benötigt im Winter Schutz vor Wind und Frost. Schneiden Sie den Baum im Herbst und im Frühjahr, um die goldenen Blätter zu erhalten.

***Laurus nobilis* 'Angustifolia'**
Mehrjähriger, immergrüner Baum; Höhe: bis zu 7 m. Dicht belaubte Sorte.

Umbellularia californica
Kalifornischer Lorbeer
Mehrjähriger, immergrüner Baum; Höhe: bis zu 18 m. Die blassgelben Blüten erscheinen im späten Frühling.
Zerreibt man die sehr aromatischen Blätter, kann dies zu Kopfschmerzen und Übelkeit führen. Nicht für die Küche geeignet.

KULTIVIERUNG

Vermehrung
Aussaat: Die Samen entwickeln sich in den schwarzen Beeren. Geben Sie den frischen Samen in eine Saatbox oder Anzuchtschale oder direkt in einen Topf und halten Sie die Temperatur bei 21 °C. Die Keimdauer ist ungewiss, sie kann 10 bis 20 Tage, 6 Monate oder sogar noch länger betragen. Achten Sie darauf, dass der Kompost nicht zu feucht ist, sonst verrotten die Samen.
Ableger: Lorbeer eignet sich nicht zum Vermehren durch Ableger. Man kann davon ausgehen, dass von 100 Ablegern eventuell einer zu einem Baum wird.
Eine beheizte Saatkiste ist eine große Hilfe und guter Kompost ist sehr wichtig. Verwenden Sie entweder ein Erdgemisch oder wickeln Sie die Ableger in Plastik und halten Sie den Kompost oder das Perlit ständig feucht. Die Ableger werden im Spätsommer genommen und sollten eine Länge von 10 cm haben.
Teilung: Wenn die Mutterpflanze Ausläufer bildet, graben Sie diese aus, da sie ansonsten die Form des Baumes stören.
Gelegentlich tragen die

***Laurus nobilis* in Blüte**

Ausläufer Wurzeln, die in ein Rinden-Torf-Sand-Gemisch getopft werden können. Ziehen Sie einen Plastikbeutel über den Topf, um eine gleichmäßige Feuchtigkeit zu gewährleisten. Stellen Sie den Topf an einen warmen Platz und überprüfen Sie von Zeit zu Zeit, ob sich neue Triebe zeigen. Wenn dies der Fall ist, entfernen Sie den Beutel. Pflanzen Sie die Gewächse frühestens nach einem Jahr aus.
Anhäufeln: Tun Sie dies im Frühling. Es handelt sich hierbei um eine gute Methode zur Vermehrung dieser schwierigen Pflanze.

Anfälligkeiten
Lorbeer bekommt leicht rostige, schwarze Punkte, hervorgerufen von Insekten, die an der Unterseite der Blätter und an den Stengeln sitzen und den Saft aussaugen. Entfernen Sie diese Insekten mit der Hand oder mit einem handelsüblichen Mittel.

Pflegemaßnahmen
Frühling: Aussaat; Schneiden Sie Gartenlorbeerbäume zurück, um die Form zu erhalten und neues Wachstum anzuregen. Schneiden Sie *Laurus nobilis* 'Aurea' zurück, um die Farbe zu erhalten. Untersuchen Sie die Pflanzen auf Schädlinge und bekämpfen Sie diese. Versorgen Sie Kübelpflanzen mit einem guten Flüssigdünger.
Sommer: Achten Sie darauf, dass junge Pflanzen nicht zu sehr austrocknen. In sehr heißen Gegenden und in Städten besprühen Sie Kübelpflanzen mit Wasser. Vermehren Sie die Pflanzen durch Stängelableger im Spätsommer.
Herbst: Nehmen Sie Ableger von erwachsenen Pflanzen. Schützen Sie Kübelpflanzen und junge Gartenpflanzen. Die Gartenpflanzen mit Stroh oder Rinde bedecken.
Winter: In strengen Wintern können die Blätter braun werden. Die Pflanzen erholen sich jedoch wieder und treiben im Frühjahr an der Basis neu aus. Um dies zu fördern, schneiden Sie die Pflanzen bis fast zum Grund zurück.

Gartenkultivierung
Lorbeer bildet nur flache Wurzeln und ist deshalb sehr frostanfällig. Deshalb sind Schutzmaßnahmen äußerst wichtig. Wenn Sie die Pflanzen versetzen, wählen Sie einen sonnigen, windgeschützten Standort und einen nährstoffreichen, gut durchlässigen Boden. Setzen Sie die Pflanzen in einem Abstand von 1 m, um den Bäumen genügend Platz zum Ausbreiten zu geben. Mulchen Sie im Frühjahr, um die Feuchtigkeit während der Sommermonate zu erhalten.

Ernte
Die immergrünen Blätter können das ganze Jahr über geerntet werden.
Die Beeren werden zur Herstellung von Lorbeeröl und -butter verwendet. Letztere ist ein wesentlicher Bestandteil von Lorbeersalben, die in der Veterinärmedizin verwendet werden.

Heilkraft

Die Blätter fördern die Verdauung und wirken appetitanregend.

Pflanzen in Kübeln

Lorbeer ist eine gute Kübelpflanze. Junge Pflanzen müssen in strengen Wintern ins Haus gebracht werden. Ein Platz am Küchenfensterbrett ist ideal. Gießen Sie nicht zu viel und lassen Sie die Erde im Winter austrocknen. Große Lorbeerbäume machen sich gut in halbierten Fässern oder großen Kübeln. Die Pflanzen müssen vor Frost und Wind geschützt werden. Sobald die Temperatur unter –5 °C fällt, sollten Sie die Pflanzen ins Haus bringen. Um einen kräftigen Lorbeerbaum zu ziehen, nehmen Sie eine junge Kübelpflanze mit einem gerade wachsenden Stamm. Entfernen Sie die unteren Seitentriebe, unterhalb der Stelle, an der Sie den Baum, in Form bringen möchten. Erlauben Sie dem Baum, 20 cm höher zu wachsen, als Sie es wünschen und schneiden Sie dann die jungen Triebe aus. Schneiden Sie die übrigen Seitentriebe regelmäßig auf etwa 3 Blätter zurück, bis Sie eine blättrige, kugelige Form erhalten. Schneiden Sie den Baum mit einer Gartenschere im späten Frühling und im Spätsommer, um die Form zu erhalten.

Weitere Nutzung

Geben Sie einige Blätter ins Mehl, um Rüsselkäfer abzuschrecken. Eine Lorbeerlösung im Badewasser lindert Gliederschmerzen.

Kulinarisches

Frische Blätter haben ein kräftigeres Aroma als getrocknete. Verwenden Sie diese für Suppen, Brühen und Eintöpfe.
Geben Sie die Blätter zu gedünstetem Fisch wie z. B. Lachs oder frische Blätter in Reisgerichte.
Legen Sie die Blätter beim Grillen auf die Kohle.
Kochen Sie sie in Milch, um Vanille- und Reispudding zu aromatisieren.

Kräutersträußchen
Dieses „Rezept" stammt aus einem Kochbuch von 1950: „Ein Kräutersträußchen ist ein Strauß von Kräutern, die zum Kochen verwendet werden." Die wichtigsten Kräuter in einem solchen Sträußchen sind Lorbeerblätter, Petersilie und Thymian.

Kräutersträußchen

Lavandula

LAVENDEL

Familie: Lippenblütler *(Labiatae)*

Lavendel ist in den Mittelmeerländern, auf den Kanarischen Inseln und in Indien beheimatet. Er wurde in verschiedenen Regionen überall auf der Welt kultiviert und wächst auf leichten, kalkhaltigen Böden in sonniger und windgeschützter Lage.
Lange bevor man Deodorants und Badesalze mit Lavendel versetzte, verwendeten die Römer diese Pflanze in ihrem Badewasser; der Name stammt aus dem Lateinischen, „lavare" („sich waschen").
Der Lavendel gelangte durch Mönche über die Alpen und wurde bereits im 11. Jahrhundert in deutschen Klostergärten angepflanzt. Erst fünf Jahrhunderte später wurde die Pflanze in großen Kulturen in England und seit dem 19. Jahrhundert in Österreich angebaut. Zu jener Zeit zogen die so genannten „Lavendelweiber" durch Wien und verkauften Lavendelsträußchen, die der Wäsche einen angenehmen Duft verleihen sollten.
Heute wird Lavendelöl industriell zur Herstellung von Parfüms, für Badeessenzen und als Duftstoff für Seifen verwendet.

ARTEN

Lavandula angustifolia
Echter Lavendel
Immergrün, winterhart, mehrjährig; Höhe: 60 cm. Die malven- bis violettfarbenen Blüten zeigen sich in Scheinähren an langen Stielen von Juni bis Juli. Die Blätter sind graugrün, schmal und lanzettförmig und verströmen einen aromatischen Duft. Diese Art ist eine der bekanntesten und beliebtesten der Gattung *Lavandula*.

***Lavandula x intermedia* 'Old English Group'**

***Lavandula angustifolia* 'Alba'**
Weißer Lavendel
Immergrün, winterhart, mehrjährig; Höhe: 70 cm. Die weißen Blütenstände erscheinen von Juni bis Juli. Die Blätter sind graugrün, schmal und lanzettförmig und verströmen einen aromatischen Duft.

***Lavandula angustifolia* 'Bowles'**
Immergrün, winterhart, mehrjährig; Höhe: 60 cm. Im Sommer erscheinen die hellblauen Blüten. Die schmalen, graugrünen Blätter duften aromatisch.

***Lavandula angustifolia* 'Folgate'**
Immergrün, winterhart, mehrjährig; Höhe: 45 cm. Die violetten Blüten erscheinen im Sommer an einem mittelgroßen Stiel. Die schmalen, graugrünen Blätter duften aromatisch.

***Lavandula angustifolia* 'Hidcote'**
Immergrün, winterhart, mehrjährig; Höhe: 45 cm. Im Sommer erscheinen die dunkelblauen Blüten. Die schmalen, graugrünen Blätter duften aromatisch. Diese Sorte ist besonders beliebt und wird oft für Rabatten verwendet. Man pflanzt sie hierfür in einem Abstand von 30 bis 40 cm.

***Lavandula angustifolia* 'Loddon Blue'**
Immergrün, winterhart, mehrjährig; Höhe: 45 cm. Die blassblauen Blüten erscheinen im Sommer. Die schmalen, graugrünen Blätter duften aromatisch. Die Sorte hat einen kompakten Wuchs. Es gibt eine weitere Sorte, die man 'Loddon Pink' nennt. Sie hat blassrosa Blüten.

***Lavandula angustifolia* 'Munstead'**
Immergrün, winterhart, mehrjährig; Höhe: 45 cm. Im Sommer zeigen sich die violetten bis blauen Blüten. Die mittelgroßen Blätter sind graugrün und schmal und duften aromatisch.

***Lavandula angustifolia* 'Hidcote'**

Diese Sorte wird oft für Rabatten verwendet, wobei man sie in einem Abstand von 30 bis 40 cm setzt.

***Lavandula angustifolia* 'Rosea'**
Immergrün, winterhart, mehrjährig; Höhe: 45 cm. Die rosafarbenen Blüten erscheinen im Sommer, und die mittelgroßen, graugrünen, schmalen Blätter duften aromatisch.

Lavandula dentata
Gefranster Lavendel
Immergrün, nicht ganz winterhart, mehrjährig; Höhe: 60 cm. Die blassblauen bis mauvefarbenen Blüten zeigen sich vom Sommer bis zum Herbstbeginn. Die gezackten, schmalen Blätter sind blassgrün und verströmen einen sehr aromatischen Duft. Diese Art ist in Südspanien und in anderen Mittelmeerländern beheimatet. Sie braucht in kalten, feuchten Wintern Schutz, man pflanzt sie deshalb im frühen Herbst in einen Topf und stellt sie im Haus in einen kühlen Raum.

***Lavandula* x *intermedia* 'Dutch Group'**
Immergrün, winterhart, mehrjährig; Höhe: 45 cm. Die violetten Blüten erscheinen im Sommer. Die langen, grünlich grauen Blätter duften aromatisch.

***Lavandula* x *intermedia* 'Grappenhall'**
Immergrün, winterhart, mehrjährig; Höhe: 1 m. Im Sommer zeigen sich die großen, blassmauvefarbenen Blüten, die sich stärker öffnen als bei anderen Sorten. Die grünlich grauen Blätter sind schmal und duften aromatisch.

***Lavandula* x *intermedia* 'Old English Group'**
Immergrün, winterhart, mehrjährig; Höhe: 60 cm. An langen Stielen erscheinen im Sommer die hellblauen Blüten. Die Blätter sind schmal, duften aromatisch und sind silber, grau oder grün gefärbt.

***Lavandula* x *intermedia* 'Seal'**
Immergrün, winterhart, mehrjährig; Höhe: 90 cm. Die Stiele, an denen sich im Sommer die violetten Blüten zeigen, sind lang. Die Blätter sind ebenfalls lang und schmal, duften aromatisch und sind silber, grau oder grün gefärbt.

Französischer Lavendel *(Lavandula stoechas)*

***Lavandula* x *intermedia* 'Twickel Purple'**
Immergrün, winterhart, mehrjährig; Höhe: 50 cm. Die blassvioletten Blüten erscheinen an kurzen Stielen. Die Blätter sind mittelgroß, grünlich grau, schmal und duften aromatisch. Diese Sorte hat einen kompakten Wuchs.

Lavandula lanata
Immergrün, winterhart, mehrjährig; Höhe: 50 cm. Die dunkelvioletten Blüten erscheinen an kurzen Stielen. Die kurzen, weichen, schmalen Blätter sind silbergrau und duften aromatisch.

Lavandula stoechas* ssp. *pedunculata

***Lavandula Nana* 'Alba'**
Immergrün, winterhart, mehrjährig; Höhe: 30 cm. Im Sommer zeigen sich weiße Blüten. Die kleinen, schmalen Blätter sind grüngrau. Diese Sorte bleibt klein und ist für Rabatten hervorragend geeignet.

Lavandula pinnata
Immergrün, nicht ganz winterhart, mehrjährig; Höhe: 50 cm. Die Blüten wirken wie eine Mischung aus *Lavandula angustifolia* und *Lavandula stoechas*; sie sind violett gefärbt. Die farnähnlichen, grauen Blätter duften leicht aromatisch. Diese Art braucht im Winter Schutz.

Lavandula stoechas
Französischer Lavendel (manchmal auch als Spanischer Lavendel bezeichnet)
Immergrün, winterhart, mehrjährig; Höhe: 50 cm. Im Sommer zeigen sich attraktive, violettfarbene Blüten. Die aromatischen Blätter sind kurz, schmal und grau oder grün.

***Lavandula stoechas* 'Alba'**
Weißer Französischer Lavendel
Wie *Lavandula stoechas* mit Ausnahme der Blüten, die weiß gefärbt sind.

Lavandula stoechas* ssp. *pedunculata
Immergrün, nicht ganz winterhart, mehrjährig;. Höhe: 60 cm. Die attraktiven violetten Blütenstände haben mauvefarbene Büschel, die aussehen wie zwei Hasenohren. Die grünen Blätter sind schmal und sehr aromatisch. Im Winter benötigen die Pflanzen Schutz.

Kleine Lavendel
(Höhe bis zu 45–50 cm)
Lavandula 'Folgate', *Lavandula* 'Hidcote', *Lavandula* 'Loddon Pink', *Lavandula* 'Loddon Blue', *Lavandula* 'Munstead', *Lavandula* 'Nana Alba', *Lavandula* 'Twickle Purple'

Mittelgroße Lavendel
(Höhe bis zu 60 cm)
Lavandula 'Bowles', *Lavandula* 'Old English Group'

Große Lavendel
(70 cm und mehr)
Lavandula 'Grappenhall', *Lavandula* 'White', *Lavandula* 'Seal'

Nicht ganz winterharte Lavendel
Lavandula dentata (50 cm), *Lavandula lanata* (50 cm), *Lavandula pinnata* (50 cm), *Lavandula stoechas* (50 cm), *Lavandula stoechas* 'Alba' (50 cm), *Lavandula stoechas* ssp. *pendunculata* (60 cm), *Lavandula viridis* (50 cm)

Gefranster Lavendel *(Lavandula dentata)*

Lavandula viridis

Kultivierung

Vermehrung
Aussaat: Man kann Lavendel zwar aus Samen ziehen, was jedoch mit Ausnahme von *Lavandula stoechas* nicht immer ganz einfach ist.
Der frische Samen sollte im Herbst in eine Saatbox oder Anzuchtschale gesät und mit Perlit bedeckt werden. Er keimt relativ problemlos bei einer Bodenwärme von 4 bis 10 °C. Überwintern Sie die Sämlinge in einem Kalthaus mit guter Luftzirkulation. Im Frühling nehmen Sie die Sämlinge heraus und topfen sie um. Verwenden Sie ein Rinden-Torf-Sand-Gemisch. Lassen Sie die jungen Pflanzen kräftig genug werden, bevor sie im Frühsommer an den vorbereiteten Platz im Garten gesetzt werden. Für andere Arten eignet sich eine Vermehrung durch Ableger besser.
Ableger: Nehmen Sie im Frühjahr unverholzte Ableger von blütenlosen Trieben. Lassen Sie die Ableger in einem Rinden-Torf-Sand-Gemisch wurzeln. Im Sommer oder zu Herbstbeginn nehmen Sie schwach verholzte Ableger. Sobald die Ableger gut gewurzelt haben, sollten Sie sie umtopfen, die jungen Pflänzchen in einem Kalthaus überwintern und im Frühjahr ins Freie setzen. Wählen Sie einen leichten Boden und setzen Sie die Pflanzen in einem Abstand von 45 bis 60 cm oder von 30 cm für Rabattenpflanzungen.
Anhäufeln: Im Herbst können Sie die Pflanzen problemlos anhäufeln. Die meisten Lavendelarten reagieren auf diese Art der Vermehrung positiv.

Anfälligkeiten
Einer der Hauptschädlinge, die Lavendel befallen, sind Schaumzikaden und die Raupen verschiedener Mottenarten. Sprühen Sie die Schaumhülle mit Wasser ein, dann verwenden sie Seifenlauge, um die Tiere zu entfernen.
In nassen Sommern bzw. nach nassen Wintern können die Pflanzen von grauem Schimmel befallen werden. Schneiden Sie befallene Pflanzen so weit wie möglich zurück, verschonen Sie dabei jedoch das alte Holz, wenn die Pflanzen neu treiben sollen.
Ein anderer Pilz *(Phoma lavandulae)* befällt häufig die Stängel und Blattstiele. Er verursacht das Verwelken und Absterben der befallenen Teile. Wenn dies auftritt, graben Sie die Pflanze aus und vernichten sie.

Pflegemaßnahmen
Frühling: Die Pflanzen schneiden; Ableger nehmen.
Sommer: Nach der Blüte schneiden Sie die Pflanzen.
Herbst: Aussaat; schneiden Sie die Pflanzen im zeitigen Herbst zurück, aber beschädigen Sie das alte Holz nicht. Schützen Sie alle nicht ganz winterharten Arten und bringen Sie Kübel mit Lavendel ins Haus.
Winter: Überprüfen Sie die Sämlinge auf Krankheiten; nur selten gießen.

Gartenkultivierung
Lavendel ist eine der beliebtesten Pflanzen für Kräutergärten und wird gerne als Rand- und Rabattenpflanzung oder auf trockene Mauern gesetzt. Alle Arten benötigen einen sonnigen Standort und einen leichten, kalkhaltigen Boden. In sehr kalten Wintern setzt man die Pflanzen am besten in Kübel. Um den Lavendel in Form zu halten, wird er jedes Jahr im Frühjahr geschnitten, ohne jedoch das alte Holz einzubeziehen, damit die Pflanze wieder neue Triebe bildet. Nach der Blüte wird bis auf die Blätter zurückgeschnitten. Im frühen Herbst schneidet man nochmals. Dies muss unbedingt vor dem ersten Frost geschehen, weil die neuen Triebe sonst zu schwach werden. Wenn Sie den Halbstrauch auf diese Weise schneiden, wird seine Form erhalten, neues Wachstum angeregt und verhindert, dass er holzig wird.
Wenn Sie eine zottige Mutterpflanze haben, schneiden Sie diese im Herbst gut zurück und im Frühling ein zweites Mal und gehen anschließend wie oben beschrieben vor.

Ernte
Pflücken Sie die Blüten, sobald sie sich öffnen. Trocknen Sie sie auf offenen Regalen oder indem Sie sie zu Sträußen binden und kopfüber aufhängen.
Zum Trocknen entfernen Sie die Blätter vor der Blüte. Für frischen Gebrauch können Sie die Blätter jederzeit pflücken.

Lavendelkissen sind hübsche Geschenke und können gegen Motten zwischen Kleidungsstücke gelegt werden.

Pflanzen in Kübeln

Wenn die Temperaturen im Winter sehr stark abfallen, kann man Lavendel nicht wie eine immergrüne, winterharte Pflanze behandeln. Lavendel, der in Kübeln gezogen wurde, muss im Winter geschützt werden. In Terrakottatöpfen kommt Lavendel besonders gut zur Geltung. Verwenden Sie ein gut durchlässiges Rinden-Torf-Sand-Gemisch. Ideal ist ein sonniger Standort, aber die Pflanzen tolerieren auch Halbschatten, wobei dann allerdings das Aroma etwas nachlässt.
Während der Blütezeit benötigen die Pflanzen regelmäßig Flüssigdüngergaben. Im Winter lassen Sie den Kompost fast völlig austrocknen und beginnen im Frühling nach und nach wieder mit regelmäßigem Gießen.

Lavendelkekse

Kulinarisches

Bisher wurde Lavendel kaum in der Küche eingesetzt, aber da es immer mehr experimentierfreudige Köche gibt, wird sich das in Zukunft sicher ändern … Verwenden Sie die Blüten zum Aromatisieren von würzigem Gelee oder Essig. Außerdem können die Blüten kandiert werden.

Lavendelkekse

100 g Butter
50 g Zucker
175 g mit Backpulver versetztes Mehl
2 EL Lavendelblätter, frisch gehackt
1 TL Lavendelblüten ohne Stiel

Butter und Zucker gut vermischen. Mehl und Lavendelblüten hinzufügen und gut durchkneten. Den Teig auf einer leicht bemehlten Arbeitsfläche ausrollen, die Blüten darüber streuen und etwas andrücken. Mit Backförmchen verschiedene Motive ausstechen und auf ein gefettetes Backblech legen. Den Ofen auf 230 °C vorheizen und die Kekse 10 bis 12 Minuten backen, bis sie goldgelb sind. Vom Blech nehmen und auf einem Gitter auskühlen lassen.

Würziges Lavendelgelee

Heilkraft

Seit Jahrhunderten wird Lavendel in der Medizin zur Beruhigung und Blutstillung verwendet. Heute wird hauptsächlich das ätherische Öl genutzt. Es hat sich bei Verbrennungen und Stichen ebenso bewährt wie bei Schnitten.
Außerdem soll das Öl besonders Diphtherie- und Typhusbakterien, aber auch Streptokokken und Pneumokokken bekämpfen.
Geben Sie sechs Tropfen Lavendelöl in das Badewasser, um Kinder zu beruhigen, damit sie schlafen können. Geben Sie einen Tropfen auf die Schläfe, um Kopfschmerzen zu lindern.
In der Aromatherapie wird das Öl für Massagen verwendet, um Infektionen, Hautreizungen und -ausschläge, Rheuma, Angstzustände, Schlaflosigkeit und Depressionen zu behandeln. Das beste Öl gewinnt man durch Destillation.

Weitere Nutzung

Reiben Sie Ihre Haut mit frischen Blüten ab oder befestigen Sie einen Lavendelzweig an Ihrer Kleidung, um Stechmücken fernzuhalten. Verwenden Sie Blüten in Potpourris.

Levisticum officinale

LIEB-STÖCKEL

Auch bekannt als Maggikraut.
Familie: Doldenblütengewächse *(Apiaceae)*

Diese Pflanze stammt aus Südwestasien und ist heute wild wachsend überall auf der Welt in gemäßigten Klimazonen zu finden, vor allem in Australien, Nordamerika und Skandinavien.

Die alten Griechen verwendeten bereits das Liebstöckel. Sie kauten den Samen, um die Verdauung anzuregen und Blähungen zu lindern. Dieses Wissen wurde von den Römern an Benediktinermönche weitergegeben. In Europa hielt man Liebstöckel für ein gutes Aphrodisiakum.

Man vermutet, dass die Gattungsbezeichnung von dem lateinischen Wort „ligusticum" abgeleitet wurde, benannt nach der italienischen Region Ligurien, wo das Kraut überall zu finden ist.

Im Mittelalter legten Reisende Liebstöckelblätter in ihre Schuhe, da diese einen angenehmen Duft und eine antiseptische Wirkung haben.

Liebstöckel *(Levisticum officinale)*

ARTEN

Levisticum officinale
Liebstöckel
Winterhart, mehrjährig; Höhe: bis zu 2 m. Die blassgelben Blüten erscheinen im Sommer in vielstrahligen Dolden. Die gefiederten, glänzend dunkelgrünen Blätter sind dem Sellerie sehr ähnlich. Ein naher Verwandter ist *Ligusticum scoticum*, der weiße Blütenbüschel hervorbringt. Man nennt ihn manchmal auch Liebstöckel und kann ihn kulinarisch genauso verwenden wie diesen.

KULTIVIERUNG

Vermehrung
Aussaat: Säen Sie unter einem Schutz im Frühjahr in Saatboxen oder Anzuchtschalen und bedecken Sie die Samen mit Perlit; eine Bodenwärme von 15 °C ist hilfreich. Sobald die Sämlinge groß genug und abgehärtet sind, versetzen Sie sie an einen vorbereiteten Platz im Garten in einem Abstand von 60 cm.

Teilung: Im Frühling oder Herbst kann der Wurzelstock einer kräftigen Pflanze geteilt werden. Achten Sie darauf, dass die abgetrennten Teile alle Wurzeln haben.

Anfälligkeiten
Blattbohrer können manchmal zu einem Problem werden. Achten Sie auf erste Gänge, entfernen Sie befallene Blätter und zerstören Sie diese, sonst werden gebrochene, trockene Stellen auftreten und die Blätter verdorren. Um dies unter Kontrolle zu bringen, schneiden Sie die Pflanzen bis zum Grund zurück und verbrennen die betroffenen Triebe. Düngen Sie die Pflanze, um neues Wachstum anzuregen.

Pflegemaßnahmen
Frühling: Teilen Sie die kräftigen Pflanzen.
Sommer: Schneiden Sie die kräftigen Pflanzen zurück, um frisches Wachsum anzuregen.
Herbst: Aussaat in den Garten.
Winter: Kein Schutz nötig.

Gartenkultivierung
Liebstöckel bevorzugt einen tiefgründigen, feuchten und nährstoffreichen Boden, der gut durchlässig sein sollte. Wichtig ist es, den Boden gut zu düngen, bevor man die Pflanzen einsetzt. Ein Standort im Halbschatten ist am besten geeignet.

Wenn die Sämlinge groß genug sind, werden sie bis zu einem Abstand von 60 cm ausgedünnt. Gönnen Sie den Pflanzen eine Ruhephase, damit sich der Wachstumskreislauf schließt.
Das Maggikraut wird sehr hoch, deshalb muss sein Standort gut gewählt sein. Es erreicht seine volle Größe in 3 bis 5 Jahren. Um die Blätter jung zu halten und neues Wachstum anzuregen, schneiden Sie die Triebe am Rand zurück.

Ernte
Nach der Blüte werden die Blätter etwas bitter, deshalb sollte man sie bereits zu Beginn des Sommers ernten. Ernten Sie die Samen, sobald sie sich braun färben. Pflücken Sie den Samen an einem trockenen Tag, stülpen Sie eine Papiertüte darüber und hängen Sie sie kopfüber an einem trockenen, luftigen Ort auf. Die Wurzel zum Trocknen im Herbst der zweiten oder dritten Saison ausgraben.

Pflanzen in Kübeln

In einem großen Behälter wächst das Liebstöckel sehr gut. Halten Sie es durch Schneiden in Form und lassen Sie es nicht zu hoch werden.

Warnung

Da Liebstöckel entwässernd wirkt, sollten Schwangere und Personen mit Nierenproblemen am besten keine Liebstöckelpräparate zu sich nehmen.

Liebstöckelsuppe

Kulinarisches

Liebstöckel hat ein ähnliches Aroma wie Sellerie. Man verwendet es in Suppen, Eintöpfen und für Füllungen. Die frischen, jungen Blätter passen wunderbar zu Salaten. Zerstoßene Samenkörner werden in Brot und Teigwaren verarbeitet und über Salate, Reis und Kartoffelbrei gestreut. Wenn die Wurzeln als Gemüse in Schmortöpfen verwendet werden, entfernt man die bitter schmeckende Haut.

Liebstöckelsuppe
(4 Personen)

25 g Butter
2 mittelgroße Zwiebeln, fein gehackt
500 g Kartoffeln, geschält und gewürfelt
4 EL Liebstöckelblätter, fein gehackt
850 ml Hühner- oder Gemüsebrühe
300 ml Milch oder 1 Tasse Sahne
Muskatnuss, gerieben
Salz und Pfeffer

Butter in einer Pfanne schmelzen. Zwiebeln und Kartoffeln hinzugeben und bei mittlerer Hitze ca. 5 Minuten dünsten. Liebstöckelblätter zufügen, Brühe angießen, zum Kochen bringen, salzen und pfeffern, zudecken und bei geringer Hitze ziehen lassen, bis die Kartoffeln weich sind (ca. 15 Minuten). Das Ganze durch ein Sieb drücken und in eine frische Pfanne geben. Milch bzw. Sahne zufügen, mit Muskatnuss würzen und erhitzen, jedoch nicht kochen lassen, da die Suppe sonst gerinnt. Salzen und pfeffern. Die Suppe schmeckt heiß und kalt.

Liebstöckel und Karotten
(2 Personen)

2 TL Liebstöckelblätter, gehackt
3 Karotten, gerieben
1 Apfel, gerieben
125 g Joghurt
2 EL Majonäse
Salz
Salatblätter
1 Zwiebel, in Ringe geschnitten
Schnittlauch

Liebstöckelblätter, Karotten, Apfel, Joghurt und Majonäse vermischen und salzen. Salatblätter waschen, trockenschütteln und auf einer Servierplatte arrangieren. Das Joghurtgemisch darauf verteilen. Mit Zwiebelringen, Schnittlauchröllchen und Liebstöckelblättchen garniert servieren.

Liebstöckel als Gemüse
Junge, zarte Blätter von den Stielen streifen, waschen und die Stiele in kleine Stücke schneiden. Wasser zum Kochen bringen, Liebstöckel hineingeben, nochmals aufkochen lassen, zudecken und 5 bis 7 Minuten köcheln lassen, bis das Gemüse weich ist. Das Wasser abgießen. Aus Butter, Mehl, Milch, Salz, Pfeffer und geriebener Muskatnuss eine Soße herstellen, Liebstöckel untermengen und heiß servieren.

Heilkraft

Liebstöckel ist hilfreich bei Verdauungsproblemen, Gastritis und Blähungen. Ein Teelöffel Liebstöckelsamen in ein Glas mit Brandy gegeben, abgesiebt und mit Zucker gesüßt, soll helfen, Völlegefühl zu beseitigen. Liebstöckel wirkt außerdem harntreibend und herzstärkend. Auch bei Rheuma wird es verwendet und äußerlich als Badezusatz bei krankhafter Schweißabsonderung.
Aus dem gereinigten, klein geschnittenen Wurzelstock wird ein Absud bereitet, der verdauungsfördernd und leicht abführend wirkt.

Liebstöckel, Brandy und Zucker vertreiben Völlegefühl

Lonicera

GEISSBLATT

Familie: Geißblattgewächse *(Caprifoliaceae)*

„Komm in den Garten, Mädchen,
Ich stehe hier allein am Tor;
und der Duft des Geißblatts weht überall,
und der Duft der Rose ist verweht."
Lord Alfred Tennyson (1809–1892)

Das Geißblatt ist in ganz Nordeuropa verbreitet und wächst auch in Nordafrika, Westasien und Nordamerika wild. Man findet es nahe Waldrändern und an Bachläufen, wo es sich an niedrigen Laubgehölzen und Baumstämmen emporrankt.

Der Gattungsname wurde vermutlich von Lonicer, einem deutschen Arzt, der im 16. Jahrhundert lebte, abgeleitet.

Man pflanzte das Geißblatt, um böse Kräfte am Maifeiertag fern zu halten und um Kühe im Schottischen Hochland gesund zu halten. Man glaubte, dass eine Hochzeit folgen würde, wenn man die Pflanze ins Haus brachte, und dass ein Mädchen von der Liebe träumen würde, wenn man ihr Blüten ins Bett legte.

Der intensive Duft des Geißblatts hat viele Dichter inspiriert, darunter auch Shakespeare, der es „woodbind" („Waldgeißblatt") nannte nach seiner Eigenschaft, sich an Bäumen und Hecken emporzuranken und diese völlig zu bedecken.

„Wo Schlüsselblumen und Veilchen wachsen,
vollkommen überwuchert von süßem Waldgeißblatt …"
Ein Sommernachtstraum

Auch in John Gerards Kräuterbuch aus dem 16. Jahrhundert wird das Geißblatt erwähnt. Er schreibt, „dass die Blüten in Öl getaucht und in die Sonne gelegt gut sind, um einen Körper zu salben, der gefühllos und sehr kalt geworden ist".

ARTEN

Es gibt sehr viele duftende Arten von dieser Gattung. Im Folgenden wurden nur die Arten aufgelistet, die Kräutereigenschaften haben.

Lonicera* x *americana
Laubabwerfend, mehrjährig; Höhe: bis zu 7 m. Die stark duftenden gelben Blüten, die sich im Sommer zeigen, entwickeln sich aus einer rosafarbenen Knospe, die sich gelb verfärbt und schließlich orange-rosa wird. Die Beeren sind rot, die Blätter grün und oval.

Lonicera caprifolium
Jelängerjelieber
Laubabwerfend, mehrjährig; Höhe: bis zu 6 m. Die Knospen der duftenden Blüten sind anfangs rosafarben und können sich blassweiß oder -gelb verfärben und schließlich dunkelgelb werden. Die ovalen Blätter sind oben dunkel- und unten blaugrün. Der lateinische Artname *caprifolium* bedeutet „Ziegenblatt", was sich darauf bezieht, dass die Blätter der Pflanze ein bevorzugtes Futter von Ziegen waren. Diese Art und *Lonicera periclymenum* findet man wild wachsend in Hecken.

Lonicera etrusca
Etrusker-Geißblatt
Halbimmergrün, mehrjährig; Höhe: bis zu 4 m. Die duftenden Blüten sind zunächst cremefarben bis gelb und werden im Herbst dunkelgelb. Danach erscheinen die roten Beeren. Die ovalen Blätter sind oben grün und auf der Unterseite bläulich. Diese Art ist nicht ganz winterhart und sollte an einem sonnigen Platz gezogen werden. Wenn die Temperaturen im Winter unter –3 °C fallen, muss die Pflanze geschützt werden.

Lonicera japonica
Japanisches Geißblatt
Halbimmergrün, mehrjährig; Höhe: bis zu 10 m. Die duftenden cremeweißen Blüten verfärben sich im Lauf der Saison gelb. Die Beeren sind schwarz, die grünen Blätter oval. Im Garten breitet sich die Pflanze stark aus. Man lässt sie am besten über Baumstämme,

Etrusker-Geißblatt *(Lonicera etrusca)*

Pergolen oder Mauern klettern. In der chinesischen Medizin findet diese Art Verwendung.

Lonicera periclymenum
Wildes Geißblatt
Laubabwerfend, mehrjährig; Höhe: bis zu 7 m. Die Pflanze kann bis zu 50 Jahre alt werden. Die duftenden gelben Blüten erscheinen von Sommer bis Mitte Herbst und werden von roten Beeren abgelöst. Die ovalen Blätter sind an der Oberseite dunkelgrün und an der Unterseite bläulich.

Kultivierung

Vermehrung
Aussaat: Säen Sie im Herbst spärlich in Saatboxen oder Anzuchtschalen, die Sie mit Glas bedecken und im Freien überwintern. Die Erde muss feucht bleiben. Die Keimung kann lange Zeit dauern, manchmal bis zu 2 Jahre, so dass Sie geduldig sein müssen. Eine erfolgreichere Methode ist das Vermehren durch Ableger.
Ableger: Nehmen Sie im Sommer die Ableger von nicht blühenden, schwach verholzten Trieben und setzen Sie diese in ein Rinden-Torf-Sand-Gemisch. Alternativ dazu können Sie auch im Spätherbst holzige Ableger nehmen, die Sie zum Überwintern in ein Kalthaus stellen.
Anhäufeln: Im späten Frühling oder Herbst kann man die Pflanzen auch anhäufeln. Stören Sie die Pflanzen bis zur folgenden Saison nicht, dann kann man sie von der Mutterpflanze trennen.

Anfälligkeiten
Wenn die Pflanzen an einem zu sonnigen oder warmen Platz wachsen, können sie von grünen Blattläusen, Schwarzen Fliegen, Raupen und Roten Spinnmilben befallen werden. Verwenden Sie ein Insektizid.

Pflegemaßnahmen
Frühling: Schneiden Sie kräftige Pflanzen.
Sommer: Schneiden Sie die Blütenstiele nach der Blüte zurück. Nehmen Sie schwach verholzte Ableger.
Herbst: Häufeln Sie kräftige Pflanzen an. Schneiden Sie leicht zurück, falls nötig.
Winter: Schützen Sie die Pflanzen in kalten Wintern.

Gartenkultivierung
Diese äußerst tolerante Pflanze gedeiht an den meisten Standorten. Die Blätter des Geißblatts zählen mit zu den ersten, die sich im Frühjahr zeigen, die Blüten erscheinen sehr früh im Sommer und nehmen eine dunklere Farbe an, nachdem sie von Insekten bestäubt wurden.
Das Geißblatt eignet sich gut, um eine Mauer zu begrünen. Pflanzen Sie im Herbst oder Frühling in einen leichten, gut durchlässigen Boden an einen sonnigen bis halbschattigen Standort.
Am besten gedeiht das Geißblatt, wenn seine „Füße" im Schatten und sein „Kopf" in der Sonne steht. Ein Standort an einer nördlichen oder westlichen Mauer oder an der schattigen Seite eines Baumstamms ist ideal. Schneiden Sie im zeitigen Frühjahr, falls nötig, und entfernen Sie Blütentriebe nach der Blüte.

Ernte
Kurz nach dem Öffnen der Blüten kann man diese pflücken und für Potpourris trocknen, denn zu diesem Zeitpunkt duften sie am stärksten.

Heilkraft

Ein Absud aus den Blüten ist hilfreich bei Erkältungen, Schnupfen und Asthma. Als Lotion wird Geißblatt für Hauterkrankungen verwendet. Untersuchungen haben gezeigt, dass diese Pflanze eine außergewöhnliche Wirkung bei Entzündungen des Dickdarms hat.

Warnung: **Die Beeren sind giftig. Hohe Dosen können zu Erbrechen führen**

Kulinarisches

Geben Sie die Blüten in Salate.

Pflanzen in Kübeln

Das Geißblatt eignet sich nicht besonders gut für eine Kübelbepflanzung. Aber mit viel Geduld kann man daraus eine hübsche, kompakte Kübelpflanze machen, wenn man sie regelmäßig in Form schneidet. Verwenden Sie eine immergrüne Art wie z. B. *Lonicera japonica*. Die Erde sollte ein Gemisch aus Rinde und Torf sein. Gießen und düngen Sie während des Sommers regelmäßig und stellen Sie die Kübel im Winter in ein Kalthaus. Gießen Sie dann nur gelegentlich.

Weitere Nutzung

Die stark duftenden Blüten eignen sich für Potpourris, Kräuterkissen und Parfüms. Früher extrahierte man ein ätherisches Öl aus der Pflanze, aus dem man ein süß duftendes Parfüm herstellte.

Geißblattblüten für einen frischen Sommersalat

Malva sylvestris

MALVE

Auch bekannt als Stockrose, Rosspappel oder Käsepappel. Familie: Malvengewächse *(Malvaceae)*

Die in Europa, Westasien und Nordamerika beheimatete Pflanze kann an Wald-, Feld- und Straßenrändern sowie auf Feuchtwiesen an sonnigen Standorten gefunden werden. Der alte lateinische Name, „malacho", der vermutlich von dem griechischen Wort „malachi" („weicher werden") abgeleitet wurde, stammt von Plinius.
Früher wurden junge Malventriebe als Gemüse verzehrt und auch zu römischer Zeit stand das Kraut auf dem Speiseplan. Im Mittelalter verwendete man die Pflanze wegen ihrer beruhigenden Wirkung als Gegenmittel zu Aphrodisiaka und Liebestränken.

ARTEN

Malva sylvestris
Wilde Malve
Einjährig bis ausdauernd; 45–90 cm groß. Dunkelrosa oder violette Blüten von Sommer bis Herbst. Sie stehen in den Achseln langstieliger, handförmig gelappter Stängelblätter. Die spindelförmige Wurzel treibt zunächst eine Rosette grundständiger Blätter und dann einen rauhaarigen Stängel.

Malva moschata
Moschusmalve
Mehrjährig; 30–80 cm groß. Hellrosa Blüten von Juli bis September. Die grünen Blätter sind am Grund nierenförmig und am Stiel tief geteilt. An warmen Tagen verströmen sie einen leichten Moschusduft.

Malva rotundifolia
Rundblättrige Malve
Einjährig; 15–30 cm groß. Von Sommeranfang bis zum Herbst rosafarbene, trompetenförmige Blüten. Die Blätter sind rund, leicht gelappt und grünlich. Die Heimat dieser Art ist Nordamerika.

KULTIVIERUNG

Vermehrung
Aussaat: Säen Sie im Herbst in Saatboxen oder Anzuchtschalen. Den Samen mit etwas Kompost bedecken und im Freien unter Glas überwintern. Falls eine Keimung erfolgt, geschieht dies im Frühling. Pflanzen Sie die Sämlinge, wenn sie groß genug sind, in einem Abstand von 60 cm aus.

Ableger: Nehmen Sie von kräftigen Basistrieben im späten Frühling oder Sommer Ableger. Nach dem Abhärten im folgenden Frühjahr pflanzen Sie die Ableger in einem Abstand von 60 cm in den Garten.

Anfälligkeiten
Die Malve kann vom Stockrosenrost befallen werden. Es gibt einen Pilz, der auf den Blättern Punkte und schwarze Geschwüre auf den Stielen hervorruft. Graben Sie befallene Pflanzen aus und vernichten Sie sie. Sie sollten die Pflanzen im nächsten Jahr an eine andere Stelle setzen.

Pflegemaßnahmen
Frühling: Unverholzte Ableger von jungen Trieben nehmen.
Sommer: Schneiden Sie nach der Blüte zurück.
Herbst: Aussaat.
Winter: Kein Schutz nötig.

Gartenkultivierung
Malven sind sehr tolerant, bevorzugen jedoch einen gut durchlässigen, fruchtbaren Boden, der nicht zu feucht sein sollte, und einen sonnigen Platz. Drücken Sie den Samen leicht in die Erde, in einem Abstand von 60 cm und bedecken Sie ihn leicht mit Kompost. Schneiden Sie die Stiele nach der Blüte zurück, um neues Wachstum und eine zweite Blüte anzuregen. Schneiden Sie die Stiele im Herbst bis zum Grund zurück.

Ernte
Im Frühling junge Blätter zum frischen Gebrauch ernten. Nach der ersten Blüte die Blätter zum Trocknen pflücken.

PFLANZEN IN KÜBELN

Für Kübel ist die Moschusmalve am besten geeignet. An einem warmen Abend verströmt sie einen angenehmen Duft.
Während der Wachstumsphase müssen Sie gut gießen, sollten aber nur zweimal düngen.

KULINARISCHES

Junge, zarte Triebe der Wilden Malve können Sie für Salate verwenden oder als Gemüse zubereiten. Junge Blätter der Moschusmalve kochen Sie als Gemüse. Junge Blätter von *Malva rotundifolia* können roh in Salaten oder gekocht wie Spinat verzehrt werden.

Salat aus Malvenblättern

HEILKRAFT

Malvenblüten sind in Hustenteemischungen enthalten. Bei Erkrankungen der oberen Atemwege und bei Magen- bzw. Darmkatarrh wirkt ein Kaltwasserauszug aus Blüten und Blättern. Äußerlich wird dieser unter anderem zur Waschung bei Hautausschlägen benutzt.

Marrubium vulgare

GEMEINER ANDORN

Familie: Lippenblütler *(Labiatae)*

Der Gemeine Andorn ist in Europa und Amerika verbreitet und wächst fast überall wild von den Küstengebieten bis in die Gebirgsregionen.
Der Gattungsname stammt aus dem Hebräischen, „marrob", und bedeutet „bitterer Saft".

ARTEN

Marrubium vulgare
Gemeiner Andorn
Winterhart, mehrjährig; 45 cm groß. Weiße Blüten ab dem zweiten Jahr von Juni bis August. Die grünen Blätter sind stark runzelig und an der Unterseite silbrig behaart. Es gibt auch eine buntblättrige Sorte.

KULINARISCHES

Vermehrung
Aussaat: Den Samen im zeitigen Frühjahr in Saatboxen oder Anzuchtschalen säen. Ein Rinden-Torf-Sand-Gemisch verwenden. Die Keimung dauert 2 bis 3 Wochen. Die Sämlinge in Töpfe oder nach dem Abhärten in den Garten setzen.
Ableger: Unverholzte Ableger, die im Sommer vom jungen Wuchs genommen werden, wurzeln innerhalb von 3 bis 4 Wochen. Ein Rinden-Torf-Sand-Gemisch verwenden und die Pflanzen in einem Kalthaus überwintern.
Teilung: Kräftige Stöcke im Frühling teilen.

Anfälligkeiten
In feuchten, kalten Wintern können die Pflanzen eventuell verrotten.

Pflegemaßnahmen
Frühling: Kräftige Büschel teilen. Junge Triebe zurückschneiden; Aussaat.
Sommer: Nach der Blüte schneiden, damit die Pflanzen nicht abknicken und um Selbstaussaat zu verhindern; Ableger nehmen.
Herbst: Die Pflanzen teilen, wenn sie sich zu stark ausbreiten.
Winter: Schutz ist nur nötig, wenn es sehr feucht ist.

Gartenkultivierung
Gemeiner Andorn bevorzugt durchlässigen, trockenen, alkalischen Boden und einen sonnigen, windgeschützten Standort.
Im späten Frühling im Garten aussäen. Sämlinge im Abstand von 30 cm ausdünnen.

Ernte
Blätter und Blütenspitzen im Frühling zu Beginn der Blüte pflücken, wenn der Gehalt an ätherischem Öl am größten ist. Frisch oder getrocknet verwenden.

PFLANZEN IN KÜBELN

Die Pflanze an einem sonnigen Standort in einem großen Kübel ziehen. Gut durchlässige Erde verwenden; nicht zu stark gießen. Nur nach der Blüte düngen, sonst bildet die Pflanze zu schwache Triebe und fällt auseinander.

WEITERE NUTZUNG

Einen Absud aus Blättern herstellen, um Bäume, die von Geschwüren befallen sind, zu behandeln.

Andorn-Bonbons

HEILKRAFT

Der Gemeine Andorn wirkt verdauungsfördernd und ist in Teemischungen wie z. B. galletreibenden Tees enthalten. Bei Husten, Asthma, Durchfall und Menstruationsbeschwerden ist er hilfreich. Das Kraut wird häufig bei unregelmäßigem Herzschlag verabreicht und zur Wundbehandlung verwendet.

Erkältungsmittel
Neun Andornblätter klein hacken, einen Esslöffel Honig hinzugeben und langsam zerkauen, um Halsschmerzen und Husten zu lindern. Wiederholen Sie dies mehrmals.

Hustenbonbons
100 g frische Andornblätter
1/2 TL gemahlener Anissamen
3 gemahlene Kardamomsamen

Alles in 600 ml Wasser geben; 20 Minuten köcheln lassen. Durch ein Sieb gießen. Bei kleiner Hitze je 350 g weißen und braunen Zucker in der Flüssigkeit auflösen. Zum Kochen bringen, bis der Sirup hart wird, wenn man kleine Stücke in kaltes Wasser gibt. Bonbons in eine geölte Schale geben. Nachdem sie etwas abgekühlt sind, einritzen. In Wachspapier lagern.

Melissa officinalis

ZITRONENMELISSE

Auch bekannt als Melisse.
Familie: Lippenblütler *(Labiatae)*

Diese Pflanze stammt aus dem Vorderen Orient und ist in Mittelmeerländern, Mitteleuropa und Nordamerika verbreitet.
Die Zitronenmelisse war einst der Göttin Diana geweiht und wurde bereits vor 2000 Jahren von den Griechen für medizinische Zwecke genutzt.
Der Gattungsname *Melissa* stammt von dem griechischen Wort für Biene. Die Griechen glaubten, dass Bienen in einen unbewohnten Stock ziehen, wenn man einige Zitronenmelissestiele hineinlegte, bzw., dass Bienen ihren Stock nie verlassen, wenn man das Kraut in die Nähe pflanzte.
Im Mittelalter verwendete man die Zitronenmelisse, um Anspannung zu lindern, Wunden zu verbinden, Zahnschmerzen zu heilen, gegen Tollwut, Hautreizungen, steife Nacken und Übelkeit während der Schwangerschaft. Die Damen fertigten Leinen- oder Seidenamuletts, die sie mit Zitronenmelisse füllten, als Zaubermittel für eine glückliche Liebe.
Heute wird das Kraut in der Aromatherapie zur Bekämpfung von Depressionen eingesetzt.

ARTEN

Melissa officinalis
Zitronenmelisse
Winterharte mehrjährige Pflanze; 75 cm groß. Im Sommer zeigen sich kleine, blassgelbe bzw. weiße Blüten. Die grünen Blätter sind oval, gezähnt, leicht gekräuselt und riechen aromatisch, wenn man sie zerreibt.

***Melissa officinalis* 'All Gold'**
Nicht ganz winterharte, mehrjährige Pflanze; 60 cm groß. Im Sommer zeigen sich kleine, blassgelbe bis weiße Blüten. Die Blätter sind gelb, oval, gezähnt, leicht gekräuselt und verströmen einen Zitronenduft, wenn man sie zerreibt. Die Blätter können bei direkter Sonneneinstrahlung im Hochsommer versengen. Diese Sorte ist empfindlicher als die anderen.

Links: **Zitronenmelisse *(Melissa officinalis)* und Buntblättrige Zitronenmelisse *(Melissa officinalis* 'Aurea')**

***Melissa officinalis* 'Aurea'**
Buntblättrige Zitronenmelisse
Winterharte, mehrjährige Pflanze; 60 cm groß. Im Sommer zeigen sich kleine, blassgelbe bis weiße Blüten. Die grün-gold panaschierten Blätter sind oval, gezähnt, leicht gekräuselt und riechen aromatisch, wenn man sie zerreibt. Diese Sorte ist genauso robust wie die gewöhnliche Zitronenmelisse. Allerdings neigen die Blätter im Hochsommer dazu, sich völlig grün zu färben. Um die Panaschierung wieder zu erhalten, sollte man die Pflanze zurückschneiden.

Blühende Zitronenmelisse *(Melissa officinalis)*

Buntblättrige Zitronenmelisse (*Melissa officinalis* 'Aurea')

Kultivierung

Vermehrung
Aussaat: Zitronenmelisse kann aus Samen gezogen werden. Man sollte den Samen im zeitigen Frühjahr in Saatboxen oder Anzuchtschalen säen. Verwenden Sie ein Rinden-Torf-Sand-Gemisch. Bedecken Sie den Samen mit Perlit. Die Keimung erfolgt innerhalb von 10 bis 14 Tagen. Der Samen verträgt keine Feuchtigkeit, deshalb gießen Sie nach dem Angießen nicht mehr, bis die Keimung einsetzt. Sobald die Sämlinge groß genug sind, herausnehmen und im Abstand von 45 cm in den Garten pflanzen.
Ableger: M. officinalis 'Aurea' und 'All Gold' können nur durch Ableger oder Teilung vermehrt werden. Nehmen Sie unverholzte Ableger von jungen Trieben im späten Frühling bzw. zu Sommeranfang. Da die Ableger sehr zart sind, müssen Sie sorgfältig damit umgehen.
Teilung: Der Wurzelstock ist zwar kompakt, lässt sich aber (im Frühling oder Herbst) gut teilen. Verpflanzen Sie ihn direkt in den Garten.

Anfälligkeiten
Die einzige Krankheit, von der die Zitronenmelisse hin und wieder betroffen ist, ist eine Form von Rost. Schneiden Sie befallene Pflanzen bis zum Grund zurück, beseitigen Sie alle befallenen Blätter, auch diejenigen, die bereits abgefallen sind.

Pflegemaßnahmen
Frühling: Aussaat; teilen Sie kräftige Pflanzen.
Sommer: Schneiden Sie kräftige Pflanzen nach der Blüte zurück, um Selbstaussaat zu verhindern.
Herbst: Teilen Sie kräftige Pflanzen und solche, die Nachbarpflanzen bedrängen.
Winter: Schützen Sie die Pflanzen, wenn die Temperatur unter –5 °C fällt. Die oberirdischen Pflanzenteile sterben im Winter ab.

Gartenkultivierung
Die Zitronenmelisse gedeiht in fast jedem Boden und an jedem Standort. Sie bevorzugt jedoch einen humusreichen, feuchten Boden an einem sonnigen Standort mit Schatten in der Mittagszeit.
Kürzen Sie die Pflanzen an den Rändern, um das Wachstum neuer Triebe anzuregen. Wenn die Bodenbeschaffenheit optimal ist, verbreitet sich die Pflanze sehr stark. Entfernen Sie einfach einige Gewächse samt Wurzeln, wenn das Kraut zu sehr wuchert.

Ernte
Zum frischen Gebrauch pflücken Sie die Blätter im Sommer, zum Trocknen dagegen kurz bevor sich die Blüten öffnen, dann ist das Aroma am intensivsten.
Gehen Sie vorsichtig damit um, damit Sie die Blätter nicht zerbrechen.
Beim Lagern oder Trocknen verlieren die Blätter ihr Aroma und die medizinische Wirkung lässt nach.

Kulinarisches

Zitronenmelisse duftet zwar angenehm, schmeckt aber nicht, wenn man sie kocht. Frische Blätter in Essig, Tee, Wein und Bier geben. Frisch gehackte Blätter passen zu Salaten, Suppen, Fisch- und Pilzgerichten, Kräutersoßen, Majonäse, Joghurt, Bowlen und Limonade. In der Schweiz wird Zitronenmelisse zum Aromatisieren von Käse verwendet. Reis, mit klein geschnittenen Melisseblättchen aromatisiert, passt zu Grill- und Geflügelgerichten. Klein gehackte Blättchen mit Frischkäse mischen.

Zitronenmelisse mit Frischkäse

Heilkraft

Melissetee hilft bei Kopfschmerzen und Aufregung. Nach dem Essen fördert er die Verdauung und lindert Blähungen.
Verwenden Sie frische oder gefrorene Blätter als Aufguss.
Zitronenmelisseöl wird in der Aromatherapie bei Nervosität, Depression, Schlaflosigkeit und Kopfschmerzen verwendet.
Aus frischen Blättern gewonnener Saft wird zur Hautpflege benutzt.

Weitere Nutzung

Für Bienen ist dieses Kraut unwiderstehlich.
Pflanzen Sie die Zitronenmelisse in die Nähe eines Bienenstocks, damit die Bienen diesen nicht verlassen.

Pflanzen in Kübeln

Wenn Sie in einer Gegend wohnen, in der die Winter sehr kalt werden, ist es besser, die Sorte 'All Gold' in Kübeln zu ziehen.
Verwenden Sie ein Rinden-Torf-Sand-Gemisch. Geben Sie nur im Sommer Flüssigdünger, da die Triebe ansonsten zu weich und schlaff werden und sowohl das Aroma als auch die Farbe nachlässt.
Während der Wachstumsphase gießen Sie regelmäßig. Im Winter hingegen kann die Erde beinahe austrocknen.
Überwintern Sie die Pflanzen an einem kühlen, geschützten Standort.

Mentha

MINZE

Aus der Familie der Lippenblütler
(*Labiatae*)

Die Heimat dieser Gattung ist Europa. Sie wurde in vielen Teilen der Welt angesiedelt, z. B. in Nordamerika, Australien und Japan. Seit alters her wird sie wegen ihrer Heilkraft kultiviert. Man fand sie bereits in ägyptischen Gräbern, die aus dem 1. Jahrtausend v. Chr. datieren. Seit etwa 2000 Jahren bauen die Japaner Minze wegen des Menthols an.
Die Römer brachten das Kraut nach Europa, insbesondere nach England, von wo es mit den Siedlern seinen Weg nach Amerika fand. Zur Zeit von Karl dem Großen waren bereits drei Minzearten in Europa bekannt.
Der Gattungsname taucht erstmals in der griechischen Mythologie auf. Es gibt zwei verschiedene Geschichten: Die eine besagt, dass die Nymphe Minthe von Hades, dem Gott der Unterwelt, entführt wurde. Die Königin der Unterwelt wurde daraufhin eifersüchtig und verwandelte die Nymphe in eine Pflanze. Die zweite Geschichte erzählt, das Minthe eine Nymphe war, die von Pluto geliebt wurde, der sie in ein duftendes Kraut verwandelte, nachdem seine eifersüchtige Frau an Minthe Anstoß nahm.

ARTEN

Die Gattung *Mentha* umfasst viele Arten und ist sehr bekannt. Die folgende Auswahl soll einen Eindruck von der Vielfalt dieser Gattung vermitteln.

Mentha aquatica
Wasserminze
Winterharte mehrjährige Pflanze; 15–60 cm groß. Im Sommer hübsche violette bis lilafarbene Blüten. Die weichen, flaumigen Blätter sind grün. Der Duft dieser Art reicht von moschus- bis pfefferminzartigem Geruch. Man sollte sie in Wasser oder in sehr feuchte Erde pflanzen. Diese Art wird auch als Bachminze bezeichnet.

Mentha arvensis* var. *piperascens
Winterharte mehrjährige Pflanze; 60 cm–1 m groß. Im Sommer hellviolette Blütenquirle. Die eiförmigen bis lanzettlichen Blätter sind scharf gezähnt und graugrün; man gewinnt daraus ein Öl (90 % Menthol), das weniger hochwertig sein soll als das Öl, das aus *Mentha piperita* gewonnen wird.

***Mentha* x *gracilis* (*Mentha* x *gentilis*)**
Winterharte mehrjährige Pflanze; 45 cm groß. Im Sommer erscheinen an den Stielen Quirle von kleinen, zweilippigen, mauvefarbenen Blüten. Die Blätter sind bunt, goldgrün und haben gezackte Ränder. Das Aroma ist sehr angenehm und diese Art passt gut in Salate und zu Tomaten.

Mentha longifolia
Rossminze
Winterharte mehrjährige Pflanze; 80 cm groß. Die violetten bis mauvefarbenen Blüten stehen in Ährenform.
Die langen, graugrünen Blätter verströmen einen strengen Duft. Man findet diese Art an Wegrändern, Gräben, auf Brachland und Schutthalden.

Mentha* x *gracilis

Mentha* x *piperita
Pfefferminze
Winterharte mehrjährige Pflanze; 30–60 cm groß. Die blasslila Blüten erscheinen im Sommer. Die Blätter sind dunkelgrün mit einer rötlichen Tönung und stark gezähnten Rändern. Sie haben einen typischen Pfefferminzgeruch.
Dies ist die Art, die hauptsächlich für medizinische Zwecke verwendet wird.
Es gibt verschiedene Sorten, z. B. mit sehr dunklen, fast braunen Blättern oder mit grünen Blättern, die rötlich braun gefärbt sind.

Mentha* x *piperita citrata
Winterharte mehrjährige Pflanze; 60–80 cm groß. Im Sommer erscheinen die lila bis mauvefarbenen Blüten. Die dunkelgrünen Blätter sind lila gefärbt.
Ein angenehmer Duft nach Zitrone, Orange, Pfefferminze und Lavendel geht von der Pflanze aus.
Diese Art wächst kräftig und kann in Fruchtzubereitungen in kleinen Mengen verwendet werden. Gut geeignet ist sie als Badezusatz.

Links: Mentha suaveolens **'Variegata'**

Mentha x *piperita citrata* **'Basil'**
Winterharte, mehrjährige Pflanze; 45–60 cm groß. Violette oder mauvefarbene Blüten im Sommer.
Die Blätter sind grün mit einer rötlichen Färbung. Sie verbreiten einen süßen und scharfen Pfefferminzgeruch und passen gut zu Tomatensoße.

Mentha x *piperita citrata* **'Lemon'**
Winterharte, mehrjährige Pflanze; 45–60 cm groß. Violette Blütenquirle zeigen sich im Sommer.
Die grünen, gezähnten Blätter verströmen einen frischen Minzeduft.
Für Pfefferminzsoße oder Obstsalat ist diese Sorte gut geeignet.

Mentha pulegium
Poleiminze
Winterharte, halbimmergrüne, mehrjährige Pflanze; 15 cm groß. Im Frühling zeigen sich mauvefarbene Blüten.
Die hellgrünen Blätter verströmen einen starken Pfefferminzduft.

Mentha requienii
Korsische Minze
Sie ist auch bekannt als Felsenminze. Diese Art ist ein Bodendecker. Zarte violette Blüten erscheinen im Sommer.
Die grünen Blätter sind klein und verströmen einen starken Pfefferminzgeruch, wenn sie zerrieben werden. *Mentha requienii* eignet sich gut für Steingärten und wächst natürlich in Felsspalten. Sie benötigt Schatten und feuchte Erde.

Mentha spicata
Grüne Minze
Auch bekannt als Gartenminze und Gemeine Minze. Winterharte, mehrjährige Pflanze; 45–60 cm groß. Die violetten/mauvefarbenen Blüten zeigen sich im Sommer.
Die grün gepunkteten Blätter haben gezähnte Ränder. Diese Art ist am weitesten verbreitet und hervorragend für Minzesoßen, Minzegelee und Pfefferminzlikör geeignet.

Mentha spicata **'Crispa'**
Krause Minze
Winterharte, mehrjährige Pflanze; 45–60 cm groß. Hellmauvefarbene Blüten erscheinen im Frühling.
Die Blätter sind hellgrün und gekräuselt. Sie haben gezähnte Ränder. Das Aroma dieser Art ist der Pfefferminze sehr ähnlich und passt gut zu den meisten Gerichten.

Mentha spicata **'Moroccan'**
Winterharte, mehrjährige Pflanze; 45–60 cm groß. Im Sommer zeigen sich weiße Blüten.
Die Blätter sind hellgrün und strukturiert. Sie haben einen exzellenten Minzeduft und eignen sich für alle Gerichte mit Minzegeschmack, z. B. passen sie gut zu Joghurt und Gurken.

Mentha suaveolens
Rundblättrige Minze
Winterharte, mehrjährige Pflanze; 60 cm–1m groß. Die mauvefarbenen Blüten erscheinen im Sommer. Die Blätter sind rundlich und haarig. Diese Art wird groß und ist kräftig. Der Duft, den sie verströmt, ist apfel- und minzeartig. Zum Kochen ist die Rundblättrige Minze gut geeignet.

Mentha suaveolens **'Variegata'**
Ananasminze
Winterharte, mehrjährige Pflanze; 45–60 cm groß.
Diese Art bringt selten Blüten hervor. Sie steckt all ihre Energie in die Produktion der hübschen cremefarbenen und grünen, leicht behaarten Blätter. Die Ananasminze kommt in Hängekörben gut zur Geltung.

Apfelminze *(Mentha suaveolens)*

Rossminze *(Mentha longifolia)*

Mentha x *villosa alopcuroides* **'Bowles Mint'**
Winterharte, mehrjährige Pflanze; 60 cm–1 m groß.
Die Blüten sind mauvefarben, und die Pflanze bringt runde, leicht haarige, grüne Blätter hervor.

Korsische Minze *(Mentha requienii)*

Pycnathemum pilosum
Bergminze
Winterharte, mehrjährige Pflanze; 90 cm groß. Weiße/pinkfarbene Blüten, die klein und hübsch sind, erscheinen im Sommer. Die Blätter sind lang, schmal, gepunktet und graugrün. Sie haben ein Minzearoma. Diese Art ist keine echte Minze. Sie sieht sehr gut als Randbepflanzung aus und Schmetterlinge lieben sie. Der Boden sollte nicht zu nährstoffreich sein.

Mentha x gracilis

Kultivierung

Vermehrung
Aussaat: Der Samen, der auf dem Markt erhältlich ist, ist leider nicht besonders gut – das Aroma der Blätter ist nicht sehr ausgeprägt und oft handelt es sich nicht um die angegebene Art.
Ableger: Wurzelableger lassen sich problemlos nehmen. Graben Sie ein Stück der Wurzel aus, schneiden Sie es an einem kleinen Wachstumsknoten ab und geben Sie die Ableger in eine Saatbox oder Anzuchtschale. Verwenden Sie ein Rinden-Torf-Sand-Gemisch. Gießen und stehen lassen. Wurzelableger können während der gesamten Wachstumsperiode genommen werden. Wenn Sie im Frühling Ableger nehmen, zeigen sich die neuen Triebe nach 2 Wochen.
Teilung: Graben Sie alle paar Jahre Pflanzen aus und teilen Sie diese, sonst bilden sich Wurzelausläufer und bald ist alles mit der Pflanze bedeckt. Korsische Minze bildet keine Wurzelausläufer. Graben Sie einen Teil der Pflanzen im Frühjahr aus und teilen Sie sie.

Anfälligkeiten
Minzerost zeigt sich in Form von kleinen rostigen Punkten auf den Blättern. Entfernen Sie befallene Blätter umgehend, sonst gelangt der Rost in die Erde und befällt andere Pflanzen. Um den Boden zu sterilisieren, sollten Sie ihn abbrennen. Eine andere Methode, die ich in einem alten Gartenbuch gefunden habe, ist, die Wurzeln im Winter auszugraben und die Erde zu reinigen. Erhitzen Sie etwas Wasser auf 40–45 °C und gießen Sie es in eine Schüssel. Geben Sie die Wurzeln 10 Minuten in das Wasser, entfernen Sie die Ausläufer und waschen Sie diese einmal in kaltem Wasser. Versetzen Sie sie in den Garten, abseits von der ursprünglichen Stelle.

Pflegemaßnahmen
Frühling: Wurzeln für Ableger ausgraben; kräftige Pflanzen teilen.
Sommer: Pflanzen zurückschneiden, um neues Wachstum anzuregen.
Herbst: Wurzeln zum Abhärten ausgraben und in Kübel geben.
Winter: Die Wurzeln sterilisieren, falls sich Rost in der Wachstumsphase zeigt.

Gartenkultivierung
Minze breitet sich über den gesamten Garten aus, wenn ihr Wachstum nicht kontrolliert wird. Bevor Sie Minze in Ihren Garten pflanzen, zerreiben Sie ein Blatt, um den Duft, den die Pflanze verströmt, festzustellen. Wählen Sie einen Standort in der Sonne oder im Schatten, aber nicht in der Nähe von anderen Minzearten, da sie sonst ihren individuellen Duft verlieren.
Um das Ausbreiten der Pflanzen zu verhindern, versenken Sie einen großen Kübel ohne Boden 30 cm tief in gut drainierten, humusreichen Boden. Lassen Sie einen kleinen Rand über dem Erdniveau und pflanzen Sie die Minze in die Mitte des Kübels.

Ernte
Während der Wachstumsphase Blätter zum frischen Gebrauch pflücken. Vor der Blüte Blätter zum Trocknen oder Einfrieren pflücken.

Mischkulturen

Pfefferminze, in die Nähe von Rosen gepflanzt, hält Blattläuse fern. *Mentha longifolia* zieht Schwebfliegen an.

Weitere Nutzung

Einen Strauß *Mentha* x *piperita citrata* pflücken, mit einer Schnur zusammenbinden und unters heiße Wasser hängen, wenn Sie ein Bad nehmen. Der Minzeduft erfüllt nicht nur Ihr Bad, sondern die ganze Wohnung. Dieses Bad wirkt sehr erfrischend.

***Mentha spicata* 'Crispa'**

Schoko-Minze-Mousse

Pflanzen in Kübeln (Abhärten)

Minze gedeiht gut in Kübeln. Der Behälter muss groß genug sein und Sie sollten einen erdigen Kompost verwenden, der nicht austrocknen darf. Während der Wachstumsphase geben Sie regelmäßig Flüssigdünger hinzu. Stellen Sie den Behälter in den Halbschatten.
Wenn Sie Minze in Kübeln ziehen, verlängert sich die Vegetationsperiode, weil die Pflanzen dadurch abgehärtet werden.
Im zeitigen Herbst graben Sie einige Wurzeln aus. Füllen Sie Kompost in einen Kübel oder in eine Holzkiste, die mit Plastik ausgelegt ist. Geben Sie die Wurzel der Länge nach hinein und bedecken Sie sie mit Kompost. Gießen und an einen hellen, warmen Platz stellen, z. B. in ein warmes Glashaus oder auf das Küchenfensterbrett. Innerhalb weniger Wochen zeigen sich neue Triebe.

Heilkraft

Pfefferminze ist aromatisch, wirkt antiseptisch, krampflösend, entzündungshemmend, antibakteriell und stimulierend. Man kann sie bei Magen-Darm-Verstimmungen und Blähungen anwenden, aber auch um den Appetit anzuregen.
Pfefferminze wirkt bei nervösen Kopfschmerzen und kann die Konzentration fördern.
Äußerlich wird Pfefferminzöl sehr häufig bei Massagen verwendet, um Muskelschmerzen zu lindern.

Warnung

Das Öl kann eine allergische Reaktion auslösen. Über einen längeren Zeitraum sollte das Öl nicht inhaliert werden und Babys sollte man nie damit behandeln.

Kulinarisches

Minze passt hervorragend in Essig und Gelees. Aus Pfefferminze gewinnt man einen exzellenten Tee.
Es gibt viele Möglichkeiten, Minze in der Küche einzusetzen, z. B. zu Fisch, Fleisch, Joghurt und Früchten. Das folgende Rezept wird „Naschkatzen“ erfreuen:

Schoko-Minze-Mousse
(2 Personen)

100 g Zartbitterschokolade
2 Eiweiß
2 Eigelb
1 TL Instant-Kaffee
1 TL frische Minzeblätter, gehackt
Sahne und 4 ganze Minzeblätter zum Dekorieren

Die Schokolade in einem heißen Wasserbad schmelzen. Sobald sie weich und flüssig ist, vom Herd nehmen.
Das Eigelb verschlagen und zur heißen Schokolade geben. Kaffee und gehackte Minzeblätter hinzufügen. Das Ganze ca. 15 Minuten abkühlen lassen.
Das Eiweiß zu Schnee schlagen (nicht zu steif) und unter die Schokoladenmasse ziehen. In Dessertschalen geben.
Kurz vor dem Servieren etwas geschlagene Sahne in die Mitte geben und mit den Minzeblättern garnieren.

Pfefferminztee

Mentha pulegium

POLEIMINZE

Familie: Lippenblütler *(Labiatae)*

Dieses Kraut hat seine Heimat in Europa und Nordafrika und ist heute auch in anderen Gebieten mit vergleichbarem Klima verbreitet. Der Name *Pulegium* ist eine Ableitung des lateinischen Wortes „pulex", „Floh", weil die Poleiminze genau dieses Insekt vertreibt. Die Poleiminze heißt heute in Frankreich „La Menthe Pouliot". „Puliol" war der alte französische Begriff für Thymian. Früher verwendeten heilkundige Frauen die Poleiminze, um bei Schwangeren einen Abgang auszulösen. Noch heute nutzt man das Kraut bei Menstruationsbeschwerden. John Gerard berichtete, dass man mit dem getrockneten Kraut früher während langer Seereisen das Wasser auffrischte. Außerdem heile die Poleiminze „schwummrige Gefühle" im Kopf und damit verbundene Schmerzen und Schwindel.

Poleiminze *(Mentha pulegium)*

ARTEN

Mentha pulegium
Winterharte, mehrjährige Pflanze; 15 cm groß. Ein kriechendes Kraut. Von Juli bis September zeigen sich mauvefarbene Blüten. Die Blätter sind hellgrün und riechen stark nach Pfefferminze.

***Mentha pulegium* 'Upright'**
Winterharte, mehrjährige Pflanze; 30 cm groß. Von Juli bis September erscheinen malvenfarbene Blüten. Die Blätter sind hellgrün und riechen stark nach Pfefferminze.
Die amerikanische Poleiminze heißt *Hedeoma pulgioides*. Sie hat ein ähnliches Aroma wie die europäische Sorte.

KULTIVIERUNG

Vermehrung
Aussaat: *M. pulegium* 'Upright' kann aus Samen gezogen werden. Den sehr feinen Samen im Spätfrühling in vorbereitete Saatschalen aussäen und mit Perlit bedecken. Bis der Samen keimt, dauert es 10–20 Tage. Die Pflanzen im Frühsommer im Abstand von mindestens 30 cm ins Freiland setzen.
Stecklinge: Beide Sorten der Poleiminze können über

Wurzelausläufer vermehrt werden. Überall dort, wo die Poleiminze mit Erde in Berührung kommt, entwickelt sie ein eigenes Wurzelsystem. Im Spätfrühling eine Pflanze ausgraben und in mehrere kleine Pflänzchen teilen. Diese „Miniatur"-Wurzelsysteme in vorbereitete Anzuchtschalen einpflanzen. Mit Rinde, Torf und Splitt versetztes Substrat verwenden. Gut wässern. Innerhalb von 4 Wochen haben die jungen Pflanzen ein komplettes Wurzelsystem ausgebildet.
Teilung: Wenn die Poleiminze zu sehr wuchert, einfach einen Teil entfernen.

Anfälligkeiten
Wenn es im Winter oder Frühling zu nass ist, wird die Poleiminze unter Umständen von Mehltau befallen. Die beschädigten Blätter entfernen. Wächst das Kraut in einem Kübel, diesen bei milden Temperaturen nach draußen stellen und die Poleiminze „auslüften" lassen. Weniger gießen.

Pflegemaßnahmen
Frühling: Aussaat; Pflanzen teilen.
Sommer: Nach der Blüte zurückschneiden.
Herbst: Pflanzen teilen; einige Pflanzen ausgraben und in einem Gewächshaus überwintern.
Winter: Die Poleiminze im Winter zu schützen ist schwierig. Bedeckt man sie mit einer Lage Mulch, faulen die Blätter. Eine Möglichkeit wäre es, das Kraut mit einer Frostschutzdecke vor der Kälte zu bewahren. Falls die Temperaturen dauerhaft auf unter –8 °C fallen, die Pflanzen in ein Gewächshaus bringen.

Gartenkultivierung
Diese Minze bevorzugt einen nährstoffreichen, durchlässigen Boden und einen sonnigen Standort. Trotzdem verträgt das Kraut im Sommer reichlich Wasser. Die kriechende Poleiminze gibt einen guten Bodendecker ab. Der Untergrund muss durchlässig sein, im Winter nicht zu feucht werden lassen und zudem genügend Schutz bei großer Kälte bieten.

Ernte
Blätter nach Bedarf pflücken. Blüten pflücken und einfrieren, nicht trocknen.

Pflanzen in Kübeln

Beide Sorten der Poleiminze gedeihen in Kübeln. Mit Rinde, Torf und Splitt versetztes Substrat verwenden. Während der Blütezeit mit Flüssigdünger düngen.

Heilkraft

Das Öl, das die Pflanze hervorbringt, ist hochgradig giftig und führt zu dauerhaften Nierenschäden. Deshalb sollte es nur von medizinisch versierten Personen verschrieben werden. Als heißer Aufguss getrunken ist die Poleiminze ein bewährtes Heilmittel bei Erkältungen, da sie das Schwitzen fördert.
Die amerikanische Poleiminze verfügt über ähnliche Eigenschaften. Sie wirkt krampflösend und beruhigend, wird bei harmloseren Magenbeschwerden, Blähungen, Übelkeit, Kopfschmerzen und Menstruationsbeschwerden eingesetzt.

Kulinarisches

Die Poleiminze hat einen intensiven Pfefferminzgeschmack – sparsam verwenden! Es lässt sich eine schmackhafte Minzesoße und Speiseeis mit Minzearoma zubereiten.

Warnung

In der Schwangerschaft und bei Nierenerkrankungen nicht verwenden. Kann Ausschläge verursachen.

Poleiminze ist ein ausgezeichneter Insektenschutz – man kann damit Ameisenstraßen „umleiten".

Weitere Nutzung

Wenn Sie eine Ameisenstraße mit Poleiminze einreiben, suchen sich die Tiere einen anderen Weg.
Ziehen Sie Poleiminze vor Ihrer Küche, bleiben Sie von Ameisen verschont.
Insekten wehren Sie ab, wenn Sie Ihre Haut mit Blättern des Krauts einreiben. Ebenso können Sie einen Mückenstich mit einem Blatt einreiben. Es wird Ihnen Erleichterung verschaffen!

Monarda

Indianernessel

Auch Monarde, Bienenbalsam, Oswego-Tee, Pferdemelisse und Rote Melisse genannt. Familie: Lippenblütler *(Labiatae)*

Diese wunderschöne Pflanze mit ihren farbenprächtigen Blüten stammt aus Nordamerika, wird aber mittlerweile in vielen Ländern angebaut.
Der Gattungsbegriff „Monarda" ehrt den spanischen Botaniker Dr. Nicholas Monardes aus Sevilla, der 1569 ein Kräuterbuch über die amerikanische Flora verfasste.
Die wilde Monarda *(Monarda fistulosa)* wächst in der Nähe des Ontario-Sees in den Vereinigten Staaten. Die dort ansässigen Oswego-Indianer bereiteten aus ihr einen nach Zitronen schmeckenden Tee zu, der bei Erkältungen und Bronchialerkrankungen half. Grund dafür ist der in den Pflanzen enthaltene antiseptische Wirkstoff Thymol. Seit dem großen Teesturm in Boston, der „Boston Tea Party", von 1773 trinken auch die weißen Siedler in der Neuen Welt den indianischen Kräutertee.

Arten

Es gibt so viele Arten und Sorten dieser Gattung, dass ich an dieser Stelle nur einige wenige herausgreifen kann.

***Monarda* 'Beauty of Cobham'**
Winterharte, mehrjährige Pflanze; 75 cm hoch. Den ganzen Sommer über dekorative, dicht wachsende, zweilippige, blass rosafarbene Blüten. Die Blätter sind mittelgrün, gezähnt und aromatisch.

***Monarda* 'Blaustrumpf'**
Winterharte, mehrjährige Pflanze; 80 cm groß. Den ganzen Sommer über dekorative, dunkelrote Blüten. Die Blätter sind grün, spitz und aromatisch.

***Monarda* 'Cambridge Scarlet'**
Winterharte, mehrjährige Pflanze; 1 m groß. Den ganzen Sommer über üppige, rote Blüten. Die Blätter sind mittelgrün, leicht behaart und aromatisch.

Monarda didyma
Winterharte, mehrjährige Pflanze; 80 cm groß. Den ganzen Sommer über schöne rote Blüten. Die Blätter sind mittelgrün und aromatisch.

***Monarda punctata* 'Schneewittchen'**
Winterharte, mehrjährige Pflanze; 80 cm hoch. Den ganzen Sommer über sehr dekorative, weiße Blüten. Mittelgrüne, spitze, aromatische Blätter.

***Monarda citriodora* 'Croftway Pink'**
Winterharte, mehrjährige Pflanze; 1 m groß. Den ganzen Sommer über rosafarbene Blüten. Die Blätter sind grün und aromatisch.

***Monarda menthifolia* 'Prärienacht'**
Winterharte, mehrjährige Pflanze; 1 m hoch. Den Sommer über dekorative, dunkelrote Blüten. Die Blätter sind mittelgrün, spitz und aromatisch.

Kultivierung

Vermehrung
Aussaat: Inzwischen ist auch Saatgut im Handel erhältlich. Im Frühling den winzigen Samen im Haus in vorbereitete Saatschalen oder Töpfe säen. Mit Perlit abdecken. Der Samen keimt leichter, wenn Sie für eine gleich bleibende Temperatur von etwa 21 °C sorgen. Sind die Sämlinge größer geworden, ausdünnen und verpflanzen. Abhärten und im Abstand von 45 cm ins Freiland setzen.
Stecklinge: Im Frühsommer etwa 7,5–10 cm große Schösslinge nehmen.
Teilung: Die Pflanzen zeitig im Frühling teilen. Entweder in Töpfe oder ins Freiland pflanzen. Darauf achten, dass der Standort vorher mit Kompost durchgearbeitet wurde.
Im Abstand von 45 cm zu anderen Pflanzen einsetzen.

Anfälligkeiten
Die Monarda wird leicht von Mehltau befallen. Bei den ersten Anzeichen die Blätter entfernen. Sollte das keinen Erfolg haben, die Pflanze bis zum Boden zurückschneiden.
Junge Pflanzen sind ein Leckerbissen für Schnecken.

Pflegemaßnahmen
Frühling: Aussaat; Wurzeln teilen; 3 Jahre alte Pflanzen ausgraben, teilen und wieder einsetzen.
Sommer: Stecklinge nehmen.
Herbst: Pflanzen bis zum Boden zurückschneiden; den Boden düngen bzw. Kompost einarbeiten.
Winter: Die oberirdischen Teile aller mehrjährigen Monarden sterben im Winter ab; bei strengem Frost mit Mulch abdecken.

Gartenkultivierung
Die Indianernessel ist eine sehr dekorative Pflanze mit ausgesprochen wohlriechenden Blüten, die Bienen anlocken. Daher kommt auch der volkstümliche Name „Bienenbalsam“. Alle Monarden gedeihen auf feuchtem, nährstoffreichem Boden und bevorzugen einen halbschattigen Standort. Ideal ist ein Laubwald. Das Kraut wächst ebenso in direkter Sonne, vorausgesetzt, dass der Untergrund nicht austrocknet. Wie viele andere mehrjährige Pflanzen sollte auch die Monarda alle 3 Jahre ausgegraben und geteilt werden. Dabei das abgestorbene Herzstück entfernen.

Ernte
Frische Blätter nach Bedarf pflücken. Zum Trocknen die Blätter vor der Blüte sammeln. Sobald sich die Blüten vollständig geöffnet haben, zum Trocknen pflücken. Sie behalten auch in getrocknetem Zustand ihre schöne Farbe.
Den Samen gekreuzter Monarden zu sammeln ist nur sinnvoll, wenn Sie nicht Pflanzen mit einer ganz bestimmten Farbe ziehen wollen. Die Blütenköpfe sammeln, wenn sie braun werden.

Pflanzen in Kübeln

Die Indianernessel sieht in einem großen Topf mit einem Durchmesser von 35–45 cm dekorativ aus. Achten Sie darauf, dass das Kraut genügend Feuchtigkeit erhält und am Nachmittag im Schatten steht.

Kulinarisches

Die kleinen Blütenblätter sammeln und kurz vor dem Servieren über einen grünen Salat streuen. Die frischen Blätter zu chinesischem Tee oder in ein Glas Wein oder Limonade geben. Die gehackten Blätter sparsam unter Salate und Füllungen mischen oder in Gelees und Marmeladen verarbeiten.

Schweinefilet mit einer Soße aus Indianernessel
(2 Personen)

2 große Schweinefilets
75 g Butter
2 Schalotten, sehr fein gehackt
40 g Mehl
150 ml Brühe
4 EL trockener Weißwein
3 ½ EL Indianernesselblätter, gehackt
Salz, schwarzer Pfeffer
1 EL Crème fraîche

Den Ofen zunächst auf 200 °C vorheizen.
Die Schweinefilets waschen und trockentupfen. Würzen und mit der Hälfte der Butter bestreichen.
Die Filets in einem gefetteten Bräter etwa 25 Minuten anbraten. Dann weitere 5 Minuten in dem Bräter lassen. Anschließend in Scheiben schneiden und diese auf einer vorgewärmten Platte warm stellen.
In der Zwischenzeit die Soße zubereiten. Dazu die Schalotten in der restlichen Butter weich dünsten. Das Mehl hinzufügen. Alles etwa 1 Minute unter Rühren kochen lassen. Die Brühe aufgießen. Köcheln lassen, dabei gelegentlich umrühren. Den Wein und 3 EL der gehackten Monardenkräuter dazugeben. Einige Minuten köcheln lassen. Abschmecken. Die Soße von Herd nehmen und die Crème fraîche unterrühren. Über die Filetscheiben gießen und mit den restlichen Kräutern bestreuen.
Dazu Kartoffelpüree und grüne Bohnen servieren.

Weitere Nutzung

Weil getrocknete Blätter der Indianernessel sowohl Duft als auch Farbe bewahren, werden sie gern in Potpourris gegeben.
Das Öl der Pflanze wird bei der Herstellung von Parfüms verwendet.

Heilkraft

Tee aus Indianernessel hilft bei Übelkeit, Blähungen, Menstruationsbeschwerden und Erbrechen. In der Aromatherapie wird das Öl der Pflanze bei Depressionen oder zur Stärkung der Abwehrkräfte eingesetzt.

Myrrhis odorata

SÜSSDOLDE

Auch Aniskerbel genannt.
Familie: Doldenblütengewächse *(Apiaceae)*

Die Süßdolde stammt aus Europa und wurde früher als Topfpflanze kultiviert. Die Griechen nannten das Kraut „seselis" oder „seseli". Der englische Begriff „cicely" leitet sich davon ab.
Im 16. Jahrhundert galten die gekochten Wurzeln des Krauts, so John Gerard, als Muntermacher für Leute, die etwas „schwerfällig" im Geiste waren, und Culpeper berichtet, dass man glaubte, die Wurzeln könnten vor der Pest schützen. In Südwales sieht man die Süßdolde recht häufig auf Friedhöfen stehen. Dort wächst sie auf Gräbern – in Erinnerung an einen geliebten Menschen.
Heilkräftige Wirkung wurde dem Kraut früher bei Magenleiden und Husten zugesprochen.

KULTIVIERUNG

Vermehrung
Aussaat: Den reifen Samen im Frühherbst in Saatschalen aussäen. In jede Anzuchtschale nur ein Samenkorn geben und mit Substrat bedecken. Dann die Schalen mit Glas abdecken und den Winter über im Freien stehen lassen.
Der Samen braucht Kälte, um zu keimen. Prüfen Sie immer wieder das Substrat und achten Sie darauf, dass es nicht austrocknet. Sobald der Samen keimt, die Schalen in ein Kalthaus stellen. Ein Aussäen im Frühling kann dann erfolgverspre-

Süßdolde *(Myrrhis odorata)*

ARTEN

Myrrhis odorata
Süßdolde
Winterharte, mehrjährige Pflanze; 60–120 cm groß. Von Mai bis Juni erscheinen kleine, weiße Blüten in Dolden. Der Samen ist lang, erst grün, bei zunehmender Reife verfärbt er sich dann schwarz. Die Blätter sind farnähnlich und riechen, wenn man sie zerreibt, nach Anis.

Die folgende Pflanze trägt in Nordamerika den Namen Süßdolde, ist aber mit der europäischen Sorte nicht verwandt.

Osmorhiza longistylis
Mehrjährige Pflanze; 45–90 cm groß. Im Sommer erscheinen unauffällige weiße Blüten in losen Dolden. Die Blätter sind oval bis rechteckig und wachsen in Dreiergruppen. Die ganze Pflanze riecht nach Anis. Die Wurzeln werden wegen ihres Anisgeschmacks gern von Kindern geknabbert.

chend sein, wenn Sie den Samen zuerst in einen Plastikbeutel mit feuchtem Sand füllen, alles 4 Wochen kühlen und anschließend in vorbereitete Saatschalen geben. Sind die Sämlinge groß genug und ist die Frostperiode vorüber, diese im Abstand von 60 cm an eine vorbereitete Stelle im Garten einpflanzen.
Wurzelstecklinge: Die Hauptwurzel kann im Frühling oder Herbst ausgegraben und in Stücke geschnitten werden. Achten Sie darauf, dass jedes Teilstück über eine Knospe verfügt. Die Wurzeln in Saatschalen einsetzen oder direkt an einer vorbereiteten Stelle 5 cm tief in den Boden stecken.
Teilung: Die Pflanzen im Herbst teilen, wenn die oberirdischen Teile absterben.

Anfälligkeiten
Die Süßdolde ist äußerst widerstandsfähig.

Pflegemaßnahmen
Frühling: Über Wurzelstecklinge vermehren.
Sommer: Nach der Blüte zurückschneiden, damit sich neue Blätter entwickeln und um Selbstaussaat zu verhindern.
Herbst: Aussaat; Pflanzen teilen; Wurzelstecklinge nehmen.
Winter: Kein Schutz nötig.

Gartenkultivierung
Die Süßdolde ist ein frühes Kraut im Frühling und im Herbst eines der letzten, das abstirbt.
Auf einem leichten, durchlässigen, nährstoffarmen Boden breitet sich die Süßdolde schnell aus. Die Hauptwurzel ist sehr lang; schon ein kleines Stück dieser Wurzel bringt eine neue Pflanze hervor! Bei mir wächst die Süßdolde auf einem schweren, lehmigen Boden, genau an den Stellen, an denen ich sie anpflanzte.
Am besten gedeiht das Kraut auf durchlässigem, humusreichem Boden an einem leicht schattigen Standort. Wenn Sie die Süßdolde nicht durch Aussaat vermehren wollen, sollten Sie die ganze Pflanze gleich nach der Blüte zurückschneiden. Kurz darauf treiben neue Blätter aus. Die Süßdolde ist nicht für milde Klimazonen geeignet, da sie vor dem Winter eine Ruhepause benötigt.

Ernte
Junge Blätter nach Bedarf pflücken. Den unreifen Samen pflücken, solange er grün ist, den reifen Samen, wenn er sich dunkelbraun verfärbt.
Blätter und grünen Samen nicht trocknen oder einfrieren. Der reife Samen kann in einem trockenen Behälter aufbewahrt werden. Im Herbst, wenn die oberirdischen Pflanzenteile abgestorben sind, die Wurzeln zum Trocknen ausgraben.

Pflanzen in Kübeln

Pflanzen Sie die Süßdolde in einen ausreichend großen Behälter. Verwenden Sie mit Rinde und Torf versetztes Substrat.
Stellen Sie den Kübel an einen halbschattigen Platz und gießen Sie die Pflanze während der Wachstumsperiode regelmäßig.

Heilkraft

Die Süßdolde wird in medizinischer Hinsicht kaum genutzt. Die gekochte Wurzel soll beruhigend wirken.

Wein aus Süßdolde

Kulinarisches

Die Wurzel kann als Gemüse gekocht und mit Butter serviert werden. Eine andere Möglichkeit ist, die Wurzel zu kochen und dann gehackt unter Salate zu mischen. Sie kann auch roh verzehrt werden: Dazu die Wurzel schälen, raspeln und mit einer Vinaigrette reichen. Es ist schwierig, den Geschmack zu beschreiben – er ist pastinakenähnlich, mit einer Spur Anis. Aus der Wurzel lässt sich ein sehr guter Wein herstellen.
Mischen Sie den unreifen Samen unter Süßspeisen, oder rühren Sie den Samen unter Eiscreme.
Backen Sie Apfelkuchen mit reifem Samen.
Die Blätter der Süßdolde schmecken leicht nach Anis. Sie passen – fein gehackt – zu Salaten, Dressings, Omeletts, Suppen und Eintöpfen. Wenn Sie Kohl kochen, geben Sie einige Blätter mit ins Wasser!
Die Süßdolde ist ein prima Zuckerersatz.
Wenn Sie Rhabarber-, Pflaumen-, Johannisbeer- oder Stachelbeerkuchen backen, fügen Sie 2–4 Teelöffel getrocknete Süßdolde hinzu. Oder geben Sie eine Hand voll frischer Süßdoldenblätter mit etwas Zitronenmelisse in das Wasser, in dem Sie die Früchte dünsten. Das macht einen ausgezeichneten Geschmack und hilft, mindestens die Hälfte des Zuckers zu sparen.

Weitere Nutzung

Die Süßdolde ist eine der ersten Pflanzen im Frühjahr, sodass sie vor allem für Imker von Nutzen ist.

Myrtus communis

MYRTE

Familie: Myrtengewächse *(Myrtaceae)*

Blühende Myrte
(Myrtus communis)

Die Myrte ist in Südeuropa, Asien und Afrika heimisch. Sie ist das Kraut der Liebe und war der Venus geweiht und wurde um all ihre Tempel herum gepflanzt. Die Legende erzählt, dass Venus eine ihrer Priesterinnen mit Namen Myrrh in eine Myrte verwandelte, um sie vor einem allzu aufdringlichen Freier zu schützen. Venus selbst trug einen Myrtenkranz, als sie von Paris in Anerkennung ihrer Schönheit den Apfel erhielt. Und auch als Venus aus dem Meer geboren wurde, trug sie einen Myrtenzweig. Seit diesem Tag, so die Historie, gedeiht die Pflanze in der salzhaltigen Luft des Meeres besonders gut.
Später galt die Myrte als Aphrodisiakum, und Bräute trugen sie in ihrem Hochzeitsstrauß als Symbol von Liebe und Treue.

Myrte ***(Myrtus communis)*** **mit Beere**

ARTEN

Myrtus communis
Myrte
Nicht frostharte, immergrüne, mehrjährige Pflanze; 2–3 m groß. Vom Frühling bis Mitte des Sommers duftende, weiße Blüten. Jede Blüte bildet ein dichtes Büschel goldfarbener Staubgefäße aus. Die Früchte sind schwarzviolett.

***Myrtus communis* 'Variegata'**
Nicht frostharte, immergrüne, mehrjährige Pflanze; 1–2 m groß. Vom Frühling bis Mitte des Sommers duftende, weiße, leicht rosa gefärbte Blüten. Jede Blüte bildet ein dichtes Büschel goldfarbener Staubgefäße aus. Die Früchte sind schwarzviolett. Ovale, dunkelgrüne Blätter mit silbriger Zeichnung, im Herbst leicht rosa.

Myrtus communis* ssp. *tarentina
Nicht frostharte, immergrüne, mehrjährige Pflanze; 1–2 m groß. Vom Frühling bis Mitte des Sommers duftende, weiße Blüten. Jede Blüte bildet ein dichtes Büschel goldfarbener Staubgefäße aus. Die Früchte sind schwarzviolett. Kleine, ovale, dunkelgrüne, aromatische Blätter. Eignet sich in mildem Klima gut für Rabatten; dafür im Abstand von 60 cm einpflanzen.

***Myrtus communis tarentina* 'Variegata'**
Nicht frostharte, immergrüne, mehrjährige Pflanze; 1 m hoch. Vom Frühling bis Mitte des Sommers duftende, weiße, leicht rosa gefärbte Blüten. Jede Blüte bildet ein dichtes Büschel goldfarbener Staubgefäße aus. Die Früchte sind schwarzviolett. Kleine, ovale, dunkelgrüne, silbrig gezeichnete Blätter, im Herbst leicht rosa.

Die beiden folgenden Sorten wurden erst kürzlich als zur Familie „Luma" gehörig klassifiziert. Sie sind es wert, nach ihnen Ausschau zu halten.

Luma chequen (Myrtus chequen)
Nicht frostharte, immergrüne, mehrjährige Pflanze; 10 m groß. Vom Frühling bis Mitte des Sommers duftende, weiße Blüten. Jede Blüte bildet ein dichtes Büschel goldfarbener Staubgefäße aus. Die Früchte sind schwarzviolett. Rechteckige, glänzende, dunkelgrüne, aromatische Blätter.

***Luma apiculata* 'Glanleam Gold' (*Myrtus* 'Glanleam Gold')**
Nicht frostharte, immergrüne, mehrjährige Pflanze; 10 m groß. Vom Frühling bis Mitte des Sommers duftende, weiße, leicht rosafarbene Blüten. Jede Blüte bildet ein dichtes Büschel goldfarbener Staubgefäße aus. Die Früchte sind rot und verfärben sich bei zunehmender Reife dunkelviolett. Ovale, hellgrüne, am Rand cremiggelbe Blätter.

Myrte in einer Rabatte

Kultivierung

Vermehrung
Stecklinge: Im Frühling unverholzte, im Sommer schwach verholzte Ableger nehmen. Da Myrte empfindlich ist, sollte sie in den ersten beiden Jahren in Töpfen gezogen werden. In Gegenden, wo die Wintertemperaturen regelmäßig unter 0 °C fallen – bei panaschierten Arten 5 °C –, bleiben die Pflanzen den Winter über besser in Töpfen. Ein Rinden-Torf-Sand-Gemisch verwenden.

Anfälligkeiten
Meist bleibt die Myrte von Schädlingen und Krankheiten verschont. Wenn Sie zu viel gießen, faulen allerdings die Wurzeln.

Pflegemaßnahmen
Frühling: Pflanzen zurückschneiden; unverholzte Ableger nehmen.
Sommer: Schwach verholzte Ableger nehmen.
Herbst: Vor frühem Frost schützen.
Winter: In kalten Gegenden im Winter schützen.

Gartenkultivierung
Dieser empfindliche, aromatische Strauch gedeiht auf nährstoffreichem, durchlässigem Boden in direktem Sonnenlicht. In kälteren Klimagebieten die Myrte an einer nach Süden oder Westen ausgerichteten Mauer anpflanzen, damit der Strauch nicht zu viel Regenwasser abbekommt und vom Wind geschützt ist. Sind frostige Temperaturen vorhergesagt, die Pflanzen mit einer Frostschutzdecke schützen. Wenn die Frostperiode vorüber ist, die Myrte stutzen und in Form schneiden.

Ernte
Die Blätter pflücken, wenn die Myrte blüht; sie können frisch oder getrocknet verwendet werden. In Öl oder Essig einlegen und zum Kochen verwenden.
Die Blüten zum Trocknen sammeln, sobald sie sich geöffnet haben.

Kulinarisches

Geben Sie die Blätter zu gebratenem Schweinefleisch oder zu gegrilltem Lamm. Sie haben einen pikanten Geschmack. Nach dem Trocknen können die Beeren gemahlen und zur Zubereitung von Wild verwendet werden.

Heilkraft

Die Blätter verfügen über adstringierende und antiseptische Eigenschaften. Ein Aufguss aus den Blättern kann äußerlich bei blauen Flecken und Hämorrhoiden angewandt werden. Die Myrte enthält eine antibiotisch wirkende Substanz.

Pflanzen in Kübeln

Junge Pflanzen gedeihen gut in Kübeln. Verwenden Sie mit Rinde, Torf und Splitt versetztes Substrat. Da die Myrte ein immergrünes Kraut ist, sieht sie das ganze Jahr über dekorativ aus. Die Pflanze aber nicht in Heizungsnähe aufstellen! In den Sommermonaten gießen; das Substrat im Winter nahezu austrocknen lassen. Lieber weniger als zu viel gießen! Während der Blütezeit mit Flüssigdünger düngen.

Weitere Nutzung

Myrte ist aromatisch und kann getrocknet zu Potpourris gegeben werden.

Potpourri mit Myrte

Nepeta

KATZENMINZE

Familie: Lippenblütenler *(Labiatae)*

Katzenminze *(Nepeta racemosa)*

Die Katzenminze stammt aus Europa und dem östlichen und westlichen Asien. Sie ist heute auch in anderen gemäßigten Zonen heimisch geworden.
Der Gattungsbegriff geht möglicherweise auf die römische Stadt Nepeti zurück – dort soll das Kraut im Überfluss gewachsen sein.
Gerard beschreibt den volkstümlichen Namen der Pflanze: „Man nennt es *herba cataria* oder *herba catti*, weil der Geruch auf Katzen so anziehend wirkt, dass sie sich an dem Kraut reiben, sich auf ihm wälzen und sogar Zweige und Blätter gierig fressen."
Die Katzenminze wurde lange Zeit als Heil- und Küchenkraut kultiviert – und in den 60er und 70er Jahren wegen seiner halluzinogenen Wirkung, wenn man es rauchte.

ARTEN

Nepeta cataria, Nepeta x faassenii und ***Nepeta racemosa*** werden alle Katzenminze genannt. Nur *Nepeta cataria* ist jedoch die echte Katzenminze mit medizinischen und kulinarischen Eigenschaften.

Nepeta racemosa (mussinii)
Winterharte, mehrjährige Pflanze; 50 cm groß. Vom Spätfrühling bis zum Herbst lavendelblaue/dunkelrote Blütenähren. Kleine, leicht duftende, gräuliche Blätter. Gut geeignet für Einfassungen oder um einen Übergang zu steinernen Umrandungen zu schaffen. Die Pflanze sieht vor allem schön mit altmodisch anmutenden Rosen aus.

Nepeta camphorata
Winterharte, mehrjährige Pflanze. 60–75 cm groß. Stark duftend. Den ganzen Sommer über winzige, weiße Blüten. Kleine, silbergraue, aromatische Blätter. Bevorzugt einen mageren, durchlässigen, trockenen, nicht allzu nährstoffreichen Boden. Gedeiht in direkter Sonne. Wächst auch auf anderem Untergrund, wenn er nicht nass und schwer ist.

Nepeta x faassenii
Winterharte, mehrjährige Pflanze; 45 cm groß. Vom Frühsommer bis zum Frühherbst lavendelblaue Blütenähren. Kleine, graugrüne, aromatische Blätter.

Nepeta cataria
Winterharte, mehrjährige Pflanze; bis 1 m hoch. Vom Frühsommer bis zum Frühherbst weiße bis blassrosa Blüten. Scharf-aromatische Blätter. Dieses Kraut ist die eigentliche Katzenminze. Im 17. Jahrhundert behandelte man mit *Nepeta cataria* unfruchtbare Frauen.

KULTIVIERUNG

Vermehrung
Aussaat: Im Frühling oder Spätsommer den kleinen Samen ins Freiland oder in Töpfe, Tröge oder Saatschalen säen. Mit Perlit bedecken. Bis der Samen keimt, dauert es 10–20 Tage – abhängig von der Jahreszeit (schneller geht es im Spätsommer). Der Samen bleibt 5 Jahre keimfähig. Sind die Sämlinge groß genug, im Abstand von 30 cm ausdünnen. *N. camphorata* wird vom Herbst bis in den späten Winter ausgesät.
Stecklinge: Vom späten Frühling bis Mitte des Sommers unverholzte Ableger von nicht blühenden Trieben nehmen.
Teilung: Katzenminze über Teilung zu vermehren ist eine gute Methode, wenn das Kraut zu sehr wuchert. Aber nehmen Sie sich vor

Katzenminze 'Six Hills Giant'

Katzenminze *(Nepeta cataria)*

Katzen in Acht! Der Geruch einer beschädigten Wurzel wirkt auf die Tiere unwiderstehlich.

Anfälligkeiten
In kalten, nassen Wintern kann es vorkommen, dass das Kraut fault.

Pflegemaßnahmen
Frühling: Aussaat.
Sommer: Aussaat; nach der Blüte stark zurückschneiden, um neue Triebe zu fördern.
Herbst: Nach der Blüte stutzen, damit das Kraut seine Form behält und neu austreibt; in nassen und kalten Wintern die Pflanzen in Töpfe setzen und in einem Kalthaus überwintern.
Winter: Aussaat von *Nepeta camphorata*.

Gartenkultivierung
Wenn Sie jemals eine Katze gesehen haben, die sich auf dem Kraut gewälzt und von ihm gegessen hat, werden Sie verstehen, warum Katzenliebhaber die Katzenminze so sehr schätzen und warum Katzenhasser, die Katzenminze anbauen, im Clinch mit den Katzen der Nachbarschaft liegen. Katzen werden vom Duft des Krautes angezogen; er erinnert sie an den Geruch von Katzen des jeweils anderen Geschlechts. Bedenken Sie also dies, wenn Sie den Standort für Ihre Katzenminze wählen! Die Katzenminze sieht sehr dekorativ in Einfassungen aus. Sie liebt einen durchlässigen Boden und einen sonnigen oder leicht schattigen Standort. Das Einzige, was das Kraut nicht verträgt, ist ein nasser Winter. Der Abstand, in dem die Pflanzen zueinander stehen sollen, ist je nach Sorte unterschiedlich; im Durchschnitt beträgt er 50 cm. Ist die Hauptblütezeit vorbei, die Katzenminze kräftig zurückschneiden, damit sie ihre Form behält und ein zweites Mal austreibt.

Ernte
Die Blätter und Blütenköpfchen zur sofortigen Verwendung oder zum Trocknen sammeln, solange sie jung sind.

Kulinarisches

Frisch gepflückte, junge Triebe in Salate geben oder Fleisch damit einreiben. Bevor man Tee aus China importierte, trank man Katzenminzetee. Eine interessante Geschmacksrichtung!

Heilkraft

Nepeta cataria wird heute nur noch selten für medizinische Zwecke verwendet. Manchmal bereitet man einen heißen Aufguss zu, um das Schwitzen zu unterstützen. Angeblich soll das Kraut bei Erkältungen, Grippe und Kinderkrankheiten, wie zum Beispiel Masern, ganz ausgezeichnete Dienste leisten. Katzenminze wirkt beruhigend auf das Nervensystem und hilft zappeligen Kindern beim Einschlafen. Außerdem ist die Katzenminze ausgezeichnet bei einem unruhigen Magen, Koliken, Blähungen und Durchfall. Die Blätter und Blütenköpfe der Katzenminze kann man zerdrücken und als Wickel auf blaue Flecken legen.

Mischkulturen

N. cataria in der Nähe von Gemüsen vertreibt Flöhe.

Pflanzen in Kübeln

N. x *faassenii* und *N. racemosa* sehen in großen Terrakottatöpfen phantastisch aus. Die graugrünen Blätter und die blauroten Blüten harmonieren ausgezeichnet mit Terrakotta. Verwenden Sie durchlässiges Substrat, das mit Rinde, Torf und Splitt versetzt ist. Vorsicht: Beide Sorten neigen dazu, im Haus schlaff und unansehnlich zu werden.

Weitere Nutzung

Mit Spielzeugmäusen, in die man getrocknete Blätter gefüllt hat, können sich Katzen stundenlang beschäftigen.
Angeblich vertreibt der Geruch der Katzenminze sogar Ratten.
Die Blüten von *N.* x *faassenii* und *N. racemosa* eignen sich für Dekorationszwecke.

Ocimum basilicum

BASILIKUM

Auch Königskraut, Josefskräutlein, Basilienkraut, Suppenbasil, Königsbalsam und Krampfkräutel genannt.
Familie: Lippenblütler *(Labiatae)*

Das Basilikum hat seine Heimat in Indien, dem Nahen Osten und auf einigen pazifischen Inseln. Seit Tausenden von Jahren wird das Kraut auch in den Mittelmeerländern kultiviert. Nach Westeuropa kam das Basilikum mit den Gewürzhändlern, nach Amerika und Australien mit den Siedlern aus Europa.
Diese Pflanze blickt auf eine lange Geschichte zurück. Angeblich ist der Name Basilikum eine Abkürzung von *Basilikon phuton*, dem griechischen Begriff für „Königskraut". Das Basilikum soll am Grabe Christi nach dessen Auferstehung gewachsen sein. Einige griechisch-orthodoxe Gemeinden bereiten ihr Weihwasser mit Basilikum zu und stellen Töpfe mit dem Kraut unter ihre Altäre. Griechen und Römer glaubten, dass die Leute wüst schimpfen und fluchen müssten, wenn sie Basilikum säten – das fördere den Keimprozess. Man war sich damals nicht sicher, ob die Pflanze giftig sei oder nicht. In Westeuropa dachte man, dass Basilikum einerseits des Teufels sei, andererseits aber auch ein Mittel gegen Hexen. Im 17. Jahrhundert schrieb Culpeper über das Kraut: „Es hat entweder Feinde oder Liebhaber, aber es gibt kein Dazwischen."

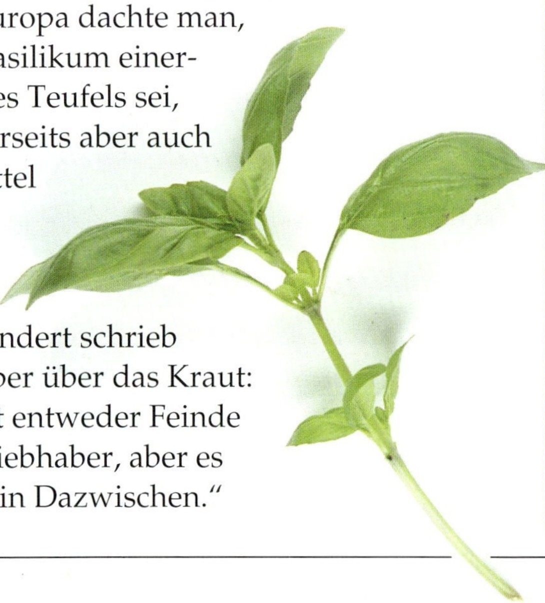

ARTEN

Ocimum basilicum
Basilikum
Einjährig; 45 cm groß. Intensiver Geruch. Grüne, mittelgroße Blätter. Weiße Blüten. Kommt aus Genua. Verwenden Sie dieses Kraut für Nudelsoßen und Salate. Besonders delikat schmeckt es zu Tomaten. Passt auch sehr gut zu Knoblauch. Wollen Sie es zum Kochen verwenden, die Pflanze am Blühen hindern.

***Ocimum basilicum* 'Cinnamon'**
Einjährig; 45 cm groß. Olivfarbene/braune/grüne Blätter, leicht dunkelrot gefärbt. Zerrieben entwickelt sich ein starker Zimtgeschmack. Blasse, rosafarbene Blüten. Diese Art kommt aus Mexiko. Wird für würzige Gerichte und Salatsoßen verwendet.

Die unverkennbaren Blätter von *O. basilicum* 'Green Ruffles'

Ocimum basilicum* var. *citriodorum
Zitronenbasilikum
Einjährig; 30 cm groß. Leichte, helle, gelblich grüne Blätter. Blätter spitzer zulaufend als bei anderen Sorten. Blasse, weißliche Blüten. Das Zitronenbasilikum kommt aus Indonesien, ist in kühleren Klimazonen empfindlich und fault dort unter Umständen. Schwer zu halten; sowohl Blätter als auch Blüten riechen und schmecken nach Zitrone und verfeinern viele Gerichte.

Basilikum *(Ocimum basilicum* 'Cinnamon')

***Ocimum basilicum* 'Green Ruffles'**
Einjährig; 30 cm groß. Krause, hellgrüne Blätter, größer als die von *O. basilicum*. Würziger, anisähnlicher Geschmack; passt gut zu Salaten und pfannengerührtem Gemüse. Meiner Meinung nach jedoch keine dekorative Pflanze. Als ich das Kraut zum ersten Mal anpflanzte, dachte ich, die gekräuselten Blätter seien von Blattläusen befallen. In Töpfen ziehen und vor Frost schützen.

Ocimum basilicum* var. *minimum
Kleines Basilikum
Einjährig; 30 cm groß. Kleine, grüne Blätter, nur halb so groß wie die von *O. basilicum*. Duftende, weißliche Blüten. Verbreitete sich von Chile aus über ganz Südamerika. In einigen Ländern bringt man die heidnische Göttin Erzulie mit dem Kraut in Verbindung. Man trägt das Kleine Basilikum bei sich zum Schutz vor Raub; junge Frauen wollen sich damit außerdem der Treue ihrer Geliebten versichern. Gedeiht sehr gut in Töpfen oder Blumenkästen. Im Ganzen unter grüne Salate mischen; passt gut zu Ricotta.

***Ocimum basilicum* var. *minimum* 'Greek'**
Einjährig; 20 cm groß. Das Basilikum mit den kleinsten Blättern; diese sehen wie zierliche Kopien des Kleinen Basilikums aus; gut im Geschmack. Stammt aus Griechenland. Eine der pflegeleichtesten Basilikum-Sorten; gedeiht gut in Töpfen. Die Blätter nicht zerkleinern und ganz in Salaten oder Tomatensoßen verwenden.

Ocimum basilicum neapolitanum
Einjährig; 45 cm groß. Sehr große, gekrauste Blätter, die gut zu Nudelsoßen passen. Stammt aus der Region um Neapel. Braucht viel Wärme und gedeiht nur in heißen Sommern.

***Ocimum basilicum* 'Purple Ruffles'**
Einjährig; 30 cm groß. *O. basilicum* var. *purpurascens* sehr ähnlich, allerdings weniger intensiv im Geschmack. Blätter mit ausgefranstem Rand. Rosafarbene Blüten. Kann an einem sonnigen Standort im Freien gezogen werden; ein Nachteil ist, dass das Kraut schnell zu faulen beginnt.

Ocimum basilicum* var. *purpurascens
Einjährig; 30 cm groß. Rote Blätter. Rosafarbene Blüten. Dekorative Pflanze von leicht parfümiertem Duft und Geschmack; passt besonders gut zu Reisgerichten. Eine dunkelrote Sorte wurde 1962 an der Universität von Connecticut entwickelt. Das leitete eine Veränderung im Bewusstsein von Wissenschaftlern in Bezug auf Kräuter ein, da diesen Pflanzen vorher allein von Züchtern große Aufmerksamkeit geschenkt wurde.

Basilikum gibt es in vielen verschiedenen Farben und Formen.

Heiliges Basilikum (*Ocimum tenuiflorum sanctum*)

***Ocimum* 'Horapha'**
Einjährig; 42 cm groß. Olivfarbene/rötliche Blätter. Rote Stängel. Anisähnlicher Geruch und Geschmack. Ein Küchenkraut aus Thailand. Die Blätter für Curries und pikante Gerichte verwenden.

Ocimum tenuiflorum (sanctum)
Heiliges Basilikum
Einjährig; 30 cm groß. Eine kleine Basilikumsorte. Olivgrüne/dunkelrote Blätter mit gezacktem Rand. Dunkelrote Stängel. Malven-/rosafarbene Blüten. Die ganze Pflanze hat einen intensiven Geschmack. Stammt aus Thailand, wo es um buddhistische Tempel herum wächst. Passt toll zu Thai-Gerichten, wie pfannengerührtem Huhn, Schwein oder Rind. Die indische Sorte, *sanctum*, wird von den Hindus als heilig verehrt und ist den Göttern Krishna und Vishnu geweiht. Auf dieses Kraut legte man vor Gericht seinen Eid ab. In Indien benutzte man in Malariagebieten das Kraut als Desinfektionsmittel.

Kultivierung

Vermehrung
Aussaat: Den Samen zeitig im Frühling in Töpfen ansäen. Etwas zusätzliche Wärme kann nicht schaden. Für die Aussaat keine Saatschalen verwenden, da Basilikum eine lange Pfahlwurzel ausbildet und nicht gern verpflanzt wird. Bei trockenem Wetter um die Mittagszeit (!) reichlich gießen, da es das Basilikum nicht schätzt, abends, wenn die Temperaturen fallen, im Nassen zu stehen. Dies vermindert auch die Gefahr, dass das Kraut zu faulen beginnt. Sind die Sämlinge groß genug und ist die Frostperiode vorüber, die Pflänzchen ins Freiland setzen. Der Boden sollte nährstoffreich und durchlässig sein, der Standort warm, geschützt und mittags sonnig. Üppig wächst Basilikum lediglich in Gewächshäusern oder in großen Töpfen auf einer sonnigen Terrasse. Am besten pflanzen Sie Basilikum zwischen Tomaten. Und zwar aus folgenden Gründen:
1. Basilikum eignet sich gut für Mischkultur und vertreibt Insekten;
2. Sie sollten nicht vergessen, frisches Basilikum zusammen mit Tomaten zu essen;
3. Sie vergessen nicht, das Kraut zu gießen;
4. Die Pflanzen stehen an einem sonnigen Platz.
Immer wenn Sie Tomaten ernten, pflücken Sie Basilikum. Das fördert das Wachstum des Krauts und verhindert ein Ausblühen, was dazu führen würde, dass die Stängel verholzen und die Blätter bitter werden.

Anfälligkeiten
Ein Problem könnten Blattläuse und die Weiße Fliege sein. In diesem Fall Pflanzen mit einer Spritzbrühe abwaschen.
Sämlinge faulen schnell. Wird das Basilikum in Töpfen zu feucht gehalten, kann eine Pilzerkrankung die Folge sein. Das kann man dadurch verhindern, dass man den Samen breitwürfig ausstreut und Staunässe verhindert.

Pflegemaßnahmen
Frühling: Aussaat; für Wärme sorgen und darauf achten, dass die Pflanzen nicht faulen; am Frühjahrsende ins Freiland setzen; alternativ nach Ende der Frostperiode Samen direkt im Freien aussäen.
Sommer: Blätter ernten, auch bei Jungpflanzen, damit das Basilikum neu austreibt und um eine unerwünschte Blüte zu verhindern.
Herbst: Samen von blühenden Pflanzen sammeln; vor dem ersten Frost die Töpfe ins Haus bringen und aufs Fensterbrett stellen; alte Pflanzen ausgraben.

Gartenkultivierung
Basilikum im Garten anzupflanzen ist nur dort ein Problem, wo die Pflanzen nicht genügend Wärme bekommen und der Boden zu mager ist. Pflanzen erst nach der Frostperiode ins Freiland setzen. Der Untergrund sollte durchlässig und nährstoffreich, der Standort warm, sonnig und besonders vor kalten Winden geschützt sein.

Ernte
Die Blätter ernten, solange sie jung sind; diese immer an den Spitzen abknipsen, um neues Wachstum zu fördern. Wollen Sie die Basilikumblätter einfrieren, bestreichen Sie jedes Blatt auf beiden Seiten mit etwas Olivenöl. So kleben die Blätter nicht aneinander und behalten ihr Aroma. Möchten Sie die Blätter trocknen, sollten Sie dies so schnell wie möglich tun. Ratsam ist es, die Blätter in Olivenöl oder Essig einzulegen.
Im Sommer und Frühherbst die Blütenköpfe ernten, sobald sie sich öffnen. Frisch zu Salaten, getrocknet in Potpourris geben.

Pflanzen in Kübeln

Basilikum gedeiht gut in der Küche auf dem Fensterbrett und in Töpfen auf der Terrasse. *O. basilicum* var. *purpurascens* sieht sehr hübsch in Hängeampeln aus.
Die Pflanzen mittags reichlich gießen. Staunässe vermeiden. Können Sie Ihre Pflanzen nicht um die Mittagszeit gießen, dann tun Sie es früher am Tag.

Weitere Nutzung

Basilikum, das in einem Topf in der Küche steht, vertreibt Fliegen. Ein Blatt zerkleinern und damit die Haut einreiben, um Stechmücken abzuhalten.

Heilkraft

Als Gewürz wirkt Basilikum verdauungsfördernd. Sie können einige wenige Tropfen des ätherischen Öls auf ein Tuch träufeln und inhalieren, um Erschöpfungszustände zu lindern. Das Öl lässt sich auch als Badezusatz verwenden. Es wirkt belebend und verfügt darüber hinaus über antiseptische Eigenschaften.

Kulinarisches

Wer zum ersten Mal mit Basilikum kocht, sollte es mit Bedacht verwenden, da es leicht andere Kräuter überdeckt. Basilikum intensiviert seinen Geschmack während des Kochens. Am besten ist es, wenn Sie Basilikum gegen Ende der Zubereitungszeit dazugeben.

Tipps und Ideen:
- Die Blätter nicht hacken, in Stücke zupfen. Über grüne Salate streuen oder mit Tomaten servieren.
- Basilikum passt zu Knoblauch. Geben Sie das Kraut in ein French Dressing.
- Wenn Sie Reis oder Nudeln kochen, erhitzen Sie etwas Olivenöl in einem Topf. Vom Herd nehmen und das Öl mit zerzupftem, rotblättrigem Basilikum mischen. Rühren Sie Nudeln oder Reis unter.
- Zu kaltem Reis- oder Nudelsalat reichen.
- Frischkäse mit Basilikum verrühren und zu gebackenen Pellkartoffeln servieren.
- Basilikum passt nicht gut zu streng schmeckendem Fleisch, wie zum Beispiel Wild. Dagegen harmoniert Basilikum mit leichtem Anisgeschmack hervorragend mit pfannengerührtem Schweinefleisch.
- Über rohe oder gegrillte Tomaten streuen.
- Basilikum passt sehr gut zu französischem Weißbrot und kann anstelle von Kräuterbutter in warmem Kräuterbaguette verwendet werden. Am geeignetsten sind hier die Blätter von *O. basilicum* var. *minimum* 'Greek'.
- Auf Pizzen streuen.
- Mit Basilikum kann man eine Füllung für Huhn zubereiten: Basilikum, Knoblauch, Paniermehl, Zitronenschale, verquirltes Ei und gehackte Nüsse vermengen.

Pesto
Eines der bekanntesten Basilikum-Rezepte; hier eine einfache Version für 4 Portionen.

1 EL Pinienkerne
4 EL gehacktes Basilikum
2 Knoblauchzehen
75 g Parmesan
6 EL Sonnenblumenöl oder Olivenöl
Salz

Pinienkerne, Basilikum und gehackte Knoblauchzehen im Mixer pürieren. Langsam das Öl hinzufügen und untermengen. Es soll eine dicke Paste entstehen. Nach Geschmack salzen. Die Soße unter die gekochten Nudeln mischen. Das Ganze mit Parmesan bestreuen.
In einem luftdichten Behälter bleibt Pesto im Kühlschrank mindestens eine Woche lang frisch. Man kann die Soße auch einfrieren. Dabei sollten Sie aber den Behälter zusätzlich mit zwei Schichten Plastikfolie umwickeln, damit das Aroma nicht entweicht.

Nudeln mit Basilikum

Oenothera

NACHTKERZE

Auch stolzer Heinrich und gelber Nachtschatten genannt.
Familie: Nachtkerzengewächse *(Onagraceae)*

Ursprünglich in Nordamerika zu Hause, kam das Kraut 1614 aus Virginia nach Europa. Botaniker brachten die Nachtkerze als „Kuriosität“ mit in die Alte Welt. In Nordamerika hält man die Pflanze für ein Unkraut, anderswo für eine hübsche Gartenpflanze.
Der Gattungsbegriff *Oenothera* leitet sich vom griechischen Wort „oinos“, „Wein“, und „thera“, „Jagd“, ab. Die Nachtkerze half angeblich den Kater zu lindern.
Die Indianer Amerikas schätzten das Kraut wegen seiner Heilkräfte. Mitglieder des Flambeau-Ojibwe-Stammes beispielsweise weichten die ganze Pflanze in warmem Wasser ein. Dann legten sie einen Nachtkerzenwickel auf blaue Flecken oder heilten damit Hautirritationen. Die Nachtkerze wurde auch bei der Behandlung von Asthma eingesetzt. Was die Nachtkerze in medizinischer Hinsicht noch leisten kann, ist bis heute nicht gänzlich erforscht. Weltweit schenkt man dem Nachtkerzenöl beträchtliche Aufmerksamkeit, was die Behandlung von Nervenleiden, insbesondere von Multipler Sklerose, angeht. Vielleicht dauert es gar nicht mehr lange und die Pharmaindustrie entdeckt die Nachtkerze und wird ganze Felder mit diesem Kraut bestellen.
Nachtkerze heißt die Pflanze im Volksmund, weil sich ihre gelben Blüten erst gegen Abend öffnen und ganz besonders in der Nacht duften. Bestäubt wird die Nachtkerze in dieser Zeit dann vor allem von Nachtschmetterlingen. Am Abend des nächsten Tages schließen sich die Blüten wieder.

Nachtkerze ***(Oenothera biennis)***

ARTEN

Oenothera biennis
Winterharte, zweijährige Pflanze; 90–120 cm groß. Im Sommer große, gelbe, am Abend duftende Blüten. Grüne, ovale oder lanzettliche Blätter. Dies ist das eigentliche Heilkraut.

Oenothera macrocarpa (missouriensis)
Winterharte, mehrjährige Pflanze; 10 cm groß. Den Sommer über große, gelbe, schön geformte Blüten, manchmal mit roten Flecken. Die Blüten öffnen sich bei Sonnenuntergang. Kleine bis mittelgroße, schmale Blätter.

Oenothera perennis (pumila)
Winterharte, mehrjährige Pflanze; 15–60 cm groß. Den ganzen Sommer über duftende, gelbe, trichterförmige Blüten. Die Blätter sind grün, schmal und löffelförmig.

Nachtkerze ***(Oenothera macrocarpa)***

Kultivierung

Vermehrung
Aussaat: Zeitig im Frühling in Töpfe oder Saatschalen direkt auf die Erde säen oder gleich in den Garten. Den sehr kleinen Samen nicht zu dick auf die Erde streuen. Ist es draußen wärmer geworden, die Sämlinge im Abstand von 30 cm verziehen. Das Verpflanzen der Nachtkerze löst oftmals sogar ein Ausblühen bereits im ersten Jahr aus. Das Kraut sät sich reichlich selbst aus.

Anfälligkeiten
Diese Pflanze ist äußerst widerstandsfähig.

Pflegemaßnahmen
Frühling: Aussaat.
Sommer: Verwelkte Blütenköpfe abschneiden, um Selbstaussaat zu verhindern.
Herbst: Die Wurzeln der Zweijährigen ausgraben.
Winter: Kein Schutz nötig.

Gartenkultivierung
Pflanzen Sie die Nachtkerze auf durchlässigen Boden an eine sonnige, geschützte Stelle. Im Spätfrühling aussäen, damit die Nachtkerze im folgenden Jahr blüht. Sind die Sämlinge groß genug, im Abstand von 30 cm verziehen. Die Nachtkerze ist eine anspruchslose Pflanze und gedeiht auf nahezu jedem Untergrund.

Ernte
Frische Blätter nach Bedarf pflücken, am besten jedoch vor der Blüte. Die Blüten als Knospen pflücken oder wenn sie gerade aufgehen. Frisch verwenden. Abgepflückte Blüten schließen sich stets und sehen deshalb in Blumensträußen nicht schön aus.
Den Samen sammeln, wenn sich die Köpfchen am Ende öffnen. In einem Behälter aufbewahren und im Frühling aussäen.
Die Wurzeln ausgraben und frisch als Gemüse zubereiten. Andernfalls trocknen.

Pflanzen in Kübeln

Die kleineren Sorten sehen in Blumenkästen sehr hübsch aus. Große Nachtkerzenarten müssen gestützt werden. Nachtkerzen nicht im Haus halten.

Kulinarisches

Man kann Wurzeln, Stängel, Blätter und Blütenköpfchen essen. Die Wurzeln kochen; sie schmecken wie süße Pastinaken. Wurzeln einlegen und zerkleinert unter Salate heben.

Heilkraft

Die Nachtkerze beeinflusst günstig das prämenstruelle Syndrom bei Frauen. 1981 behandelte man im St. Thomas's Hospital in London 65 Frauen, die unter PMS litten. 61 % aller Frauen waren nach der Behandlung beschwerdefrei und 23 % spürten eine deutliche Verbesserung. Ein Symptom, und zwar ein Anschwellen der Brust und damit einhergehende Schmerzen, wurde auffallend besser – 72 % der Frauen berichteten von

Nachtkerze *(Oenothera biennis)*

einem besseren Körpergefühl.
1982 wurde in einer Ausgabe der medizinischen Zeitschrift *The Lancet* über das Ergebnis einer Studie berichtet, derzufolge 99 an ätopischem Ekzem leidende Patienten hohe Dosen Nachtkerzenöl erhielten. 43 % der Patienten stellten eine Verbesserung fest.
Auch hyperaktive Kinder wurden mit Erfolg mit Nachtkerzenöl behandelt.
Das Nachtkerzenöl wirkt sich außerdem positiv bei Alkoholvergiftungen aus und bei einem Kater nach dem Genuss von zu viel Alkohol.
Das Nachtkerzenöl hilft bei Depressionen, brüchigen Nägeln und – in Kombination mit Zink – bei Akne.
Die Behauptung, dass das Nachtkerzenöl bei der Behandlung von Multipler Sklerose von Nutzen sei, hat eine kontroverse Diskussion ausgelöst. Empfohlen wird das Öl allerdings für MS-Kranke von Professor Field, der die Studien für das Medical Research Council in Großbritannien geleitet hatte.
Das Nachtkerzenöl enthält eine Substanz, Gammalinolensäure (GLA), die bewirkt, dass übergewichtige Personen abnehmen. In einem New Yorker Krankenhaus fand man heraus, dass Personen, die 10 % über ihrem Idealgewicht lagen, abnahmen, sobald sie Nachtkerzenöl einnahmen.
Eine weitere Untersuchung, durchgeführt im Jahr 1987 am Glasgow Royal Infirmary, ergab, dass sich Nachtkerzenöl günstig auf 60 % der Patienten auswirkte, die an rheumatischer Arthritis litten.
Diejenigen, die ergänzend zum Nachtkerzenöl noch Fischöl zu sich nahmen, hatten die besten Erfolge.
Die wissenschaftliche Erklärung für diese aufsehenerregenden Ergebnisse ist, dass GLA die Vorstufe einer hormonähnlichen Substanz mit der Bezeichnung PGEI ist, die den menschlichen Körper positiv beeinflusst.
GLA fand man nicht nur in Nachtkerzenöl, sondern auch in dem Öl aus dem Samen Schwarzer Johannisbeeren und Borretsch.

Weitere Nutzung

Ein Aufguss aus Blättern und Stängeln ergibt ein adstringierendes Gesichtsdampfbad.

Origanum

Oregano und Majoran

Auch Wilder Majoran, Dost, Frauendosten, Wohlgemut, Schusterkraut, Mutterkraut, Müllerkraut und Staudenmajoran genannt. Familie: Lippenblütler *(Labiatae)*

Majoran *(Origanum onites)*

Die meisten *Origanum*-Arten kommen aus den Mittelmeergebieten. Sie sind mittlerweile jedoch in zahlreichen Ländern zu Hause. In vielen verschiedenen Gebieten überall auf der Welt haben sich dort heimische Arten herausgebildet, wenngleich auch unter vielen verschiedenen Bezeichnungen. So wird beispielsweise *Origanum vulgare*, das in Großbritannien wild wächst, wilder Majoran genannt (die Blätter riechen aromatisch, aber nicht streng, und die Blüten sind blass rosafarben). In den Mittelmeerländern dagegen bezeichnet man *Origanum vulgare* als Oregano (die Blätter sind grün, leicht behaart und sehr aromatisch, die Blüten sind blass rosafarben.

Der Name Oregano leitet sich aus dem griechischen „oros", „Gebirge", und „ganos", was so viel wie „Freude und Schönheit" bedeutet, ab.

In der griechischen Mythologie hatte der König von Zypern einen Diener namens Amarakos, der einen Behälter mit Parfum fallen ließ. Zur Bestrafung verwandelten ihn die Götter in Oregano. Seither glaubt man, dass es, wenn auf Grabsteinen Oregano wächst, den Toten gut gehe. Venus soll als Erste das Kraut in ihrem Garten angepflanzt haben.

Die Griechen und Römer verwendeten die Pflanze als Massageöl und nach dem Bad sowie als Desinfektions- und Konservierungsmittel. Diese beiden Kulturen trugen vornehmlich dazu bei, dass sich das Kraut in Europa verbreitete, wo es unter dem Namen Majoran bekannt wurde.

Bis in die 40-er Jahre des 20. Jahrhunderts nannte man den gewöhnlichen Majoran in Amerika wilden Majoran, heute bezeichnet man ihn als Oregano. In Teilen Mexikos und den Südstaaten der USA ist Oregano der volkstümliche Name für eine ganz andere Pflanze mit einem ähnlichen Geschmack. *Origanum majorana*, der Majoran, der ursprünglich aus dem östlichen Mittelmeergebiet stammt, kam im 16. Jahrhundert nach Europa, wo er in Sträußchen gebunden Pest und andere Seuchen abhalten sollte.

Origanum vulgare

ARTEN

Origanum amanum
Winterharte, mehrjährige Pflanze; 15–20 cm groß. Trichterförmige, blass rosafarbene oder weiße Blüten über kleinen, herzförmigen, aromatischen, blassgrünen Blättern. Eine gute Gebirgspflanze. Verträgt keine Feuchtigkeit.

Origanum x applei (heraceleoticum)
Nicht frostharte, mehrjährige Pflanze; 20 cm groß. Kleine, rosafarbene Blüten. Sehr kleine, aromatische Blätter, die man unter günstigen Umständen das ganze Jahr über ernten kann. Eine gute Kübelpflanze.

Origanum dictamnus
Winterharte, mehrjährige Pflanze; 12–15 cm groß. Kriechendes Kraut. Rosarote Blüten, die in hopfenähnlichen Büscheln im Sommer erscheinen. Weiße, wollige Blätter auf gebogenen Stängeln. Eine hübsche, kleine Pflanze, den anderen *Origanum*-Sorten nicht sehr ähnlich. Auf Kreta hält man einen aus den Blättern zubereiteten Tee für ein Allheilmittel.

Origanum vulgare **'Aureum'**

***Origanum* 'Kent Beauty'**
Winterharte, mehrjährige Pflanze; 15–20 cm groß. Röhrenförmige, blasse rosafarbene Blüten erscheinen im Sommer an kurzen Ähren. Runde, ovale und aromatische Blätter. Eine kriechende Pflanze, die gut für Mauern geeignet ist. Weniger für die Küche geeignet.

Origanum laevigatum
Winterharte, mehrjährige Pflanze; 23–30 cm groß. Im Sommer eine Fülle kleiner, röhrenförmiger, rosa-/malvenfarbener Blüten. Aromatische, dunkelgrüne Blätter, die im Winter einen regelrechten Rasen bilden. Weniger für die Küche geeignet.

***Origanum laevigatum* 'Herrenhausen'**
Winterharte, mehrjährige Pflanze; 30 cm groß. Rosa-/malvenfarbige Blüten, die sich im Sommer aus dunkelvioletten Knospen entwickeln. Dunkelgrüne, aromatische, leicht behaarte Blätter, auf der Unterseite leicht rosa. Ein dekoratives Kraut.

Origanum vulgare spp.

Origanum majorana (Majorana hortensis)
Nicht frostharte, mehrjährige Pflanze. In kühlen Gegenden einjährig; 30 cm groß. Kleine, weiße Blüten. Runde, blassgrüne, sehr aromatische Blätter. Im Geschmack die beste Sorte. Zum Würzen von Speisen verwenden. Die Blätter lassen sich gut trocknen und behalten dabei Geruch und Geschmack.

Origanum onites
Winterharte, mehrjährige Pflanze; 45 cm groß. Rosafarbene/dunkelrote Blüten im Sommer. Grüne, aromatische Blätter, die im Winter einen regelrechten Rasen bilden. Angenehmer Geschmack. Diese Sorte lässt sich problemlos über Stecklinge vermehren.

Origanum rotundifolium
Winterharte, mehrjährige Pflanze; 23–30 cm groß. Kriechendes Kraut. Im Sommer erscheinen blasse, rosafarbene, trichterförmige Blüten. Die Blätter sind klein, rund, mittelgrün und aromatisch. Weniger für die Küche geeignet.

Origanum vulgare
Oregano
Winterharte, mehrjährige Pflanze; 45 cm groß. Im Sommer kleine, röhrenförmige, malvenfarbige Blüten, die in Büscheln erscheinen. Dunkelgrüne, aromatische, leicht behaarte Blätter, die im Winter einen regelrechten Rasen bilden. In seiner Heimat rund ums Mittelmeer entwickelt das Kraut einen scharfen Geschmack, der nur wenig mit dem gemein hat, den das Kraut in kühleren Regionen aufweist. Wächst die Pflanze im Garten, ist sie *Origanum onites* ähnlich.

Origanum vulgare spp.
Winterharte, mehrjährige Pflanze; 45 cm groß. Kleine, röhrenförmige, weiße Blüten im Sommer. Graue/grüne, behaarte Blätter, die sehr aromatisch sind und sich ausgezeichnet zum Kochen eignen.

***Origanum vulgare* 'Aureum'**
Winterharte, mehrjährige Pflanze; 45 cm groß. Kleine, röhrenförmige, malven-/rosafarbene Blüten, die im Sommer in Büscheln erscheinen. Goldfarbene, aromatische, leicht behaarte Blätter, die im Winter einen regelrechten Rasen bilden. Die Blätter entwickeln einen aromatischen Geschmack beim Kochen. Passt gut zu Gemüse.

Origanum vulgare **'Compactum'**

***Origanum vulgare* 'Aureum Crispum'**
Winterharte, mehrjährige Pflanze; 45 cm groß. Kleine, röhrenförmige, malven-/rosafarbene/weiße Blüten, die im Sommer in Büscheln erscheinen. Kleine, goldfarbene, gekrauste, aromatische, leicht behaarte Blätter, die im Winter einen regelrechten Rasen bilden. Die Blätter schmecken mild und passen gut zu Gemüsegerichten.

***Origanum vulgare* 'Compactum'**
Winterharte, mehrjährige Pflanze; 15 cm groß. Hübsche, große, rosafarbene Blüten. Kleine, grüne, aromatische Blätter, die im Winter einen regelrechten Rasen bilden. Sie passen zu sehr vielen Gerichten.

***Origanum vulgare* 'Gold Tip'**
Winterharte, mehrjährige Pflanze; 30 cm groß. Kleine, rosafarbene Blüten im Sommer. Die aromatischen Blätter sind grüngelb gefleckt. Den Standort für dieses Kraut im Garten sorgfältig aussuchen: im Schatten entwickeln sich keine panaschierten Blätter. Mild im Geschmack.

***Origanum vulgare* 'Nanum'**
Winterharte, mehrjährige Pflanze; 10 cm groß. Im Sommer weiße/rosafarbene Blüten. Kleine, grüne, aromatische Blätter.
Ein hübscher, kompakter, kleiner Busch, der gut in Kübeln aussieht oder ganz vorne in einem Kräutergarten. Dieses Kraut ist ebenfalls gut zum Kochen geeignet.

Kultivierung

Vermehrung
Aussaat: Aus Samen kann man ziehen: *Origanum vulgare*, *Origanum majorana*, *Origanum vulgare spp*. Den winzigen Samen im Frühling in vorbereitete Saatschalen säen. Diese nicht abdecken. Die Temperatur sollte 15 °C betragen. Ob der Samen keimt, lässt sich nicht vorhersagen. Halten Sie die Erde eher trocken, solange die Sämlinge noch klein sind. Sind die Pflanzen dann groß genug, entweder in Töpfe – dazu mit Rinde, Torf und Splitt versetztes Substrat verwenden – oder, wenn sich der Boden bereits erwärmt hat, an eine vorbereitete Stelle im Garten pflanzen.
Stecklinge: Mit Ausnahme der bereits oben erwähnten Sorten kann *Origanum* nur durch Stecklinge oder Teilung vermehrt werden.
Im Frühling unverholzte Ableger von jungen Trieben nehmen. Mit Rinde, Torf und Splitt versetztes Substrat verwenden.
Teilung: Zahlreiche Sorten bilden im Winter einen regelrechten Rasen. Im Frühling oder nach der Blüte einen Klumpen ausgraben und in mehrere Teile teilen. Jede Teilpflanze verfügt über ein eigenes Wurzelsystem. Danach wieder einpflanzen.

Anfälligkeiten
Von Frostschäden abgesehen werden Majoran und Oregano nur selten von Schädlingen befallen.

Pflegemaßnahmen
Frühling: Aussaat; Pflanzen teilen; unverholzte Ableger nehmen.
Sommer: Nach der Blüte zurückschneiden, damit die Pflanzen nicht auseinander fallen; im Spätsommer Pflanzen teilen.
Herbst: Bevor die oberirdischen Teile absterben, die Pflanzen auf eine Größe von 6 cm zurückschneiden.
Winter: Kräuter in Töpfen und empfindliche Sorten schützen.

Gartenkultivierung
O. majorana und *O.* x *applei* benötigen einen sonnigen Standort und einen durchlässigen, trockenen, vorzugsweise kalkigen Boden. Andernfalls die Kräuter in Kübeln ziehen. Die restlichen Origanumsorten sind winterhart und gedeihen auf den meisten Böden, solange sie im Winter nicht im Nassen stehen müssen. Die goldfarbenen Arten mehr im Schatten pflanzen. Die einzelnen Kräuter im Abstand von 25 cm einsetzen. Sie sollten nur dann dichter stehen, wenn Sie eine Rabatte anlegen wollen.

Ernte
Blätter: Die Blätter nach Bedarf pflücken. Sie können getrocknet, eingefroren oder in Essig und Öl eingelegt werden.
Blüten: Die Blüten sammeln, wenn sie sich gerade öffnen und in Trockenblumensträuße binden.

Pflanzen in Kübeln

Alle Origanumsorten sehen dekorativ in Kübeln aus. Verwenden Sie mit Rinde, Torf und Splitt versetztes Substrat. Gießen Sie nicht zu sehr. Goldfarbene und panaschierte Sorten benötigen mittags etwas Schatten. Nach der Blüte zurückschneiden und düngen.

Kulinarisches

Majoran und Oregano fördern die Verdauung und haben antiseptische und konservierende Eigenschaften.
Beide Kräuter sind wichtige Bestandteile in Kräutermischungen und passen gut zu Pizza, Fleisch und Tomatengerichten, Gemüse und milchhaltigen Desserts.

Meeräsche mit Tomaten und Oregano
(4-6 Portionen)

4-6 Meeräschen, ausgenommen und geputzt
3 EL Olivenöl
1 mittlere Zwiebel, geschnitten
1 Knoblauchzehe, gehackt
500 g geschälte und gehackte Tomaten
1 grüne oder rote Paprika, entkernt und gewürfelt
1 TL Zucker
1 TL gehackter, frischer Oregano oder 1/2 TL getrockneter Oregano
Salz, Pfeffer
Öl zum Backen

Die Fische unter fließend kaltem Wasser abwaschen und trockentupfen. Das Olivenöl in einer Pfanne erhitzen, Zwiebeln und Knoblauch darin andünsten. Tomaten, Paprika, Zucker und Oregano sowie etwas Salz und Pfeffer hinzufügen. 20 Minuten köcheln lassen.
Den Fisch mit Öl bestreichen, in eine gefettete, hitzebeständige Form legen und bei 190 °C etwa 7 bis 8 Minuten backen. Mit der Sauce servieren.

Heilkraft

Ausgezeichnete antiseptische Eigenschaften.
Majorantee hilft bei Erkältungen; er wirkt besänftigend bei einem unruhigen Magen. Zur Vorbeugung bei Seekrankheit zu empfehlen.
Das Kraut lindert Zahnschmerzen: Ein Blatt kauen oder das Zahnfleisch mit einem Tropfen des ätherischen Öls einreiben. Einige Tropfen des Öls auf dem Kissen verhelfen Ihnen zu einem erholsamen Schlaf.

Weitere Nutzung

Einen Aufguss zubereiten und dem Badewasser zugeben. Wirkt entspannend.

Meeräsche mit Tomaten und Oregano

Papaver

MOHN

Familie: Mohngewächse (*Papaveraceae*)

Mohn ist in gemäßigten Zonen auf der ganzen Welt weit verbreitet. Das Kraut wird bereits seit Jahrtausenden kultiviert. Schon die alten Römer huldigten dem Mohn und weihten ihn der Göttin Ceres, der Gottheit des pflanzlichen Wachstums, die die Menschen lehrte zu säen und zu ernten. Die Ägypter verwendeten Mohnsamen wegen seines Aromas zum Backen. Nach dem Ersten Weltkrieg wuchs auf den Feldern Flanderns Klatschmohn und wurde so zum Symbol des Volkstrauertags.

ARTEN

Papaver rhoeas
Klatschmohn
Winterharte, einjährige Pflanze; 20–60 cm groß. Vom Frühling bis in den Frühherbst zeigen sich scharlachrote Blüten, die am Grunde schwarz gefleckt sind. Die mittelgrünen Blätter haben drei Einbuchtungen und sind unregelmäßig gezähnt.

Papaver somniferum
Schlafmohn
Winterharte, einjährige Pflanze; 30–90 cm groß. Große, blasse lilafarbene, weiße, dunkelrote oder panaschierte Blüten erscheinen im Sommer. Die Blätter sind groß, am Rand gezähnt und bläulich. Es gibt eine doppelblütige Sorte: *P. paeoniaeflorum*.

Papaver commutatum
Winterharte, einjährige Pflanze; 30–90 cm groß. Im Sommer zeigen sich rote Blüten mit einem schwarzen Fleck am Grund. Die Blätter sind tief gezähnt. Heimat dieser Art ist Kleinasien.

Meconopsis cambrica
Winterharte, einjährige Pflanze; 30–60 cm groß. Im Sommer erscheinen gelbe Blüten. Die grünen Blätter teilen sich in viele Blättchen auf. Der Unterschied zu *Papaver* besteht darin, dass der Samen durch „Schlitze" verbreitet wird.

WARNUNG

Alle Teile des Schlafmohns, außer der reife Samen, sollten nur von geschultem, medizinischem Personal verwendet werden.

KULTIVIERUNG

Vermehrung
Aussaat: Den sehr kleinen Samen im Herbst in Saatschalen säen. Mit Rinde, Torf und Splitt versetztes Substrat verwenden. Mit Glas bedecken und im Winter im Freien stehen lassen. Im Frühling, wenn die Sämlinge groß genug sind, in Gruppen im Garten einpflanzen.

Anfälligkeiten
Mohn ist äußerst resistent.

Pflegemaßnahmen
Frühling: Pflanzen in den Garten setzen.
Sommer: Blütenköpfchen abschneiden, um ein erneutes Ausblühen zu fördern und um Selbstaussaat zu verhindern.
Herbst: Aussaat; alte Pflanzen ausgraben.
Winter: Kein Schutz nötig.

Gartenkultivierung
Mohn bevorzugt einen sonnigen Standort und nährstoffreichen, durchlässigen Boden. Im Herbst erfolgt die Aussaat; den Samen in den Boden drücken, aber nicht mit Erde bedecken. Später im Abstand von 20–30 cm ausdünnen. Nach der Blüte die Blütenköpfchen abschneiden, um Selbstaussaat zu verhindern.

Ernte
Man kann den reifen Samen von Klatsch- und Schlafmohn sammeln.

PFLANZEN IN KÜBELN

Mit Rinde, Torf und Splitt versetztes Substrat verwenden. In direktes Sonnenlicht, jedoch nicht an einen zugigen Platz stellen. Im Sommer reichlich gießen. Nicht düngen!

HEILKRAFT

Die unreifen Samenkapseln des Schlafmohns enthalten Opium, aus dem medizinische Drogen, wie Morphium, gewonnen werden.

WEITERE NUTZUNG

Das Öl, das man aus dem Samen des Schlafmohns extrahiert, wird als Salatöl und zum Kochen verwendet, aber auch in Lampen verbrannt und in Farben und Seifen verarbeitet.

KULINARISCHES

Reife Samen über Gebäck, Brot und Kuchen streuen. Den Samen zu Currypulver geben, um den Geschmack zu verstärken.

Pelargonium

GERANIE

Familie: Storchschnabelgewächse *(Geraniaceae)*

Geranien sind aromatische Pflanzen, die ursprünglich aus Südafrika kommen, heute aber in zahlreichen Ländern mit gemäßigten Temperaturen weit verbreitet sind. Dort kultiviert man sie als mehrjährige Pflanzen, die allerdings gegen Frost besonders geschützt werden müssen.

Der Gattungsbegriff *Pelargonium* leitet sich wohl von „pelargos", „Storch", ab. Mit etwas Phantasie kann man sich dies auch gut vorstellen, da die Samenhülsen tatsächlich an einen Storchenschnabel erinnern. Nahezu alle duftenden Geranienarten kamen Mitte des 17. Jahrhunderts aus Südafrika nach England. Die aromatischen Blätter erfreuten sich bald großer Beliebtheit, und man stellte die Pflanzen wegen ihres Wohlgeruchs im Zimmer auf. Im frühen 19. Jahrhundert erkannte die französische Parfümindustrie ihren kommerziellen Wert. Geranienöl wird nun zahlreichen Männerparfüms zugesetzt, und auch in der Aromatherapie ist dieses Öl von großer Bedeutung.

ARTEN

Es gibt sehr viele verschiedene duftende Geranien, von denen ich einige typische ausgewählt habe.

***Pelargonium* 'Attar of Roses'**
Nicht frosthart, immergrün, mehrjährig; 30–60 cm groß. Im Sommer kleine, rosafarbene Blüten. Mittelgrüne Blätter mit drei Einbuchtungen. Verströmen angenehmen Rosenduft.

***Pelargonium* 'Atomic Snowflake'**
Nicht frosthart, immergrün, mehrjährig; 30–60 cm groß. Im Sommer kleine, rosafarbene Blüten. Rundliche Blätter, silbergrau-grün gefleckt. Intensiver Zitronenduft.

Pelargonium capitatum
Nicht frosthart, immergrün, mehrjährig; 30–60 cm groß. Im Sommer kleine, malvenfarbene Blüten. Grüne Blätter, mit drei Ausbuchtungen. Verströmen Rosenduft. Hauptsächlich diese Sorte wird von der Parfümindustrie zur Herstellung von Geranienöl verwendet.

Die ganze Vielfalt duftender Geranien

***Pelargonium* 'Chocolate Peppermint'**
Nicht frosthart, immergrün, mehrjährig; 30–60 cm groß. Im Sommer kleine weiße/rosafarbene Blüten. Große, runde, leicht eingebuchtete Blätter, die samtig grün sind und eine braune Zeichnung aufweisen. Eine schnellwüchsige Pflanze, regelmäßig die Spitzen abschneiden, damit die Pflanze ihre Form behält.

***Pelargonium* 'Clorinda'**
Nicht frosthart, immergrün, mehrjährig; 1 m groß. Im Sommer große, rosafarbene, dekorative Blüten. Große, runde, mittelgrüne Blätter, die nach Eukalyptus duften.

Pelargonium crispum
Nicht frosthart, immergrün, mehrjährig; 30–60 cm groß. Im Sommer kleine, rosafarbene Blüten. Kleine, grüne, gekräuselte Blätter mit drei Einbuchtungen. Nach Zitronen duftend.

***Pelargonium crispum* 'Cream Peach'**
Nicht frosthart, immergrün, mehrjährig; 30–60 cm groß. Im Sommer rosafarbene Blüten. Kleine, cremefarben und gelb gezeichnete Blätter mit drei Einbuchtungen. Nach Pfirsich duftend.

***Pelargonium crispum* 'Variegatum'**
Nicht frosthart, immergrün, mehrjährig; 30–60 cm groß. Im Sommer kleine, rosafarbene Blüten. Die Blätter haben drei Einbuchtungen, sind grün mit cremefarbener Zeichnung, gekräuselt und duften nach Zitrone.

***Pelargonium denticulatum* group**
Nicht frosthart, immergrün, mehrjährig; 1 m groß. Im Sommer kleine, rosa- bis malvenfarbene Blüten. Tief eingeschnittene, grüne Blätter, die nach Zitrone duften.

***Pelargonium denticulatum* group 'Filicifolium'**
Nicht frosthart, immergrün, mehrjährig; 1 m groß. Im Sommer kleine, rosafarbene Blüten. Zarte, gekerbte, grüne Blätter mit einer feinen, braunen Linie, leicht klebrig. Wird oft von der Weißen Fliege befallen.

***Pelargonium fragrans* group**
Nicht frosthart, immergrün, mehrjährig; 30 cm groß. Im Sommer kleine, weiße Blüten. Graugrüne, leicht gekerbte Blätter, stark nach Muskatnuss/Kiefer duftend.

***Pelargonium fragrans* group 'Fragrans variegatum'**
Nicht frosthart, immergrün, mehrjährig; 30 cm groß. Im Sommer kleine, weiße Blüten. Graugrüne Blätter mit cremefarbener Zeichnung, rund, leicht gekerbt, stark nach Muskatnuss/Kiefer duftend.

***Pelargonium* 'Atomic Snowflake'**

***Pelargonium* 'Lemon Fancy' in Blüte**

Pelargonium graveolens
Nicht frosthart, immergrün, mehrjährig; 60 cm–1 m groß. Im Sommer kleine, rosafarbene Blüten. Tief eingeschnittene, grüne Blätter, die nach Rose/Pfefferminze duften.

***Pelargonium* 'Lady Plymouth'**
Nicht frosthart, immergrün, mehrjährig; 30–60 cm groß. Im Sommer kleine, rosafarbene Blüten. Ziemlich tief eingeschnittene, graugrüne Blätter mit cremefarbener Zeichnung, nach Rose/Pfefferminze duftend.

***Pelargonium* 'Lemon Fancy'**
Nicht frosthart, immergrün, mehrjährig; 30–60 cm groß. Im Sommer kleine, rosafarbene Blüten. Kleine, abgerundete grüne Blätter mit Einbuchtungen. Duftet intensiv nach Zitrone.

***Pelargonium* 'Lilian Pottinger'**
Nicht frosthart, immergrün, mehrjährig; 30–60 cm groß. Im Sommer kleine, weißliche Blüten. Hellgrüne, runde, leicht gekerbte, an den Rändern gezackte Blätter. Sie fühlen sich weich an. Mild-würziger Apfelduft.

***Pelargonium* 'Mabel Grey'**
Nicht frosthart, immergrün, mehrjährig; 45–60 cm groß. Im Sommer malvenfarbene, tief geäderte Blüten. Rautenförmige, mittelgrüne Blätter, die sich ölig anfühlen und sehr stark nach Zitrone duften.

Pelargonium odoratissimum
Nicht frosthart, immergrün, mehrjährig; 30–60 cm groß. Im Sommer kleine, weiße Blüten. Grüne, runde, leicht gekerbte, hellgrüne Blätter, die sich weich anfühlen und nach Apfel duften. Sieht besonders dekorativ in großen Kübeln aus.

***Pelargonium* 'Prince of Orange'**
Nicht frosthart, immergrün, mehrjährig; 30–60 cm groß. Hübsche weiße/rosafarbene Blüten im Sommer. Grüne, leicht gekräuselte, leicht gekerbte Blätter, mit einem erfrischenden Orangenduft. Anfällig für Brand.

Pelargonium quercifolium
Nicht frosthart, immergrün, mehrjährig; bis zu 1 m groß. Hübsche rosafarbene/dunkelrote Blüten im Sommer. Eichenblattähnliche Blätter, dunkelgrün, mit brauner Zeichnung, leicht klebrig. Würziger Geruch.

***Pelargonium* 'Royal Oak'**
Nicht frosthart, immergrün, mehrjährig; 35 cm groß. Kleine rosafarbene/dunkelrote Blüten im Sommer. Eichenblattähnliche, dunkelgrüne Blätter mit brauner Zeichnung, leicht klebrig. Würziger Geruch. *P. quercifolium* sehr ähnlich, allerdings etwas kompakter im Wuchs.

***Pelargonium* 'Rober's Lemon Rose'**
Nicht frosthart, immergrün, mehrjährig; Bis zu 1 m groß. Im Sommer rosafarbene Blüten. Graugrüne, eigenwillig geformte Blätter, die nach Rosen duften. Wächst schnell, deshalb die Pflanze regelmäßig schneiden.

Pelargonium tomentosum
Nicht frosthart, immergrün, mehrjährig; 30–60 cm groß. Im Sommer kleine, weiße Blüten. Große, runde, leicht gekerbte, samtige, graugrüne Blätter, die stark nach Pfefferminze duften. Diese Art wächst schnell, deshalb sollte sie regelmäßig geschnitten werden. Vor praller Sonne schützen.

Pelargonium quercifolium

***Pelargonium* 'Chocolate Peppermint'**

P. 'Attar of Roses'

Kultivierung

Vermehrung

Aussaat: Geranien aus Samen zu ziehen ist recht problematisch. Wenn Sie es dennoch versuchen möchten, säen Sie im Frühling in mit Torf und Splitt versetztes Substrat. Achten Sie darauf, dass die Temperatur nicht unter 15 °C fällt.
Stecklinge: Alle duftenden Geranien können über unverholzte Ableger vermehrt werden, die Sie sehr zeitig im Sommer nehmen sollten. Die Stecklinge in einer Länge von 10–15 cm abschneiden und mit einem scharfen Messer die unteren Blätter entfernen. Auf keinen Fall die Blätter abreißen, da Sie dadurch den Stängel verletzen und der Steckling anfällig für Krankheiten wird. Dies gilt vor allem für *P. crispum* 'Variegatum'. Die Stecklinge in eine Schale pflanzen, die zu gleichen Teilen Rinde und Torf enthält. Gießen. Die Schale nicht in direktes Sonnenlicht stellen. Das Substrat darf nicht austrocknen – dennoch nur gießen, wenn unbedingt notwendig! Die Stecklinge wurzeln innerhalb von 2 bis 3 Wochen. Dann in einzelne Töpfe verpflanzen. Mit Rinde, Torf und Splitt versetztes Substrat verwenden. In ein Kalthaus bringen oder im Winter anderswo kühl stellen. Nur gelegentlich gießen. Im Frühling die Pflanzen in größere Töpfe setzen und sparsam gießen. Sobald sich Knospen entwickeln, mit Flüssigdünger düngen. Im Frühsommer die Spitzen abschneiden, damit die Pflanzen buschig werden.

Anfälligkeiten

Leider werden Geranien häufiger von Krankheiten befallen.

- Stecklinge können von einer Krankheit namens „Schwarzbeinigkeit" befallen werden: Die Stecklinge werden schwarz und fallen um. Die Ursache ist meist zu viel Nässe.
- Auch der Grauschimmel (Botrytis) tritt meist dann auf, wenn die Pflanzen zu nass gehalten werden und die Luft feucht ist. Beschädigte Blätter entfernen und verbrennen, damit sich die Krankheit nicht ausbreitet. Die Pflanzen trocken halten, für genügend Belüftung und ausreichend Platz sorgen.
- Blattgallen entstehen an der Basis von Stecklingen oder Pflanzen. Die Pflanzen vernichten, bevor andere angesteckt werden.
- Geranien, Minze und Beinwell sind anfällig für Brand. Befallene Pflanzen vernichten, bevor sich die Krankheit ausbreitet.
- Achten Sie auf die Weiße Fliege. Werden Sie frühzeitig darauf aufmerksam, hilft oft eine Spritzbrühe.

Pflegemaßnahmen

Frühling: Pflanzen zurückschneiden; allmählich gießen bzw. düngen; wenn nötig, umtopfen.
Sommer: Regelmäßig düngen; zurückschneiden, damit die Pflanzen ihre Form behalten.
Herbst: Ableger nehmen; Pflanzen stutzen; im Winter vor Frost schützen.
Winter: Den Pflanzen eine Ruhepause gönnen; minimal gießen.

Gartenkultivierung

Geranien unterscheiden sich so sehr im Aussehen, dass man sie grüppchenweise im Garten anpflanzen kann. Sobald kein Frost mehr droht, die Pflanzen an einen warmen Standort mit durchlässigem Boden ins Freiland setzen. Eine gute Methode ist es, eingetopfte, überwinterte Geranien in die Erde zu setzen. So lassen sich die Pflanzen im Herbst vor dem ersten Frost leicht ausgraben und nach drinnen bringen.

Ernte

Die Blätter während der Wachstumsperiode zum sofortigen Gebrauch oder zum Trocknen pflücken. Den Samen sammeln, bevor die Samenhülsen ausgereift sind. Den Samen in einer Papiertüte ausreifen lassen. Reift der Samen an der Pflanze, platzen die Kapseln auf und der Samen geht verloren.

Pflanzen in Kübeln

Geranien sind wunderschöne Topfpflanzen. Sie wachsen schnell, sehen dekorativ aus und duften angenehm. Umtopfen sollten Sie Geranien wie im Kapitel Vermehrung beschrieben.

Kulinarisches

Bevor man künstliche Aromastoffe kannte, legte man in viktorianischer Zeit duftende Geranienblätter auf den Boden der Kuchenformen, um Rührkuchen zu verfeinern. Warum diesen Brauch nicht wieder aufleben lassen? Fetten Sie den Boden einer Kuchenform von 20 cm Durchmesser ein und kleiden Sie ihn mit Pergamentpapier aus. Dann verteilen Sie etwa 20 Geranienblätter von 'Lemon Fancy', 'Mabel Grey' oder 'Graveolens' darauf. Den Teig einfüllen und den Kuchen backen. Auskühlen lassen, die Blätter und das Pergamentpapier entfernen. Duftende Geranienblätter bereichern den Geschmack vieler Gerichte. Sie werden meist vor dem Servieren entfernt. Am häufigsten werden 'Graveolens', 'Odoratissimum', 'Lemon Fancy' und 'Attar of Roses' verwendet.

Sorbet mit Geranienblättern

Sorbet mit Geranienblättern

12 duftende Geranienblätter 'Graveolens'
75 g Zucker
300 ml Wasser
Saft von 1 großen Zitrone
1 Eiweiß
4 Blätter zum Verzieren

Die Blätter waschen und trockenschwenken. Zucker und Wasser in einen Topf geben und erhitzen, bis sich der Zucker aufgelöst hat. Gelegentlich umrühren. Den Topf vom Herd ziehen. Die Blätter in den Topf geben, einen Deckel aufsetzen und ca. 20 Minuten stehen lassen. Abschmecken. Wollen Sie den Geschmack intensivieren, die Flüssigkeit erneut zum Kochen bringen, einige frische Geranienblätter hinzufügen und weitere 10 Minuten ziehen lassen. Den Sirup abseihen, Zitronensaft dazugeben und abkühlen lassen. In den Gefrierschrank stellen, bis das Dessert halb gefroren ist (etwa 45 Minuten). Das steif geschlagene Eiweiß unterziehen. Nochmals für 45 Minuten in den Gefrierschrank stellen. In Schälchen füllen und mit Geranienblättern verzieren.

Geranienpunsch

Geranienpunsch

1,2 l Apfelsaft
4 Limetten
250 g Zucker
6 Geranienblätter 'Graveolens'

Apfelsaft, Zucker und Geranienblätter 5 Minuten kochen. Abseihen. Abkühlen. Die Limetten in dünne Scheiben schneiden und dazugeben. Auf Eis in Gläser füllen und mit Geranienblättern garnieren.

Geranienbutter
Butter vermengt mit Geranienblättern sind eine ausgezeichnete Füllung für Kuchen oder Kekse. Lecker schmeckt auch ein Brot mit Geranienbutter und Apfelgelee bestrichen.

Warnung

Keine gekräuselten Geraniensorten verwenden, da man sich damit den Magen verdirbt.

Weitere Nutzung

In der Aromatherapie wird Geranienöl zur Entspannung verwendet. Für eine Massage 2 Tropfen Geranienöl mit 2 Esslöffeln Sojaöl vermischen. Dies hilft bei prämenstruellen Beschwerden, Dermatitis, Ekzemen, Herpes oder trockener Haut.

Petroselinum

PETERSILIE

Auch Peterlein, Peterle, Gartenpetersilie, Suppenwurzel und Bittersilche genannt. Familie: Doldenblütengewächse *(Apiaceae)*

Die Petersilie stammt aus Südeuropa, vor allem aus den Mittelmeerländern, und wird heute überall auf der Welt kultiviert.

Bei den Griechen wurde das Kraut einerseits mit Archemorus, dem Todesboten, in Verbindung gebracht; deshalb schmückten die Griechen ihre Gräber mit Petersilie. Andererseits behauptete man von Herkules, dass er Petersilie für seine Kränze verwendete, sodass man das Kraut in die Siegerkronen bei den Isthmischen Spielen einflocht. Die Römer verzehrten Petersilie in großen Mengen und verarbeiteten das Kraut zu Girlanden – es sollte bei Festlichkeiten Vergiftungen und strengen Gerüchen entgegenwirken.

Man glaubte, dass nur eine schwangere Frau oder eine Hexe Petersilie ziehen könne. Außerdem würde die Ernte nur gut ausfallen, wenn man den Samen am Karfreitag aussäte, und man war überzeugt, dass Unglück über den Haushalt hereinbräche, wenn man die Petersilie versetzte.

Krause Petersilie *(Petroselinum crispum)*

ARTEN

Petroselinum crispum
Krause Petersilie
Winterharte, zweijährige Pflanze; 30–40 cm groß. Im Sommer zeigen sich kleine, cremeweiße Blüten in Dolden. Die Blätter sind hellgrün und haben krause, gezähnte Ränder. Die Petersilie ist mild im Geschmack und wird hauptsächlich zur Dekoration von Speisen verwendet.

Petroselinum crispum hortense
Glatte Petersilie
Winterharte, zweijährige Pflanze; 45–60 cm groß. Im Sommer erscheinen kleine, cremeweiße Blüten in Dolden. Die Blätter sind dunkelgrün. Im Geschmack ist diese Art intensiver als *P. crispum.*

Petroselinum crispum* var. *tuberosum
Wurzelpetersilie
Mehrjährige Pflanze, meist als einjähriges Kraut gezogen. Die Wurzel wird bis zu 15 cm lang. Die Blätter sind denen von *P. crispum hortense* sehr ähnlich. Diese Sorte stammt aus Holland und wurde im frühen 18. Jahrhundert auch in England eingeführt. Häufig wird das Kraut in Frankreich und Deutschland angeboten.
Warnung: Die wild wachsende Hundspetersilie *(Aethusa cynapium)* sieht der Glatten Petersilie sehr ähnlich. Sie ist jedoch außerordentlich giftig!

Petersilie in Töpfen

KULTIVIERUNG

Vermehrung
Aussaat: In kühleren Gegenden sollten Sie den Samen in Trögen oder Töpfen ansäen und diese abdecken. Nehmen Sie keine Saatschalen, da dieses Kraut nicht gerne umgetopft wird. Mit Perlit bestreuen. Wenn möglich, sorgen Sie für eine Temperatur von 18 °C, das beschleunigt den Keimprozess; der Samen keimt dann innerhalb von 2 bis 3 Wochen, ansonsten in 4 bis 6 Wochen. Sind die Sämlinge groß genug und haben sich Boden und Luft erwärmt, die Pflänzchen im Abstand von etwa 15 cm in ein Beet versetzen.

Anfälligkeiten
Schnecken gehen gern an junge Pflanzen. Es gibt auch einen Pilz, der die Blätter befällt: Sie bekommen erst braune, dann weiße Flecken. In diesem Fall die ganze Pflanze vernichten.

Glatte Petersilie *(Petroselinum crispum hortense)*

Pflegemaßnahmen
Frühling: Aussaat.
Sommer: Aussaat; die Blütenköpfchen zwei Jahre alter Pflanzen abschneiden.
Herbst: Pflanzen für die Halbwinterernte schützen.
Winter: Pflanzen, von denen Sie im Winter Blätter ernten wollen, schützen.

Gartenkultivierung
Die Petersilie benötigt guten, schweren, nicht sauren Boden. Den gewählten Standort jeweils im vorhergehenden Jahr mit Kompost anreichern. Wenn Sie Petersilie das ganze Jahr über ernten wollen, sollten Sie zwei Standorte vorbereiten. Für die Sommerernte ist ein im Westen oder Osten gelegener Platz vorteilhaft, da das Kraut Feuchtigkeit braucht und etwas Schatten. Für eine Ernte im Winter ist eine geschützte, sonnige Stelle zu empfehlen.
Den Samen dünn, in etwa 30 bis 45 cm voneinander entfernten, etwa 3 cm tiefen Reihen aussäen. Der Samen keimt sehr langsam, der Boden muss gut feucht sein. Sobald die Sämlinge groß genug sind, im Abstand von 8 cm ausdünnen, später im Abstand von 15 cm verziehen. Sollten sich die Blätter gelb verfärben, diese zurückschneiden, damit die Pflanze neu austreibt, und mit Flüssigdünger düngen. Wenn die ersten Blütenköpfchen erscheinen, diese abschneiden. Immer gut wässern! Im zweiten Jahr bildet das Kraut schnell Samen aus. Im darauf folgenden Jahr die Pflanzen entfernen, sobald Sie die Blätter geerntet haben.
Wurzelpetersilie wird wegen der Wurzel angebaut. Sind die Sämlinge groß genug, im Abstand von 20 cm ausdünnen.
Den ganzen Sommer über reichlich gießen. Die Wurzel wächst in dieser Jahreszeit gut – und je größer die Wurzel ist, desto besser schmeckt sie. Im Spätherbst ausgraben. Sie ist resistent gegen Frost.

Ernte
Im ersten Jahr die Blätter zum sofortigen Gebrauch oder zum Einfrieren ernten. Die Wurzeln der Wurzelpetersilie im Herbst des ersten Jahres ausgraben und am besten in Torf oder Sand aufbewahren.

Kulinarisches

Die Petersilie ist ein beliebtes Küchenkraut und sowohl wegen ihres Geschmacks als auch ihrer Inhaltsstoffe geschätzt. Kocht man mit Petersilie, verstärkt das den Geschmack anderer Zutaten und Kräuter. Bei Gerichten, die nur dezent nach Petersilie schmecken sollen, das Kraut erst kurz vor Ende der Garzeit hinzufügen. Da Petersilie Bestandteil vieler Gerichte ist, hier die Anleitungen für einige Kräutermischungen.

Fines Herbes
Die Kräutermischung ist in Omeletts ein Klassiker.

1 Zweig Petersilie, gehackt
1 Zweig Kerbel, gehackt
etwas Schnittlauch, mit der Schere geschnitten
1–2 Blätter Estragon

Alle Kräuter fein hacken und zu Eiergerichten geben.

Kräutermischung für Fisch

2 Zweige Petersilie
1 Zweig Estragon
1 Zweig Fenchel (klein)
2 Blätter Zitronenmelisse

Als Kräuterstrauß in das Kochwasser geben.

Wurzelpetersilie als Wurzelgemüse zubereiten oder frisch in Salate raspeln. In Suppen schmeckt sie wie eine Mischung aus Sellerie und Petersilie.

Pflanzen in Kübeln

Die Petersilie eignet sich hervorragend für Töpfe; sie gedeiht ebenso gut in der Küche auf dem Fensterbrett, vorausgesetzt, sie wird gegossen, gedüngt und geschnitten. Verwenden Sie mit Rinde und Torf versetztes Substrat. Man kann das Kraut auch in Hängeampeln ziehen (Gießen nicht vergessen!), Blumenkästen (im Hochsommer für etwas Schatten sorgen) und Kübeln. Keinesfalls jedoch sollten Sie das Kraut in einen Petersilientopf (den Topf, mit den 6 Löchern) pflanzen, da er zu schnell austrocknet und die Löcher sehr klein sind, so dass man die Pflanze nur schlecht gießen kann.

Warnung

Die Petersilie darf als Medizin nicht während der Schwangerschaft verwendet werden.

Heilkraft

Alle Petersiliensorten sind sehr vitaminreich; sie haben vor allem viel Vitamin C. Sie enthalten außerdem viel Eisen und andere Mineralien und wirken harntreibend; man behandelt deshalb mit dem Kraut Rheuma und Blasenleiden. Petersilie regt den Milchfluss stillender Mütter an. Das Kraut ist darüber hinaus dafür bekannt, dass es den Atem frisch hält – das Kraut wird deshalb gerne zusammen mit Knoblauch gegessen. Roh gekaut hält Petersilie die Haut rein. Verwenden Sie das Kraut für Wickel bei Verletzungen und Insektenstichen.

Weitere Nutzung

Ein aus Petersilie zubereiteter Tee tötet Kopfläuse. Den Tee nach dem Haarewaschen über den Kopf gießen. Anschließend den Kopf 30 Minuten in ein Handtuch einwickeln. Die Haare dann an der Luft trocknen lassen. Man kann Petersilientee auch als Haarspülung verwenden.

Petersilientee

Phlomis fruticosa

BRANDKRAUT

Familie: Lippenblütler *(Labiatae)*

Seinen Ursprung hat das Brandkraut im Mittelmeergebiet. Es ist heute jedoch als Gartenpflanze weit verbreitet.
Der Gattungsbegriff *Phlomis* wurde von Dioscorides geprägt. Dessen „Materia Medica" aus dem 1. Jahrhundert war mehr als 1500 Jahre lang das Standardwerk für die medizinische Verwendung von Pflanzen.

Brandkraut *(Phlomis fruticosa)*

ARTEN

Phlomis fruticosa
Brandkraut
Winterharte, immergrüne, mehrjährige Pflanze; 1,2 m groß. Im Sommer zeigen sich gelbe Blüten in Quirlen. Die Blätter dieser Art sind grau/grün, rechteckig und leicht runzelig.

Phlomis italica
Winterharte, immergrüne, mehrjährige Pflanze; 90 cm groß. Mitte des Sommers erscheinen lila- bis rosafarbene Blüten in Quirlen. Die Blätter sind schmal, wollig und grau/grün.

KULTIVIERUNG

Vermehrung
Aussaat: Den mittelgroßen Samen im Herbst in Saatschalen aussäen und mit einer dünnen Schicht Erde bedecken. In einem Kalthaus überwintern. Die Pflanze bedarf keiner Stratifikation oder zusätzlichen Wärme. Es ist allerdings nicht immer sicher, ob der Samen keimt.
Sind die Sämlinge groß genug, in Töpfe verpflanzen. Dazu mit Rinde, Torf und Splitt versetztes Substrat verwenden. Wenn die Frostperiode vorüber ist, die jungen Pflanzen ins Freiland setzen.
Stecklinge: Im Sommer verholzte Stecklinge von nicht blühenden Trieben nehmen.
Teilung: Wenn sich eine Pflanze zu sehr ausbreitet, ausgraben und im Frühling teilen. An einer vorbereiteten Stelle wieder einsetzen.

Anfälligkeiten
Das Brandkraut ist weitgehend von Schädlingen und Krankheiten frei.

Pflegemaßnahmen
Frühling: Falls erforderlich, Pflanzen teilen.
Sommer: Nach der Blüte zurückschneiden, damit das Kraut seine Form behält.
Herbst: Aussaat.
Winter: Im Freiland stehende Pflanzen schützen, wenn die Temperaturen dauerhaft unter –5 °C fallen.

Gartenkultivierung
Das Brandkraut ist eine dekorative Pflanze mit vielen Blättern; es ist ausgesprochen unempfindlich, von sehr kalten Wintern einmal abgesehen. Die Pflanze bildet im Sommer zahlreiche Blüten aus und gedeiht an einem trockenen, durchlässigen und sonnigen Standort. Das Brandkraut jedes Jahr nach der Blüte im Spätsommer zurückschneiden, damit es seine Form behält. Die Pflanze nicht im Herbst stutzen, da sonst der Frost das Kraut schädigt.

Ernte
Vor der Blüte die Blätter zum Trocknen sammeln.

WEITERE NUTZUNG

Die hübschen, leicht aromatischen Blätter in Potpourris geben.

PFLANZEN IN KÜBELN

Das Brandkraut gedeiht vorzüglich in einem Kübel mit humusreichem Substrat. Da es die Pflanze gern trocken hat, nicht zu viel gießen und düngen.
Das Brandkraut vor allem nach der Blüte zurückschneiden, damit es nicht zu wuchern beginnt. Im Winter in ein Kalthaus stellen und nur sehr wenig gießen.

KULINARISCHES

Die Blätter der Pflanze schmecken angenehm aromatisch. In Griechenland sammelt man die Blätter, trocknet sie und bündelt sie zusammen mit anderen verwandten Arten. Die getrockneten Blätter kann man für Eintöpfe verwenden.

Phytolacca americana

KERMESBEERE

Familie: Kermesbeerengewächse (*Phytolaccaceae*)

Diese Pflanze stammt aus den wärmeren Gebieten Amerikas. Sie wurde nach Europa eingeführt und ist mittlerweile auch in Afrika und Asien verbreitet.
Der Gattungsbegriff leitet sich von zwei griechischen Wörtern ab: „phyton“ bedeutet „Pflanze“ und „lac“ „See“; dies bezieht sich auf den dunkelroten bzw. blauen Farbstoff, den einige *Pytolacca*-Sorten liefern, wenn man sie zerkleinert.
Die amerikanischen Siedler lernten das Kraut von den Indianern kennen, die es „Pocan“ oder „Coccum“ nannten und als Brechmittel verwendeten. Anerkennung fand die Kermesbeere als ein Heilmittel bei Krebserkrankungen.

ARTEN

Phytolacca americana* syn. *Phytolacca decandra
Kermesbeere
Winterharte, mehrjährige Pflanze; 1,2–1,5 m hoch. Im Sommer erscheinen flache, rosafarbene, weiß und grün durchzogene Blütenähren. Die Pflanze entwickelt runde, fleischige, schwarzrote Beeren, deren Samen giftig ist und nach unten hängt, wenn er reif ist. Die ovalen bis lanzettlichen, mittelgrünen Blätter sind im Herbst leicht dunkelrot gefärbt. Es gibt eine weitere Sorte mit grünweißen Blättern.

Phytolacca calvigera
Winterharte, mehrjährige Pflanze; 1,2 m groß. Im Sommer flache, rosafarbene Blüten in Büscheln. Die Pflanze entwickelt runde, schwärzliche Beeren mit giftigem Samen. Purpurrote Stängel. Ovale bis lanzettliche, mittelgrüne Blätter, die sich im Sommer bis zum Herbst gelb verfärben. Das Kraut stammt aus China.

KULTIVIERUNG

Vermehrung
Aussaat: Im Frühling oder Herbst den Samen in vorbereitete Saatschalen säen. Mit Perlit bedecken. Im Herbst ausgesäte Pflanzen im Winter in ein Kalthaus stellen. Im Frühling die Pflänzchen erst abhärten, dann an eine vorbereitete Stelle im Abstand von 1 m ins Freiland setzen.
Teilung: Beide Arten haben große Wurzelsysteme, die man entweder im Herbst oder Frühling teilen kann.

Anfälligkeiten
Weitgehend frei von Schädlingen und Krankheiten.

Pflegemaßnahmen
Frühling: Aussaat; Pflanzen teilen.
Sommer: Die Blüten abschneiden, wenn man keine Beeren haben möchte.
Herbst: Aussaat; größere Pflanzen teilen.
Winter: Die oberirdischen Teile sterben im Winter ab; kein Schutz nötig.

Gartenkultivierung
Die Kermesbeere gedeiht in der Sonne oder im Schatten auf einem feuchten, nährstoffreichen Boden. Das Kraut sollte vor Wind geschützt werden. Die Pflanze sieht trotz ihrer giftigen Beeren im Garten wundervoll aus.

Ernte
Die Kermesbeere kann als Topfpflanze gezogen werden; die jungen Schösslinge pflückt man im Frühling. Aber weil man die einzelnen Arten leicht verwechselt und der Giftgehalt der Kräuter schwankt, ist die Sache nicht ganz ungefährlich! Pflücken Sie lieber frischen Sauerampfer.

PFLANZEN IN KÜBELN

Die Kermesbeere kann sehr groß werden. Die giftigen Beeren dürfen nicht in die Reichweite von Kindern kommen. Verwenden Sie ein Rinden-Torf-Sand-Gemisch. Im Sommer reichlich gießen.

HEILKRAFT

Kräuterkundige raten zur Kermesbeere bei Rheuma, Mandelentzündung, geschwollenen Lymphdrüsen und Brustentzündung.
Sie wird in Afrika zur Bekämpfung der Schneckenart eingesetzt, die für die Verbreitung der Bilharziose verantwortlich ist.

WARNUNG

Wenn Sie mit Samen, Wurzeln oder der ausgewachsenen Pflanze in Berührung kommen, tragen Sie Handschuhe. Das Kraut ist giftig und sollte nur von geschultem Personal angefasst werden.

Kermesbeere (*Phytolacca americana*)

Polygonatum multiflorum

SALOMONSSIEGEL

Auch Weißwurz genannt. Familie: Lippenblütler *(Labiatae)*

Diese mehrjährige Pflanze wächst in dichten Wäldern und Gestrüppen in Europa, Asien und Nordamerika.

Der Gattungsname leitet sich ab von „Poly", was „viel" bedeutet, und „gonu", „Kniegelenk" – dies bezieht sich auf die vielen, miteinander verbundenen Rhizome.

Der weise König Salomon riet dazu, die Wurzeln der Pflanze in einem Wickel auf Wunden zu legen und gebrochene Gliedmaßen mit dem Kraut zu heilen.

Im 16. Jahrhundert erwähnte Gerard das Kraut lobend und bescheinigte ihm, dass es Brüche zusammenfügen könne, wenn man die Wurzel innerlich oder äußerlich als Wickel anwende.

Vielblütiges Salomonssiegel
(Polygonatum multiflorum)

ARTEN

Polygonatum multiflorum
Vielblütiges Salomonssiegel
Winterharte, mehrjährige Pflanze; 30–80 cm groß. Im Frühling bis zum Sommer erscheinen weiße, wachsartige Blüten mit grünen Spitzen, die an gebogenen Stängeln hängen. Die Beeren sind blauschwarz. Die Pflanze trägt ovale bis lanzettliche, mittelgrüne Blätter.

Polygonatum odoratum
Echtes Salomonssiegel
Winterhart, mehrjährig; 60 cm groß. Im Frühling zeigen sich duftende, röhrenförmige, weiße Blüten mit grünen Spitzen. Beeren und Blätter sind wie bei *P. multiflorum*. Eine panaschierte Sorte wird *Polygonatum odoratum* 'Variegatum' genannt und hat cremigweiß gestreifte Blätter. Eine doppelblütige Art, *Polygonatum odoratum* 'Flore Pleno', hat duftende Blüten, die wie Ballettkleidchen aussehen.

Polygonatum verticillatum
Quirlblättriges Salomonssiegel
Winterharte, mehrjährige Pflanze; 1,2 m groß. Zeitig im Sommer erscheinen schmale, glockenförmige, grünlich weiße Blüten. Die Beeren sind zuerst rot, dann dunkelblau. Die lanzettlichen, mittelgrünen Blätter stehen in Quirlen.

KULTIVIERUNG

Vermehrung
Aussaat: Im Herbst den Samen in vorbereitete Saatschalen säen und mit Erde abdecken. Gut wässern, dann mit Glas bedecken und im Winter draußen stehen lassen. Sobald der Samen im Frühling keimt, das Glas entfernen. Sind die Sämlinge groß genug, an eine vorbereitete Stelle ins Freiland pflanzen. Mit dem Gießen im ersten Jahr gut aufpassen, denn bevor die Pflanzen ihre kriechenden Rhizome ausgebildet haben, trocknen sie schnell aus.
Teilung: Am besten teilt man das Salomonssiegel, wenn die Stängel im Herbst absterben. Bei feuchter Witterung kann man das Kraut aber das ganze Jahr über teilen und verpflanzen. Diese Methode der Vermehrung funktioniert einfacher und schneller.

Anfälligkeiten
Die Raupen der Sägefliege fressen richtige Löcher in die Blätter. Das schädigt die Pflanze zwar nicht, macht aber einen unansehnlichen

Eindruck. Das Salomonssiegel bei den ersten Anzeichen mit einer Spritzbrühe behandeln.
Den Schädling ganz wegzubekommen ist sehr schwierig.

Pflegemaßnahmen
Frühling: Sämlinge ins Freiland setzen.
Sommer: Der Boden darf nicht austrocknen.
Herbst: Aussaat; Pflanzen teilen.
Winter: Falls die Temperaturen länger auf unter –10 °C fallen, die Pflanzen vor der Kälte schützen.

Gartenkultivierung
Diese elegant aussehende Pflanze wird leider immer seltener. Sie benötigt einen schattigen Standort und guten Boden. Bevor Sie die Pflanzen einsetzen, arbeiten Sie in den Boden etwas Blätterkompost ein. Im Winter mit Blätterkompost abdecken.

Ernte
Für medizinische Zwecke die Wurzeln einer 3 Jahre alten Pflanze im Herbst, wenn die oberirdischen Teile abgestorben sind, ausgraben und trocknen.

Weitere Nutzung

Man nutzte die Pflanze, um Sommersprossen zu bleichen und als Gesichtswasser.
In der Türkei sammelt man junge Schösslinge und bereitet sie mit Spargel zu.

Das vielblütige Salomonssiegel *(Polygonatum multiflorum)* in voller Blüte

Pflanzen in Kübeln

Das Salomonssiegel kann in großen Kübeln gezogen werden. Verwenden Sie dazu humusreiches Substrat und arbeiten Sie im Herbst Blätterkompost ein. Das schützt die Pflanzen gleichzeitig im Winter. Den Kübel im Halbschatten aufstellen und im Sommer viel gießen.

Warnung

Alle Pflanzenteile sind giftig und sollten innerlich nur unter Aufsicht von medizinisch geschultem Personal angewandt werden. Große Dosen können sogar schädlich sein.

Heilkraft

Die gemahlenen Wurzeln und Rhizome werden als Wickel auf Blutergüsse, Entzündungen und Wunden gelegt. Man kann auch ein Gesichtswasser herstellen. Die Indianer bereiteten aus dem Wurzelstock einen Tee zu, den sie bei Frauenleiden und inneren Schmerzen verabreichten. *P. odoratum* enthält eine Substanz, die den Blutzuckerspiegel senkt; im Orient behandelte man deshalb mit dem Salomonssiegel lange Zeit Diabetes.

Gesichtswasser aus dem Salomonssiegel

Polemonium caeruleum

HIMMELSLEITER

Auch bekannt als Jakobsleiter. Familie: Himmelsleitergewächse *(Polemoniaceae)*

Diese Pflanze stammt aus Europa und kommt inzwischen in gemäßigten Zonen der gesamten nördlichen Hemispäre vor. Das Kraut wächst allerdings weit weniger üppig als seine nahen Verwandten in Amerika.

Die alten Griechen kannten die Himmelsleiter unter der Bezeichnung „polemonium". Damals verabreichte man die Wurzel zusammen mit Wein, um die Ruhr, Zahnschmerzen sowie Bisse giftiger Tiere zu behandeln.

Die Blätter unterteilen sich in viele einzelne Blättchen und haben deshalb Ähnlichkeit mit einer Leiter. Daher rührt auch der volkstümliche Name dieser Pflanze: „Und ihm (Jakob, Anm. d. Ü.) träumte; und siehe, eine Leiter stand auf der Erde, die rührte mit der Spitze an den Himmel, und siehe, die Engel Gottes stiegen daran auf und nieder." (1. Buch Mose, 28,12).

Im 19. Jahrhundert nannte man die Himmelsleiter „Valeranae Graecae" oder „Griechischen Baldrian", und sie wurde von manchen europäischen Apothekern verwendet. Das Kraut galt vornehmlich als ein Mittel gegen Syphilis und Tollwut.

Himmelsleiter
(Polemonium caeruleum)

ARTEN

Polemonium caeruleum
Blaue Himmelsleiter
Winterharte, mehrjährige Pflanze; 45–60 cm groß. Im Sommer dekorative, lavendelblaue Blüten in Büscheln. Die mittelgrünen Blätter teilen sich in zahlreiche kleine, lanzettliche Blättchen auf.

Polemonium caeruleum album
Weiße Himmelsleiter
Winterharte, mehrjährige Pflanze; 45–60 cm groß. Im Sommer dekorative, lavendelfarbene bis weißliche Blüten in Büscheln. Die Blätter sehen aus wie bei *P. caeruleum*.

Polemonium reptans
Griechischer Baldrian
Winterharte, mehrjährige Pflanze; 20–45 cm groß. Im Sommer dekorative, blaue Blüten in Büscheln. Die silbrigen/grünen Blätter unterteilen sich in zahlreiche lanzettliche Blättchen. Die Wurzel dieser Sorte ist bitter im Geschmack und wird als Adstringens und als Gegenmittel bei Schlangenbissen verwendet.

Hier nenne ich Ihnen noch zwei weitere Arten (beide stammen aus dem westlichen Nordamerika).

Polemonium carneum
Winterharte, mehrjährige Pflanze; 45 cm groß. Zeitig im Sommer dekorative, rosafarbene oder dunkelrote/rosafarbene Blüten in Büscheln. Die mittelgrünen Blätter unterteilen sich in zahlreiche kleine, lanzettliche Blättchen.

Polemonium pulcherrimum
Winterharte, mehrjährige Pflanze; 50 cm groß. Im Sommer dekorative, röhrenförmige, blaue/dunkelrote Blüten. Die mittelgrünen Blätter unterteilen sich in zahlreiche kleine, lanzettliche Blättchen.

Kultivierung

Vermehrung
Aussaat: Wenn Sie wollen, dass die Pflanze zeitig im nächsten Frühling blüht, sollten Sie den Samen im Herbst in Saatschalen aussäen. Mit einer dünnen Schicht Erde bedecken. Den Winter über in einem Kalthaus stehen lassen. Den Samen vor Frost schützen. Im Frühling, wenn die Frostperiode vorüber ist, die Sämlinge abhärten, dann im Abstand von 30 cm direkt ins Freiland setzen. Soll die Pflanze erst im darauf folgenden Jahr blühen, den Samen zeitig im Frühling aussäen und abdecken oder im Spätfrühling gleich im Freiland aussäen.
Teilung: Einige Sorten können nur über Teilung vermehrt werden. Im Frühling die Pflanzen teilen. Den Wurzelstock ausgraben und in zwei Hälften spalten. An einer vorbereiteten Stelle im Garten einsetzen.

Anfälligkeiten
Die Pflanze ist äußerst resistent.

Pflegemaßnahmen
Frühling: Aussaat, falls nicht schon im vergangenen Herbst geschehen; Pflanzen teilen, falls nötig.
Sommer: Blütenköpfchen abschneiden; nach der Blüte zurückschneiden, um Selbstaussaat zu verhindern.
Herbst: Samen aussäen; Sämlinge schützen.
Winter: Ausgewachsene Pflanzen benötigen keinen Schutz.

Gartenkultivierung
Diese Pflanze stellt keine besonderen Ansprüche an Standort oder Boden, obwohl sie einen nährstoffreichen, feuchtigkeitsspeichernden, leicht kalkhaltigen Untergrund bevorzugt. Die Pflanze gedeiht sowohl im Schatten als auch in der Sonne, wirkt aber an einer hellen Stelle wesentlich attraktiver. Ist der Sommer sehr heiß, gießen Sie reichlich. Die Blütezeit können Sie verlängern, indem Sie die Blütenköpfchen abschneiden. Die Himmelsleiter wird von Katzen sehr geliebt, vor allem die jungen Pflänzchen, die Sie vor den Tieren schützen sollten.

Ernte
Die Blüten zum Trocknen sammeln, wenn sie sich gerade öffnen. In kleinen Büscheln oder einzeln trocknen.

Pflanzen in Kübeln

Die Himmelsleiter sieht in Kübeln sehr schön aus. Verwenden Sie humusreiches Substrat und lassen Sie dieses nicht austrocknen. Stellen Sie den Kübel an eine halbschattige Stelle und schützen Sie ihn vor der Mittagssonne. Nur während der Blütezeit mit Flüssigdünger düngen.

Kulinarisches

Ich habe keine Aufzeichnungen über die Verwendung der Himmelsleiter als Küchenkraut gefunden.

Weitere Nutzung

Die getrockneten Blüten der Himmelsleiter duften zwar nicht, sehen aber in Potpourris hübsch aus.
Die Pflanze wird nicht mehr für medizinische Zwecke verwendet.

Himmelsleiter auf einem Feld

Primula veris

SCHLÜSSELBLUME

Auch bekannt als Primel. Familie: Primelgewächse *(Primulaceae)*

Dieses Kraut ist in Nord- und Zentraleuropa beheimatet. Es gedeiht auf allen wasserdurchlässigen, kalkhaltigen Böden, Wiesen und Weideland bis zu einer Höhe von 2000 m.
Der Gattungsname, *Primula,* stammt von der lateinischen Bezeichnung „primus" („der Erste") und bezieht sich darauf, dass einige Freilandarten wie z. B. das Frühblümchen *(Primula auricula)* zu den ersten blühenden Pflanzen im Frühjahr gehören.
Eine Legende aus Nordeuropa erzählt, dass Petrus die Schlüssel zur Himmelspforte fallen lies, als er erfuhr, dass sie von jemandem nachgemacht worden waren. An der Stelle, an der die Schlüssel auf der Erde auftrafen, wuchsen Schlüsselblumen.
Das mittelalterliche *Regimen Sanitatis Salernitanum* empfahl diese Pflanze zur Heilung von Lähmungen.
Heute ist die Schlüsselblume selten geworden, unter anderem deshalb, weil der Boden zu intensiv genutzt wird. Häufige Düngergaben verträgt diese Pflanze nicht.
Die meisten Arten sind zwar Garten- und Freilandblumen, einige werden jedoch auch als Topfpflanzen im Zimmer oder auf dem Balkon gehalten.
Die Becherprimel, *Primula obconica,* enthält den Wirkstoff Primin, der bei vielen Menschen als Allergikum wirkt. Deshalb ist die ganze Gattung aus der Familie der *Primulaceae* in Verruf geraten. Inzwischen wurden allerdings auch Sorten der Becherprimel gezüchtet, die kein Primin enthalten.

ARTEN

Primula veris
Frühlingsschlüsselblume
Winterharte, mehrjährige Pflanze; Höhe: 15 bis 20 cm. Büschel von zarten, glockenförmigen, gelben Blüten zeigen sich im Frühling an dicken Stängeln. Die Blätter sind oval und grün. Die Schlüsselblume wird oft mit *Primula elatior* verwechselt, einer Hybride, die aus Schlüsselblume und Primel *(Primula vulgaris)* gezogen wird. *Primula elatior* hat große hellgelbe Blüten. Die Blüten der Frühlingsschlüsselblume sind da-gegen dunkelgelb, kleiner und es stehen mehr Blüten in einem Büschel.

Frühlingsschlüsselblume (Primula veris)

Kultivierung

Vermehrung
Aussaat: Sammeln Sie die Samenköpfe im frühen Herbst, wenn die Samen noch nicht völlig getrocknet sind. Geben Sie den relativ kleinen Samen in einen vorbereiteten Topf bzw. in eine Saat- oder Anzuchtschale. Mit Glas bedecken. Stellen Sie den Behälter an einen kühlen Platz, z. B. in ein Gewächs- oder Kalthaus. Die Keimung erfolgt normalerweise innerhalb von 4 bis 6 Wochen. Entfernen Sie das Glas, sobald sich die Sämlinge zeigen. Wenn Sie im Frühjahr aussäen, benötigen die Samen erst kalte, dann warme Temperaturen, um aufzugehen. Setzen Sie die Sämlinge, sobald sie groß genug sind, in den Garten.
Teilung: Die Schlüsselblume lässt sich problemlos teilen. Am besten tun Sie dies im Herbst.
Graben Sie ein Büschel aus. Pflanzen Sie dieses in einem Abstand von 15 cm ein oder setzen Sie es in einen Topf. Vor Frost schützen, bis sich Wurzeln zeigen (nach 4 bis 6 Wochen).

Anfälligkeiten
Die Plage aller Primeln ist der Rüsselkäfer. Er kann einen kompletten Vorrat an Schlüsselblumen in kurzer Zeit vernichten.

Pflegemaßnahmen
Frühling: Entfernen Sie welke Teile von kräftigen Pflanzen. Eventuell ist Stratifikation nötig; Aussaat.
Sommer: Verwelkte Blüten entfernen, wenn Sie nicht aussäen möchten.
Herbst: Samen sammeln; kräftige Pflanzen teilen.
Winter: Keine Schutzmaßnahmen nötig.

Schlüsselblumenwein

Gartenkultivierung
Pflanzen Sie Schlüsselblumen in den Halbschatten oder an einen sonnigen Platz, in feuchtigkeitsspeichernden, aber gut durchlässigen Boden. Sie bevorzugen kalkhaltige Erde. Einzeln gepflanzt kommt die Schlüsselblume nicht so gut zur Geltung. Ideal als Randbepflanzung. Mulchen Sie zur Keimung der Samen.

Ernte
Die Schlüsselblume steht unter Naturschutz, sodass Sie nur Gartenpflanzen ernten dürfen. Die Blätter eignen sich nur zum frischen Gebrauch. Ernten Sie die Blüten, sobald sie sich öffnen. Im Herbst können Sie die Wurzeln zum Trocknen ausgraben.

Pflanzen in Kübeln

In einem Kübel, der in einem Blumenkasten oder auf der Terrasse steht, fühlt sich die Schlüsselblume wohl. Verwenden Sie ein Rinden-Torf-Gemisch, das nicht austrocknen darf. Mittags sollte die Pflanze Schatten haben.

Warnung

Einige Arten der Gattung *Primula* können Hautreizungen hervorrufen. Empfindliche Personen sollten diese Pflanzen meiden.
In größeren Mengen ist die Pflanze giftig

Heilkraft

Schlüsselblumentee, gewonnen aus den Blüten, wirkt bei Schlaflosigkeit, allgemeiner Schwäche und Migräne.
Ein Sirup aus Schlüsselblumen wurde früher bei Lähmungen als Spätfolgen der Syphilis verwendet.
Primula veris wird nicht nur bei Erkältungskrankheiten zur Schleimlösung und Auswurfförderung, sondern auch als leicht abführendes Mittel empfohlen.
Auch bei Stoffwechselstörungen und Rheuma hat sich die Verwendung der Schlüsselblume bewährt.

Kulinarisches

Die Blätter passen zu Salaten. Die Blüten eignen sich für Schlüsselblumenwein.

Salat mit Schlüsselblumen

Primula vulgaris

PRIMEL

Auch Himmelsschlüssel, Aurikel, Gichtblume und Frauenschlüssel genannt. Familie: Primelgewächse *(Primulaceae)*

Dieser Frühlingsbote ist europäischen Ursprungs. Die Bezeichnung *Primula* leitet sich aus dem Lateinischen „primus" ab, die erste Pflanze also, die sich im Frühjahr zeigt.

Die Gartenprimel, die seit dem 17. Jahrhundert bekannt ist, ist eine Zuchtform. Sie ist vermutlich aus der Schlüsselblume *(Primula veris)* hervorgegangen.

Im Mittelalter stellte man aus Primeln ein Gebräu her, das man als Heilmittel bei Gicht und Rheumatismus verwendete. Die Blüten nutzte man zur Herstellung von Liebestränken. Und die Wurzeln dienten zu einem Aufguss, der bei Kopfschmerzen helfen sollte.

Die Primel steht mittlerweile unter Naturschutz, und es ist verboten, wilde Pflanzen zu pflücken oder auszugraben.

ARTEN

Primula vulgaris
Schaftlose Primel
Winterharte, mehrjährige Pflanze; etwa 15 cm groß. Die zartgelben, süß duftenden Blüten sind in ihrer Mitte dunkler gelb gezeichnet und erscheinen im Frühjahr einzeln auf zart behaarten Stielen.

Schaftlose Primel *(Primula vulgaris)*

KULTIVIERUNG

Vermehrung
Aussaat: Säen Sie im Sommer den noch frischen, hellgrünen Samen aus, bevor dieser dunkelbraun wird und austrocknet. Streuen Sie den Samen in Saatschalen und bedecken Sie das Ganze mit Perlit. Dieser frische Samen keimt normalerweise innerhalb weniger Wochen. Überwintern Sie die Pflanzen entweder in den Saatschalen oder nehmen Sie die Sämlinge – wenn sie groß genug sind – aus den Schalen, überwintern sie in Töpfen und setzen Sie die Primeln im kommenden Frühling ins Freie. Samen, den Sie in Tütchen abgepackt kaufen, sollte im Herbst oder Frühwinter gesät werden. Nicht sofort im Freien aussäen. Den Samen wässern, jedoch nicht mit Erde, sondern mit Glas oder Plastik abdecken. Sie fördern den Keimprozess, wenn Sie die Schalen im Winter im Freien stehen lassen, sodass der Samen dem Frost ausgesetzt ist. Manchmal dauert es 2 Jahre bis zur Keimung. Lassen Sie die Saatschalen stehen, wenn im folgenden Frühling keine Triebe erscheinen. Lediglich ab und zu überprüfen, damit die Erde nicht austrocknet. Sind die Sämlinge groß genug, setzen Sie diese im Abstand von 15 cm ins Freie.
Teilung: Stauden lassen sich im Herbst teilen.

Anfälligkeiten
Der einzige Schädling, der die Primel befällt, ist der Rüsselkäfer. Bestäubte Blüten produzieren klebrigen Samen, der Ameisen

Schaftlose Primel *(Primula vulgaris)*

anzieht. Die Ameisen verteilen den Samen schließlich im ganzen Garten, sodass Primeln manchmal an Stellen wachsen, an denen man es nicht erwartet.

Pflegemaßnahmen
Frühling: Junge Pflanzen ins Freie setzen.
Sommer: Frischen Samen aussäen.
Herbst: Stauden teilen.
Winter: Getrockneten Samen aussäen.

Gartenkultivierung
Wenn Sie Schlüsselblumen pflanzen, denken Sie daran, dass diese normalerweise unter Hecken und Laubbäumen wachsen. Die Pflanzen bevorzugen einen feuchten Standort, gedeihen aber auch im Halbschatten auf schweren Böden. An einer geschützten Stelle blühen Primeln häufig sehr zeitig im Frühling.
Wenn Sie Primeln in einem Naturgarten ziehen, schneiden Sie das Gras nicht vor dem Hochsommer, dann haben sich die Pflanzen selbst ausgesät.

Ernte
Blüten und junge Blätter zum sofortigen Gebrauch pflücken. Im Sommer Samen zur sofortigen Aussaat sammeln.

Pflanzen in Kübeln

Primeln können in Kübeln gezogen werden und sehen gerade in verregneten Frühjahren besonders dekorativ aus. Verwenden Sie humusreiches Substrat. Halten Sie die Pflanzen feucht und düngen Sie sie nur gelegentlich mit Flüssigdünger.
Die Primel ist ein Wildkraut und sollte daher nicht überdüngt werden.

Warnung

Manche *Primula*-Arten können eine Kontaktallergie hervorrufen, die sich durch einen Hautausschlag auf Fingern und Unterarmen bemerkbar macht. Hypersensible Personen sollten diese Pflanzen nicht berühren.

Heilkraft

Die Primel wird ab und an zur Behandlung von Bronchitis herangezogen. Ein Aufguss – gewonnen aus Blättern und Blüten – wirkt wie ein mildes Beruhigungsmittel und wird bei Ängstlichkeit und Schlaflosigkeit eingesetzt.

Aufguss aus der Primel

Kulinarisches

Die Blüten sehen hübsch in grünen Salaten aus, und man kann mit ihnen in kandierter Form Kuchen und Nachspeisen verzieren. Die jungen Blätter werden – in Butter gedünstet – als Gemüsebeilage serviert.

Salat mit Primelblüten

Prostanthera

PROSTANTHERA

Familie: Lippenblütler *(Labiatae)*

Die aromatisch duftenden Büsche waren ursprünglich in Australien und Tasmanien beheimatet. Ich habe mich in diese üppig blühenden Pflanzen regelrecht verliebt. Und nicht nur ich! Als ich ein Exemplar in voller Blüte während der Chelsea Flower Show ausstellte, versuchten einige Besucher, den Strauch an meinem Stand zu entwenden! Der Name *Prostanthera* leitet sich von „prostithemi", „hinzufügen", und von dem Wort „anthera" ab, das den „Staubbeutel" bezeichnet.

Prostanthera cuneata

ARTEN

Prostanthera cuneata
Immergrüne, nicht frostharte, mehrjährige Pflanze; etwa 60–90 cm groß. Schöne weiße – fast schon orchideenähnliche – Blüten mit dunkelroten Tupfen; diese erscheinen im Spätfrühling bzw. Frühsommer. Runde, dunkelgrüne, leicht ledrige, glänzende, nach Minze duftende Blätter. Verträgt Temperaturen bis –2 °C.

Prostanthera ovalifolia
Immergrüne, empfindliche, mehrjährige Pflanze. Wird im Ursprungsland 1,20 m hoch. Im Frühling und Sommer erscheinen schöne lila Blüten an kurzen Blütentrauben. Dunkelgrüne, aromatische Blätter. Verträgt nur Temperaturen bis 5 °C.

Prostanthera rotundifolia
Immergrüne, nicht frostharte, mehrjährige Pflanze. Ein kleiner Baum, der in seinem Ursprungsland 3 m hoch wird; in kühleren Regionen wesentlich kleiner. Schöne malvenfarbige Blüten im Frühling. Die dunkelgrünen Blätter (nicht so dunkel wie *P. cuneata*) sind rund und duften nach Minze. Verträgt nur Temperaturen bis 0 °C.

P. rotundifolia rosea

Prostanthera Sieberi
Immergrüne, empfindliche, mehrjährige Pflanze. Wird im Ursprungsland bis zu 2 m groß; in kühleren Gebieten wesentlich kleiner. Kleine, ovale, grüne und gezackte Blätter; zerkleinert verströmen sie einen starken Minzegeruch. Verträgt nur Temperaturen bis 5 °C.

KULTIVIERUNG

Vermehrung
Ableger: Ableger entweder im Frühling oder Spätsommer nehmen. Mit Rinde, Torf und Splitt versetztes Substrat verwenden. Haben die Ableger Wurzeln geschlagen, die Pflänzchen umtopfen und im ersten Jahr in Kübeln halten.

Anfälligkeiten
Junge Pflanzen nicht zu stark gießen.

Pflegemaßnahmen
Frühling: Ableger nehmen.
Sommer: Wenn nötig, nach der Blüte zurückschneiden.
Herbst: Vor Frost schützen.
Winter: Vor Frost schützen; nur wenig gießen.

Gartenkultivierung
In kühleren Gebieten mit länger andauernden Frostperioden ziehen Sie die Pflanze besser im Kübel.
In mildem Klima setzen Sie die Pflanzen im Frühling an einer geschützten Stelle in durchlässigen, kalkfreien Boden im Abstand von 60–90 cm.
Wollen Sie eine Rabatte anpflanzen, setzen Sie *Prostanthera cuneata* im Abstand von 45 cm.

Ernte
Sammeln Sie im Sommer nach der Blüte die Blätter, trocknen Sie diese und verwenden Sie sie für Potpourris.

PFLANZEN IN KÜBELN

Blühend ist diese Pflanze von großer optischer Anziehungskraft. Verwenden Sie ein Rinden-Torf -Sand-Gemisch. Gießen Sie junge Pflanzen nicht zu stark, wässern Sie aber in der Wachstumsperiode etwas großzügiger.

HEILKRAFT

Die intensiv duftende *P. cuneata* mit ihren stark ölhaltigen Blättern muss erst noch von der Medizin entdeckt werden.

Prunella vulgaris

KLEINE BRAUNELLE

Auch Gemeine Braunelle genannt. Familie: Lippenblütler (*Labiatae*)

Dieses Kraut wächst wild in allen gemäßigten Gebieten der nördlichen Hemisphäre, einschließlich Europa, Asien und Nordamerika. Es gedeiht an sonnigen Plätzen, auf feuchten, lehmigen, durchlässigen Böden, auf Wiesen und Waldlichtungen. Inzwischen ist das Kraut auch in China und Australien heimisch geworden.
Im 16. Jahrhundert glaubte man, dass jede Pflanze ein äußeres Zeichen trage, das seine Bedeutung für den Menschen definiere. Da die Oberlippe der Braunelle wie ein Haken geformt ist und Verletzungen mit Hippe und Sichel in der damaligen, agrarisch geprägten Gesellschaft sehr häufig waren, meinte man, dass dieses Kraut Wunden heilen könne (darauf bezieht sich auch der englische Name der Braunelle, „Self Heal", „Selbstheilung"). Die Tatsache, dass der Kelch der Braunelle zweilippig ist, führte dazu, dass man das Kraut bei Mandelentzündungen einsetzte. Selbst im antiken Griechenland schrieb man der Braunelle heilende Kraft bei Halsbeschwerden zu.

ARTEN

Prunella vulgaris
Kleine Braunelle
Winterharte, mehrjährige Pflanze; 5–30 cm groß. Den ganzen Sommer über doldenförmige blaue/dunkelrote Blüten. Ovale, hellgrüne Blätter.
Es gibt außerdem eine weitaus seltenere, weiß blühende Art, *Prunella laciniata*, mit tief gekerbten Blättern.

KULTIVIERUNG

Vermehrung
Aussaat: Die kleinen Samenkörner entweder im Frühling oder im Herbst in vorbereitete Saatschalen säen und mit Perlit bestreuen; warm stellen ist nicht nötig. Falls Sie im Herbst aussäen, die jungen Pflanzen im Frühbeet überwintern. Die Pflänzchen dann im Frühjahr, wenn sie groß genug sind, im Abstand von 15–20 cm in die Erde setzen.
Teilung: Ableger dieses Krautes verfügen über ein eigenes Wurzelsystem, sodass die Braunelle leicht zu vermehren ist. Die Pflanze dafür im Frühling oder Herbst ausgraben, teilen und wieder einpflanzen.

Gartenkultivierung
Dieses Kraut ist ein attraktiver Bodendecker mit farbenprächtigen Blüten. Es gedeiht in sonnigen Lagen wie auch im Halbschatten auf den meisten Böden, selbst auf sauren. Die Braunelle wächst ebenso auf Rasen; wenn auch der Rasenmäher ihr Wachstum begrenzt, blüht sie doch üppig und zieht Bienen und Schmetterlinge an.

Prunella vulgaris

Anfälligkeiten
Normalerweise wird die Braunelle nicht von Schädlingen und Krankheiten befallen.

Pflegemaßnahmen
Frühling: Aussaat.
Sommer: Nach der Blüte die Braunelle zurückschneiden, um Selbstaussaat zu verhindern.
Herbst: Pflanzen teilen; Aussaat.
Winter: Kein Schutz nötig.

Ernte
Nur zu medizinischen Zwecken ernten. Blätter und Blüten trocknen.

PFLANZEN IN KÜBELN

Die Braunelle kann in Kübeln in humusreichem Substrat gehalten werden. Da die Braunelle allein gepflanzt etwas verloren wirkt, am besten mit Schlüsselblumen und Mohn kombinieren.
Während der Wachstumsperiode gut wässern; Flüssigdünger nur zweimal dem Gießwasser zusetzen.

HEILKRAFT

Bei Halsbeschwerden und bei Entzündungen als Gurgelmittel im Mund. Mit einem Absud behandelt man Schnittverletzungen und lindert Verbrennungen.

Pulmonaria officinalis

ECHTES LUNGENKRAUT

Auch Kuckucksblume, Osterblume und Hundszunge genannt.
Familie: Borretschgewächse *(Boraginaceae)*

Das Lungenkraut hat seine Heimat in Europa und im Norden der USA. Inzwischen ist es in vielen Ländern heimisch geworden und gedeiht in schattigen, feuchten Lagen und in Laub- und Mischwäldern, besonders auf kalkhaltigem Untergrund. An einem trockenen Standort tritt oft Befall durch Mehltau auf. Die Blüten sind besonders nektarreich und sind daher vor allem im Frühjahr von den Bienen umschwärmt. Die Bezeichnung *Pulmonaria* leitet sich von „pulmo", „Lunge", ab. Die Blätter des Lungenkrautes enthalten eine schleimige Substanz – ein Absud galt früher als Heilmittel gegen Husten und Lungenkrankheiten. Äußerlich gebraucht man es bei der Heilung von Wunden. Aus den jungen Grundblättern wird ein Salat bereitet. Lungenkraut enthält Kieselsäure, Gerbstoffe, Schleim, Harz und eine verhältnismäßig große Menge an Mineralien und anderen Substanzen.

ARTEN

Pulmonaria angustifolia
Schmalblättriges Lungenkraut
Winterharte, mehrjährige Pflanze; 25 cm groß. Pinkfarbene Blüten, die im Frühling blau werden. Lanzettliche, mittelgrüne Blätter ohne Zeichnung.

Pulmonaria longifolia
Winterharte, mehrjährige Pflanze; etwa 30 cm groß. Pinkfarbene Blüten, die im Frühling violett werden. Lanzettliche, dunkelgrüne, leicht behaarte Blätter mit weißen Flecken.

Echtes Lungenkraut *(Pulmonaria officinalis)* in Blüte

Pulmonaria officinalis
Echtes Lungenkraut
Winterharte, mehrjährige Pflanze; 30 cm groß. Pinkfarbene Blüten, die im Frühling blau werden. Ovale, mittelgrüne, behaarte Blätter mit weißen/cremefarbenen Flecken.

Pulmonaria officinalis
'Sissinghurst White'
Winterharte, mehrjährige Pflanze; 30 cm groß. Im Frühling zeigen sich weiße Blüten.
Diese Sorte hat ovale, mittelgrüne, weiß gefleckte Blätter.

Pulmonaria rubra
'Red Start'
Winterharte, mehrjährige Pflanze; 30 cm groß. Pinkfarbene/rote Blüten erscheinen im Frühling. Diese Sorte hat länglich-ovale, mittelgrüne, samtige Blätter ohne Zeichnung.

Pulmonaria saccharata
'Mrs. Moon'
Winterharte, mehrjährige Pflanze; 30 cm groß. Pinkfarbene Blüten, die im Frühling blau werden. Grüne, länglich-ovale Blätter mit cremig-weißen, unterschiedlich geformten Flecken.

Hinweis: Die amerikanische Sumpfdotterblume *Mertensia virginica* gehört ebenso wie das Lungenkraut zur Familie der Borretschgewächse. Die Blüten sind dunkelrot/blau, die Blätter lanzettlich. Sie gedeiht besonders gut an schattigen Plätzen. Die Blätter fallen sehr zeitig im Herbst ab, sodass sie sich nicht zur Bepflanzung von Rabatten eignet. Vermehrung wie bei *Pulmonaria spp.*

Pflanzen in Kübeln

Achten Sie darauf, dass der Kübel groß genug ist, damit der Wurzelstock genügend Platz hat, sich auszubreiten. Verwenden Sie humusreiches Substrat und einen frostfesten Kübel, da das Lungenkraut selbst in einem Kalthaus nicht gut gedeiht und fault.
Stellen Sie den Kübel während der Wachstumsperiode an einen schattigen Platz und wässern Sie gut.

Heilkraft

Lungenkraut wirkt schleimlösend. Es enthält Kieselerde, die die Elastizität der Lungen wiederherstellt. Äußerlich angewandt heilt die Pflanze Wunden und Verletzungen.

Lungenkraut im Potpourri

Kultivierung

Vermehrung
Aussaat: Das Lungenkraut produziert nur selten brauchbaren Samen. Vermehren Sie das Kraut durch Teilung; gelegentlich sät es sich selbst aus.
Teilung: Pflanzen nach der Blüte im Spätfrühling oder im Herbst teilen.

Anfälligkeiten
Das Lungenkraut kann von Mehltau befallen werden, wenn die Blätter im Herbst absterben. Entfernen Sie die Blätter.

Pflegemaßnahmen
Frühling: Sämlinge, die im Garten aufgegangen sind, ausgraben.
Sommer: Keine Pflege nötig.
Herbst: Pflanzen teilen. Das Kraut zurückschneiden.
Winter: Kein Frostschutz notwendig, da vollkommen winterhart.

Gartenkultivierung
Das Lungenkraut bevorzugt einen feuchten, durchlässigen Boden, dem etwas Humus und Mist zugesetzt wurde. Es ist ideal für schattige Plätze, gedeiht aber auch an nahezu allen anderen Stellen. Im Herbst im Abstand von 30 cm pflanzen. Die Pflanze wächst schnell und ist ein dichter Bodendecker. Bei warmem Wetter gut gießen.

Ernte
Die Blätter im Sommer nach der Blüte pflücken und trocknen.

Echtes Lungenkraut ***(Pulmonaria officinalis)***

Rosmarinus

Rosmarin

Auch Meertau, Balsamstrauch, Hochzeitsblümchen, Kranzenkraut und Marienkraut genannt. Aus der Familie der Lippenblütenler *(Labiatae)*

Der Rosmarin hat seine Heimat in den Ländern rings um das Mittelmeer und ist in allen gemäßigten Regionen weit verbreitet. Der lateinische Begriff bedeutet übersetzt „Meertau".
Dieser Name lässt sich darauf zurückführen, dass der Rosmarin ursprünglich nahe am Meer wuchs und seine Blüten aus der Entfernung wie Tautropfen aussehen. Eine meiner liebsten Geschichten über den Rosmarin kommt jedoch aus Spanien. Sie erzählt, dass die blauen Blüten früher einmal weiß gewesen seien. Als die heilige Familie nach Ägypten floh, musste sich die Jungfrau Maria vor Soldaten verbergen. Sie breitete ihren Umhang über einen Rosmarinbusch aus und kniete sich hinter ihm nieder. Als die Soldaten vorüber waren, stand Maria auf und schlug den Umhang zurück. Da verfärbten sich die Blüten ihr zu Ehren blau.
Jahrhundertelang trugen die Bräute Rosmarinkränze, und die Hochzeitsgäste erhielten Rosmarinzweige an farbigen, mit Gold verzierten Bändern – als Symbol von Liebe und Treue.
Darüber hinaus verbrannte man Rosmarin in Krankenzimmern, um die Luft zu reinigen. Während der Pestzeiten trugen die Leute Rosmarin in Beuteln um den Hals, um auf Reisen daran zu riechen. In viktorianischer Zeit füllte man den wohlriechenden Rosmarin aus demselben Grund in die hohlen Griffe der Spazierstöcke.

Arten

Rosmarinus officinalis
Rosmarin
Immergrüne, mehrjährige Pflanze; etwa 1 m groß. Zeitig im Frühling bis zum Frühsommer, zuweilen nochmals im Frühherbst blassblaue Blüten.
Die nadelartigen, dunkelgrünen Blätter duften sehr aromatisch.

Rosmarinus officinalis* var. *albiflorus
Immergrüne, mehrjährige Pflanze; etwa 80 cm groß. Zeitig im Frühling bis zum Frühsommer, zuweilen nochmals im Frühherbst, weiße Blüten. Die nadelartigen, dunkelgrünen Blätter duften sehr aromatisch.

***Rosmarinus officinalis angustissimus* 'Corsican Blue'**
Immergrüne, mehrjährige Pflanze; etwa 80 cm groß. Zeitig im Frühling bis zum Frühsommer, zuweilen nochmals im Frühherbst blaue Blüten. Die nadelartigen, dunkelgrünen Blätter duften sehr aromatisch. Die Pflanze ist wesentlich buschiger und riecht viel intensiver als „normaler" Rosmarin. Gut zum Kochen geeignet.

***Rosmarinus officinalis* 'Aureus'**
Immergrüne Pflanze; etwa 80 cm groß. Bringt nur selten blassblaue Blüten hervor. Die dünnen Nadeln sind grün mit goldfarbenen Tupfen. Diese Sorte sieht sehr attraktiv aus.

***Rosmarinus officinalis* 'Benenden Blue'**
Immergrüne, winterharte, mehrjährige Pflanze; etwa 80 cm groß. Zeitig im Frühling bis zum Frühsommer, zuweilen nochmals im Frühherbst dunkelblaue Blüten. Die dünnen, nadel-

Niederliegender Rosmarin *(Rosmarinus officinalis)*

Rosmarinus officinalis **'Miss Jessopp's Upright'**

artigen Blätter sitzen dicht am Stängel. Gutes Aroma.

Rosmarinus officinalis
'Fota Blue'
Immergrüne, mehrjährige Pflanze; etwa 80 cm groß. Zeitig im Frühling bis in den Frühsommer, zuweilen nochmals im Frühherbst schöne dunkelblaue Blüten. Schmale, nadelähnliche, dunkelgrüne Blätter. Die Pflanze wirkt fast wie ein Bodendecker.

Rosmarinus officinalis
'Majorca Pink'
Immergrüne, nicht frostharte, mehrjährige Pflanze; etwa 80 cm groß. Zeitig im Frühling bis in den Frühsommer, zuweilen nochmals im Frühherbst rosafarbene Blüten.
Die nadelartigen, dunkelgrünen Blätter duften sehr aromatisch.

Rosmarinus officinalis
'Miss Jessopp's Upright'
Immergrüne, mehrjährige Pflanze; etwa 2 m groß. Zeitig im Frühling bis in den Frühsommer, zuweilen nochmals im Frühherbst auffallend hellblaue Blüten. Diese Rosmarinart wächst sehr aufrecht und ist deshalb bestens als Rabatte (siehe S. 162) geeignet.
Die dicht wachsenden, dunkelgrünen Blätter lassen die Pflanze sehr buschig wirken.

Rosmarinus officinalis
'Primley Blue'
(Diese Sorte wurde jahrelang irrtümlicherweise „Frimley" genannt.)
Immergrüne, mehrjährige Pflanze; etwa 80 cm groß. Zeitig im Frühling bis in den Frühsommer, zuweilen nochmals im Frühherbst blaue Blüten.
Die nadelartigen, dunkelgrünen Blätter sind sehr aromatisch. Eine winterfeste, buschige Art.

Rosmarinus officinalis
'Bodendecker'
(lavandulaceus repens)
Immergrüne, mehrjährige Pflanze; etwa 30 cm groß. Zeitig im Frühling bis in den Frühsommer, zuweilen nochmals im Frühherbst hellblaue Blüten.
Die nadelartigen, dunkelgrünen Blätter duften sehr aromatisch. Diese Pflanze wächst gerne an Mauern oder Hängen.

Rosmarinus officinalis
'Roseus'
Immergrüne, nicht frostharte, mehrjährige Pflanze; etwa 80 cm groß. Zeitig im Frühling bis in den Frühsommer, zuweilen nochmals im Frühherbst rosafarbene Blüten.
Die nadelartigen, dunkelgrünen Blätter duften sehr aromatisch.

Rosmarinus officinalis
'Severn Sea'
Immergrüne, nicht frostharte, mehrjährige Pflanze; etwa 80 cm groß. Zeitig im Frühling bis in den Frühsommer, zuweilen nochmals im Frühherbst mittelblaue Blüten. Die nadelartigen, dunkelgrünen Blätter duften sehr aromatisch. Die Pflanze wirkt beinahe wie ein Bodendecker mit gebogenen Zweigen.

Rosmarinus officinalis
'Sissinghurst Blue'
Immergrüne, mehrjährige Pflanze; etwa 1,5 m groß. Zeitig im Frühling bis in den Frühsommer, zuweilen nochmals im Frühherbst hellblaue Blüten.
Die Pflanze wächst sehr aufrecht und buschig. Die nadelartigen, dunkelgrünen Blätter duften sehr aromatisch.

Rosmarinus officinalis
'Sudbury Blue'
Immergrüne, mehrjährige Pflanze; etwa 1 m groß. Zeitig im Frühling bis zum Frühsommer, zuweilen nochmals im Frühherbst mittelblaue Blüten. Widerstandsfähige Pflanze. Die nadelartigen, dunkelgrünen Blätter duften sehr aromatisch.

Von links nach rechts: *Rosmarinus officinalis* **var.** *albiflorus, Rosmarinus officinalis* **'Miss Jessopp's Upright',** *Rosmarinus officinalis* **'Roseus'**

Kultivierung

Vermehrung

Aussaat: *Rosmarinus officinalis* kann aus Samen gezogen werden. Die Temperatur muss dabei allerdings zwischen 27 und 32 °C betragen.
Im Frühjahr den Samen in vorbereitete Saatschalen aussäen. Ein Rinden-Torf-Sand-Gemisch verwenden und mit Perlit bedecken. Nach der Keimung die Sämlinge nicht zu stark wässern, damit sie nicht faulen.
Härten Sie die jungen Pflanzen im Sommer allmählich ab und topfen Sie sie um.
Im Winter werden die Rosmarinpflänzchen in einem Topf gehalten und im darauf folgenden Frühjahr an eine geeignete Stelle in einem Abstand von 60 bis 90 cm ins Freie gesetzt.
Stecklinge: Eine verlässliche Methode, um Rosmarinsorten zu vermehren.
Unverholzte Stecklinge: Im Frühling unverholzte Stecklinge von jungen Trieben nehmen. Diese auf ca. 15 cm zurückschneiden. Ein Rinden-Torf-Sand-Gemisch verwenden.
Verholzte Stecklinge: Im Sommer nicht blühende Schösslinge abschneiden. Dasselbe Substrat wie für unverholzte Stecklinge verwenden.
Ableger: Rosmarin neigt dazu, selbst Ableger auszubilden, besonders die Arten, deren Zweige nach unten hängen.

Anfälligkeiten

Da Rosmarin eine ausgesprochen aromatische Pflanze ist, wird er auch kaum von Schädlingen und Krankheiten befallen.

Pflegemaßnahmen

Frühling: Nach der Blüte zurückschneiden; Samen von *Rosmarinus officinalis* aussäen; unverholzte Stecklinge schneiden.
Sommer: In Kübeln gezogene Pflanzen düngen; verholzte Stecklinge schneiden; Ableger nehmen.
Herbst: Junge, empfindliche Pflanzen schützen.
Winter: Die Pflanzen müssen im Kalthaus überwintert werden.

Gartenkultivierung

Rosmarin benötigt einen durchlässigen Boden in geschützten, sonnigen Lagen. Er ist in den meisten Regionen Mitteleuropas nicht winterhart und muss in Kübeln in einem Kalthaus oder in einem kühlen, hellen Raum überwintert werden. Während des Winters sparsam gießen.
Ältere Pflanzen werden im Frühling kräftig zurückgeschnitten. Niemals jedoch Pflanzen im Herbst schneiden – das schädigt die Pflanzen unter Umständen dauerhaft.
Obwohl man sagt, dass Rosmarin eine Lebenserwartung von 33 Jahren hat, ist es besser, die Pflanzen alle 5 bis 6 Jahre zu ersetzen.

Ernte

Da Rosmarin ein immergrünes Gewächs ist, kann man frische Blätter das ganze Jahr über ernten. Wenn Sie größere Mengen benötigen, ernten Sie Rosmarin im Sommer und trocknen die Blätter – oder Sie bereiten Rosmarinöl oder -essig.

Mischkulturen

Rosmarin vertreibt in der Nähe von Karotten die Möhrenfliege und wirkt sich günstig auf Salbei aus.

Rosmarin (*Rosmarinus officinalis* var. *albiflorus*)

Pflanzen in Kübeln

Rosmarin gedeiht sehr gut in Töpfen. In kalten Regionen ist das die sicherste Methode, das Kraut zu kultivieren. Die niedrigen und nicht frostharten Arten sehen besonders hübsch in Kübeln aus. Verwenden Sie mit Rinde, Torf und Splitt versetztes Substrat und achten Sie auf Durchlässigkeit des Bodens. Nicht zu viel wässern. Nur nach der Blüte düngen.

Rabatten

Rosmarin eignet sich in klimatisch milden Regionen gut für Rabatten. Er trägt hübsche Blüten, duftet wunderbar und ist ein immergrünes Kraut. Die Pflanzen gedeihen prächtig auf durchlässigen, kalkhaltigen Böden. Die Sorten, die sich am besten für eine Rabatte eignen, sind 'Primley Blue' und 'Miss Jessopp's'. Beide wachsen aufrecht, sind buschig und in milden Gegenden winterhart. Die Blüten von 'Primley Blue' sind von dunklerem Blau. Die Pflanzen im Abstand von 45 cm einsetzen. Rabatten können nach der Frühjahrsblüte zurückgeschnitten werden.

Kulinarisches

Rosmarin wird gern für Fleischgerichte, vor allem für Lamm, verwendet. Außerdem passt er gut zu Gerichten aus dem Schmortopf, zu gebackenem Fisch, Eierspeisen, Reis, in Salate, Fruchtliköre, für Tomatensaucen, in Essig und Öl.

Vegetarisches Gulasch
(4 Personen)

2 EL Olivenöl mit Rosmarin
2 mittelgroße Zwiebeln, in Ringe geschnitten
1 TL Vollkornmehl
1 EL Paprikapulver
275 ml heißes, mit 1 Tl Tomatenmark verrührtes Wasser
1 Dose (400 g) geschälte Tomaten
2 Zweige Rosmarin
225 g Blumenkohlröschen
225 g junge Karotten, gewaschen und in Stücke geschnitten
225 g junge Kartoffeln, gewaschen und halbiert
je $^1/_2$ grüne und rote Paprikaschote, entkernt und in Streifen geschnitten
150 ml Sauerrahm
Salz und Pfeffer

Vegetarisches Gulasch

Rosmarinöl in einem Schmortopf erhitzen und die Zwiebeln darin andünsten. $^3/_4$ des Paprikapulvers unterrühren. 2 Minuten kochen lassen. Wasser, Tomaten und Rosmarinzweige hinzufügen. Unter Rühren zum Kochen bringen. Gemüse und restliche Gewürze dazugeben. Zugedeckt im vorgeheizten Backofen bei 190 °C ca. 35 Minuten schmoren lassen. Aus dem Ofen nehmen, Rosmarinzweige entfernen und Sauerrahm sowie restliches Paprikapulver unterrühren. Mit Nudeln servieren.

Weitere Nutzung

Legen Sie Rosmarinzweige auf den Grill – es entwickelt sich ein wunderbares Aroma! Haben Sie einen Holzofen, verbrennen Sie darin einige Rosmarinzweige – und das ganze Haus wird duften! Man setzt Rosmarin vielen Kräutershampoos zu und verwendet es in Haarwässern. Dunkles Haar wird, mit einem Rosmarinaufguss gespült, glänzend (für blondes Haar Kamille nehmen!).

Aufguss mit Rosmarin

Heilkraft

Wie viele andere ätherische Öle verfügt auch Rosmarin über antibakterielle und antifungizide Eigenschaften. Äußerlich wendet man das Öl an, um Insekten abzuwehren. Darüber hinaus ist es ein ausgezeichnetes Heilmittel bei Kopfschmerzen, wenn man es direkt in die Kopfhaut einreibt. Rosmarintee hilft bei Mundgeruch und hat als Mittel zum Gurgeln antiseptische Wirkung. In kleinen Mengen getrunken mindert Rosmarintee Blähungen und stimuliert den Verdauungsapparat und die Gallenblase. Um einen Tee zu bereiten, geben Sie einen Teelöffel gehackte Blätter in eine Tasse und gießen kochendes Wasser darüber; dann bedecken Sie die Tasse und lassen das Ganze 5 Minuten ziehen.
Eine antiseptisch wirkende Lösung können Sie dem Badewasser zusetzen: Eine Hand voll Blätter in 475 ml Wasser etwa 10 Minuten aufkochen lassen.

Warnung

Das Öl nicht innerlich anwenden. Die Verwendung der Blätter in extrem hohen Dosen hat toxische Wirkung und kann zu Krämpfen und Fehlgeburten führen.

Rumex

SAUERAMPFER

Auch Säuerling, Sauerklee, Sauerknöterich, Haderlump, Kuckuckskraut und Roter Heinrich genannt.
Familie: Knöterichgewächse *(Polygonaceae)*

Der Sauerampfer hat seinen Ursprung in Europa, Asien und Nordamerika. Inzwischen ist er jedoch in vielen anderen Ländern auf der ganzen Welt heimisch geworden. Er bevorzugt nährstoffreiche, feuchte, lehmige und saure Böden. Die Bezeichnung *Rumex* leitet sich von dem lateinischen Wort „rumo", „ich lutsche" ab. Offensichtlich haben römische Soldaten die Blätter gelutscht, um ihren Durst zu stillen, und von römischen Ärzten weiß man, dass sie diese als harntreibendes Mittel einsetzten. Die Tudors hielten den Sauerampfer für eine der schmackhaftesten Gemüsesorten, und besonders Heinrich VIII. war von diesem Kraut begeistert. In Lappland benutzte man Sauerampfersaft an Stelle von Lab, um die Milch gerinnen zu lassen.

Sauerampfer *(Rumex acetosa)*

Schildsauerampfer
(Rumex scutatus)

ARTEN

Rumex acetosa
Sauerampfer
Auch als Großer Ampfer oder Wiesen-Sauerampfer bezeichnet.
Mehrjährige, winterharte Pflanze. Etwa 60–120 cm groß. Die kleinen unscheinbaren Blüten sind zuerst grünlich und verfärben sich mit zunehmender Reife in ein rötliches Braun.
Die Blätter sind pfeilförmig und weisen am Ansatz zwei Ausbuchtungen auf.

Rumex acetosella
Kleiner Ampfer
Winterharte, mehrjährige Pflanze. Etwa 15–30 cm groß. Die kleinen unscheinbaren Blüten sind zuerst grünlich und verfärben sich mit zunehmender Reife braun. Die mittelgrünen Blätter sind spießförmig.
Der Kleine Ampfer wächst wild in Heidegebieten und Graslandschaften; man findet ihn allerdings nur sehr selten auf kalkhaltigem Boden.

Rumex scutatus
Schildsauerampfer
Winterharte, mehrjährige Pflanze. Etwa 15–45 cm groß. Die kleinen unscheinbaren Blüten sind zuerst grünlich und verfärben sich mit zunehmender Reife braun. Die mittelgrünen Blätter sind rundlich und spießförmig.

KULTIVIERUNG

Vermehrung
Aussaat: Um möglichst frühzeitig zu ernten, sollten Sie zeitig im Frühjahr mit der Aussaat beginnen. Den Samen in vorbereitete Saatschalen säen. Mit Rinde und Torf versetztes Substrat verwenden und das Ganze mit Perlit bedecken.
Sauerampfer keimt in etwa 10 bis 20 Tagen. Wenn die Sämlinge groß genug sind und der Boden nicht mehr so kalt ist, die Pflänzchen im Abstand von 30 cm versetzen.
Teilung: Teilen Sie die Pflanze alle zwei Jahre im Herbst, damit die Blätter fleischig bleiben.

Anfälligkeiten
Ringeltauben und Nacktschnecken können für den Sauerampfer zu einem Problem werden. Entfernen Sie beschädigte Blätter und stellen Sie Fallen für die Schnecken auf.

Pflegemaßnahmen
Frühling: Zeitig im Frühling den Samen in Saatschalen geben, ab Frühlingsmitte gleich ins Freie aussäen.
Sommer: Die Blüten abschneiden, um das Blattwachstum nicht zu beeinträchtigen und um eine Selbstaussaat zu verhindern; viel gießen, damit die Blätter fleischig bleiben.
Herbst: Pflanzen teilen.
Winter: Vollkommen winterhart.

Gartenkultivierung
Dieses Kraut bevorzugt einen nährstoffreichen, feuchten und sauren Boden in sonniger bis halbschattiger Lage. Im späten Frühling den Samen an einer vorbereiteten Stelle aussäen. Die Keimlinge später zuerst im Abstand von 7,5 cm, später von 30 cm verziehen. Da der Sauerampfer zu Selbstaussaat neigt, sollten Sie die Blütenköpfe entfernen, sobald sie erscheinen – so bleiben auch die Blätter frisch und saftig.
In sehr warmen Sommern bzw. in warmen Klimazonen werden Sauerampferblätter leicht bitter. Mulch bewirkt, dass der Boden weniger Wärme annimmt und dass sich die Blätter im Geschmack verbessern, sobald die Hitze nachlässt. Bauen Sie Schildsauerampfer an, da er weniger empfindlich ist.
Sollte der Sauerampfer in Ihrem Garten zu einem Problem werden, kalken Sie den Boden mehrmals.

Ernte
Während der Wachstumsperiode junge Blätter zur sofortigen Verwendung sowie zum Tiefgefrieren ernten.

Pflanzen in Kübeln

Der Schildsauerampfer eignet sich besonders gut als Kübelpflanze. Verwenden Sie mit Rinde und Torf versetztes Substrat. Wählen Sie einen großen Kübel, damit sich die Pflanze ausbreiten kann. Sauerampfer ist ein hervorragendes Küchenkraut. Schneiden Sie die Blüten ab, damit die Blätter zart bleiben. Gießen Sie in der Wachstumsperiode reichlich. Dem Wasser Flüssigdünger zugeben, wenn Sie viel ernten möchten.

Schildsauerampfer
(Rumex scutatus)

Kulinarisches

Verwenden Sie Sauerampfer für Suppen, Omeletts und Fischsoßen sowie zu Geflügel und Fisch. Das Kraut lässt Fleisch sehr zart werden. Legen Sie Sauerampfer auf Steaks oder geben Sie zerkleinerte Blätter in Marinaden.
Verwenden Sie Sauerampfer, bevorzugt Schildsauerampfer, roh in Salaten; dabei gehen Sie mit Essig bzw. Zitronensaft im Dressing sparsam um. Kochen Sie Sauerampfer wie Spinat; wechseln Sie dabei einmal das Kochwasser, um die Säure zu vermindern.

Grüne Soße
Je eine Hand voll Sauerampfer- und Kopfsalatblätter sowie Brunnenkresse waschen. In wenig Wasser mit einer ganzen, geschälten Zwiebel weich kochen. Die Zwiebel entfernen. Die Blätter abkühlen lassen. 1 Teelöffel Olivenöl, 1 Teelöffel Weinessig, Pfeffer und Salz hinzufügen. Rühren, bis das Ganze von cremiger Konsistenz ist. Mit Fisch oder kaltem Geflügel servieren.

Sauerampfersuppe
(4 Personen)

100 g Sauerampfer
100 g Kopfsalat
50 g Petersilie
100 g Kartoffeln, geschält und in Scheiben geschnitten
50 g Butter
600 ml Hühnerbrühe
4 EL Sahne

Sauerampfer, Kopfsalat und Petersilie waschen, trockenschütteln und grob hacken. Butter in einem Topf erhitzen und Sauerampfer, Kopfsalat und Petersilie dazugeben. Ca. 5 Minuten andünsten, dann die Kartoffeln hinzufügen. Mischen, die erhitzte Hühnerbrühe darüber gießen und die Suppe ca. 25 Minuten köcheln lassen. Im Mixer pürieren. In den Topf füllen und vorsichtig erwärmen, nicht kochen. Vor dem Servieren die Sahne einrühren.

Weitere Nutzung

Sauerampfer ist eine gute Färberpflanze; mit Alaun ergibt sich eine gelbe oder grüne Färbung. Sauerampfersaft entfernt Schimmel oder Tinte aus Leinen und Belag von Silbergeschirr.

Sauerampfersuppe

Heilkraft

Sauerampfer wirkt blutreinigend und verbessert den Hämoglobingehalt des Blutes. Außerdem enthält er reichlich Vitamin C.
Ein Wickel, der Sauerampferblätter enthält, unterstützt die Behandlung von Hautunreinheiten, wie z. B. Akne.

Warnung

Verwenden Sie Sauerampfer nicht in zu großen Mengen oder zu oft. Seine Oxalsäure kann bei übermäßigem Gebrauch gesundheitsschädigend wirken. Sehr hohe Dosen können zu Nierenschäden führen.
Das Kraut sollte nicht verwendet werden bei Rheuma, Arthritis, Nierensteinen, Gicht oder einer Übersäuerung des Magens. Sauerampferblätter können eine Dermatitis auslösen.

Ruta graveolens

WEINRAUTE

Auch Gartenraute, Kreuzraute, Weinkraut, Totenkraut, Pfingstwurzel und Krätzraute genannt. Familie: Rautengewächse *(Rutaceae)*

Die Raute war ursprünglich in südeuropäischen Mittelmeerländern beheimatet. Sie gedeiht auf nährstoffarmen, durchlässigen Böden. Inzwischen ist sie auch in Nordamerika und Australien zu finden. Die Weinraute hat sich kälteren klimatischen Bedingungen angepasst und wurde sogar in Nordeuropa heimisch. Früher glaubte man, dass die Raute gegen Teufel und Hexerei Schutz gewähre. Außerdem wandte man sie als Gegenmittel bei Vergiftungen, angefangen bei Pilzvergiftungen bis hin zu Schlangenbissen, an. Die Römer führten die Weinraute in Britannien ein. Dort schenkte man ihr bis zum Mittelalter kaum Beachtung. Erst später banden wohlhabende Leute die Raute in Biedermeiersträußchen zum Schutz vor allem Übel, insbesondere der Pest.
Man glaubte, dass die Weinraute das Augenlicht bewahren half und seherische Fähigkeiten verstärkte. Sowohl Leonardo da Vinci als auch Michelangelo sollen gesagt haben, dass dieses Kraut ihre inneren Visionen verstärkt habe.

ARTEN

Ruta graveolens
Weinraute
Winterharte, immergrüne, mehrjährige Pflanze. Etwa 60 cm groß. Im Sommer gelbe, wachsartige Blüten mit 4 oder 5 Blütenblättern. Kleine, gefiederte, blaugrüne Blätter.

***Ruta graveolens* 'Jackman's Blue'**
Winterharte, immergrüne, mehrjährige Pflanze. Im Sommer gelbe, wachsartige Blätter mit 4 oder 5 Blütenblättern. Kleine, gefiederte, bläuliche Blätter.

***Ruta graveolens* 'Variegata'**
Winterharte, immergrüne, mehrjährige Pflanze. Etwa 60 cm groß. Im Sommer gelbe, wachsartige Blüten mit 4 oder 5 Blütenblättern. Kleine, gefiederte Blätter, die vor allem im Frühling cremefarben oder weiß gefleckt sind. Im Sommer verblasst die Färbung. Es gibt Menschen, die die Flecken für Blüten halten und daran riechen. Davon sollte man allerdings Abstand nehmen, da dieses Kraut, ebenso wie andere Rautengewächse, eventuell Hautausschläge hervorrufen kann.

Weinraute
(Ruta graveolens)

KULTIVIERUNG

Vermehrung
Aussaat: Säen Sie im Frühling in Saatschalen. Mit Rinde und Torf versetztes Substrat verwenden und mit Perlit bedecken. Für eine gleich bleibende Temperatur von 20 °C sorgen. Ob der Samen keimt, hängt von dessen Qualität ab. Da die Sämlinge leicht faulen, sollten Sie mit dem Gießen vorsichtig sein. Die Erde darf nicht nass sein. Die gescheckte Weinraute kann aus Samen gezogen werden – das ist nicht bei allen panaschierten Pflanzen der Fall. Sind die Sämlinge groß genug, werden sie im Abstand von 45 cm in den Garten gepflanzt.
Ableger: Im Frühling oder Frühsommer Ableger von Schösslingen nehmen. 'Jackman's Blue' kann nur durch Ableger vermehrt werden. Für die Ableger mit Rinde, Torf und Splitt versetztes Substrat verwenden. Beim Gießen vorsichtig sein und die Pflänzchen nicht zu sehr wässern, damit sie nicht faulen.

Raute Jackman's Blue (*Ruta graveolens* **'Jackman's Blue'**)

Warnung

Die Berührung der Pflanze kann allergische Reaktionen hervorrufen.
Um das Risiko einer Erkrankung zu verringern, sollten Sie sowohl nach Regenfällen als auch bei starker Sonne keine Ableger nehmen; zu diesem Zeitpunkt ist der Umgang mit Raute am gefährlichsten. Warten Sie lieber, bis die Pflanze trocken ist oder die Sonne weniger stark scheint – andernfalls sollten Sie Handschuhe tragen.

Raute sollte nur von medizinisch geschulten Personen verwendet werden. Für Schwangere ist die Raute höchst gefährlich, da sie Fehlgeburten auslösen kann! Außerdem wirken große Mengen des Krauts toxisch, die Verwendung von Rauteöl kann schlimmstenfalls sogar zum Tode führen.

Anfälligkeiten
Die Weinraute wird häufig von der Weißen Fliege befallen; es bildet sich rußfarbener Schimmel.
Bekämpfen Sie die Weiße Fliege mit einer Spritzbrühe.

Pflegemaßnahmen
Frühling: Die Pflanzen in Form schneiden; Aussaat; unverholzte Ableger nehmen.
Sommer: Nach der Blüte die Pflanzen zurechtstutzen.
Herbst: Die panaschierte Raute sollte bei Temperaturen unter –5 °C abgedeckt werden.
Winter: Die Weinraute muss nur bei extremer Kälte geschützt werden.

Gartenkultivierung
Alle Sorten bevorzugen einen sonnigen Standort und einen mageren, durchlässigen Boden. Am besten steht die Raute abseits von Wegen oder zurückgesetzt in Beeten, dort, wo die Gefahr nicht besonders groß ist, dass man sie berührt. Im Frühling und nach der Blüte im Sommer (jedoch nicht im Herbst!) alle Pflanzen in Form schneiden.
Die panaschierten Rautearten behalten so ihre Färbung.

Ernte
Blätter zum sofortigen Gebrauch pflücken. Raute muss nicht konserviert werden.

Pflanzen in Kübeln

Die Raute kann auch in Kübeln gezogen werden. Verwenden Sie dazu mit Rinde, Torf und Splitt versetztes Substrat. Den Kübel vorsichtig an der gewünschten Stelle platzieren, dabei die Blätter nicht berühren. Obwohl die Pflanze wenig Ansprüche stellt, sollte sie im Kübel im Sommer regelmäßig gegossen werden. Im Winter die Raute sehr trocken halten und nur einmal im Monat gießen. Im Frühling die Pflanzen mit Flüssigdünger düngen.

Heilkraft

Dieses alte Heilkraut wird zur Behandlung von überanstrengten Augen und damit verbundenen Kopfschmerzen verwendet. Positive Wirkung hat es auch bei nervösem Kopfschmerz und Herzklopfen sowie bei hohem Blutdruck. Außerdem soll es Knochen und Zähne kräftigen. Rautetee hilft bei Wurmerkrankungen.

Gefleckte Raute (*Ruta graveolens* **'Variegata'**)

Tee mit Raute

Kulinarisches

Das Kraut ist äußerst bitter; fein gehackt sparsam zu Eiern, Fisch oder Käsegerichten servieren.

„Warum soll ein Mensch sterben, der Salbei im Garten hat?"
Merkspruch aus der Zeit um 1300

Salvia

SALBEI

Auch Gartensalbei, Königssalbei, Götterspeise, Tugendsalbei, Salser, Schmale Sophie, Zahnblätter, Muskatellerkraut, Scharlachkraut genannt. Familie: Lippenblütengewächse *(Labiatae)*

Der Salbei mit seinen mehr als 750 Sorten ist überall auf der Welt bekannt. Zu dieser Gattung gehören ein- und zweijährige, aber auch mehrjährige Gewächse. Der Name „Salvia" leitet sich vom lateinischen „salveo" ab, was „ich rette" oder „ich heile" bedeutet.

Die Griechen verwendeten Salbei, um Geschwüre und Schlangenbisse zu behandeln. Bei den Römern galt Salbei als heiliges Kraut, das auf besondere Art und Weise gesammelt wurde. Man benutzte ein spezielles, nicht aus Eisen gefertigtes Messer; wer Salbei erntete, musste saubere Kleidung tragen, saubere Füße haben und ein Opfer bringen, bevor die Ernte beginnen konnte. Man glaubte, dass Salbei gut für das Gehirn, die Sinnesorgane und das Gedächtnis sei. Außerdem diente er als Gurgelmittel, Mundwasser und Zahnpasta.

Die Chinesen schätzten den Salbei sehr. Im 17. Jahrhundert machten holländische Händler die Erfahrung, dass die Chinesen drei Kisten mit chinesischem Tee gegen eine Kiste Salbei tauschten.

Oben: **Salbei *(Salvia officinalis)***

Rechts: **Roter Salbei *(Salvia officinalis purpurescens)***

ARTEN

Im folgenden werden die in Küche und Medizin hauptsächlich verwendeten Salbeiarten beschrieben – mit einer Ausnahme, die hier gleich vorgestellt wird.

Salvia elegans* 'Scarlet Pineapple' *(rutilans)
Ananassalbei
Nicht frosthartes, mehrjähriges Kraut; etwa 90 cm groß. Von Sommermitte bis -ende rote Blüten. Die Blätter sind grün und haben am Rand einen leichten Rotstich; sie duften nach Ananas. Hierbei handelt es sich um eine subtropische Salbeisorte, die im Winter vor Frost geschützt werden muss. In gemäßigten klimatischen Bedingungen hält man dieses Kraut im Haus; es gedeiht an einem sonnigen Platz auf dem Fensterbrett. Ananassalbei kann nur über Ableger vermehrt werden. Er eignet sich allerdings nicht zum Kochen, da er nicht annähernd so gut schmeckt, wie er riecht. In Kombination mit Aprikosen gibt der Ananassalbei eine gute Fülle für Schweinefleischgerichte ab; andere kulinarische Experimente, die ich angestellt habe, misslangen.

Salvia lavandulifolia
Spanischer Salbei
Winterharte, immergrüne, mehrjährige Pflanze; 45 cm groß. Im Sommer zeigen sich schöne, blaue Blüten. Die Blätter sind grün, klein, schmal, oval und sehr aromatisch. Diese Salbeisorte eignet sich ausgezeichnet zum Kochen und schmeckt sehr würzig. Auch zur Teebereitung ist sie gut geeignet. Sie kann nur über Ableger vermehrt werden.

Salvia officinalis
Echter Salbei
Winterharte, immergrüne, mehrjährige Pflanze; 60 cm groß. Im Sommer malvenfarbene/blaue Blüten. Die Blätter sind grün, schmal, oval und sehr aromatisch. Dieser Salbei eignet sich am besten von allen zum Kochen. Er kann leicht durch Samen vermehrt werden. Es gibt auch eine weiß blühende, sehr seltene Art: *Salvia officinalis* 'Albiflora'.

Salvia officinalis latifolia
Winterharte, immergrüne, mehrjährige Pflanze; 60 cm groß. Blüht nur sehr selten in kühlen Klimazonen; wenn doch, sind die Blüten malvenfarben/blau. Die Blätter sind grün, größer als die des Echten Salbeis, oval und sehr aromatisch. Diese Art ist gut zum Kochen geeignet. Sie kann nur über Ableger vermehrt werden.

Salvia officinalis icterina
Winterharte, immergrüne, mehrjährige Pflanze; 45 cm groß. Blüht nur sehr selten in kühlen Klimazonen; wenn doch, sind die Blüten malvenfarben/blau. Die Blätter sind grün und gold gescheckt, klein, schmal und aromatisch. Diese Art ist von mildem Geschmack und gut zum Kochen geeignet. Sie kann nur über Ableger vermehrt werden.

Muskatellersalbei (*Salvia sclarea*)

Salvia sclarea
Muskatellersalbei
Winterharte, zweijährige Pflanze; 60 cm groß. Blaue/rote/lilafarbene Blütenähren. Die Blätter sind sehr groß, oft 20 bis 23 cm lang, hellgrün und leicht runzelig. Kann problemlos aus Samen gezogen werden. Es gibt eine weitere Art, *Salvia* var. *turkestanica*, mit weißen, leicht pink gefärbten Blüten.

Salvia officinalis purpurascens
Roter Salbei
Winterharte, immergrüne, mehrjährige Pflanze; 70 cm groß. Im Sommer malvenfarbene/blaue Blüten. Die Blätter sind rötlich, schmal, oval und aromatisch.
Hinweis: Wenn Sie das Kraut im Frühling beschneiden, entwickeln sich neue Blätter, jedoch nur wenige Blüten. Schneiden Sie das Kraut nicht zurück, blüht es, wird aber holzig. Stutzen Sie den Salbei erst zu diesem Zeitpunkt, treibt er bis zum Frühling nicht mehr aus und sieht ein wenig kahl aus. Es gibt auch eine panaschierte Sorte des Roten Salbeis: *Salvia officinalis* 'Purpurescens Variegata'. Beide Sorten können nur über Ableger vermehrt werden.

***Salvia officinalis* 'Tricolor'**
Dreifarbiger Salbei
Nicht frostharte, immergrüne, mehrjährige Pflanze; 40 cm groß. Im Sommer schöne, blaue Blüten. Grüne Blätter mit rosafarbener, weißer und roter Zeichnung; klein, schmal, oval und sehr aromatisch. Gut zum Kochen geeignet. Kann nur über Ableger vermehrt werden.

***Salvia blancoana:* silbrige Blätter und niedriger Wuchs**

Kultivierung

Vermehrung
Aussaat: Echter und Muskatellersalbei können aus Samen gezogen werden. Diesen im Frühling in Saatschalen säen und mit Perlit bedecken. Die Saatschalen geschützt stellen; eine Temperatur zwischen 15 und 21 °C ist vorteilhaft. Bis zur Keimung dauert es 2 bis 3 Wochen. Nach dem letzten Frost die Pflanzen im Abstand von 45–60 cm ins Freie setzen.
Stecklinge: Über Ableger lassen sich alle panaschierten Sorten sowie diejenigen, die in kühleren Gebieten keinen Samen ausbilden, vermehren. Verwenden Sie mit Rinde, Torf und Splitt versetztes Substrat.
Unverholzte Stecklinge: Im Spätfrühling oder Frühsommer Stecklinge von kräftigen, neuen Trieben nehmen. Die Wurzeln entwickeln sich nach etwa 4 Wochen.
Ableger: Schneiden Sie von einer gut entwickelten Salbeipflanze, die eventuell schon ein bisschen holzig wird, im Frühling oder Herbst Zweige ab.

Anfälligkeiten
Salbei, der in Kübeln gezogen wird – insbesondere der Ananassalbei –, wird häufig von der Roten Spinnmilbe befallen. Behandeln Sie die Pflanze in diesem Fall mit einer Spritzbrühe.

Pflegemaßnahmen
Frühling: Aussaat; wenn nötig, Pflanzen zurückschneiden; unverholzte Stecklinge nehmen.
Sommer: Nach der Blüte zurückschneiden.
Herbst: Nicht frostharte Salbeisorten und Einjährige schützen.
Winter: Pflanzen schützen, von denen man ernten möchte.

Roter Salbei *Salvia officinalis purpurascens* und *Salvia officinalis icterina*

Gartenkultivierung
Der Salbei kann gewöhnliche Winter auch ohne besondere Schutzmaßnahmen überstehen. Der Boden muss jedoch auch in dieser Zeit durchlässig und nicht sauer sein. Der Standort sollte allerdings so warm und trocken wie möglich sein. Der Geschmack der Blätter hängt stark von der Bodenbeschaffenheit ab. Möchten Sie Samen im Freien aussäen, sollten Sie so lange warten, bis kein Frost mehr zu befürchten ist, und den Samen direkt in die vorbereitete Erde im Abstand von 25 cm geben. Nachdem der Samen gekeimt ist, die Pflänzchen im Abstand von 45 cm versetzen. Im ersten Winter die jungen Pflanzen mit Mulch abdecken.
Damit das Kraut buschig wächst, den Salbei im Frühling sowie im Spätsommer nach der Blüte stutzen. Ausgewachsene Pflanzen können im Frühling kräftig zurückgeschnitten werden – Sie sollten aber einige Ableger nehmen. Niemals im Herbst stutzen. Da Salbei holzig wird, die Pflanzen alle 4 bis 5 Jahre erneuern.

Ernte
Da der Salbei ein immergrünes Kraut ist, kann man die Blätter das ganze Jahr über frisch verwenden. In mediterranem Klima – ebenso in den amerikanischen Südstaaten – werden die Blätter auch in den Wintermonaten geerntet. Dies ist selbst unter kühleren klimatischen Bedingungen möglich, wenn man die Pflanze abdeckt, damit die Blätter keinen Schaden nehmen. Sie lassen sich gut trocknen; es kann allerdings passieren, dass der Salbei bei unsachgemäßer Behandlung einen etwas modrigen Geruch und auch Geschmack entwickelt – und dann fürchterlich schmeckt. Es ist also empfehlenswerter, den Salbei im Garten anzupflanzen und frisch zu genießen.

Pflanzen in Kübeln

Alle Salbeisorten gedeihen problemlos in Kübeln. Der Ananassalbei ist sehr zart. Wenn man mit den Händen ein Blatt zerreibt, verströmt er einen wunderbaren Ananasduft. Verwenden Sie mit Rinde, Torf und Splitt versetztes Substrat. Düngen Sie nach der Blüte und gießen Sie nicht übermäßig.

Mischkulturen

Salbei, den man zusammen mit Kohl pflanzt, soll angeblich den Kohlweißling vertreiben. Günstig ist es auf jeden Fall, Salbei neben Rebenstöcke zu pflanzen.

Weitere Nutzung

Getrocknete Blätter, vor allem die des Ananassalbeis, passen gut in Potpourris.

Salvia officinalis latifolia

Heilkraft

Jahrhundertelang schätzte man den Salbei wegen seiner Heilkraft. Ein heißer Salbeiaufguss hilft bei ersten Anzeichen einer Erkältung. Salbeitee mit etwas Apfelessig versetzt ist ein ausgezeichnetes Gurgelmittel bei Halsschmerzen, Kehlkopf- und Mandelentzündung. Außerdem wirkt er heilend bei entzündetem Zahnfleisch und Geschwüren im Mund. Ätherische Öle erhält man durch Dampfdestillation frischer oder teilweise getrockneter Blütenstiele und Blätter. Diese Öle verwendet man zwar auch in der Homöopathie – in weitaus größerem Ausmaß jedoch in Eau de Toilettes, Parfüms und Seifen sowie zu Verfeinerung von Wermut und Likör.

Links: **Dreifarbiger Salbei** *Salvia officinalis* **'Tricolor'**

Kulinarisches

Diese Heilpflanze ist auch ein gutes Küchenkraut, obwohl es lange Zeit nicht beachtet und gewürdigt wurde. Sparsam verwendet, verfeinert Salbei den Geschmack der Speisen, unterstützt die Verdauung fetter Gerichte und hat darüber hinaus antiseptische Wirkung.
Lange Zeit hat man Salbei in Würsten verarbeitet, da er über konservierende Eigenschaften verfügt. Außerdem kann man aus Salbei wohlschmeckende Kräutergelees, -öle und -essige zubereiten. Man kann Salbei aber auch in kleinen Mengen frisch verwenden. Das Rezept des folgenden Gerichts bekam ich von einem Freund. Mit der Zeit habe ich es etwas verändert und dem Ganzen weitere Kräuter hinzugefügt.

Auflauf mit Haselnüssen und Pilzen
(4 Personen)

etwas Salbeiöl
Naturreis (die Menge entspricht einem bis zur Markierung „150 ml" gefüllten Messbecher)
275 ml kochendes Wasser
1 TL Salz
1 große Zwiebel, geschält und gehackt
100 g Champignons, geputzt und gehackt
2 mittelgroße Karotten, geputzt und gestiftelt
$^1/_2$ TL Koriander
1 EL Sojasoße
100 g Vollkorn-Paniermehl
175 g gemahlene Haselnüsse
1 TL gehackte Salbeiblätter
1 TL gehackte Liebstöckelblätter
Sonnenblumenkerne zum Verzieren
Auflaufform, ausgelegt mit Backpapier

Den Ofen auf 180 °C vorheizen. 1 TL Salbeiöl in einem kleinen Topf erhitzen, den Reis dazugeben und kurz einrühren. Das kochende Wasser aufgießen. Salzen. Das Ganze verrühren und den Reis etwa 40 Minuten leise köcheln lassen, bis das Wasser vollständig aufgesogen ist.
In der Zwischenzeit 1 EL Salbeiöl in einem mittleren Topf erhitzen, die Zwiebeln, Champignons, den Koriander und die Sojasoße dazugeben, verrühren und 10 Minuten kochen lassen. Dann zum Reis das Paniermehl, die Haselnüsse, den Salbei und das Liebstöckel geben. Das Gemüse hinzufügen und das Ganze in die Auflaufform füllen. Die

Auflauf mit Haselnüssen und Pilzen

Sonnenblumenkerne darüber streuen. Im Ofen etwa 45 Minuten backen.
Mit Tomatensoße und grünem Salat servieren.

Warnung

Übermäßige Verwendung von Salbei kann Vergiftungserscheinungen hervorrufen. Wenn Sie Salbeitee über 1 bis 2 Wochen ständig trinken, hat er unter Umständen sogar toxische Wirkung.

Sambucus

HOLUNDER

Auch Holler, Holder, Achenstaude, Holderknopf, Zibkenblüten, Marterblumen, Schotschen, Backholerblüten, Betscheletee und Zwebstblüten genannt.
Familie: Geißblattgewächse *(Caprifoliaceae)*

Der Holunder ist auf der ganzen Welt in gemäßigten Klimazonen anzutreffen. Im Englischen heißt der Holunder „elder", was sich vermutlich aus dem Angelsächsischen „Ellaern" oder „Aeld" ableitet, was so viel wie „anfeuern" oder „anzünden" bedeutet, da man früher die hohlen Stängel des Gewächses dazu benutzte, das Feuer am Brennen zu halten. Der Gattungsbegriff „Sambucus" reicht bis ins antike Griechenland zurück und dürfte sich ursprünglich auf „sambuke" bezogen haben, eine aus Holunderholz gefertigte Flöte. Auch aus den Zweigen des Holunders stellte man Flöten her – möglicherweise sogar die Original-Panflöten. Früher glaubte man, dass man den Teufel sehen könne, wenn man Holunder aufs Feuer legt. Bauern benutzten nie Holunderruten, um ihr Vieh anzutreiben, und es heißt, dass Holunder nur an Stellen gedeiht, an denen einmal Blut vergossen wurde. Pflanzte man Holunder vor der Hintertür, war das ein sicherer Schutz vor allem Übel, vor schwarzer Magie und Blitzschlag.

Schwarzer Holunder
(Sambucus nigra)

Roter Holunder

ARTEN

Sambucus canadensis
Winterharte, mehrjährige Pflanze, die ihr Laub jährlich abwirft; 1,5–3,5 m groß. Den ganzen Sommer über zeigen sich zahlreiche, kleine, weiße Blüten mit flachen Trugdolden. Im Frühherbst folgen dunkelrote Beeren. Die Blätter sind lang, scharf gezähnt und hellgrün.
Vorsicht: Alle Teile der frischen Pflanze können giftig sein. Kinder trugen schon Vergiftungserscheinungen davon, weil sie die Rinde kauten oder lutschten. Einmal gekocht, sind Blüten und Beeren völlig ungefährlich. Einige Indianerstämme bereiteten aus den Wurzeln Tee gegen Kopfschmerzen zu.

***Sambucus canadensis* 'Aurea'**
Winterharte, mehrjährige Pflanze, die ihr Laub jährlich abwirft; 4 m groß. Im Sommer erscheinen cremefarbene Blüten, auf die im Frühherbst rote Beeren folgen. Die Blätter sind groß und goldgelb.

Sambucus ebulus
Zwergholunder
Winterharte, mehrjährige Pflanze, die ihr Laub jährlich abwirft; 60–120 cm groß. Im Sommer weiße Blüten mit pinkfarbenen Spitzen. Im Frühherbst schwarze Beeren. Die Blätter sind rechteckig, lanzettlich und an den Ecken gezähnt. Zwergholunder wächst in kleinen Gruppen in Europa sowie in den Ost- und Mittelstaaten der USA.
Vorsicht: Alle Teile der Pflanze sind leicht giftig, und Kinder sollten keinesfalls die bitteren Beeren essen. *Sambucus ebulus* hat eine weitaus stärkere Wirkung als sein naher Verwandter, der Schwarze Holunder *(Sambucus nigra)*. In großer Menge verzehrt, kommt es zu Gleichgewichtsstörungen, Erbrechen und Durchfall. Heutzutage wird Zwergholunder nur noch selten verwendet; eine innerliche Anwendung sollte nur unter strenger medizinischer Beobachtung erfolgen.

Sambucus nigra
Schwarzer Holunder
Winterharter, mehrjähriger Busch, der sein Laub jährlich abwirft; 6–7 m groß. Im späten Frühling und im Frühsommer flache Dolden mit kleinen, sternförmigen, cremefarbenen Blüten. Im Frühherbst schwarzrote, saftige Beeren. Blüten und Beeren werden in der Industrie für Kosmetika, Marmeladen, Gelees und Liköre verwendet.
Die Blätter dieses Holunders wirken abführend und sollten nicht innerlich angewandt werden.
Das Holz ausgewachsener Pflanzen wird von Handwerkern sehr geschätzt.

***Sambucus nigra* 'Aurea'**
Busch, der sein Laub jährlich abwirft; 6 m groß. Im Früh- bis Mittsommer flache Dolden mit wohlriechenden, sternförmigen, cremefarbenen Blüten. Im

Frühherbst schwarze Früchte. Goldgelbe, ovale Blätter, die aus 5 scharf gezähnten Einzelblättchen bestehen.

Sambucus racemosa
Roter Holunder
Winterharte, mehrjährige Pflanze, die jährlich ihr Laub abwirft; 3–4 m groß. Braune Rinde, hellbraunes Mark. Gelbliche Blüten. Der Begriff „racemosa" bezieht sich auf die Anordnung der Blüten. Rote, herabhängende Früchte. Die Pflanze trägt nur selten reichlich Beeren.
Der Rote Holunder hat seine Heimat in Mittel- und Südeuropa. Inzwischen ist er auch in Schottland, in den Nordstaaten der USA und in Kanada heimisch. Ausgereifte Früchte werden in der Medizin genutzt. Die Beeren schmecken bitter, können frisch oder getrocknet verwendet werden und sind reich an Vitamin C, essenziellem Öl, Zucker und Pektin. Die Früchte wirken abführend, die Blätter harntreibend. *Sambucus racemosa* ist von allen Holundersorten der verträglichste und auch schmackhafteste. Vorsicht: Die Samen in den Beeren sind vor dem Kochen giftig.

Kultivierung

Vermehrung
Aussaat: Reife Beeren 2 cm tief in einem Topf im Freien aussäen. Wenn die Sämlinge groß genug sind, im Halbschatten einzeln verpflanzen.
Stecklinge: Im Sommer von Schösslingen schwach verholzte Stecklinge nehmen. Ein Rinden-Torf-Sand-Gemisch verwenden. Die Stecklinge in einem Frühbeet oder Kalthaus überwintern. Sobald die Pflanzen wurzeln, in einen Topf oder im Abstand von 30 cm ins Freie setzen.
Im Herbst von kahlen Trieben verholzte Stecklinge nehmen und im Garten im Abstand von 30 cm einpflanzen. Im folgenden Herbst umsetzen.

Anfälligkeiten
Nur selten von Schädlingen oder Krankheiten befallen.

Pflegemaßnahmen
Frühling: *Sambucus nigra* 'Aurea' und panaschierten Holunder stutzen.
Sommer: Schwach verholzte Stecklinge nehmen.
Herbst: Verholzte Stecklinge nehmen; zurückschneiden.
Winter: Ausgewachsene Pflanzen brauchen keinen zusätzlichen Schutz.

Gartenkultivierung
Der Holunder gedeiht auf den meisten Böden; *Sambucus nigra* bevorzugt einen kalkhaltigen Untergrund. Holunder steht gern an sonnigen Stellen, wächst sehr schnell und sät sich selbst aus; allerdings ist seine Lebenserwartung niedrig. Im Spätherbst schneiden Sie die Pflanzen zurück – mit Ausnahme von *Sambucus nigra* 'Aurea' und den panaschierten Arten, die zeitig im Frühling gestutzt werden müssen.

Ernte
Die Blütenköpfe vorsichtig behandeln, damit sie nicht beschädigt werden; mit den Köpfen nach unten auf einem Tuch ausgebreitet trocknen lassen. Die Früchte im Herbst pflücken, wenn sie reif sind und violett glänzen.

Pflanzen in Kübeln

Sambucus nigra 'Aurea' sieht in großen Kübeln hübsch aus, wenn diese an einem leicht schattigen Platz stehen. Humusreiches Substrat verwenden. Reichlich gießen und mit Flüssigdünger düngen.

Kulinarisches

Verwenden Sie nur schwarzen Holunder!
Vorsicht: Man sollte keine rohen Beeren essen und den Saft nicht frisch trinken. Beides zuerst leicht kochen.

Holunderlikör
Die Blüten an einem trockenen, sonnigen Tag pflücken.

4,5 l Wasser
700 g Zucker
Saft und Schale von 1 Zitrone
30 ml Apfel- oder Weinessig
12 Holunderblütendolden

Wasser zum Kochen bringen und in einen sterilisierten Behälter gießen. Zucker hinzufügen und so lange rühren, bis er sich aufgelöst hat. Abkühlen lassen, Zitronensaft und -rinde, Essig und Holunderblüten dazugeben. Mit einigen Schichten Musselin bedecken und 24 Stunden lang stehen lassen. Durch das Musselin in Glasflaschen füllen. 2 Wochen stehen lassen. Kühl servieren.

Weitere Nutzung

Holunderblütenwasser macht die Haut zarter und entfernt Sommersprossen. Mit Alaun kombiniert, ergeben die Früchte ein lavendelfarbenes oder violettes Färbemittel.

Holunderblüten-Sorbet

Heilkraft

Holunderblüten wirken bei Bronchialkatarrh und Erkrankungen der oberen Atemwege sowie bei Heuschnupfen. Äußerlich wird ein kalter Blütenaufguss bei Bindehautentzündungen zur Augenspülung verwendet und für Kompressen bei Frostbeulen. Ein Gurgelmittel, hergestellt aus einem Holunderblütenaufguss oder Holunderblütenessig, lindert Halsschmerzen. Holunderblüten haben eine leicht abführende Wirkung. Man behandelt damit auch Rheuma und Gicht. Die Beeren wirken abführend und schweißtreibend. Ein Hausmittel gegen Erkältung ist ein Saft aus eingekochten, mit Zucker angedickten Beeren.

Eingemachte Holunderbeeren
(bei Neuralgien und Migräne)

500 g Holunderbeeren
500 g Zucker

Beeren mit wenig Wasser zu einem Brei verkochen. Durch ein Sieb streichen. Den Saft köcheln lassen, damit das Wasser weitgehend verdampft. Zucker hinzufügen und so lange rühren, bis die richtige Konsistenz erreicht ist. In einen Behälter füllen. Bei Bedarf 2 Esslöffel davon nehmen.

Sanguisorba minor

KLEINER WIESENKNOPF

Auch Pimpinelle, Bibernelle, Blutskraut, Kölbelskraut, Schneiderknopf, Trommelschlegel, Schlotfeger und Blutströpfli genannt. Familie: Rosengewächse *(Rosaceae)*

Dieses Kraut stammt aus Europa und Asien. Inzwischen ist es vor allem in Großbritannien und den USA eingebürgert. Die Pilgerväter brachten den Kleinen Wiesenknopf mit nach Neuengland und nannten ihn Pimpinelle. Man findet diese Pflanze auf trockenen, durchlässigen Böden an Wegrainen, auf Wiesen und in Trockenwäldern. Der Begriff „Sanguisorba" kommt von „sanguis" („Blut") und „sorbere" („aufsaugen"). Man verwendete den Kleinen Wiesenknopf zum Stillen von Blutungen. Während der Herrschaft der Tudors in England pflanzte man das Kraut zwischen Gartensteinen, denn der Wiesenknopf verströmt seinen Wohlgeruch, sobald man auf ihn tritt.

ARTEN

Sanguisorba minor
Kleiner Wiesenknopf
Immergrüne, winterharte, mehrjährige Pflanze. 20 cm groß. Im Sommer erscheinen ovale, purpurrote Blütenköpfchen. Die Blätter sind weich, mittelgrün und haben ovale Teilblättchen.

Sanguisorba officinalis
Großer Wiesenknopf
Mehrjährige Pflanze. Bis zu 1,2 m groß. Im Sommer zeigen sich ovale, purpurrote Blütenköpfchen. Die Blätter sind mittelgrün mit ovalen Teilblättchen. Dieses Wildkraut wird aufgrund moderner landwirtschaftlicher Methoden immer seltener.

Kleiner Wiesenknopf
(Sanguisorba minor)

KULTIVIERUNG

Vermehrung
Aussaat: Im Frühling oder Herbst in Saatschalen aussäen und mit Perlit bedecken. Haben Sie den Samen im Herbst ausgesät, sollten Sie die Sämlinge im Winter schützen und im Frühjahr im Abstand von 30 cm ins Freie pflanzen. Haben Sie im Frühling gesät, härten Sie die Pflanzen ab und verpflanzen diese später wie vorher beschrieben. Für Einfassungen pflanzen Sie den Wiesenknopf im Abstand von 20 cm.
Teilung: Graben Sie eine bereits fest verwurzelte Pflanze im Frühherbst aus und schneiden Sie überzählige Blätter ab. Teilen Sie die Pflanze und setzen Sie sie im Garten wieder ein.

Anfälligkeiten
Dieses Kraut bleibt von Schädlingen oder Krankheiten verschont.

Pflegemaßnahmen
Frühling: Aussaat.
Sommer: Das Kraut zurückschneiden und am Blühen hindern, wenn Sie es in der Küche verwenden wollen.

Herbst: Falls nötig, Aussaat. Pflanzen teilen.
Winter: Kein Schutz nötig.

Gartenkultivierung
Wiesenknopf hat seinen festen Platz im Kräutergarten, wo er in Einfassungen gut zur Geltung kommt. Er macht sich aber ebenso gut in einem Garten mit Wildblumen.
Wichtig ist bei diesem Kraut, dass man es zurückschneidet und so am Blühen hindert – das fördert gleichzeitig neues Wachstum.
Der Wiesenknopf stellt keine große Anforderungen an seinen Standort; er bevorzugt einen kalkhaltigen Boden, gedeiht aber auch auf jedem anderen durchlässigen Untergrund in der Sonne oder leichtem Schatten. Das Kraut wurzelt sehr tief und übersteht sogar Dürreperioden.

Ernte
Bei Bedarf die jungen, zarten Blätter pflücken. Es ist nicht nötig, die Blätter zu trocknen (sie eignen sich auch gar nicht dafür), da man das ganze Jahr hindurch ernten kann.

Pflanzen in Kübeln

Der Wiesenknopf kann in Kübeln gezogen werden. Verwenden Sie humusreiches Substrat. Regelmäßig, jedoch nicht zu oft wässern. Düngen Sie nur im Frühling mit Flüssigdünger. Die Pflanze auf keinen Fall überdüngen, da die Blätter sonst weich werden und an Geschmack verlieren. Will man regelmäßig ernten, sollte man darauf achten, dass der Wiesenknopf nicht blüht. Das Kraut konstant auf eine Höhe von 15 cm zurückschneiden, damit sich immer neue, zarte Blätter bilden.

Kulinarisches

Die Blätter erinnern im Geschmack an eine Salatgurke. Junge Blätter schmecken in Salaten sehr erfrischend. Man kann damit auch Suppen, kalte Getränke und cremige Käsesorten verfeinern. Man kann das Kraut auch wie Petersilie zum Garnieren verwenden oder in Aufläufe geben. Aus den Blättern lässt sich außerdem ein Kräuteressig herstellen. Der Wiesenknopf passt gut zu anderen Kräutern, wie z. B. zu Rosmarin und Estragon.
Man kann das Kraut auch in einer Soße zu Weißfisch servieren.

Kleiner Wiesenknopf

Weitere Nutzung

Wegen des hohen Tanningehalts kann man die Wurzeln des Großen Wiesenknopfes zum Gerben von Leder verwenden.

Warnung

Großen Wiesenknopf nie in großen Mengen verwenden.

Diese Kräuterbutter passt ausgezeichnet zu gegrilltem Fisch.

Kräuterbutter

75 g Butter
1½ EL gehackte Wiesenknopf-Blätter
1 EL gehackte Pfefferminze
Salz, schwarzer Pfeffer
Zitronensaft

Die gehackten Kräuter miteinander vermischen. Die Butter in einem Topf schmelzen lassen. Die Kräuter hinzufügen und das Ganze bei sehr geringer Hitze 10 Minuten leicht köcheln lassen. Die Soße nach Geschmack mit Salz und Pfeffer und einem Spritzer Zitronensaft würzen. Über den gegrillten Fisch geben.

Kräuterbutter

Heilkraft

Die Blätter des Wiesenknopfes zu kauen unterstützt die Verdauung. Mit einem Aufguss aus der ganzen Pflanze behandelt man Hämorrhoiden und Diarrhö.

Santolina

HEILIGENKRAUT

Auch Zypressenkraut genannt.
Familie: Korbblütengewächse *(Asteraceae)*

Das Heiligenkraut hat seine Heimat in Südfrankreich und dem nördlichen Mittelmeergebiet, wo es wild auf leichten Böden wächst. Inzwischen ist es auch anderswo heimisch geworden und gedeiht in allen Klimazonen Europas und Australiens sowie in warmen bis heißen Gebieten Nordamerikas. Selbst einen Winter im östlichen Teil Kanadas kann diese Pflanze auf durchlässigen Böden überstehen.

Bei den Griechen hieß die Heiligenblume „abrotonon", bei den Römern „habrotanum"; beide Bezeichnungen beziehen sich auf die einem Baum ähnliche Form der Zweige.

Die Heiligenblume wurde jahrhundertelang von den Arabern medizinisch genutzt. Im mittelalterlichen England galt sie als Insekten- und Mottenmittel sowie als Mittel zum Entwurmen.

Nach Großbritannien kam das Kraut im 16. Jahrhundert mit französischen Hugenotten, die die später so populär gewordenen Flechtmustergärten anlegten.

Man stutzte das Heiligenkraut zu niedrigen Rabatten zurecht oder pflanzte es zur Einfassung geometrisch angelegter Beete.

Heiligenkraut *(Santolina rosmarinifolia rosmarinifolia)*

ARTEN

Santolina chamaecyparissus
Heiligenkraut
Winterharte, immergrüne, mehrjährige Pflanze; 75 cm groß. Mitte des Sommers bis in den Frühherbst erscheinen gelbe, knopfförmige Blüten. Die Blätter sind gezähnt und silbrig.

Heiligenkraut *(Santolina chamaecyparissus)*

***Santolina chamaecyparissus* 'Lemon Queen'**
Heiligenkraut 'Lemon Queen'
Wie 'Edward Bowles', gefiederte, graue, tief gezähnte Blätter.

***Santolina pinnata neapolitana* 'Edward Bowles'**
Heiligenkraut 'Edward Bowles'
Winterharte, immergrüne, mehrjährige Pflanze; 75 cm groß. Im Sommer cremefarbene, knopfförmige Blüten. Gefiederte, tief gezähnte, graugrüne Blätter.

Heiligenkraut 'Lemon Queen' ***(Santolina chamaecyparissus*** **'Lemon Queen')**

Santolina pinnata **ssp. 'Neapolitana'**
Heiligenblume 'Neapolitana'
Wie 'Edward Bowles'

Santolina rosmarinifolia rosmarinifolia **'Primrose Gem'**
Heiligenkraut 'Primrose Gem'
Winterharte, immergrüne, mehrjährige Pflanze; 60 cm groß. Im Sommer hellgelbe, knopfförmige Blüten. Fein gezähnte, grüne Blätter.

Heiligenkraut ***Rosmarinifolia (virens)*** **('Holy Flax')**
Wie 'Primrose Gem'. Im Sommer hellgelbe, knopfförmige Blüten. Hellgrüne, fein gezähnte Blätter.

Heiligenkraut
Rosmarinifolia (virens)

Kultivierung

Vermehrung
Aussaat: Obwohl man inzwischen auch Samen bekommen kann, lohnt sich die Mühe nicht, da der Keimerfolg gering ist.
Stecklinge: Im Frühling vor der Blüte 5–8 cm lange, unverholzte Stecklinge nehmen. Alternativ Mitte des Sommers bis zum Herbst schwach verholzte Stecklinge abschneiden. Die Stecklinge treiben schnell Wurzeln.

Anfälligkeiten
Zu nährstoffreiches Substrat zieht Blattläuse an.

Pflegemaßnahmen
Frühling: Ältere, wuchernde Pflanzen kräftig zurückschneiden; Stecklinge nehmen.
Sommer: Nach der Blüte die Pflanzen unbedingt zurückschneiden, da das Kraut sonst wuchert.
Herbst: Schwach verholzte Stecklinge nehmen und diese vor dem Frost in einem Frühbeet oder Kalthaus schützen.
Winter: Nur in sehr kalten Wintern schützen.

Gartenkultivierung
Diese immergrüne Pflanze eignet sich ganz besonders für einen Kräutergarten. An einem sonnigen Platz vorzugsweise in sandigem Boden einpflanzen. Ist der Boden zu nährstoffreich, lässt das Wachstum nach und die Pflanze büßt an Farbe ein. Dies gilt vor allem für die Sorten, deren Blätter leicht silbrig sind. Einzeln stehende Pflanzen im Abstand von 45–60 cm einsetzen, für Rabatten im Abstand von 30–38 cm. Im Frühling und Sommer die Rabatten regelmäßig stutzen. In frostigen Klimazonen die Pflanzen nie im Herbst zurückschneiden! Fallen die Temperaturen auf unter –15 °C, das Heiligenkraut unbedingt abdecken.

Ernte
Die Blätter vor der Blüte pflücken und trocknen. Im späten Sommer kleine Blütensträußchen pflücken und mit den Köpfchen nach unten an einem trockenen, luftigen Platz aufängen.

Pflanzen in Kübeln

Das Heiligenkraut gedeiht nicht im Haus. Eine einzelne Pflanze kann in einem großen Terrakottatopf hübsch aussehen. Verwenden Sie ein Rinden-Torf-Sand-Gemisch. Den Topf in die direkte Sonne stellen. Zu starke Düngung beeinträchtigt das Wachstum.

Kulinarisches

Die Heiligenblume *(S. chamaecyparissus)* schmeckt – an Stelle von Rosmarin – gut in Butterkeksen.

Heilkraft

Man kann das Heiligenkraut auf Wunden legen und so den Heilungsprozess beschleunigen. Fein gemahlene Blätter lindern die Schmerzen bei Insektenstichen und -bissen.

Weitere Nutzung

Legen Sie Heiligenkraut in Schubladen, unter Decken und in Wandschränke, um Motten und andere Insekten zu vertreiben, oder fertigen Sie ein Kräutersäckchen an.

Kräutersäckchen
1 Hand voll Wermut
1 Hand voll Pfefferminze
1 Hand voll Heiligenblume
1 Hand voll Rosmarin
1 TL zerstoßener Koriander

Die Zutaten trocknen und zerkleinern. Dann miteinander vermischen und in ein Musselin- oder Baumwollsäckchen füllen.

Saponaria officinalis

SEIFENKRAUT

Auch Gebräuchliches Seifenkraut, Gemeines Seifenkraut, Waschkraut, Hundsnelke und Seifenwurz genannt. Familie: Nelkengewächse *(Caryophyllaceae)*

Das Seifenkraut – weit verbreitet auf nährstoffarmen Böden in Europa, Asien und Nordamerika – wurde im Mittelalter von den Arabern zur Behandlung von Hautkrankheiten eingesetzt. Früher wusch man außerdem Schafe mit einer Mischung aus Blättern, Wurzeln und Wasser ab, bevor sie zur Schur geführt wurden.

ARTEN

Saponaria officinalis
Seifenkraut
Winterharte, mehrjährige Pflanze; 30–90 cm groß. Vom Sommer bis Frühherbst kleine, rosafarbene oder weiße Blüten an Büscheln. Die Blätter sind glatt, oval, spitz zulaufend und mittelgrün.

***Saponaria officinalis* 'Rubra Plena'**
Winterharte, mehrjährige Pflanze; 90 cm groß. Im Sommer rote, ausgefranste Blüten in Büscheln. Die Blätter sind oval und mittelgrün.

***Saponaria ocymoïdes* 'Tumbling Ted'**
Winterharte, mehrjährige Pflanze; ca. 10 cm groß. Im Sommer eine Fülle kleiner, flacher, blassrosafarbener/purpurroter Blüten. Zahlreiche behaarte und ovale Blätter.

KULTIVIERUNG

Vermehrung
Aussaat: Lediglich das Echte Seifenkraut sowie 'Tumbling Ted' können aus Samen gezogen werden. Im Herbst in vorbereitete Saatschalen aussäen und mit Erde bedecken. Die Saatschalen mit Glas abdecken und den Winter über im Freien stehen lassen. Der Samen keimt im Frühling. Sind die Pflänzchen groß genug, im Abstand von 60 cm ins Freie setzen.
Stecklinge: Schneiden Sie im späten Frühling bis in den Frühsommer unverholzte Stecklinge von nicht blühenden Trieben.
Teilung: Den Wurzelstock im Herbst teilen.

Gartenkultivierung
Das Kraut an eine sonnige Stelle auf durchlässigen, nährstoffarmen Boden setzen. Pflanzen Sie es nie um Fischteiche, da die Wurzelstöcke eine giftige Substanz ausscheiden.

Anfälligkeiten
Das Seifenkraut ist äußerst widerstandsfähig.

Pflegemaßnahmen
Frühling: Stecklinge nehmen.
Sommer: Nach der Blüte zurückschneiden, damit die Pflanze ein zweites Mal blüht und um Selbstaussaat zu verhindern.
Herbst: Pflanzen teilen; Aussaat.
Winter: Keine Schutzmaßnahmen notwendig.

Ernte
Bei Bedarf Blätter pflücken. Im Herbst Wurzeln ausgraben und für medizinische Zwecke trocknen.

PFLANZEN IN KÜBELN

Am besten in Kübeln gedeiht 'Tumbling Ted'. Humusreiches Substrat verwenden. In der Wachstumsperiode gut wässern, aber nur zweimal düngen. Im Winter in ein Kalthaus stellen und wenig gießen.

HEILKRAFT

Man verwendete das Kraut zur Behandlung von Hautekzemen, Furunkeln und Akne sowie bei Gicht und Rheuma. Es wirkt vermutlich auf Grund der entzündungshemmenden Eigenschaften seiner Saponine.

WEITERE NUTZUNG

Die im Seifenkraut enthaltenen Saponine sind ideal für die Reinigung von Polstermöbeln und anderen empfindlichen Fasern.

Seifenkraut-Shampoo
15 g getrocknete Seifenkraut-Wurzeln oder 2 Hand voll ganzer, frischer Stiele
$^3/_4$ l Wasser

Die Wurzeln mit einer Teigrolle zerkleinern bzw. die Stiele hacken. Getrocknetes Seifenkraut über Nacht einweichen. Das Kraut mit dem Wasser in einen Emailtopf geben, zum Kochen bringen und zugedeckt 20 Minuten köcheln lassen. Gelegentlich umrühren. Nach dem Abkühlen durch ein feines Sieb geben.

WARNUNG

Seifenkraut sollte nur von erfahrenen Kräutersammlern verwendet werden, da es wegen der enthaltenen Saponine leicht giftig ist.

Sumpfhelmkraut
(Scutellaria galericulata)

Scutellaria

HELMKRAUT

Auch Schildkraut genannt.
Familie: Lippenblütler *(Labiatae)*

Scutellaria lateriflora

Die verschiedenen Arten des Helmkrauts sind in unterschiedlichen Ländern beheimatet. Das Kraut kommt in den USA, Großbritannien und Indien vor. Eine Sorte wächst sogar in den Regenwäldern des Amazonas. Die Bezeichnung *Scutellaria* leitet sich vom lateinischen „scutellum" („Schild") ab. Die Indianer verwendeten *S. lateriflora* zur Behandlung von Tollwut. In Europa setzte man das Kraut bei Epilepsie ein.

ARTEN

Scutellaria galericulata
Kappenhelmkraut
Winterharte, mehrjährige Pflanze; 15 cm hoch. Kleine dunkelrote/blaue Blüten. Hellgrüne, lanzettliche, gekerbte Blätter. Die Pflanze bevorzugt sandigen oder torfigen Boden. Heimat ist Europa.

Scutellaria minor
Kleines Helmkraut
Wie *S. galericulata*, allerdings 20–30 cm hoch. Kleine dunkelrote/rosafarbene Blüten. Lanzettliche, gekerbte Blätter. Liebt feuchte Böden.

Scutellaria lateriflora
Wie *S. galericulata*, allerdings 30–60 cm hoch. Ovale, lanzettliche Blätter mit abgerundeten Zähnen. Heimat sind die USA.

KULTIVIERUNG

Vermehrung
Aussaat: Die kleinen Samen im Herbst in vorbereitete Saatschalen säen und mit Erde bedecken. Die Schalen mit Glas abdecken und im Freien stehen lassen. Der Samen keimt sehr schnell; die jungen Pflänzchen im Winter in ein Kalthaus stellen. Sollte der Samen innerhalb von 10 bis 20 Tagen nicht gekeimt sein, noch etwas abwarten. Im Frühling, wenn die Sämlinge groß genug sind, in den Garten im Abstand von 30 cm versetzen.
Wurzelableger: Das Helmkraut hat einen Wurzelstock, von dem sich problemlos Ableger nehmen lassen. Im Frühling einen Wurzelballen ausgraben (aus jedem Wurzelstück, das in der Erde verbleibt, entsteht eine neue Pflanze!). Jeder Ableger muss ein Auge aufweisen. Die Ableger in eine Saatschale pflanzen, mit Erde abdecken und zum Wurzeln in ein Kalthaus stellen.
Teilung: Im Frühling Vermehrung durch Teilung.

Anfälligkeiten
Das Helmkraut ist äußerst widerstandsfähig.

Pflegemaßnahmen
Frühling: Pflanzen teilen; Ableger vom Wurzelstock nehmen.
Sommer: Pflanzen zurückschneiden.
Herbst: Aussaat.
Winter: Kein Schutz nötig.

Gartenkultivierung
Das Helmkraut gedeiht auf fast allen Böden, bevorzugt aber einen durchlässigen, feuchten Untergrund in Sonne oder Halbschatten. Gießen Sie regelmäßig.

Ernte
Die Blüten und Blätter nur zu medizinischer Verwendung trocknen.

Scutellaria lateriflora

PFLANZEN IN KÜBELN

Achten Sie darauf, dass die Wurzeln genug Platz haben, um sich auszubreiten. Verwenden Sie humusreiches Substrat. Düngen Sie nur selten mit Flüssigdünger, damit das Kraut nicht wuchert. Im Winter an einer geschützten Stelle im Freien lassen.

HEILKRAFT

Das in den USA heimische Helmkraut eignet sich am besten für medizinische Zwecke; die europäischen Sorten sind in ihrer Wirkung schwächer. Man verwendet das Kraut zur Behandlung von Nervosität, Depression, Schlaflosigkeit und Kopfschmerzen. Früher auch als Nervenmittel und als Mittel gegen Hysterie eingesetzt. Bitterstoffe regen die Verdauung an.

WARNUNG

Nur von erfahrenen Kräutersammlern anzuwenden.

Satureja (Satureia)

BOHNENKRAUT

Auch Pfefferkraut, Wurstkraut, Gartenquendel, Sommersaturei und Käsekraut genannt. Familie: Lippenblütler *(Labiatae)*

Das Bohnenkraut hat seinen Ursprung in Südeuropa und Nordafrika. Es gedeiht auf durchlässigen Böden und wurde überall dort, wo es ähnliche klimatische Gegebenheiten vorfand, heimisch. Man verwendet das Bohnenkraut schon seit mehr als 2000 Jahren zum Kochen. Die Römer gaben es zu Soßen und Essig, während die alten Ägypter das Kraut für Liebestränke gebrauchten. Mit den Römern kam das Bohnenkraut nach Nordeuropa, wo es als Desinfektionsmittel gute Dienste leistete. Man verwendete es außerdem dazu, müde Augen zu erfrischen und um Magenverstimmungen, Wespen- und Bienenstiche zu lindern.

Winterbohnenkraut ***(Satureja montana)***

Sommer-Bohnenkraut *(Satureja hortensis)*

ARTEN

Satureja hortensis
Sommerbohnenkraut
Nicht frostharte, einjährige Pflanze; 20–30 cm groß. Kleine weiße/malvenfarbene Blüten im Sommer. Aromatische, spitze, grüne Blätter. Besonders in Europa und den USA geschätzt. Das Kraut wird vor allem in Bohnengerichten gern verwendet, da es Blähungen vorbeugen hilft.

Satureja coerulea
Winterharte, mehrjährige Pflanze; 30 cm hoch. Im Sommer kleine, dunkelrote Blüten. Sehr aromatische, dunkelgrüne, lanzettförmige Blätter.

Satureja montana
Winterbohnenkraut
Winterharte, mehrjährige Pflanze; 30 cm groß. Kleine weiße/rosafarbene Blüten im Sommer. Sehr aromatische, dunkelgrüne, lanzettförmige Blätter.

Satureja spicigera
Mehrjährige Pflanze; 8 cm groß. Im Sommer zahlreiche, kleine, weiße Blüten. Lindgrüne Blätter. Eine sehr attraktive Pflanze, die häufig mit Thymian oder Heidekraut verwechselt wird.

KULTIVIERUNG

Vermehrung
Aussaat: Lediglich das Sommer- und Winterbohnenkraut können aus Samen gezogen werden. Er ist sehr klein, sodass man ihn am besten zeitig im Frühjahr in Saatschalen aussät und diese an einen geschützten Ort stellt. Der Samen sollte nicht abgedeckt werden, da er Licht zum Keimen braucht. Bis der Samen keimt, dauert es 10–15 Tage. Sind die Sämlinge groß genug, sollten sie abgehärtet (achten Sie darauf, dass die Frostperiode zu Ende ist!) und anschließend an eine vorbereitete Stelle im Garten im Abstand von 15 cm verpflanzt werden.

Stecklinge: *Satureja coerula*, *Satureja spicigera* und Winterbohnenkraut können aus unverholzten Stecklingen gezogen werden. Diese im Frühjahr schneiden und in mit Rinde, Torf und Splitt versetztes Substrat pflanzen. Wenn die Stecklinge Wurzeln geschlagen haben, ins Freie setzen: *Satureja spicigera* im Abstand von 30 cm, alle anderen Sorten im Abstand von 15 cm.
Teilung: Der Wurzelstock von *Satureja spicigera* kann im Frühjahr nach dem letzten Frost ausgegraben und so oft geteilt werden, wie nötig.
Jeder Ableger muss über ein eigenes Wurzelsystem verfügen. Die Pflanzen an einer vorbereiteten Stelle im Garten einsetzen.

Anfälligkeiten
Bohnenkraut ist äußerst widerstandsfähig.

Pflegemaßnahmen
Frühling: Aussaat; unverholzte Ableger nehmen; Pflanzen teilen.
Sommer: Das Sommerbohnenkraut am Blühen hindern, wenn der Geschmack des Krauts erhalten bleiben soll.
Herbst: Vor frühem Frost schützen.
Winter: Pflanzen schützen.

Gartenkultivierung
Alle hier besprochenen Bohnenkrautsorten bevorzugen volles Sonnenlicht und einen nährstoffarmen, durchlässigen Boden. Das Sommerbohnenkraut an einer warmen, geschützten Stelle in den Garten pflanzen und die Blätter abzupfen. Nicht mit Flüssigdünger düngen.
Das Winterbohnenkraut eignet sich für Einfassungen und sieht im Sommer sehr hübsch aus (im Winter kann es unter Umständen ein wenig kahl sein). Das Kraut von Zeit zu Zeit zurechtstutzen, um neues Wachstum zu fördern.
Satureja spicigera verträgt keine kalten, nassen Winter oder lehmige Böden. In diesem Fall das Kraut lieber im Topf ziehen (siehe unten). Wollen Sie es dennoch ins Freie setzen, pflanzen Sie das Kraut auf steinigen bzw. durchlässigen Boden an einem sonnigen, geschützten Platz.

Ernte
Pflücken Sie die Blätter nach Bedarf. Zum Trocknen nehmen Sie am besten die Blätter des Sommerbohnenkrauts noch vor der Blüte. Sie trocknen schnell.

Pflanzen in Kübeln

Alle Bohnenkrautsorten können in Kübeln gehalten werden. Diese Art der Kultivierung ist vor allem dann empfehlenswert, wenn Sie in einer Gegend mit langen, nassen Wintern leben. Verwenden Sie mit Rinde, Torf und Splitt versetztes Substrat. Achten Sie darauf, dass die Pflanze ihre Form behält – vor allem das Sommerbohnenkraut fängt schnell an zu wuchern. Pflücken Sie viele Blätter, düngen Sie gelegentlich mit etwas Flüssigdünger.
Das Sommerbohnenkraut ist eine einjährige Pflanze und stirbt im Winter ab, das Winterbohnenkraut ist zum Teil immergrün. *Satureja spicigera* und Winterbohnenkraut müssen im Winter geschützt werden; stellen Sie diese Kräuter in ein Kalthaus. Wenn Sie den Kübel nicht transportieren können, wickeln Sie ihn in Papier ein. Die Pflanzen nur minimal gießen.

Bohnenkraut ist ein wichtiger Bestandteil der Salami

Heilkraft

Das Sommerbohnenkraut soll bei Bienenstichen die Schmerzen lindern, wenn man die betroffene Stelle damit einreibt. Ein Aufguss mit Bohnenkraut regt den Appetit an und wirkt hilfreich bei Verdauungsbeschwerden und Blähungen. Das Bohnenkraut galt als Stimulans und war als Aphrodisiakum gefragt.

Kulinarisches

Zum Kochen verwendet man Sommer- und Winterbohnenkraut. Beide passen gut zu Gemüse, Hülsenfrüchten und fettem Fleisch. Diese Kräuter regen den Appetit an und fördern die Verdauung. Sie sind pfeffrig und beißend im Geschmack und sollten deshalb für Salate nur sparsam verwendet werden.
Das Sommerbohnenkraut kann Salz und Pfeffer ersetzen und ist ideal für eine salzfreie Diät. Da das Kraut so würzig ist, sollte man es, solange man noch nicht daran gewöhnt ist, mit Vorsicht genießen. Sommerbohnenkraut schmeckt auch gut in Essig und Öl. Die Blätter dieses Krauts sind darüber hinaus eine wichtige Zutat der Salami. Das Winterbohnenkraut ist noch intensiver im Geschmack; der Vorteil dieses Krauts liegt darin, dass es bis in den frühen Winter frische Blätter liefert.

Bohnen mit Knoblauch
(3-4 Personen)

200 g getrocknete Bohnen
1 Zwiebel
1 Karotte, geputzt und grob geschnitten
1 Sückchen Sellerie
1 Knoblauchzehe
3 EL Olivenöl
1 EL Weißweinessig
2 EL gehacktes Sommerbohnenkraut
1 EL gehackte Petersilie

Die Bohnen über Nacht – oder wenigstens 3 bis 4 Stunden – in kaltem Wasser einweichen. Dann abgießen und mit viel Wasser in einen Topf geben. Langsam zum Kochen bringen. Eine halbe Zwiebel, Karottenstücke und Sellerie hinzufügen und so lange kochen, bis die Bohnen weich sind. Dann das Wasser abgießen und das Gemüse entfernen. Öl, Essig und gepressten Knoblauch vermischen. Die restliche Zwiebel fein schneiden und mit den Kräutern unter die Bohnen rühren. Das Dressing darüber gießen. Alles abkühlen lassen und sofort servieren.

Bohnen mit Knoblauch

Sempervivum tectorum

ECHTE HAUSWURZ

Auch Dachwurz, Dachlauch, Hauslauch, Hauslaub, Donnerbart und Hausampfer genannt.
Familie: Dickblattgewächse *(Crassulaceae)*

Ursprünglich war die Hauswurz in den Gebirgen Mittel- und Südeuropas zu Hause. Heute ist sie in vielen Gebieten überall auf der Welt zu finden, selbst in Nordamerika. Der Gattungsbegriff *Sempervivum* kommt aus dem Lateinischen „semper vivo" und bedeutet „für immer leben". Die Bezeichnung der Spezies, *tectorum*, bedeutet „von den Dächern". Es gibt über 2000 Jahre alte Aufzeichnungen, die belegen, dass die Hauswurz schon damals auf Dachziegeln wuchs. Die Sage erzählt, dass das Kraut den Menschen von Zeus oder Jupiter zum Schutz vor Blitz und Donner gegeben wurde. Aus diesem Grund stellten die Römer in ihren Höfen Urnen auf, die sie mit Hauswurz bepflanzten. Karl der Große befahl, dass auf dem Dach eines jeden Hauses eine Hauswurz wachsen solle. Im Mittelalter glaubte man, dass die Hauswurz die Häuser vor Feuer und Hexerei schützen könne und das Kraut außerdem bei Taubheit helfe. Als die Siedler schließlich die Alte Welt verließen, hatten sie die Hauswurz im Gepäck.

Echte Hauswurz *(Sempervivum tectorum)*

ARTEN

Diese Gattung winterharter Sukkulenten hatte vor 40 Jahren etwa 25 Arten. Inzwischen wurden über 500 beschrieben. So viel ich weiß, ist lediglich die Hauswurz in medizinischer Hinsicht von Bedeutung.

Sempervivum tectorum
Hauswurz
Winterharte, immergrüne, mehrjährige Pflanze; blühend 10 bis 15 cm hoch, ansonsten 5 cm. Im Sommer sternförmige, rosafarbene Blüten.
Die Blätter sind graugrün, oval, spitz und fleischig.

Es gibt noch andere *Sempervivum*-Arten, die es wert sind, gesammelt zu werden:

Sempervivum arachnoideum
Winterharte, immergrüne, mehrjährige Pflanze; blühend 10–12 cm hoch, ansonsten 5 cm. Im Sommer sternförmige, rosafarbene Blüten. Graugrüne, ovale, spitze und fleischige Blätter. Die Spitzen der Blätter sind weißlich behaart.

Sempervivum giuseppii
Winterharte, immergrüne, mehrjährige Pflanze; blühend 8–10 cm hoch, ansonsten 2 cm. Im Sommer sternförmige, rosafarbene/rote Blüten. Die Blätter sind graugrün, oval, spitz, fleischig und wachsen sehr dicht. Diese *Sempervivum*-Art wächst schnell.

Sempervivum montanum
Winterharte, immergrüne, mehrjährige Pflanze; blühend 8–15 cm hoch, ansonsten 5 cm. Im Sommer sternförmige, tiefrote Blüten. Die Blätter sind graugrün, oval, spitz und fleischig.

Blühende Hauswurz *(Sempervivum tectorum)*

Kultivierung

Vermehrung
Aussaat: Die meisten *Sempervivum*-Arten sind Kreuzungen, und wenn Sie Samen kaufen, steht häufig „Mischung verschiedener Arten" auf der Packung. Der Samen ist sehr klein. Säen Sie im Frühling in eine Saatschale und bedecken Sie diese mit Glas. Verwenden Sie mit Rinde, Torf und Splitt versetztes Substrat.
Ableger: Alle *Sempervivum*-Arten bringen Ableger hervor, die sich an der Grundrosette der Elternpflanze entwickeln. Im Frühling diese Ableger vorsichtig abtrennen. Sie werden bemerken, dass jeder bereits über ein eigenes Wurzelsystem verfügt. Die Ableger in Töpfe setzen. Dazu mit Rinde, Torf und Splitt versetztes Substrat verwenden. Alternativ ins Freie im Abstand von 25 cm pflanzen.

Anfälligkeiten
Der Rüsselkäfer ist ein großer Gartenschädling, der gern die Hauswurz befällt. Sollten Sie eine Rosette finden, die auf der Seite liegt und keine Wurzeln mehr hat, können Sie davon ausgehen, dass die Pflanze dem Rüsselkäfer zum Opfer fiel (siehe Methoden zur Schädlingsbekämpfung auf den Seiten 242f).

Pflegemaßnahmen
Frühling: Aussaat; Ableger in Töpfe oder ins Freie setzen.
Sommer: Samen von blühenden Pflanzen sammeln.
Herbst: Ableger entfernen, wenn die Pflanze zu groß wird.
Winter: Kein Schutz nötig.

Gartenkultivierung
Der Boden sollte durchlässig, die Erdschicht dünn sein. Die Hauswurz wächst nahezu überall, auf Felsen, Geröll und natürlich in Steingärten. Sie können die Hauswurz aber auch zwischen Gartenplatten setzen oder zwischen andere kriechende Pflanzen, wie zum Beispiel Thymian. Es kann viele Jahre dauern, bis die Hauswurz blüht. Nach der Blüte sterben die Pflanzen ab, es haben sich jedoch vorher zahlreiche Ableger ausgebildet.

Ernte
Frische Blätter nach Bedarf pflücken. Es gibt keine Möglichkeit, die Hauswurz zu konservieren.

Pflanzen in Kübeln

Die Hauswurz sieht in Kübeln und Tonschalen ausgesprochen dekorativ aus. Das Erdreich muss nährstoffarm und durchlässig sein. Verwenden Sie mit Rinde, Torf und Splitt versetztes Substrat: 50 % Splitt, 25 % Torf und 25 % Rinde. Die Pflanze nicht düngen und nicht zu viel gießen.

Kulinarisches

Die Blätter können zur Zubereitung von Salaten verwendet werden.

Heilkraft

Die Blätter haben eine adstringierende Wirkung, und man kann sie auf Brandwunden und Insektenstiche legen oder andere Hautprobleme damit behandeln. Dazu den Saft eines Blatts ausdrücken und auf die betroffene Stelle träufeln. Um die Haut um ein Hühnerauge herum aufzuweichen, einige Stunden lang ein Hauswurzblatt auf die Stelle pressen, dann den Fuß in Wasser tauchen und das Hühnerauge entfernen. Aus Hauswurz einen Tee bereiten. Er hilft bei eitrigen Halsentzündungen und Bronchitis. Außerdem soll es bei Zahnschmerzen helfen, wenn man einige Hauswurzblätter kaut.

Solidago virgaurea

GOLDRUTE

Auch Goldwundkraut, Heilwundkraut, Petrusstab, Himmelbrand, Pferdskraut, Schoßkraut und Nachtheilkraut genannt.
Familie: Korbblütengewächse ***(Asteraceae)***

Diese Pflanze ist in Europa weit verbreitet und kommt auch in Nordamerika vor. Man findet die Goldrute auf Bergen und in Tälern, vor allem aber dort, wo der Boden reich an Kieselerde ist. Der Gattungsbegriff *Solidago* leitet sich von dem lateinischen Wort „solido“ ab, was „zusammenfügen“ oder „dicht machen“ bedeutet und sich auf die heilkräftigen Eigenschaften der Goldrute bezieht. Das Kraut wurde aus dem Nahen Osten importiert. Dort hatte es bei den Sarazenen Verwendung gefunden. Während der Herrschaft der Tudors in Großbritannien konnte man die Goldrute in London zwar bekommen, allerdings zu einem exorbitanten Preis. Gerard schrieb: „Ich kann mich erinnern, dass man für eine Unze des getrockneten Krauts, das man über das Meer heranbrachte, in Bucklesbury in London eine halbe Krone bezahlte.“ Dann fuhr er fort, dass niemand auch nur eine halbe Krone für einen ganzen Zentner zahlen würde, wüchse das Kraut wild im Wald von Hampstead.
Von Culpeper wissen wir, dass man die Goldrute verwendete, um lockere Zähne wieder zu festigen und als ein Heilmittel bei Nierensteinen.

Goldrute *(Solidago virgaurea)*

ARTEN

Solidago odora
Mehrjährige Pflanze; 60 cm hoch. Von der Mitte des Sommers an bis zum Herbst erscheinen goldgelbe Blüten an einem einzelnen Stängel. Die Blätter dieser Art sind grün und länglich.

Solidago nemoralis
Mehrjährige Pflanze; 60 cm hoch. Diese Art bringt gelbe Blüten hervor. Die Blätter sind graugrün oder olivgrün.

Solidago virgaurea
Echte Goldrute
Mehrjährige Pflanze; 120 cm hoch. Von Sommer bis Herbst zeigen sich kleine, gelbe Blüten. Die Blätter sind grün und länglich.

***Solidago* 'Goldenmosa'**
Mehrjährige Pflanze; 1 m hoch. Von Sommer bis Herbst bringt diese Art Zweige mit mimosenartigen, gelben Blüten hervor. Die Blätter sind grün und länglich. *Solidago* 'Goldenmosa' ist für Einfassungen geeignet. Das Kraut hat ansonsten keine weiterreichende Bedeutung.

Kultivierung

Vermehrung
Aussaat: Im Frühling Samen in Saatschalen aussäen. Da der Samen sehr klein ist, diesen auf die Erde streuen und mit Perlit abdecken. Die Keimung erfolgt innerhalb von 14–21 Tagen, ohne dass zusätzliche Wärme erforderlich ist. Die Pflänzchen dann pikieren, abhärten und an eine vorbereitete Stelle im Garten im Abstand von 45 cm verpflanzen. Denken Sie daran, dass sich die Pflanze ausbreitet!
Teilung: Pflanzen im Frühling oder Herbst teilen. Dazu das Kraut ausgraben und so oft teilen, wie nötig. An einer vorbereiteten Stelle im Garten wieder einsetzen.

Anfälligkeiten
Die Goldrute ist äußerst widerstandsfähig.

Pflegemaßnahmen
Frühling: Aussaat.
Sommer: Erfreuen Sie sich an den Blüten! Auf nährstoffreichem Boden werden die Pflanzen sehr groß und sollten unter Umständen gestützt werden.
Herbst: Pflanzen teilen.
Winter: Kein Schutz nötig.

Gartenkultivierung
Die Goldrute ist eine sehr attraktive Pflanze im Kräutergarten und gut geeignet für Einfassungen.
Im Spätsommer entwickeln sich zahlreiche hellgelbe Blüten an aufrechten Stängeln. Die Goldrute bevorzugt – wenn sie im Garten angepflanzt wird – einen nicht allzu nährstoffreichen und durchlässigen Boden; das Kraut steht gern frei und gedeiht in der Sonne, ebenso in schattigen oder halbschattigen Lagen. Als Wildkraut wird die Goldrute auch auf nährstoffarmen Lichtungen heimisch.

Solidago **'Goldenmosa'**

Im Frühling oder Herbst den Samen dünn an einer vorbereiteten Stelle aussäen und leicht mit Erde bedecken. Sind die Sämlinge groß genug, im Abstand von 30 cm verpflanzen. (Da sich das Kraut ausbreitet, kann unter Umständen ein zweites Ausdünnen notwendig sein.) Pflanzen, die im Herbst gesät wurden, müssen bei sehr kalten Temperaturen geschützt werden. Bedecken Sie sie mit Mulch, den Sie eventuell im folgenden Frühling entfernen.

Ernte
Blüten und Blätter im Sommer sammeln und für medizinische Zwecke trocknen.

Heilkraft

Man verwendet die Goldrute bei Harnwegsinfektionen, Nierensteinen und Katarrh. Sie lindert Rückenschmerzen, die durch eine gestörte Nierenfunktion entstehen. Außerdem behandelt man mit Goldrute Arthritis. Da die Goldrute entzündungshemmend wirkt, kann man eine kalte Kompresse auf frische Wunden legen. Man verwendet das Kraut darüber hinaus als Adstringens und als Beruhigungsmittel. Tee aus getrockneten Blüten und Blättern ist sehr aromatisch und verbessert den Geschmack anderer medizinischer Präparate.

Pflanzen in Kübeln

Die Goldrute kann in Kübeln gezogen werden (da sie jedoch ziemlich groß wird, sollte man sie lieber direkt in den Garten pflanzen). Verwenden Sie für den Kübel mit Rinde, Torf und Splitt versetztes Substrat. Im Sommer mit Flüssigdünger düngen und regelmäßig gießen. Im Winter den Kübel an einen kühlen, luftigen, aber vor Frost geschützten Platz stellen.

Stachys officinalis (Betonica officinalis)

HEILZIEST

Auch Gemeine Batunge, Betonie und Rote Betonie genannt.
Familie: Lippenblütler *(Labiatae)*

Diese Pflanze hat ihre Heimat in Europa. Die Römer gaben dem Kraut erstmals einen Namen und nannten es *Bettonica*.
Über den Heilziest kursieren sehr unterschiedliche Geschichten, und ich möchte es gerne Ihnen selbst überlassen, Wahrheit von Fiktion zu trennen.
Die alten Ägypter waren die Ersten, die dem Kraut magische Eigenschaften zusprachen. Bei den Angelsachsen galt das Kraut im 10. Jahrhundert als bedeutendste magische Pflanze – man glaubte, dass es bei der als „Veitstanz" bezeichneten Krankheit helfen könne. Im 11. Jahrhundert wurde der Heilziest in dem Werk „Lacnunga" als hilfreiches Mittel bei „teuflischen Versuchungen des Körpers" erwähnt. Gerard erläuterte in seinem Kräuterbuch, der „Heilziest ist gut für alle, die an der Fallkrankheit leiden". Weiterhin schrieb er, dass das Kraut ein gutes „Heilmittel bei Bissen tollwütiger Hunde und giftiger Schlangen" sei.
Im 18. Jahrhundert glaubte man, mit dem Heilziest verschiedenste Beschwerden – wie zum Beispiel Kopfschmerzen – heilen zu können. Außerdem setzte man sie Tabak und Schnupftabak zu. Selbst heute noch genießt das Kraut hohes Ansehen in der Volksmedizin, obwohl man seine medizinische Wirksamkeit doch sehr in Frage stellt.

Stachys officinalis

Heilziest *(Stachys officinalis)*

ARTEN

Stachys officinalis
Heilziest
Winterharte, mehrjährige Pflanze; 60 cm hoch. Vom späten Frühling an und im Sommer ährenförmige Blütenstände mit rosafarbenen oder dunkelroten Blüten. Leicht behaarte, runde, gelappte Blätter.

***Stachys officinalis* 'Alba'**
Winterharte, mehrjährige Pflanze; 60 cm hoch. Vom späten Frühling an und während des ganzen Sommers weiße Blüten.

KULTIVIERUNG

Vermehrung
Aussaat: Der Heilziest kann aus Samen gezogen werden, den die Pflanze in großer Menge ausbildet. Den Samen im Frühling oder Spätsommer aussäen und leicht mit Erde bedecken. Alternativ kann man den Samen auch in Saatschalen säen und die Sämlinge dann in Töpfe umsetzen.
Teilung: Im Frühling oder Herbst durch Wurzelteilung vermehren. Im Abstand von 30 cm ins Freie setzen. Im Topf mit Rinde und Torf

versetztes Substrat verwenden.

Pflegemaßnahmen
Frühling: Aussaat; Pflanzen teilen.
Sommer: Im Frühling gezogene Sämlinge ins Freiland setzen.
Herbst: Blütenstiele zurückschneiden; Samen sammeln; Pflanzen teilen.
Winter: Keine Schutzmaßnahmen erforderlich.

Gartenkultivierung
Die Batunge ist eine sehr anpassungsfähige Pflanze, die auf den meisten Böden gedeiht, allerdings einen humusreichen Untergrund bevorzugt. Das Kraut gedeiht an sonnigen und schattigen Standorten.
Der Heilziest ist ein Wildkraut, das aber bereits seit Jahrhunderten in Bauerngärten gezogen wird. Besonders dekorativ wirkt die Pflanze in einem Wildblumengarten; sie kann ebenso auf Wiesen oder in einem mit Bäumen bestandenen Garten angepflanzt werden.

Ernte
Im Spätfrühling bzw. im Frühsommer vor der Blüte die Blätter zum Trocknen sammeln.
Wenn sich die Blüten öffnen, diese sofort zum Trocknen pflücken. Die Blüten in Potpourris geben. Während der ganzen Blütezeit können die Blüten zur sofortigen Verwendung gesammelt werden.
Den Samen im Frühherbst sammeln und in einem trockenen, dunklen Behälter aufbewahren.

Pflanzen in Kübeln

Der Heilziest gedeiht prächtig in einem Trog und lässt sich hervorragend mit anderen Pflanzen, wie zum Beispiel Mohn, Margeriten und Kamille, kombinieren. Nicht in kleinen Kübeln im Haus halten.

Heilziest *(Stachys officinalis)* in voller Blüte

Weitere Nutzung

Die frische Pflanze liefert einen gelben Farbstoff. Eine Haarspülung aus dem Blätteraufguss lässt graues Haar glänzen.

Warnung

Große Vorsicht ist bei der inneren Anwendung des Heilziests angeraten, da er Erbrechen und Durchfall hervorrufen kann.

Der Heilziest ist eine gute Färbepflanze

Heilkraft

Die Meinungen über den Heilziest sind geteilt. Manche halten das Kraut für ein Adstringens, während andere ihm beruhigende Eigenschaften zuschreiben. In Pulverform nutzt man ihn, um Durchfall, Asthma und Neuralgien zu kurieren. Tee aus Heilziest wirkt belebend, vor allem in Kombination mit anderen Kräutern. In Frankreich wird die Pflanze zur Behandlung von Leber- und Gallenblasenbeschwerden eingesetzt.

Symphytum officinale

BEINWELL

Auch Wundwurzel, Beinbruchwurzel, Heilwurzel, Wundwurzel, Speckwurz, Milchwurz, Himmelsbrot, Soldatenwurzel und Zottel genannt.
Familie: Borretschgewächse *(Boraginaceae)*

Der Beinwell stammt ursprünglich aus Europa und Asien. Er wurde jedoch bereits im 17. Jahrhundert in Amerika eingeführt und ist dort längst heimisch geworden.
Es waren vermutlich die Kreuzritter, die den Beinwell nach Großbritannien brachten. Sie hatten seine Heilwirkung bei Knochenbrüchen damals schon erkannt – daher auch der Name Beinbruchwurzel!
Die Kreuzritter gaben das Kraut an Mönche weiter, die es in ihren Klostergärten zum Heil der Kranken anbauen sollten.
Auch elisabethanische Ärzte und Kräutersammler wollten auf den Beinwell nicht verzichten. Das Volk bereitete aus dem Kraut einen Tee zu, der bei Erkältungskrankheiten und Bronchitis getrunken wurde.
Inzwischen hat sich das Ansehen der Pflanze jedoch gewandelt. Früher ein Allheilmittel, steht der Beinwell heute im Verdacht, krebserregend zu wirken. In den USA durchgeführte Untersuchungen haben ergeben, dass Inhaltsstoffe des Beinwell die roten Blutkörperchen zerstören. Andererseits untersucht man gleichzeitig in Japan die heilkräftigen Eigenschaften des Krauts: Ein Forschungsprogramm soll Aufschluss über den Protein- und Vitamin-B-Gehalt geben.

ARTEN

***Symphytum* 'Bocking 4'**
Winterharte, mehrjährige Pflanze; 1 m groß. Im Frühling und Frühsommer fast violette Blüten. Kräftige Stängel. Große, grüne, lanzettliche Blätter. Die Pflanze enthält 35 % Protein, was dem Eiweißgehalt von Sojabohnen entspricht. Der Beinwell wird in einigen Teilen der Welt als Tierfutter genutzt und ist vor allem in Afrika zunehmend von Bedeutung.

***Symphytum* 'Bocking 14'**
Winterharte, mehrjährige Pflanze; 1 m groß. Im Frühling und Frühsommer malvenfarbene Blüten. Dünne Stängel. Grüne, ovale, spitz zulaufende Blätter. Diese Sorte verfügt über einen hohen Kaliumkarbonatgehalt und ist deshalb am besten zur Herstellung einer Beinwell-Jauche geeignet.

***Symphytum* 'Hidcote Blue'**
Winterharte, mehrjährige Pflanze; 50 cm groß. Im Frühling und Frühsommer blassblaue Blüten. Grüne, lanzettliche Blätter.

Symphytum ibericum (grandiflorium)
Winterharte, mehrjährige Pflanze; 25 cm groß. Im Frühling gelbe/weiße Blüten. Grüne, lanzettliche Blätter. Ein ausgezeichneter Bodendecker, der auch im Winter meistens belaubt ist. Diese Beinwellsorte enthält nur wenig Kalium und kein Allantoin – die Substanz, die die Gewebebildung anregt.

Symphytum officinale
Gemeiner Beinwell
Winterharte, mehrjährige Pflanze; 1 m groß. Im Sommer weiße/purpurrote/

Symphytum ibericum

pinkfarbene Blüten. In medizinischer Hinsicht die beste Beinwellsorte. Aus dem Gemeinen Beinwell kann man auch einen Flüssigdünger herstellen, obwohl der Kaliumgehalt des Krauts nur ca. 3 % beträgt (der Kaliumgehalt von Bocking 14 beträgt ca. 7 %). Darüber hinaus ist der Gemeine Beinwell hervorragend zur Kompostherstellung geeignet, da er die Verrottungs- und Zersetzungsprozesse beschleunigt.

Symphytum x uplandicum
Futter-Beinwell
Winterharte, mehrjährige Pflanze; 1 m groß. Im Sommer rosafarbene/purpur-

rote Blüten. Grüne, lanzettliche Blätter. Eine Sorte, die wild im schwedischen Hochland wächst. Dabei handelt es sich um eine Kreuzung zwischen *S. officinale* und *S. asperum*, einer Beinwellart aus Russland mit blauen Blüten. Sehr attraktiv sieht *S.* x *uplandicum variegatum* mit seinen grün und cremefarben gezeichneten Blättern aus.

Futter-Beinwell *(Symphytum x uplandicum)*

Kultivierung

Vermehrung
Wurzelteilung: Ein Stück Wurzel ausgraben und in 2 cm große Stücke schneiden. Diese Wurzelstücke in eine Saatschale pflanzen.
Teilung: Im Frühling ein Stück einer Beinwellpflanze ausgraben und an anderer Stelle in die Erde setzen.
Aussaat: Den Samen im Frühling oder Herbst in Saatschalen aussäen. Der Samen keimt langsam – unter Umständen überhaupt nicht!

Anfälligkeiten
Beinwell wird manchmal im Spätherbst von Mehltau befallen. Die Pflanze zurückschneiden und die befallenen Blätter verbrennen.

Pflegemaßnahmen
Frühling: Aussaat; Teilung; Wurzelableger nehmen.
Sommer: Die Blätter zurückschneiden und auf den Kompost legen oder als Mulch während der Wachstumsperiode um andere Kräuter legen.
Herbst: Aussaat.
Winter: Keine Schutz nötig.

Gartenkultivierung
Beinwell bevorzugt einen sonnigen oder halbschattigen Standort und einen nährstoffreichen Boden. Problematisch ist es, Beinwell zu versetzen, da seine Hauptwurzel sich verzweigt und tief in den Boden reicht. Achten Sie also darauf, dass Sie die ganze Pflanze ausgraben.

Ernte
Zeitig im Sommer bis in den Herbst mit einer Schere Blätter abschneiden und daraus einen Flüssigdünger herstellen. Zum Trocknen die Blätter vor der Blüte sammeln.
Im Herbst Wurzeln zum Trocknen ausgraben.

Pflanzen in Kübeln

Der Beinwell ist nicht fürs Haus geeignet, kann jedoch in großen Kübeln auf der Terrasse gezogen werden. Die Pflanze in Halbschatten stellen und bei warmem Wetter reichlich gießen.

Kulinarisches

Man isst frische Blätter und Schösslinge als Gemüse oder Salat zubereitet. Solange das Gegenteil nicht bewiesen ist, sollte man keine Angst vor angeblichen Gesundheitsschäden durch Beinwell haben.

Beinwell-Jauche

Aus Beinwell lässt sich problemlos ein Kaliumdünger herstellen. Dazu 6 kg frisch geschnittenen Beinwell in eine 90 l fassende Tonne aus Fiberglas geben. Sie sollten keinesfalls Metallgefäße verwenden! Die Tonne mit Regen- oder Leitungswasser füllen und abdecken, damit kein Licht in den Behälter dringt. Nach ca. 4 Wochen kann eine klare Jauche im Garten als Flüssigdünger verteilt werden. Sie ist ideal für Tomaten, Zwiebeln, Stachelbeeren und Bohnen. Ein Nachteil dieser Methode, Jauche zuzubereiten, ist, dass sich ein übler Gestank entwickelt. Der Grund dafür ist der hohe Proteingehalt der Pflanze. Eine Alternative ist, knapp über dem Boden seitlich ein Loch in eine Plastiktonne zu bohren. Steht die Tonne auf Steinen, kann man eine Schale unter das Loch stellen. Geschnittenen Beinwell in die Tonne geben und einen schweren Stein darauf legen, um die Blätter nach unten zu drücken. Einen Deckel auf die Tonne legen. Nach etwa 3 Wochen tropft eine schwarze Flüssigkeit in die Schale. Dieses Konzentrat in eine Flasche mit Schraubverschluss füllen, wenn Sie es nicht sofort verwenden wollen. Den Dünger im Verhältnis 1:40 mit Wasser verdünnen.

Heilkraft

Der Beinwell war früher eine viel beachtete Pflanze, da man ihn als wertvolles Heilkraut ansah, das allantoinhaltig war, viel Vitamin B 12 enthielt und Proteine lieferte.
Man macht Umschläge mit Beinwell bei Geschwüren und Krampfadern.

Warnung

Beinwell soll schwerwiegende Leberschäden verursachen, wenn er in großen Mengen und über einen langen Zeitraum hinweg eingenommen wird.

Weitere Nutzung

Gekochte, frische Beinwellblätter ergeben einen goldfarbenen Farbstoff.
Mit Beinwell füttert man Rennpferde. Entzündliche Wunden bei Tieren heilen, wenn man einen Beinwellumschlag auf die betroffene Stelle legt.

Beinwell als Färberpflanze

Tanacetum balsamita

BALSAMKRAUT

Auch Marienblatt, Frauenminze und Schmeckblatt genannt.
Familie: Korbblütengewächse *(Asteraceae)*

Das Balsamkraut hat seinen Ursprung im westlichen Asien. Im 17. Jahrhundert kam es auch in die USA. Über das Balsamkraut und seine Bedeutung in Europa schrieb der berühmte englische Kräuterkenner Culpeper, dass die Pflanze „so bekannt und nahezu in jedem Garten wächst, dass es keinen Sinn macht, sie beschreiben zu wollen".
Inzwischen wächst das Balsamkraut im Osten und Mittelwesten der USA auch wild, während es in Europa immer seltener wird.
Im Englischen heißt das Balsamkraut „alecost". Die erste Silbe, „ale", ist darauf zurückzuführen, dass man im Mittelalter Blätter und Blüten der Pflanze dem Bier, dem „Ale", zusetzte. Die zweite Silbe, „cost", leitet sich aus dem griechischen „kostos", „würzig", ab. „Alecost" bedeutet also ein „würziges Kraut für Bier".
Der deutsche Begriff „Balsamkraut" bezieht sich darauf, dass es, zwischen den Fingern zerrieben, einen würzig-sanften Duft verströmt. Culpeper empfahl es Gebärenden, da es die „Schmerzen der Mutter erträglich" mache.

Balsamkraut
Tanacetum balsamita

ARTEN

Tanacetum balsamita (Balsamita major)
Balsamkraut
Winterharte, mehrjährige Pflanze; 1 m groß. Mitte des Sommers bis Spätsommer kleine, weiße, dem Gänseblümchen ähnliche Blüten. Ovale, aromatisch duftende, silbrig grüne Blätter.

Tanacetum balsamita tomentosum
Winterharte, mehrjährige Pflanze; 1 m groß. Große Ähnlichkeit mit dem Balsamkraut, im Gegensatz dazu jedoch kein schmackhaftes Küchenkraut. Die Blätter sind ein wirksamer Mottenschutz.

Tanacetum balsamita tomentosum

Balsamkraut *(Tanacetum balsamita)*

Kultivierung

Vermehrung

Aussaat: Der Samen des Balsamkrauts ist sehr klein. Pflanzen, die in kalten Klimazonen wachsen, bilden keinen keimfähgien Samen aus. Kaufen Sie Samen in einer Sämerei und säen Sie diesen im Frühling in einer Saatschale aus. Mit Perlit bedecken. Unterstützen Sie den Keimprozess durch zusätzliche Wärme – und seien Sie geduldig! Die Sämlinge können bereits nach 10 Tagen erscheinen – oder auch erst nach 2 Monaten. Sind die Sämlinge groß genug, in Töpfe oder direkt ins Freie pflanzen.
Teilung: Im Frühling oder Herbst ein Stück der Wurzel abschneiden und entweder in einen Topf oder ins Freiland pflanzen. Mit Rinde, Torf und Splitt versetztes Substrat verwenden. Wenn Sie im Herbst Ableger nehmen, sollten Sie diese am besten in einem Kalthaus überwintern.

Gartenkultivierung

Die Pflanzen im Abstand von 60 cm an einem sonnigen Standort einpflanzen. Sowohl das Balsamkraut als auch *Tanacetum balsamita tomentosum* gedeihen nahezu überall, bevorzugen allerdings einen nährstoffreichen, trockenen und durchlässigen Boden. Beide Arten tolerieren Schatten, blühen jedoch unter Umständen nicht. Sie sterben im Winter ab.

Anfälligkeiten

Diese Art ist äußerst widerstandsfähig.

Pflegemaßnahmen

Frühling: Pflanzen teilen; Aussaat.
Sommer: Die Sämlinge an eine vorbereitete Stelle pflanzen.
Herbst: Blüten abschneiden; Ableger entfernen, um ein übermäßiges Ausbreiten zu verhindern.
Winter: Abgestorbene Blätter abschneiden; in Töpfen eingesetzte Pflanzen nicht im Freien überwintern.

Ernte

Frische Blätter nach Bedarf pflücken. Kurz vor der Blüte geerntete Blätter lassen sich gut trocknen und behalten ihr süßes Aroma. Die Blüten eignen sich nicht zum Trocknen.
Samen zu sammeln lohnt sich nur in warmen Klimazonen. Den Samen ernten, wenn die Blüten bereits braun werden. Im folgenden Jahr aussäen.

Pflanzen in Kübeln

Keine *Tanacetum*-Sorte eignet sich besonders zur Kübelhaltung. In Kübeln gezogene Pflanzen sind anfällig für Krankheiten, blühen unschön und knicken bei Wind leicht um. Wenn Sie jedoch keine andere Möglichkeit haben, verhindern Sie ein Ausblühen. Nicht zu sehr düngen.

Kulinarisches

Verwenden Sie zum Würzen lediglich die Blätter des Balsamkrautes. Gehen Sie sparsam damit um, da das Kraut sehr intensiv schmeckt. Geben Sie fein gehackte Blätter zu Karottensuppen, Salaten, Geflügel, Wild, Füllungen und Obstkuchen. Mit geschmolzener Butter passt das Kraut auch zu Erbsen und jungen Kartoffeln.

Heilkraft

Das Balsamkraut wird gewöhnlich als Tee zubereitet. Dieser soll Wehenschmerzen lindern. Außerdem verwendete man das Kraut bei Erkältungen, Katarrh, Magenverstimmungen und Krämpfen. Ein frisches Blatt, auf einen Bienen- oder Bremsenstich gerieben, lindert den Schmerz.

Junge Kartoffeln mit Balsamkraut

Weitere Nutzung

Beide Arten duften süß, verstärken den Geschmack anderer Kräuter und sind als Insektenschutzmittel geeignet. Sie können die Kräuter in Potpourris geben oder in Leinensäckchen füllen. Ein Aufguss aus den Blättern ergibt eine duftende Haarspülung. Frische oder getrocknete Blätter des Balsamkrauts im Badewasser sind wohlriechend.

Balsamkraut im Potpourri

Tanacetum cinerariifolium (Chrysanthemum cinerariifolium)

INSEKTENBLUME

Familie: Korbblütengewächse *(Asteraceae)*

Ihre Heimat hat diese Pflanze in Dalmatien. Sie ist heute aber in der ganzen Welt weit verbreitet und sogar in Japan, Südafrika und Teilen Mitteleuropas anzutreffen.
Viele Jahre wurde das Kraut wegen seiner insektenvertreibenden Eigenschaften angebaut. Ich beschreibe hier die beiden Sorten, die ein natürliches Insektengift aufweisen.

Insektenblume *(Tanacetum cinerariifolium)*

ARTEN

Tanacetum cinerariifolium (Chrysanthemum cinerariifolium)
Winterharte, mehrjährige Pflanze. 30–60 cm groß. Margeritenähnliche Blüten: Weißen Zungenblüten mit gelbem Zentrum. Grüne/graue, gefiederte Blätter, die an der Unterseite einen weißen Flaum haben.

Tanacetum coccineum (Chrysanthemum roseum)
Winterharte, mehrjährige Pflanze. 30–60 cm groß. Die großen weißen oder roten Blütenköpfe sind an der Spitze manchmal gelb. Die Pflanze trägt grüne Blätter. Sie stammt aus dem Iran.

KULTIVIERUNG

Vermehrung
Aussaat: Im Frühling den Samen in eine vorbereitete Saatschale säen und mit Perlit bedecken. Der Samen keimt innerhalb von 14–21 Tagen. Die jungen Pflänzchen abhärten und, sobald sie groß genug sind, im Spätfrühling im Abstand von 15–30 cm an eine vorbereitete Stelle ins Freiland setzen.
Teilung: Im Frühling Pflanzen ausgraben und teilen.

Anfälligkeiten
Diese Pflanze wird normalerweise nicht von Schädlingen und Krankheiten befallen.

Pflegemaßnahmen
Frühling: Aussaat; Pflanzen teilen.
Sommer: Falls Sie keinen Samen sammeln wollen, die Blütenköpfe abschneiden, um die Blütezeit zu verlängern.
Herbst: Falls nötig, Pflanzen teilen.
Winter: Kein Schutz nötig

Gartenkultivierung
Die Insektenblume schätzt einen durchlässigen Boden und einen sonnigen Standort. Sie hält auch Dürreperioden gut aus und ist vollkommen winterhart.

Ernte
Man sammelt die Blütenköpfe, wenn sie sich öffnen. Vorsichtig trocknen! Sind die Blüten getrocknet, im Dunkeln aufbewahren.

PFLANZEN IN KÜBELN

Dieses Kraut eignet sich besonders für Terracottatöpfe. Verwenden Sie mit Rinde, Torf und Splitt versetztes Substrat. In den Sommermonaten reichlich gießen. Mit Flüssigdünger sparsam umgehen, sonst blüht die Pflanze nicht.

HEILKRAFT

Kräutersammler haben entdeckt, dass die Insektenblume bei fiebrigen Erkrankungen hilft. Neueste Untersuchungen belegen, dass die Blüten als schwaches Antibiotikum wirken.

WEITERE NUTZUNG

Das Kraut gilt als wirksames Insektenschutzmittel, da es für Säugetiere ungiftig ist und weder die Umwelt schädigt noch sich in Tierkörpern anreichert. Das Pyrethrum lähmt das Nervensystem der Insekten und tötet so die Schädlinge ab. Das aus den Blüten gewonnene Pulver auf die befallenen Stellen streuen. Es vernichtet Insekten und Schädlinge, wie zum Beispiel Wanzen, Kakerlaken, (Stech-)Fliegen, Blattläuse, Milben und Ameisen.
Für ein Spray geben Sie 28 g Pyrethrumpulver in 28 ml Brennspiritus. Verdünnen Sie das Ganze mit 14 l Wasser. Diese Lösung zersetzt sich unter Lichteinfluss. Die größtmögliche Wirkung erzielen Sie, wenn Sie das Gemisch bei Einbruch der Dunkelheit versprühen.

WARNUNG

Tragen Sie Handschuhe, wenn Sie aus den Blüten ein Insektenschutzmittel herstellen, da es Allergien hervorrufen kann. Pyrethrum als Reinsubstanz wirkt toxisch auf Menschen und Tiere.

Tanacetum vulgare (Chrysanthemum vulgare)

RAINFARN

Auch Wurmkraut, Donnerkraut, Frauenkraut, Milchkraut und Wurmsame genannt.
Familie: Korbblütengewächse *(Asteraceae)*

Ursprünglich beheimatet war der Rainfarn in Europa und Asien. Heute ist er vor allem auch in Nordamerika zu Hause. In der Antike rieb man mit diesem Kraut Leichen ein, um sie vor Würmern zu schützen. Der Name „Rainfarn" bezieht sich auf die farnähnlichen Blätter und darauf, dass die Pflanze an Wegen, Waldrändern und Bahndämmen gedeiht.

Rainfarn *(Tanacetum vulgare)*

ARTEN

Tanacetum vulgare
Rainfarn
Winterharte, mehrjährige Pflanze; 90 cm groß. Im Spätsommer gelbe Knopfblüten. Die Blätter sind dunkelgrün, gefiedert und gezähnt.

Tanacetum vulgare* var. *crispum
Krauser Rainfarn
Winteharte, mehrjährige Pflanze; 60 cm groß. Die Blätter sind gekraust und dunkelgrün. Ansonsten wie *T. vulgare*.

***Tanacetum vulgare* 'Isala Gold'**
Winterharte, mehrjährigen Pflanze; 60 cm groß. Goldfarbene Blätter. Ansonsten wie *T. vulgare*.

***Tanacetum vulgare* 'Silver Lace'**
Winterharte, mehrjährige Pflanze; 60 cm groß. Die Blätter sind grün mit weißen Flecken. Ansonsten wie *T. vulgare*.

KULTIVIERUNG

Vermehrung
Aussaat: Im Frühling oder Herbst den kleinen Samen in vorbereitete Saatschalen säen. Mit Perlit bedecken. Der Samen keimt nach 10–21 Tagen. Sind die Sämlinge groß genug, diese im Abstand von 45 cm ins Freiland setzen. Im Herbst ausgesäte Pflänzchen im Winter vor Frost schützen.
Teilung: Alle Sorten bilden Wurzelausläufer, die man im Frühling oder Herbst nehmen kann.

Anfälligkeiten
Der Rainfarn ist äußerst widerstandsfähig.

Pflegemaßnahmen
Frühling: Aussaat; Pflanzen teilen.
Sommer: Nach der Blüte zurückschneiden, damit die Pflanze in Form bleibt.
Herbst: Pflanzen teilen; Aussaat.
Winter: Die oberirdischen Teile sterben ab.

Gartenkultivierung
Der Rainfarn sollte mit Bedacht gepflanzt werden, da sich seine Wurzeln stark ausbreiten. Die goldfarbenen und panaschierten Sorten sehen in Rabatten dekorativ aus. Sie gedeihen nahezu unter allen Bedingungen, wenn der Boden nicht allzu nass ist.

Ernte
Blätter nach Bedarf pflücken. Die Blüten ernten, wenn sie sich öffnen.

PFLANZEN IN KÜBELN

Verwenden Sie humusreiches Substrat und einen großen Kübel. Die Pflanze während der Wachstumsperiode gießen; in der Blütezeit nur 2-mal düngen. Im Winter trocken halten und an einen kühlen Platz stellen.

Krauser Rainfarn

WEITERE NUTZUNG

In das Fell Ihres Hundes oder Ihrer Katze einreiben – das vertreibt die Flöhe! Im Haus aufgehängte Blätter wehren Fliegen ab. Wenn Sie getrocknete, zerkleinerte Blätter ausstreuen, verjagen Sie Ameisen und Mäuse. Gewinnung eines grüngelben Farbstoffs.

HEILKRAFT

Rainfarn wurde früher gegen Ringel- und Fadenwürmer sowie äußerlich zur Behandlung der Krätze eingesetzt. Eine Kompresse aus Rainfarn lindert rheumatische Beschwerden.

WARNUNG

Rainfarn nur unter ärztlicher Beobachtung verwenden. Das Kraut löst bei Frauen die Monatsblutung aus. Nie während der Schwangerschaft einsetzen. Eine Überdosis kann schlimme Folgen haben.

Tanacetum parthenium (Chrysanthemum parthenium)

MUTTERKRAUT

Auch Sommermargerite genannt.
Familie: Korbblütengewächse *(Asteraceae)*

Vermutlich aus Südosteuropa stammend hat sich das Mutterkraut über den Mittelmeerraum fast überall auf der Welt, einschließlich Großbritannien und Nordamerika, ausgebreitet. Es ist ein dekoratives, robustes Kraut und wächst wild auf trockenen, durchlässigen Böden. Gerard riet dazu, die getrocknete Pflanze bei Schwindelanfällen oder Gleichgewichtsstörungen zu verwenden.
Im 17. Jahrhundert empfahl Culpeper das Kraut bei Schmerzen im Bereich des Kopfes und bei Erkältungen.
Im späten 18. Jahrhundert galt das Mutterkraut als ein Heilmittel bei Beschwerden nach übermäßigem Opiumgenuss. Heute behandelt man mit Mutterkraut Migräne.

ARTEN

Tanacetum parthenium (Chrysanthemum parthenium)
Mutterkraut
Winterharte, mehrjährige Pflanze; 60 cm groß. Zeitig im Frühling bis in den Frühherbst weiße, gänseblümchenähnliche Blüten. Die Blätter sind mittelgrün.

Mutterkraut ***(Tanacetum parthenium)***

***Tanacetum parthenium* 'White Bonnet'**
Winterharte, mehrjährige Pflanze; 30 cm groß. Weiße Doppelblüten. Ansonsten wie *T. parthenium.*

***Tanacetum parthenium* 'Aureum'**
Winterharte, mehrjährige Pflanze; 20–45 cm groß. Grüngoldene Blätter, die das ganze Jahr über ihre prächtige Farbe behalten. Ansonsten wie *T. parthenium*. Von der Größe und Farbe her eignet sich diese Sorte besonders für Einfassungen in einem geometrisch angelegten Kräutergarten. Die Pflanze ist vor allem im Winter ein Blickfang.

Kultivierung

Vermehrung
Aussaat: Da der Samen ziemlich klein und leicht ist, klumpt er bei Feuchtigkeit schnell zusammen. Deshalb ist es ratsam, eine kleine Menge Samen mit ebenso viel Perlit oder Sand zu vermischen. Das erleichtert die Aussaat. Im Frühling oder Frühherbst den Samen in Töpfe oder Saatschalen säen. Mit einer dünnen Schicht Perlit abdecken. Der Samen keimt innerhalb von 7–10 Tagen. Sobald die Sämlinge groß genug sind, abhärten und im Abstand von 30 cm ins Freiland pflanzen. Im Herbst gezogene Sämlinge müssen im Winter vor Frost geschützt werden.
Teilung: Im Frühherbst Pflanzen ausgraben und teilen. Dann entweder direkt ins Freiland zurückpflanzen oder in Töpfe setzen. Diese im Winter in ein Kalthaus stellen. Verwenden Sie mit Rinde, Torf und Splitt versetztes Substrat.
Stecklinge: Im Sommer Stecklinge von den Stängeln nehmen. Achten Sie darauf, dass an den Stängeln keine Blüten sitzen.

Anfälligkeiten
Das Mutterkraut wird von keinen Schädlingen oder Krankheiten befallen, kann aber unter Sonnenbrand leiden. In diesem Fall die Pflanze zurückschneiden, damit sie neu austreibt.

Pflegemaßnahmen
Frühling: Aussaat.
Sommer: Nach der Blüte die Pflanze wieder in Form schneiden und die Blütenköpfe entfernen, um Selbstaussaat zu verhindern.
Herbst: Pflanzen teilen; die beste Jahreszeit, um Samen für Einfassungen auszusäen; junge Pflänzchen im Kalthaus überwintern.
Winter: Kein Schutz nötig.

Das Mutterkraut ist ein wirksames Mottenmittel.

Gartenkultivierung
Das Mutterkraut breitet sich schnell aus, sodass die Wahl des Standortes wichtig ist. Die Pflanze gedeiht überall, auch in Winkeln und Spalten, bevorzugt aber einen lehmigen, gedüngten Boden und einen sonnigen Platz. Im Spätfrühling kann direkt an einer vorbereiteten Stelle im Garten ausgesät werden. Wenn die Sämlinge groß genug sind, im Abstand von 30 cm versetzen.

Ernte
Blätter vor der Blüte pflücken und für medizinische Zwecke trocknen. Die Blüten ernten, wenn sie sich öffnen. Mit den Köpfchen nach unten hängend trocknen.

Pflanzen in Kübeln

Mutterkraut, das im Haus gezogen wird, wuchert und sieht unordentlich aus. Die Pflanze in Kübeln im Freien zu halten ist kein Problem. Verwenden Sie mit Rinde und Torf versetztes Substrat. Die Pflanzen regelmäßig gießen; während der Blüte düngen. Nach der Blüte das Mutterkraut zurückschneiden.

Kulinarisches

Junge Blättchen in Salate geben. Sie sollten mit Mutterkraut sparsam umgehen, da es sehr bitter ist.

Heilkraft

Seit Jahrhunderten ist bekannt, dass das Mutterkraut bei Melancholie hilft. Seiner Fähigkeit, Kopfschmerzen zu lindern, schenkte man bis in die 70er Jahre des 20. Jahrhunderts jedoch kaum Beachtung. Dann begann man, dieses Phänomen wissenschaftlich zu untersuchen, und stellte fest, dass bei 70 % der Patienten die Migräneanfälle zurückgingen. Weitere 43 % bemerkten andere positive Begleiterscheinungen, wie zum Beispiel erholsameren Schlaf und eine Verbesserung bei Arthritiserkrankungen. 18 % klagten über unangenehme Nebenwirkungen. Man untersuchte lediglich *T. parthenium*, geht aber davon aus, dass auch die anderen Sorten ähnlich wirken.
Falls Sie unter Migräne leiden, essen Sie täglich 3 bis 5 frische Blätter (keinesfalls mehr!) auf einer Scheibe Brot. Damit das Mutterkraut schmackhafter wird, können Sie etwas Minze, Majoran oder Petersilie mit aufs Brot geben.

Weitere Nutzung

Ein Aufguss wirkt desinfizierend. Die Blätter sind ein gutes Mottenmittel.

Warnung

Als Nebenwirkung kann das Mutterkraut Geschwüre im Mund hervorrufen.

Taraxacum officinale

LÖWENZAHN

Auch Hundeblume, Milchdistel, Pisskraut, Kettenblume, Melkdistel, Augenmilch, Mönchsplatte, Pfaffenkraut, Hundzahnkraut, Pusteblume, Kettenröhrlein, Saublume, Pappel, Gänsezunge und Apostelkraut genannt.
Familie: Korbblütler *(Compositae)*

Der Löwenzahn ist eine zu Unrecht als „Unkraut" verrufene Pflanze. Mittlerweile ist er in allen gemäßigten Zonen auf der ganzen Welt heimisch geworden, und Mességué behauptete sogar, dass er im Begriff sei, „die ganze Welt zu erobern". Der Löwenzahn gedeiht auf stickstoffhaltigen Böden bis zu einer Höhe von 2000 Metern. Schon im 11. Jahrhundert förderten die Araber die Verwendung des Löwenzahns. Im 16. Jahrhundert schließlich war das Kraut als offizielle Arznei eingeführt. Löwenzahnsaft galt schon bei den mittelalterlichen Kräutervätern als „eine gebenedeyte Artzney", und die Apotheker nannten das Kraut *Herba taraxacon* oder *Herba urinari.* „Pisskraut" wird es im Volksmund wegen seiner harntreibenden Eigenschaften genannt.

Löwenzahn *(Taraxacum officinale)*

Löwenzahn *(Taraxacum officinale)*

ARTEN

Taraxacum officinale
Löwenzahn
Mehrjährig; 15 bis 23 cm groß. Vom Frühling bis zum Herbst etwa 5 cm große, gelbe Blüten. Die Samen bilden die flaumige „Pusteblume". Die Blätter sind länglich, gezähnt und bilden eine Rosette.

***Taraxacum kok-saghyz* Rodin**
Mehrjährig; 30 cm groß. Ähnlich wie *T. officinale.* Im Zweiten Weltkrieg extensiv kultiviert, da man aus den Wurzeln Latex gewann und damit Gummi herstellte.

Taraxacum mongolicum
Mehrjährig; 25 bis 30 cm groß. Ähnlich wie *T. officinale.* Zur Behandlung von Infektionen, vor allem von Brustentzündungen, verwendet.

KULTIVIERUNG

Vermehrung
Aussaat: Ziehen Sie Löwenzahn als einjährige Pflanze, da sich sonst Bitterstoffe entwickeln. Im Frühling in Töpfe oder Tröge aussäen. Verwenden Sie keine Saatschalen, da der Löwenzahn eine Pfahlwurzel besitzt. Mit einer dünnen Schicht Perlit abdecken. Der Samen keimt in 3–6 Wochen, je nachdem, wie frisch das Saatgut ist und abhängig von der Temperatur. Sind die Sämlinge groß genug, ins Freiland setzen.
Wurzelteilung: Teile von Wurzeln können in Töpfe oder Tröge gesetzt werden. Jedes Wurzelstück treibt aus.

Anfälligkeiten
Der Löwenzahn wird nur selten von Schädlingen oder Krankheiten befallen.

Pflegemaßnahmen
Frühling: Samen aussäen, wenn Sie Löwenzahn im Herbst als Salat zubereiten wollen.
Sommer: Kontinuierlich die Blütenköpfe pflücken, wenn Sie Löwenzahn als Salat anpflanzen.
Herbst: Samen aussäen, wenn Sie Löwenzahn im Frühling als Salat zubereiten wollen.
Winter: Kein Schutz nötig; bei Temperaturen unter –10 °C Salatpflanzen mit Stroh abdecken.

Gartenkultivierung
Würde der Löwenzahn nur vereinzelt vorkommen, wäre er mit Sicherheit eine ausgesprochen begehrte Pflanze, da die Blüten sehr dekorativ sind, süß riechen und eine wunderschöne Farbe haben. Der Löwenzahn verbreitet sich aber wie Unkraut, und der Wind verteilt den Samen über den ganzen Garten. Man wird das Gewächs auch deshalb nur schwer wieder los, weil aus jedem zurückbleibendem Wurzelstück eine neue Pflanze entsteht. Die Frage, unter welchen Bedingungen Löwenzahn gedeiht, braucht hier also nicht beantwortet werden, da jeder Gärtner eher daran interessiert ist, ihn wieder loszuwerden. Versuchen Sie, die Löwenzahnpflanzen im Frühling vollständig auszugraben.

Ernte
Blätter nach Bedarf pflücken. Für Wein die Blüten sammeln. Im Herbst die Wurzeln zum Trocknen ausgraben.

Pflanzen in Kübeln

Löwenzahn sieht in Kübeln sehr dekorativ aus, vor allem in Blumenkästen. Diese sollten möglichst tief sein, da die Pfahlwurzel des Löwenzahns viel Platz beansprucht.

Kulinarisches

Wurzeln und Blätter ergeben einen nahrhaften Salat. In den vergangenen Jahrhunderten hat man Sorten mit großen Blättern als spezielles Frühlings- und Herbstgemüse gezüchtet. Löwenzahnsalat, den Sie im Frühling essen, soll aufgrund seiner harntreibenden und verdauungsfördernden Eigenschaften blutreinigend wirken. Die Blätter enthalten viel Vitamin A, B, C und D; der Vitamin-A-Gehalt ist sogar größer als der von Karotten.
Aus den Blüten lässt sich ein guter Landwein gewinnen. Die Löwenzahnwurzel ist gehackt und geröstet ein guter Kaffeeersatz.

Löwenzahnwein

Löwenzahnsalat
(4 Portionen)

225 g junge Löwenzahnblätter
100 g Schinkenspeck, gewürfelt
1 Scheibe Weißbrot, gewürfelt
4 EL Oliven- oder Walnussöl
1 EL Weißweinessig
1 Knoblauchzehe, gepresst
Salz
frisch gemahlener Pfeffer
Öl zum Rösten

Die Blätter waschen, trockenschwenken und in die Salatschüssel geben. Aus Olivenöl und Essig eine Marinade herstellen, nach Geschmack würzen und eventuell etwas Zucker hinzufügen.
Schinkenspeck in einer Pfanne auslassen, Knoblauch und Öl hinzufügen und das Weißbrot darin rösten. Über den Löwenzahn geben.
Die Marinade über den Salat gießen und alles vermischen.

Löwenzahnsalat

Heilkraft

Man hält den Löwenzahn für eines der besten Kräuterheilmittel bei Nieren- und Leberbeschwerden. Die Wurzel wirkt leicht abführend; sie ist ein bitteres Tonikum und zur Behandlung von Verdauungsstörungen und Verstopfung geeignet. Die Blätter haben eine harntreibende Wirkung. Im Gegensatz zu herkömmlichen entwässernden Mitteln entzieht der Löwenzahn dem Körper kein Kalium, da der hohe Kaliumgehalt des Krauts für Ausgleich sorgt.
Der Milchsaft in Blättern und Stängeln hilft Hühneraugen und Warzen zu entfernen. Träufeln Sie täglich etwas Saft auf die betroffene Körperstelle.
Die Blüten des Krauts helfen, in Zucker gekocht, bei Husten.

Weitere Nutzung

Als Düngemittel ist der Löwenzahn wegen seines Kupfergehalts interessant. Pflücken Sie dazu drei vollständige Pflanzen, einschließlich Blätter und Blüten. Legen Sie den Löwenzahn in einen Eimer und gießen Sie 1 Liter kochendes Wasser darüber. Lassen Sie alles 30 Minuten zugedeckt stehen. Anschließend seihen Sie das Ganze ab. Dieser Dünger lässt sich nicht konservieren.
Aus den Wurzeln kann man einen gelbbraunen Farbstoff gewinnen. Außerdem ist der Löwenzahn für Hauskaninchen, Meerschweinchen und Wüstenspringmäuse ein wahrer Leckerbissen. Nur für Blumenarrangements ist der Löwenzahn völlig ungeeignet – sobald man ihn pflückt und in eine Vase stellt, schließen sich die Blüten.

Teucrium x lucidrys

GAMANDER

Familie: Lippenblütler *(Labiatae)*

Diese dekorative Pflanze ist europäischen Ursprungs, inzwischen jedoch in vielen Ländern mit gemäßigtem Klima heimisch geworden. Man findet sie auf trockenen, kalkhaltigen Böden. Der lateinische Begriff *Teucrium* leitet sich angeblich von Teucer ab, dem ersten Königs von Troja.
Im Mittelalter galt das Kraut als Heilmittel bei Wassersucht, Gelbsucht und Gicht. Man verwendete den Wand-Gamander außerdem in Pulverform zur Behandlung von Erkältungen und in Schnupftabak.

ARTEN

Teucrium fruticans
Immergrüne, winterharte, mehrjährige Pflanze; 1–2 m groß. Im Sommer blaue Blüten. Die Blätter sind aromatisch, grau/grün mit weißer Unterseite.

***Teucrium chamaedrys* 'Variegatum'**
Edelgamander
Immergrüne, winterharte, mehrjährige Pflanze; 45 cm hoch. Von Mitte des Sommers bis in den Frühherbst rosafarbene Blüten. Die Blätter sind aromatisch, dunkelgrün mit cremefarbener/gelber Zeichnung, klein, glänzend und oval.

Teucrium x lucidrys (chamaedrys)
Wand-Gamander
Immergrüne, winterharte, mehrjährige Pflanze; 45 cm hoch. Von Mitte des Sommers bis Frühherbst rosafarbene Blüten. Die Blätter sind dunkelgrün, klein und oval. Zerrieben verströmen sie einen würzigen Duft.

KULTIVIERUNG

Vermehrung
Aussaat: Den kleinen Samen im Frühling aussäen. Dazu eine Saatschale und mit Rinde, Torf und Splitt versetztes Substrat verwenden. Mit Perlit bedecken. Bis der Samen keimt, dauert es 2 bis 4 Wochen. Sind die Sämlinge groß genug, im Garten an eine vorbereitete Stelle etwa im Abstand von 20 cm versetzen.
Stecklinge: Über Stecklinge lässt sich der Gamander besser vermehren. Im Frühling unverholzte Ableger, im Sommer schwach verholzte Ableger nehmen.
Teilung: Alle Gamandersorten haben einen Wurzelstock, der sich problemlos teilen lässt. Dazu die Pflanzen ausgraben, in zwei Hälften teilen und an einer vorbereiteten Stelle wieder einsetzen.

Anfälligkeiten
Der Gamander wird nur sehr selten von Schädlingen oder Krankheiten befallen.

Pflegemaßnahmen
Frühling: Aussaat; unverholzte Ableger nehmen; einzelne Pflanzen bzw. Rabatten zurückschneiden.
Sommer: Pflanzen nach der Blüte stutzen; schwach verholzte Ableger nehmen.
Herbst: Rabatten zurückschneiden.
Winter: Die panaschierte Art schützen, falls die Temperaturen auf –5 °C fallen.

Gartenkultivierung
Der Gamander braucht einen durchlässigen Boden (leicht alkalisch) und einen sonnigen Standort.
Er eignet sich ausgezeichnet für Rabatten oder Einfassungen. Für eine dichte Gamanderrabatte die Pflanzen im Abstand von 15 cm einsetzen.
Damit die Rabatte die gewünschte Form behält, sollten Sie sie im Frühling und Herbst stutzen.
Der Gamander kann auch in Steingärten gepflanzt werden. Während der Wachstumsperiode muss das Kraut nicht zusätzlich gegossen werden. Der Gamander hat auch in kalten Wintern keinen besonderen Schutz nötig. Die panaschierte Art dagegen ist empfindlicher und sollte im Winter am besten mit einer Schicht Mulch abgedeckt werden.

Ernte
Für medizinische Zwecke die Blätter vor der Blüte sammeln und trocknen.

PFLANZEN IN KÜBELN

Der Wand-Gamander und die panaschierte Form sehen in Kübeln sehr dekorativ aus. Verwenden Sie mit Rinde, Torf und Splitt versetztes Substrat. Nur während der Blütezeit düngen. Im Winter trocken halten.

KULINARISCHES

Dieses Kraut wird vor allem zur Aromatisierung von Likören verwendet.

HEILKRAFT

Der Gamander wird gelegentlich zur Behandlung von Verdauungsbeschwerden, Leberleiden, Blutarmut und Bronchitis eingesetzt.

Teucrium scorodonia

SALBEI-GAMANDER

Familie: Lippenblütler *(Labiatae)*

Auch diese Gamanderart war ursprünglich in Europa beheimatet und kommt heute in vielen anderen Ländern mit gemäßigtem Klima vor. Über den Salbei-Gamander wurde bisher nicht viel geschrieben. Bekannt ist, dass er – wie das Balsamkraut – dem Bier zugesetzt wurde, bevor man Hopfen verwendete.

ARTEN

Teucrium scorodonia
Salbei-Gamander
Winterharte, mehrjährige Pflanze. 30 bis 60 cm groß. Blasse, grünlich weiße Blüten im Sommer. Weiche, grüne, herzförmige Blätter, die leicht nach Knoblauch riechen.

Teucrium scorodonia crispum
Krauser Salbei-Gamander
Winterharte, mehrjährige Pflanze. 35 cm groß. Blasse, grünlich weiße Blüten im Sommer. Die Blätter sind weich, oval, olivgrün und am Rand rötlich gefärbt.

KULTIVIERUNG

Vermehrung
Den Salbei-Gamander kann man durch Samen, Stecklinge oder Teilung vermehren, den Krausen Salbei-Gamander allerdings nur durch Stecklinge oder Teilung.
Aussaat: Den kleinen Samen im Frühling oder Herbst in eine vorbereitete Saatschale aussäen. Dazu mit Rinde, Torf und Splitt versetztes Substrat verwenden. Mit Perlit abdecken. Der Samen keimt innerhalb von 2 bis 4 Wochen. Sind die Sämlinge groß genug, in einen Topf verpflanzen und in einem Kalthaus überwintern. Dann die Pflänzchen im darauf folgenden Frühling abhärten und im Garten an einer vorbereiteten Stelle im Abstand von etwa 25 cm einsetzen.
Stecklinge: Unverholzte Ableger im Frühling, schwach verholzte Ableger im Sommer nehmen.
Teilung: Beide Gamandersorten können im Frühling problemlos geteilt werden.

Anfälligkeiten
Im Normalfall wird der Salbei-Gamander nicht von Schädlingen oder Krankheiten befallen.

Pflegemaßnahmen
Frühling: Aussaat; Pflanzen teilen; unverholzte Ableger nehmen.
Sommer: Schwach verholzte Ableger nehmen.
Herbst: Aussaat.
Winter: Kein Schutz nötig, oberirdische Pflanzenteile sterben im Winter ab.

Gartenkultivierung
Der Gamander gedeiht in halbschattigen Lagen ebenso wie in der vollen Sonne auf sandigen und steinigen Böden. Er wächst aber auch auf schwerem und lehmigem Untergrund, allerdings weniger üppig.

Ernte
Pflücken Sie junge Blätter bei Bedarf.

Salat mit Salbei-Gamander

PFLANZEN IN KÜBELN

Krauser Gamander kann in Kübeln gezogen werden. Salbei-Gamander sieht jedoch nicht besonders dekorativ aus. Verwenden Sie ein Rinde-Torf-Sand-Gemisch und einen großen Kübel, da der Wurzelstock viel Platz benötigt. In der Wachstumsperiode nur zweimal düngen, sonst werden die Blätter schlaff. Sterben die oberirdischen Teile ab, die Pflanze kühl stellen und wenig gießen.

HEILKRAFT

Salbei-Gamander wurde zur Behandlung von fiebrigen Erkältungen als harntreibendes Mittel und zur Wundheilung verwendet.

KULINARISCHES

Die Blätter des Salbei-Gamanders schmecken leicht nach Knoblauch. Junge und zarte Blätter kann man in Salate geben, sie schmecken allerdings etwas bitter.

Thymus

THYMIAN

Auch Gartenthymian, Römischer Quendel oder Kunerle genannt. Familie: Lippenblütler *(Labiatae)*

Es gibt viele Thymianarten und -sorten, die überall auf der Welt in unterschiedlichen Gegenden vorkommen und auch in ihrem Erscheinungsbild stark differieren. Man findet den Thymian sowohl in Grönland als auch im westlichen Asien, obwohl er ursprünglich aus dem westlichen Mittelmeerraum stammt. Schon die alten Ägypter nutzten das Kraut zum Einbalsamieren ihrer Toten, und die Griechen verwendeten es als Badezusatz sowie als Weihrauch im Tempel. Die Römer brachten den Thymian nach Europa. Im Mittelalter trank man einen Thymian-Aufguss. Dieser befähigte angeblich dazu, Feen zu sehen. Thymian war Bestandteil in Biedermeiersträußchen und sollte krankheitsbedingten Ausdünstungen entgegenwirken.

Gartenthymian (Thymus vulgaris)

Thymus vulgaris 'Silver Posie'

ARTEN

Thymus caespititius (Thymus azoricus)
Immergrüne, winterharte, mehrjährige Pflanze. 10 cm groß. Im Sommer zeigen sich blasse, rosafarbene Blüten. Die Blätter sind schmal, hellgrün und sitzen dicht am Stängel. Diese dekorative, niedrig wachsende Pflanze kann man hervorragend zwischen Gartensteine setzen.

Thymus camphoratus
Immergrüne, nicht ganz winterharte, mehrjährige Pflanze. 30 cm groß. Im Sommer erscheinen rosafarbene/malvenfarbene Blüten. Die Blätter sind groß, grün und riechen nach Kampfer. Es handelt sich bei dieser Art um ein schönes, kompaktes, buschiges Kraut.

Thymus cilicicus
Immergrüne, winterharte, mehrjährige Pflanze. 5 cm groß. Im Sommer zeigen sich rosafarbene Blüten. Die hellgrünen Blätter sind schmal und spitz und wachsen dicht am Stängel; sie schmecken nach Sellerie. Diese dekorative, niedrig wachsende Pflanze passt ideal zwischen Gartensteine.

Thymus* x *citriodorus
Zitronenthymian
Immergrüne, winterharte, mehrjährige Pflanze. 30 cm groß. Im Sommer zeigen sich rosafarbene Blüten. Die Blätter sind ziemlich groß, grün und riechen stark nach Zitrone. Diese Art ist ein ausgezeichnetes Küchenkraut, das hervorragend zu Huhn- oder Fischgerichten passt.

Thymus* x *citriodorus
'Archer's Gold'
Immergrüne, winterharte, mehrjährige Pflanze. 10 cm

Sandthymian

groß. Im Sommer erscheinen rosafarbene/malvenfarbene Blüten. Diese dekorative Pflanze trägt zahlreiche grüne/goldfarbene Blätter.
Als Küchenkraut ist sie mild im Geschmack.

Thymus* x *citriodorus
'Bertram Anderson'
Immergrüne, winterharte, mehrjährige Pflanze. 10 cm groß. Im Sommer zeigen sich rosafarbene/malvenfarbene Blüten. Die Blätter sind etwas runder als bei 'Archer's Gold' und mehr goldfarben.
Diese dekorative Pflanze ist als Küchenkraut mild im Geschmack.

Thymus* x *citriodorus
'Fragrantissimus'
Immergrüne, winterharte, mehrjährige Pflanze. 30 cm groß. Im Sommer erscheinen kleine, blasse, rosafarbene/weiße Blüten. Die Blätter sind klein, schmal, gräulich grün und verbreiten einen würzigen Orangenduft. Das Kraut passt gut zu Pfannengerichten und Geflügel, vor allem zu Ente.

Thymus* x *citriodorus
'Golden King'
Immergrüne, winterharte, mehrjährige Pflanze. 30 cm groß. Im Sommer zeigen sich rosafarbene Blüten. Die Blätter sind ziemlich groß, grün und tragen eine goldfarbene Musterung. Sie riechen intensiv nach Zitrone. Dieses hervorragende Küchenkraut passt zu vielen Gerichten, vor allem zu Huhn und Fisch. Auch für Salatmarinaden ist es bestens geeignet.

***Thymus* x *citriodorus* 'Silver Queen'**
Immergrüne, winterharte, mehrjährige Pflanze. 30 cm hoch. Im Sommer rosafarbene Blüten. Die Blätter sind relativ groß, grau, mit silbriger Zeichnung und riechen stark nach Zitrone. Ein ausgezeichnetes Küchenkraut, das zu vielen Gerichten, wie zum Beispiel Huhn und Fisch, passt. Gut für Salatmarinaden.

Thymus doerfleri
Immergrüne, nicht ganz winterharte, mehrjährige Pflanze. 2 cm groß. Im Sommer malvenfarbene/rosafarbene Blüten. Die Blätter sind grau, behaart und klein. Eine dekorative Thymiansorte, die für Steingärten geeignet ist. Sie verträgt keine nassen Winter.

***Thymus doerfleri* 'Bressingham Pink'**
Immergrüne, winterharte, mehrjährige Pflanze. 2 cm groß. Im Sommer malvenfarbene/rosafarbene Blüten. Die Blätter sind klein, grün und behaart. Eine dekorative Sorte, die für Steingärten geeignet ist. Sie verträgt keine nassen Winter.

***Thymus* 'Doone Valley'**
Immergrüne, winterharte, mehrjährige Pflanze. 8 cm groß. Im Sommer dunkelrote Blüten. Die Blätter sind rundlich, grün, mit goldfarbener Zeichnung und riechen intensiv nach Zitrone. Eine sehr dekorative Pflanze, die man auch zum Kochen verwenden kann.

Zitronenthymian (*Thymus* x *citriodorus*)

Thymus herba-barona
Immergrüne, winterharte, mehrjährige Pflanze. 2 cm groß. Im Sommer rosafarbene Blüten. Die Blätter sind klein, dunkelgrün und riechen nach Kümmel. Gut zum Kochen, vor allem für Pfannengerichte und Fleisch.

Thymus praecox* spp. *arcticus
Frühblühender Thymian
Immergrüne, winterharte, mehrjährige Pflanze. 2 cm groß. Im Sommer blasse, malvenfarbene Blüten. Die Blätter sind mild im Geschmack. Wird seit Jahrhunderten von Kräutersammlern geschätzt.

***Thymus praecox* 'Porlock'**
Frühblühender Thymian
Immergrüne, winterharte, mehrjährige Pflanze. 30 cm hoch. Im Sommer rosafarbene Blüten. Die Blätter sind relativ groß und mild im Geschmack. Eine hervorragende Sorte zum Kochen. Antibakterielle und antifungizide Eigenschaften.

Thymus pseudolanuginosus
Immergrüne, winterharte, mehrjährige Pflanze. 2 cm groß. Im Sommer blasse, pinkfarbene/malvenfarbene Blüten. Die Blätter sind grau und behaart. Für Steingärten, Wege und Wände geeignet. Verträgt keine nassen Winter.

Thymus pulegioïdes
Gewöhnlicher Thymian
Immergrüne, winterharte, mehrjährige Pflanze. 8 cm groß. Im Sommer rosafarbene/malvenfarbene Blüten. Die Blätter sind groß, rund, dunkelgrün und von intensivem Geschmack. Gutes Küchenkraut. Sehr guter Bodendecker. Für Blumenampeln geeignet.

***Thymus richardii* spp. *nitidus* 'Peter Davis'**
Immergrüne, winterharte, mehrjährige Pflanze. 8 cm groß. Attraktive rosafarbene/malvenfarbene Blüten im Sommer. Die Blätter sind klein, grau/grün und mild im Geschmack. Gut geeignet für Steingärten und geometrisch angelegte Kräutergärten.

Thymus serpyllum albus
Sandthymian
Immergrüne, winterharte, mehrjährige Pflanze. Kriechend. Im Sommer weiße Blüten. Die Blätter sind hellgrün und klein. Guter Bodendecker.

***Thymus serpyllum* 'Annie Hall'**
Sandthymian
Immergrüne, winterharte, mehrjährige Pflanze. Kriechend. Im Sommer blasse, rosafarbene Blüten. Die Blätter sind klein und grün. Guter Bodendecker.

Thymus serpyllum coccineus
Sandthymian
Immergrüne, winterharte, mehrjährige Pflanze. Im Sommer rote Blüten. Die Blätter sind grün und klein. Guter Bodendecker.

***Thymus serpyllum* 'Pink Chintz'**

***Thymus serpyllum* 'Goldstream'**
Sandthymian
Immergrüne, winterharte, mehrjährige Pflanze. Kriechend. Im Sommer rosafarbene/malvenfarbene Blüten. Die Blätter sind klein und grün mit goldfarbener Zeichnung. Guter Bodendecker.

***Thymus serpyllum* 'Lemon Curd'**
Sandthymian
Immergrüne, winterharte, mehrjährige Pflanze. Kriechend. Im Sommer weiße/rosafarbene Blüten. Die Blätter sind hellgrün, klein und riechen nach Zitrone. Guter Bodendecker. Kann auch zum Kochen verwendet werden.

Sandthymian 'Goldstream'

***Thymus serpyllum* 'Minimus'**
Sandthymian
Immergrüne, winterharte, mehrjährige Pflanze. Kriechend. Im Sommer rosafarbene Blüten. Die Blätter sind sehr klein. Guter Bodendecker. Die Blätter wachsen so dicht, dass das Kraut bevorzugt zwischen Gartensteinen und entlang von Wegen gepflanzt werden sollte.

***Thymus serpyllum* 'Pink Chintz'**
Sandthymian
Immergrüne, winterharte, mehrjährige Pflanze. Kriechend. Im Sommer blasse, rosafarbene Blüten. Die Blätter sind grau, grün, klein und behaart. Guter Bodendecker. Verträgt keine nassen Winter.

***Thymus serpyllum* 'Rainbow Falls'**
Sandthymian
Immergrüne, winterharte, mehrjährige Pflanze. Kriechend. Im Sommer dunkelrote Blüten. Die Blätter sind klein und grün mit goldfarbener Zeichnung. Guter Bodendecker.

***Thymus serpyllum* 'Russetings'**
Sandthymian
Immergrüne, winterharte, mehrjährige Pflanze. Kriechend. Im Sommer dunkelrote/malvenfarbene Blüten. Die Blätter sind klein. Eine aromatische Pflanze. Guter Bodendecker.

Thymus serpyllum **'Snowdrift'**
Sandthymian
Immergrüne, winterharte, mehrjährige Pflanze. Kriechend. Im Sommer zahlreiche weiße Blüten. Die Blätter sind klein und rundlich. Guter Bodendecker.

Thymus vulgaris
Gartenthymian
Immergrüne, winterharte, mehrjährige Pflanze. 30 cm groß. Im Sommer malvenfarbene Blüten. Die Blätter sind klein, grün und aromatisch. Gut zum Kochen geeignet. Antibakterielle und antifungizide Eigenschaften. Hierbei handelt es sich um die bekannteste Art.

Thymus vulgaris aureus
Immergrüne, winterharte, mehrjährige Pflanze. 30 cm groß. Blasse pinkfarbene/lilafarbene Blüten. Die Blätter sind grün und verfärben sich im Sommer golden. Gut im Geschmack; vor allem für vegetarische Gerichte geeignet.

Thymus vulgaris **'Lucy'**
Immergrüne, winterharte, mehrjährige Pflanze. 30 cm groß. Diese Thymiansorte blüht manchmal nicht; wenn doch, sind die Blüten sehr hell und rosafarben. Kleine, grüne Blätter. Ausgezeichnetes Küchenkraut. Antibakterielle und antifungizide Eigenschaften.

***Thymus serpyllum coccineus* und *Thymus serpyllum* 'Snowdrift'**

Thymus vulgaris
'Silver Posie'
Immergrüne, winterharte, mehrjährige Pflanze. 30 cm groß. Blasse rosafarbene/lilafarbene Blüten. Die Blätter sind grau mit einer silbrigen Zeichnung und auf der Unterseite leicht rosa. Gutes Küchenkraut.

Thymus zygis
Immergrüne, nicht ganz winterharte, mehrjährige Pflanze. 30 cm groß. Weiße Blüten. Die Blätter sind klein, grau/grün und aromatisch. Eine dekorative Sorte, die gut für Steingärten geeignet ist. Ursprünglich in Spanien und Portugal zu Hause. Verträgt keine kalten, nassen Winter.

Aufrecht wachsende Sorten
Bis zu 30 cm:
Th. caespititius, 'Archer's Gold', 'Bertram Anderson', 'Peter Davis'.

30 cm und größer:
Thymus camphoratus, 'Lucy', Th. x *citriodorus*, 'Fragrantissimus', 'Golden King', 'Porlock', *Th. vulgaris*, 'Silver Posie', *Th. zygis*.

Kriechende Sorten
Th. cilicicus, Th. doerfleri, 'Bressingham Pink', 'Doone Valley', *Th. praecox* spp. *arcticus, Th. pseudolanuginosus, Th. pulegioïdes, Th. serpyllum albus*, 'Annie Hall', *Th. serpyllum coccineus*, 'Goldstream', 'Lemon Curd', 'Minimus', 'Pink Chintz', 'Rainbow Falls', 'Russetings', 'Snowdrift'.

Thymus vulgaris
'Silver Posie'

Kultivierung

Vermehrung
Um die gewünschte Thymiansorte zu erhalten, ist es ratsam, das Kraut über unverholzte Stecklinge zu vermehren. Nur wenige Arten, wie z. B. der Echte Thymian und *Th. praecox* spp. *arcticus*, können erfolgreich aus Samen gezogen werden.

Aussaat: Säen Sie den winzigen Samen zeitig im Frühling in Saatschalen aus. Verwenden Sie hierzu ein mit Rinde, Torf und Splitt versetztes Substrat und sorgen Sie für eine Temperatur von 15–21 °C. Nicht abdecken. Gießen Sie möglichst wenig, da die Sämlinge leicht faulen. Wenn die jungen Thymianpflänzchen groß genug sind, werden sie abgehärtet und im Spätfrühling bzw. Frühsommer im Garten im Abstand von 25–40 cm versetzt.
Stecklinge: Nehmen Sie zeitig im Frühling oder Sommer weiche, etwa 5 bis 8 cm lange Stecklinge. Verwenden Sie mit Rinde, Torf und Splitt versetztes Substrat. Schützen Sie die jungen Pflänzchen im Winter und setzen Sie sie im darauf folgenden Frühling ins Freiland.
Teilung: Kriechender Thymian bildet Luftwurzeln aus und lässt sich ohne Probleme teilen.
Ableger: Dies ist eine ideale Methode, um bereits verholzte Pflanzen zu vermehren. Nehmen Sie im Frühherbst Ableger.

Anfälligkeiten
Eine aromatische Pflanze wie der Thymian bleibt normalerweise von Schädlingen und Krankheiten verschont. Wenn der Boden bzw. das Substrat zu nährstoffreich ist, kann dies Ameisen anziehen. In diesem Fall behandeln Sie das Kraut mit einer Spritzbrühe. Alle Sorten faulen, wenn der Winter sehr nass ist.

Pflegemaßnahmen
Frühling: Aussaat; ältere Pflanzen zurückschneiden; Ableger nehmen.
Sommer: Stecklinge von nicht blühenden Trieben nehmen; nach der Blüte schneiden.
Herbst: Empfindliche Sorten schützen.
Winter: Kübelpflanzen schützen; nur notfalls etwas gießen.

Gartenkultivierung
Thymian benötigt einen nährstoffarmen Boden und einen durchlässigen Untergrund. Er verträgt Dürre ausgesprochen gut und muss vor kalten Winden und in strengen, nassen Wintern geschützt werden. Säen Sie erst dann, wenn sich der Boden erwärmt hat und kein Frost mehr zu befürchten ist. Dünnen Sie die Pflanzen im Abstand von 20 cm aus.
Schneiden Sie den Thymian nach der Blüte, dies fördert neues Wachstum und verhindert, dass die Pflanzen holzig werden und wuchern. In sehr kalten Lagen ziehen Sie Thymian im Garten als einjähriges Kraut oder in Kübeln, die Sie im Winter schützen.

Ernte
Thymian ist ein immergrünes Kraut, so dass Sie sich das ganze Jahr über mit frischen Blättern versorgen können. Blätter, die Sie konservieren wollen, vor der Blüte ernten. Trocknen oder in Essig bzw. Öl geben.

Thymus serpyllum **'Annie Hall'**

Pflanzen in Kübeln

Alle Sorten eignen sich für Kübel. Sie bevorzugen einen durchlässigen, nährstoffarmen Boden; in nährstoffreichem Boden werden die Pflanzen schlaff und verlieren an Geschmack. Verwenden Sie mit Rinde, Torf und Splitt versetztes Substrat. Wässern Sie die Pflanzen sparsam. Im Winter sollten Sie Thymian erst gießen, wenn die Blätter an Farbe verlieren. Im Sommer düngen Sie nur gelegentlich. Stellen Sie den Kübel an einen sonnigen Platz; das bewirkt, dass die aromatischen Öle des Krautes an die Blattoberfläche gelangen. Schneiden Sie die Pflanzen nach der Blüte zurück, damit sie in Form bleiben und neu austreiben.

Warnung

Der Thymian ist zwar ungiftig, das ätherische Öl selbst sollte innerlich jedoch nur auf Rezept angewendet werden.
Schwangere sollten das Kraut nicht für medizinische Zwecke nutzen.

Kulinarisches

Thymian fördert die Verdauung und macht fette Speisen bekömmlicher. Er wird in Kräutermischungen verwendet und passt gut in Brühen, Marinaden und Eintöpfe. 1–2 Thymianzweige ergeben mit einer halben Zwiebel eine wunderbare Kräuterfüllung für Hähnchen.

Forelle blau mit Zitronenthymian
(4 Portionen)

4 küchenfertige Forellen
6 Pfefferkörner
4 frische Lorbeerblätter
1 kleine Zwiebel, in Ringe geschnitten
1 Zitrone
1 Zweig Zitronenthymian
1 EL Zitronenthymianblätter, gehackt
100 ml Weißwein
2 EL klein geschnittene Knoblauchzehen
75 g Butter
Salz

Forellen in einen Topf geben. Salzen und die Pfefferkörner hinzufügen. Auf jede Forelle 1 Lorbeerblatt legen. Zwiebelringe auf den Forellen verteilen. Eine halbe Zitrone in Scheiben schneiden und mit dem Thymianzweig und einem Teil der Thymianblätter dazugeben. Den Wein mit so viel Wasser in den Topf gießen, dass die Fische bedeckt sind. Zum Kochen bringen, dann ohne Deckel 6 Minuten köcheln lassen.
In einer kleinen Schüssel den restlichen Thymian, die Knoblauchzehen und die Butter mischen und in 4 Portionen teilen. Die Forellen vorsichtig aus dem Topf nehmen und auf 4 Teller legen. Mit einer Zitronenscheibe und Kräuterbutter garnieren. Mit jungen Kartoffeln servieren.

Heilkraft

Thymian wirkt antiseptisch. Als Aufguss ist er ein Gurgelmittel und Mundwasser und gibt ein hervorragendes Heilmittel bei Halsschmerzen und entzündetem Zahnfleisch ab. Das ätherische Öl des Krauts wirkt antibakteriell und antifungizid und wird zur Herstellung von Zahnpasta, Mundwasser und Gurgelmitteln verwendet. Es tötet Stechfliegenlarven. Einige Tropfen des Öls im Badewasser lindern rheumatische Schmerzen.

Tropaeolum majus

KAPUZINERKRESSE

Auch Blutrote Blume aus Peru, Großindische Kresse, Blume der Liebe, Kanarienvögelchen und Kapern genannt. Familie: Kapuzinerkressengewächse *(Tropaeolaceae)*

Die Kapuzinerkresse stammt aus Peru und Bolivien. Sie wird heute jedoch überall auf der Welt kultiviert.

Der Gattungsbegriff *Tropaeolum* leitet sich von dem lateinischen Wort „tropaeum" ab, was „Trophäe" bedeutet. Nach einem Kampf stellte man einst einen Baumstamm auf das Schlachtfeld und behängte ihn mit erbeuteten Helmen und Schilden. Die Blätter der Kapuzinerkresse verkörperten die Schilde und die Blüten die blutbefleckten Helme. Das Kraut kam von Peru aus im 16. Jahrhundert nach Spanien und wurde schon bald darauf in Großbritannien eingeführt. Es erhielt die Bezeichnung *Nasturcium indicum* – daher kommt der noch heute gebräuchliche Name „Großindische Kresse". Der Brauch, die Blütenblätter zu essen und aus ihnen einen Tee zuzubereiten, stammt aus dem Orient.

***Tropaeolum majus* 'Alaska'**

ARTEN

Tropaeolum majus
Kapuzinerkresse
Nicht frostharte, einjährige Pflanze; rankend, bis 3 m groß. Vom Sommer bis in den Frühherbst rote/ orangefarbene Blüten. Runde, mittelgrüne Blätter.

***Tropaeolum majus* 'Alaska'**
Nicht frostharte, einjährige Pflanze; rankend, bis 3 m groß. Vom Sommer bis in den Frühherbst rote, orangefarbene und gelbe Blüten. Runde, panaschierte (cremefarbene/grüne) Blätter. Sehr dekorativ.

***Tropaeolum majus* 'Empress of India'**
Nicht frosthart, einjährig; rankend, bis 3 m groß. Vom Sommer bis in den Frühherbst dunkelrote Blüten. Runde, mittelgrüne Blätter.

Weitere interessante Arten:

Tropaeolum peregrinum
Empfindliche, mehrjährige Pflanze; 2 m groß. Vom Sommer bis zum ersten Frost kleine, hellgelbe Blüten mit 2 großen oberen, ausgefransten Blütenblättern. Graue/grüne Blätter mit 5 Ausbuchtungen. In kühlen Gegenden sollte es vorzugsweise als einjähriges Kraut gezogen werden.

Tropaeolum polyphyllum
Winterhartes, mehrjähriges Kraut; 5–8 cm groß. Vom Sommer bis in den Frühherbst kleine, gelbe Blüten. Graugrüne Blätter. Breitet sich schnell aus und sieht sehr schön an Böschungen und Hängen aus.

Tropaeolum speciosum
Winterharte, mehrjährige Pflanze; 3 m groß. Im Sommer scharlachrote Blüten, im Herbst folgen blaue Früchte, umgeben von einem dunkelroten Blütenkelch. Grüne Blätter mit 6 Ausbuchtungen. Die Wurzeln dieser Art sollten im Schatten, die Blütenköpfchen jedoch in der Sonne sein.

Kultivierung

Vermehrung
Aussaat: Für eine frühe Blüte im Sommer den Samen zeitig im Frühjahr in Töpfe oder Schalen säen. Leicht mit Erde abdecken. Gut geeignet zur Vermehrung sind auch Anzuchttöpfchen, vor allem, wenn man die jungen Pflanzen in eine Blumenampel hängen möchte. Sind die Sämlinge groß genug und ist kein Frost mehr zu befürchten, diese an eine vorbereitete Stelle im Garten setzen oder in Kübel pflanzen.
Stecklinge: Nehmen Sie im Frühling unverholzte Stecklinge von den mehrjährigen Kapuzinerkressesorten.

Anfälligkeiten
Blattläuse und die Raupen des Kohlweißlings können für die Kapuzinerkresse zum Problem werden. Wenn die Pflanzen nicht so stark befallen sind, genügt es, diese abzuwaschen oder mit Seifenwasser zu behandeln.

Pflegemaßnahmen
Frühling: Samen aussäen und schützen oder nach der Frostperiode ins Freiland säen.
Sommer: Verwelkte Blüten abschneiden, damit neue Blüten austreiben.
Herbst: Abgestorbene Pflanzen ausgraben.
Winter: Schon fürs nächste Jahr planen.

Gartenkultivierung
Die Kapuzinerkresse bevorzugt einen durchlässigen, nährstoffarmen Boden in direktem Sonnenlicht oder Halbschatten. Ist der Boden zu nährstoffreich, wuchern die Blätter – auf Kosten der Blüten. Kapuzinerkresse ist frostempfindlich und verträgt keine Temperaturen unter 4 °C.
Sobald sich der Boden erwärmt und die Frostperiode vorüber ist, kann die Kapuzinerkresse direkt ins Freiland gesät werden. Den Samen im Abstand von 20 cm in die Erde stecken. Wollen Sie eine Einfassung pflanzen, im Abstand von 15 cm aussäen.

Ernte
Die Blüten nur zum sofortigen Gebrauch pflücken; nicht trocknen. Die Samenhülsen sammeln (und in Essig einlegen), kurz bevor sie ihre grüne Farbe verlieren. Die frischen Blätter nach Bedarf pflücken. Sie können zwar getrocknet werden, ich halte dies jedoch nicht für sinnvoll.

Kapuzinerkresse
(Tropaeolum majus)

Mischkulturen

Dieses Kraut vertreibt die Schwarze Fliege von Gemüsen, wie z. B. von Kohl und Bohnen. Die Kapuzinerkresse zieht die Schwebfliege an, die Läuse vernichtet. Außerdem vertreibt sie die Weiße Fliege, Wollläuse und Ameisen.

Pflanzen in Kübeln

Dieses Kraut ist sehr gut für Töpfe, Tröge, Blumenkästen und Hängeampeln geeignet. Verwenden Sie mit Rinde, Torf und Splitt versetztes Substrat. Die Kapuzinerkresse nicht düngen, da sie sonst keine Blüten ausbildet. Reichlich gießen.

Heilkraft

Das Kraut wird in medizinischer Hinsicht kaum genutzt, obwohl die frischen Blätter Vitamin C und Eisen enthalten und außerdem antiseptisch wirken.

Warnung

Genießen Sie das Kraut mit Vorsicht. Essen Sie nie mehr als etwa 15 g auf einmal oder 30 g am Tag.

Kulinarisches

Als ich einmal eine Grundschulklasse zu Besuch hatte und mit den Kindern über Kräuter sprach, erklärte ich, dass diese hübschen, roten Blüten im Supermarkt nicht erhältlich seien und man sie deshalb auch nicht unter Salate mischen könne. Als mich ein Junge verwundert ansah, schlug ich ihm vor, doch mal eine Blüte zu probieren. Er aß eine ganze Blüte auf, ohne ein Wort zu sagen. Als ihn einer seiner Freunde fragte: „Wie schmeckt's denn?", fragte mich der Junge mit einem breiten Grinsen, ob er eine Blüte für seinen Freund pflücken dürfe. Dieser aß sie und schrie: „Pfeffer, Pfeffer ..."
Samen, Blüten und Blätter werden wegen ihres würzigen Geschmacks geschätzt. Eingelegte Blütenköpfchen sind ein guter Ersatz für Kapern.

Frischkäse mit Kapuzinerkresse
100 g Frischkäse
2 TL zarte Kapuzinerkresseblätter, gehackt
3 Kapuzinerkresseblüten

Frischkäse und Blätter vermischen. Die Mischung in eine Schale füllen und mit den Blüten verzieren. Möglichst bald verzehren, da das Ganze bitter wird, wenn man es stehen lässt.

Urtica

BRENN-NESSEL

Auch Donnernessel, Haarnessel, Saunessel und Tausendnessel genannt.
Familie: Brennnesselgewächse *(Urticaceae)*

Brennnessel *(Urtica dioica)* in voller Blüte

Diese Pflanze wächst überall auf der Welt. Sie ist weit verbreitet auf humosem, nährstoffreichem Boden und siedelt sich häufig an Zäunen, neben Häusern und in Gärten an. Der Gattungsbegriff *Urtica* leitet sich von dem lateinischen Wort „uro", „ich brenne", ab. Die Pillenbrennnessel *(Urtica pilulifera)* kam mit den Römern nach Britannien. Die Soldaten hielten sich mit diesem Kraut warm – sie rieben Arme und Beine damit ein und regten so den Kreislauf an. Bereits vor langer Zeit benutzte man die Brennnessel zur Herstellung von Stoff. So entdeckte man ein um Knochen gewickeltes Stück Nessel in einem dänischen Grab der späten Bronzezeit. Im 18. Jahrhundert berichtete der schottische Dichter Thomas Campbell, dass man in aus Brennnessel gefertigten Bettlaken schlief und von Brennnessel-Tischdecken aß. Aufzeichnungen belegen, dass sich daran in Tirol bis ins frühe 20. Jahrhundert nichts geändert hat. Im Mittelalter glaubte man, dass Brennnesseln die Wohnstätte von Elfen markierten und dass das Kraut vor Hexerei schütze. Außerdem sorgte die Pflanze angeblich dafür, dass Haustrolle oder Hexen der Milch keinen Schaden zufügen konnten.

Mit den Siedlern kam das Kraut im 17. Jahrhundert nach Amerika. Vor dem Zweiten Weltkrieg importierte Großbritannien enorme Mengen Brennnessel aus Deutschland. Während des Kriegs versuchten die Briten, so viel Brennnesseln wie möglich zu sammeln, da man die dunkelgrüne Farbe, die man aus der Pflanze gewann, zur Tarnung nutzte. Außerdem wurde Chlorophyll für medizinische Zwecke extrahiert.

ARTEN

Urtica dioica
Brennnessel
Winterharte, mehrjährige Pflanze; 1,5 m groß. Männliche und weibliche Blüten sitzen auf verschiedenen Pflanzen. Die weiblichen Blütenrispen hängen nach unten, die männlichen stehen ab. Beide sind gelblich grün. Die Blätter sind grün, gezähnt und haben Borsten. Brennnesselblätter können jung gegessen werden.

Urtica pilulifera
Pillenbrennnessel
Winterharte, mehrjährige Pflanze; 1,5 m hoch. Diese Sorte ist *U. dioica* sehr ähnlich, das Brennhaar soll aber angeblich heftigere Schmerzen verursachen.

Urtica urens
Kleine Brennnessel
Winterharte, einjährige Pflanze; 30 cm groß. Männliche und weibliche Blüten sitzen an der gleichen Rispe und haben eine grünlich weiße Farbe. Die Blätter sind tief gezähnt und haben Borsten.

Urtica urentissima
Diese Pflanze stammt aus Timor. Das Brennhaar verursacht sehr starke Verbrennungen.
Angeblich können die Verletzungen sogar zum Tod führen.

Kultivierung

Vermehrung
Aussaat: Brennnesseln können im Frühling aus Samen gezogen werden.
Teilung: Zeitig im Frühling Wurzeln teilen, bevor die Pflanze viele Blätter ausgetrieben hat – dann schmerzt auch das Brennhaar der Pflanze weniger.

Anfälligkeiten
Brennnesseln sind äußerst widerstandsfähig.

Pflegemaßnahmen
Frühling: Aussaat; Pflanzen teilen
Sommer: Pflanzen stutzen, wenn sie wuchern.
Herbst: Pflanzen bis zum Boden zurückschneiden
Winter: Kein Schutz nötig.

Gartenkultivierung
Brennnesseln sind für Gärtner und Bauern eine regelrechte Plage, und auch Kinder haben unter ihnen zu leiden. Andererseits sind Brennnesseln ausgesprochen nützliche Pflanzen, da sie Schmetterlinge und Nachtfalter anlocken und ein leckeres Fressen für Raupen darstellen. Brennnesseln gedeihen auf jedem Boden. Günstig wäre eine naturbelassene Ecke im Garten, wo Brennnesseln und einige andere Wildblumen wachsen können.

Ernte
Zeitig im Frühling junge Blätter abschneiden und als Gemüse kochen.

Kulinarisches

Brennnesseln sind vitaminreich und enthalten viele Mineralien. Im Frühling kann man die jungen Blätter

Brennnesselsuppe

wie Spinat zubereiten, daraus eine delikate Suppe kochen oder als Tee trinken.

Brennnesselsuppe
(4 Portionen)

Werden die Brennnesseln gekocht, verlieren sie ihre Brennhaare.

250 g junge Brennnesselblätter
50 g Öl oder Butter
1 kleine Zwiebel, gehackt
250 g geschälte Tomaten
900 ml Milch
je 1 TL Majoran, Salbei und Zitronenthymian, gehackt
1 TL Liebstöckel, gehackt
2 EL Sahne
2 EL Petersilie, gehackt

Nur junge Brennnesselblätter pflücken; dabei Handschuhe tragen. Die Blätter waschen. Das Öl in einem Topf erhitzen. Die Zwiebeln hinzufügen und andünsten. Die Brennnesselblätter dazugeben und unter leichtem Rühren etwa 10 Minuten mitdünsten.
Anschließend die geschälten und zerkleinerten Tomaten, alle Kräuter und die Milch mit in den Topf geben. Das Ganze weitere 10 Minuten köcheln lassen. Die Suppe etwas abkühlen lassen, dann im Mixer pürieren. Zurück in den Topf füllen und das Ganze nochmals erhitzen.
Mit frischem Baguette servieren. Einen Klecks Sahne in jeden Teller geben und etwas gehackte Petersilie darüber streuen.

Heilkraft

Brennnesseln werden bei zahlreichen Beschwerden eingesetzt, so bei inneren Blutungen, als harntreibendes Mittel, bei Gelbsucht und Hämorrhoiden und als Abführmittel. Auch bei Hautproblemen, einschließlich Ekzemen, ist die Brennnessel hilfreich.
Brennnesseln sind nach den langen Wintermonaten ein Stärkungsmittel, da sie viele Mineralien enthalten. Ein gutes Mittel sind Brennnesseln bei Blutarmut. Der hohe Vitamin-C-Gehalt bewirkt, dass der Körper das in den Brennnesseln enthaltene Eisen vollständig aufnehmen kann.

Warnung

Essen Sie keinesfalls alte Brennnesselpflanzen ungekocht! Dies könnte zu Nierenbeschwerden und Vergiftungserscheinungen führen.
Achten Sie beim Umgang mit den Pflanzen auf die Brennhaare!

Haarpflegemittel und -spülung mit Brennnessel

Weitere Nutzung

Aus der Brennnessel lässt sich ein grünlich gelber Farbstoff gewinnen.
Man kann daraus ein Spray gegen Blattläuse herstellen. Dazu einen Eimer voll Brennnesseln sammeln und mit (Regen-)Wasser bedecken. Den Eimer abdecken und das Ganze eine Woche stehen lassen. Die Flüssigkeit abseihen und in einen Zerstäuber füllen. Befallene Pflanzen damit besprühen.
Brennnesseln verhindern Haarausfall und machen Haare weich und glänzend. Sie helfen außerdem, Schuppen zu beseitigen.

Brennnesselspülung und -Haarpflegemittel
Diese Spülung nach dem Haarewaschen ins Haar geben oder in die Kopfhaut einmassieren. In einer kleinen Flasche im Kühlschrank aufbewahren.

1 Bund Brennnesseln
½ l Wasser

Zum Brennnesselnschneiden Handschuhe tragen. Die Blätter waschen und in einen Emailtopf füllen. Mit kaltem Wasser bedecken. Zum Kochen bringen und zugedeckt ca. 15 Minuten köcheln lassen. Die Flüssigkeit in einen Krug abseihen und abkühlen lassen.

Valeriana officinalis

BALDRIAN

Auch bekannt als Mondwurzel, Katzenkraut, Hexenkraut, Augenwurz und Tollerjahn.
Familie: Baldriangewächse *(Valerianaceae)*

Die Heimat des Baldrians ist Europa und Kleinasien, mittlerweile ist das Kraut aber auch in Nordamerika heimisch geworden. Man findet es auf Feuchtwiesen, an Bächen und Flüssen. Der Name leitet sich vermutlich vom lateinischen „valere“, „gesund sein“, ab, eine Anspielung auf die Heilkraft der Pflanze. Eine andere Möglichkeit ist, dass der Begriff auf Valeris, einen Kräutersammler, zurückgeht, der den Baldrian erstmals medizinisch nutzte.
Man verwendet den Baldrian in der Parfümindustrie, da er den Düften eine moschusartige Note verleiht. Auch Katzen und Ratten fühlen sich von Baldrian angezogen.

MISCHKULTUREN

Baldrian fördert das Wachstum von Pflanzen, da er den Phosphorgehalt im Boden steigert und Regenwürmer anlockt.

WEITERE NUTZUNG

Gießen Sie eine Jauche aus Baldrianwurzeln auf den Boden, um Regenwürmer anzulocken. Geben Sie die mineralstoffreichen Blätter zum Kompost.

HEILKRAFT

Die beruhigende und krampflösende Wirkung der Wurzel wird zur Behandlung von nervösen Beschwerden und Darmkoliken angewandt. Zerkleinern Sie 1 Teelöffel der getrockneten Wurzel und legen dies 12–24 Stunden in kaltem Wasser ein. Als mildes Schlafmittel, bei nervöser Unruhe, Kopfschmerzen, Darmkrämpfen und Aufregung trinken.

ARTEN

Valeriana officinalis
Baldrian
Winterharte, mehrjährige Pflanze; 1–1,2 m groß. Im Sommer blasse rosafarbene/weiße Blüten. Die Blätter sind tief gezähnt.

KULTIVIERUNG

Vermehrung
Aussaat: Zeitig im Frühling den kleinen Samen in Saatschalen aussäen. Den Samen andrücken, jedoch nicht mit Erde bedecken, da dies den Keimprozess verzögert. Sind die Sämlinge groß genug, im Abstand von 60 cm ins Freiland setzen.

Baldrian
(Valeriana officinalis)

Teilung: Im Frühling oder Herbst durch Wurzelteilung vermehren. Anschließend im Garten an einer vorbereiteten Stelle einsetzen.

Anfälligkeiten
Baldrian ist resistent.

Pflegemaßnahmen
Frühling: Aussaat; Wurzelstock teilen.
Sommer: Nach der Blüte die Pflanzen zurückschneiden, um Selbstaussaat zu verhindern.
Herbst: Pflanzen teilen.
Winter: Kein Schutz nötig.

Gartenkultivierung
Baldrian ist ein Frühblüher. Solange seine Wurzeln kühl stehen, gedeiht der Baldrian auf nahezu allen Böden, sowohl in der Sonne als auch im tiefen Schatten. Sie können den Samen im Frühling direkt ins Freiland aussäen; decken Sie ihn nicht mit Erde ab. Verlässlicher ist eine Anzucht in Saatschalen. Denken Sie beim Pflanzen daran, dass sich Katzen von Baldriangeruch angezogen fühlen.

Ernte
Graben Sie die Wurzel einer 2- bis 3-jährigen Pflanze im Spätherbst aus. Waschen Sie diese und entfernen Sie die blassen, fasrigen Wurzelteile, so dass das essbare Rhizom zurückbleibt. Dieses zum Trocknen in Stücke schneiden.

WARNUNG

Baldrian sollte in hohen Dosierungen nicht über einen längeren Zeitraum eingenommen werden.

Centhranthus ruber (Valeriana ruber)

ROTE SPORNBLUME

Familie: Baldriangewächse *(Valerianaceae)*

Dieses Gewächs gedeiht in Mittel- und Südeuropa in gemäßigten Klimazonen. Gerard schrieb im Jahr 1597, dass es „in England nicht allgemein bekannt“ sei – was sich aber bis zum Beginn des 18. Jahrhunderts grundlegend geändert hatte.

ARTEN

Centhranthus ruber (Valeriana ruber)
Rote Spornblume
Mehrjährige Pflanze; 60 cm groß. Im Sommer wohlriechende, meist rote Blüten. Die Farbe der Blüten kann allerdings von Weiß über Rosa bis Rot variieren. Fleischige, blassgrüne, spitze Blätter.

KULTIVIERUNG

Vermehrung
Aussaat: Zeitig im Herbst den Samen in Saatschalen aussäen. Verwenden Sie mit Rinde, Torf und Splitt versetztes Substrat. Leicht mit Erde bedecken und im Winter unter Glas im Freien stehen lassen. Wenn der Samen keimt, das Glas entfernen und die Saatschalen in ein Kalthaus stellen. Wenn die Sämlinge groß genug sind, einzeln in Töpfe setzen. Diese im Sommer im Freien lassen. Die Pflanzen bis zum Herbst regelmäßig gießen. Nicht düngen. Im Abstand von etwa 60 cm versetzen.

Anfälligkeiten
Baldrian ist resistent.

Pflegemaßnahmen
Frühling: Wild aufgegangene Pflanzen ausgraben und an geeigneter Stelle wieder einsetzen.
Sommer: Blütenköpfe abschneiden, um Selbstaussaat zu verhindern.
Herbst: Aussaat; Sämlinge des vorhergehenden Jahres ins Freiland setzen.
Winter: Kein Schutz nötig.

Gartenkultivierung
Die Pflanze ist an Böschungen, bröckeligen Mauern und in Küstengebieten an Felsen heimisch geworden. Sie gedeiht auf mageren, nährstoffarmen, durchlässigen und kalkhaltigen Böden. Das Kraut schätzt einen sonnigen Standort.

Ernte
Im Spätherbst die Wurzel einer 2- oder 3-jährigen Pflanze ausgraben, waschen und die blassen, fasrigen Teile entfernen, sodass das essbare Rhizom übrig bleibt. Zum Trocknen in Stücke schneiden. Junge Blätter nach Bedarf pflücken.

PFLANZEN IN KÜBELN

Der Kübel muss groß genug sein. Verwenden Sie erdreiches Substrat. Wenn Sie viele Blüten erhalten möchten, düngen Sie. Den Kübel an einen sonnigen Platz stellen. Regelmäßig gießen.

KULINARISCHES

In Frankreich und Italien isst man die sehr jungen Blätter, die jedoch unglaublich bitter schmecken.

Rote Spornblume
(Centhranthus ruber)

HEILKRAFT

Die Wurzel, die wie ein großer Rettich aussieht und einen charakteristischen Geruch hat, wird medizinisch genutzt. Die Rote Spornblume soll bei Hysterie und nervösen Störungen auf Grund ihrer beruhigenden und krampflösenden Wirkung Abhilfe schaffen.

WARNUNG

Hohe Dosen oder Einnahmen über einen längeren Zeitraum können Vergiftungserscheinungen hervorrufen.

Verbena officinalis

EISENKRAUT

Auch bekannt als Eiserner Heinrich, Eiserich, Heiligkraut und Sagenkraut.
Familie: Eisenkrautgewächse *(Verbenaceae)*

Dieses Kraut stammt aus den Mittelmeerländern. Inzwischen ist es aber auch anderswo in gemäßigten Klimazonen zu Hause.
Das Eisenkraut ist eine Pflanze, mit der sich zahlreiche Mythen verbinden. Die Ägypter sagten, dass es aus den Tränen von Isis entstanden sei. Griechische und römische Priester trugen aus Eisenkraut gefertigte Amulette; bei den Römern wurden die Altäre nach Opferhandlungen mit dieser Pflanze gereinigt. Druiden gewannen daraus magische Zaubertränke.
Pflückt man Eisenkraut, muss man es segnen – so der Volksglaube, der daher rührt, dass man die Blutungen Jesu bei der Kreuzigung angeblich mit Eisenkraut stillte.
Im Mittelalter war das Eisenkraut Bestandteil einer heiligen Salbe, die vor Dämonen und Krankheiten schützen sollte: „Eisenkraut und Dill, hindert der Hexen Will'."

Eisenkraut (*Verbena officinalis*)

ARTEN

Verbena officinalis
Eisenkraut
Winterharte, mehrjährige Pflanze; 60 cm groß. Im Sommer zeigen sich kleine, blasslila Blüten. Die Blätter sind grün, behaart und gezähnt. Verwechseln Sie diese Pflanze nicht mit *Aloysia triphylla*!

KULTIVIERUNG

Vermehrung
Aussaat: Zeitig im Frühling den kleinen Samen in Saatschalen aussäen. Mit Perlit bedecken.
Sind die Sämlinge groß genug, härten Sie sie ab und setzen sie im Abstand von 30 cm an eine vorbereitete Stelle ins Freiland.
Teilung: Die Pflanzen im Frühling oder Herbst teilen. Es entwickeln sich schnell viele neue Wurzeln.

Anfälligkeiten
Wenn der Boden zu nährstoff- oder nitratreich ist, kann das Eisenkraut von Läusen befallen werden.

Pflegemaßnahmen
Frühling: Aussaat; Pflanzen teilen.
Sommer: Nach der Blüte zurückschneiden, um Selbstaussaat zu verhindern.
Herbst: Pflanzen teilen.
Winter: Keine Schutzmaßnamen nötig.

Gartenkultivierung
Im Frühling kann das Eisenkraut direkt ins Freiland an einer sonnigen Stelle auf durchlässigen Boden ausgesät werden. Dabei sollten Sie den Samen nicht allzu großflächig verteilen. Denken Sie auch daran, dass sich das Kraut selbst aussät.

Ernte
Pflücken Sie die Blätter nach Bedarf. Schneiden Sie die Pflanze ab, wenn sie blüht. Sie können die Blätter oder die ganze Pflanze trocknen.

PFLANZEN IN KÜBELN

Eisenkraut gedeiht nicht in Kübeln.

HEILKRAFT

Man verwendet das Eisenkraut zur Stärkung des Nervensystems, zur Behandlung von Depressionen und nervösen Zuständen. Hilfreich soll es auch bei Migräne sein.
Chinesische Kräutersammler verabreichen einen Eisenkrautaufguss bei verzögerter Menstruation, bei Leberbeschwerden und Harnwegsinfekten.

KULINARISCHES

In Frankreich bereitet man aus den Blättern Tee zu. Mit Vorsicht genießen!

WARNUNG

In der Schwangerschaft auf Eisenkraut verzichten.

Viola tricolor

STIEF-MÜTTERCHEN

Auch Ackerveilchen, Dreifaltigkeitsblume, Sammetblümlein, Samtveigerl, Siebenfarbenblume, Stiefkinder, Nachtveigerl und Nachtviole genannt. Familie: Veilchengewächse *(Violaceae)*

Das Stiefmütterchen wächst wild in Europa und Nordamerika. Man findet es an Ackerrändern, auf Wiesen und in Hecken.
Im Mittelalter bezeichnete man das Stiefmütterchen wegen seiner drei Farben – weiß, gelb und violett – als *Trinitaria* oder *Trinitatis Herba,* Kraut der Heiligen Dreieinigkeit.
Im Volksmund steht Violett für Erinnerung, Weiß für Liebe und Gelb für Andenken.

ARTEN

Viola arvensis
Ackerstiefmütterchen
Winterhart, mehrjährig; 5–10 cm groß. Die Blüten sind weiß oder cremefarben und erscheinen im Frühsommer. Die Blätter sind oval und gezähnt.

Viola lutea
Gelbes Alpenstiefmütterchen
Winterhart, mehrjährig. Im Sommer Blüten, die von Gelb über Blau bis hin zu Violett variieren. Die Blätter sind am Grund oval und nach oben hin schmaler.

Viola tricolor
Stiefmütterchen
Winterhart, mehrjährig; 15–30 cm groß. Blüht vom Frühling bis in den Herbst. Grüne Blätter mit tiefen Ausbuchtungen.

Viola tricolor

KULTIVIERUNG

Vermehrung
Aussaat: Im Herbst den Samen in Saatschalen oder Töpfe säen. Nicht mit Erde bedecken. Keine zusätzliche Wärme erforderlich. Die Sämlinge in einem Kalthaus überwintern. Im Frühling abhärten und dann im Abstand von 15 cm ins Freiland setzen.

Pflegemaßnahmen
Frühling: Aussaat.
Sommer: Verwelkte Blütenköpfe abschneiden, um neues Blütenwachstum anzuregen.
Herbst: Samen für Frühlingsblumen aussäen.
Winter: Kein Schutz nötig.

Gartenkultivierung
Die Pflanze wächst auf jedem Boden; sie gedeiht in der Sonne ebenso wie im Halbschatten. Den Samen etwas in den Boden drücken; nicht mit Erde bedecken.

Ernte
Vom Frühling bis zum Spätherbst die Blüten pflücken – nachdem sie sich vollständig geöffnet haben. Frisch verwenden oder trocknen. Jede Samenkapsel lässt sich in drei einzelne aufspalten. Am besten sammelt man den Samen am Mittag, wenn sich die meisten Kapseln geöffnet haben.

PFLANZEN IN KÜBELN

Das Stiefmütterchen sieht in Kübeln reizend aus. Verwelkte Blüten abschneiden, damit neue Blüten nachwachsen.

KULINARISCHES

Blüten in Salate geben; Desserts damit verzieren.

HEILKRAFT

Das Stiefmütterchen hilft bei Bettnässen.
Mit einer aus Stiefmütterchen gewonnenen Salbe behandelt man Ekzeme und Akne. Kräutersammler verwenden das Stiefmütterchen bei Gicht, rheumatischer Arthritis und bei Erkrankungen der Atemwege. Ein Aufguss aus Stiefmütterchenblättern ins Badewasser gegeben wirkt sich vorteilhaft bei rheumatischen Beschwerden aus.

Warnung: In großen Dosen kann das Kraut Erbrechen verursachen.

WEITERE NUTZUNG

Das Stiefmütterchen zur Gesichtsreinigung und als Shampoo verwenden.

Viola

VEILCHEN

Auch Veigerl, Viole, Märzveilchen genannt.
Familie: Veilchengewächse *(Violaceae)*

Es gibt Aufzeichnungen darüber, dass das Veilchen bereits im 1. Jahrhundert n. Chr. in Persien, Syrien und in der Türkei vorkam. Heimisch war diese Pflanze damals ebenfalls schon in Nordafrika und Europa. Heute wird das Veilchen in vielen Ländern wegen seines Duftes kultiviert.

Dieses reizende Kraut wird seit mehr als 2000 Jahren sehr verehrt. Eine griechische Sage erzählt, dass Zeus sich in ein schönes Mädchen namens Io verliebte. Er verwandelte sie in eine Kuh, um sie vor der Eifersucht seiner Frau Hera zu bewahren. Daraufhin wuchsen Veilchen und dienten dem schönen Mädchen als Nahrung.

Das Veilchen wurde aber auch Aphrodite, der Göttin der Liebe, und ihrem Sohn Eros, dem Gott der Liebe, zugeschrieben.

Die größte Auszeichnung, die dem Veilchen zuteil wurde, war, dass es von den Griechen zum Symbol der Stadt Athen auserkoren wurde.

Jahrhundertelang bereitete man Parfüms aus Veilchenblüten und Iriswurzeln zu. In der zweiten Hälfte des 19. Jahrhunderts bepflanzte man Äcker mit Veilchen und kultivierte es vor allem als Schnittblume. Keine Dame, die etwas auf sich hielt, wäre ohne einen Strauß Veilchen ausgegangen. Auf großen Landgütern war es außerdem üblich, Veilchen im Spätherbst in ein Kalthaus zu stellen, um auch im Winter frische Blumen zu haben.

Hainveilchen (*Viola riviniana*)

ARTEN

Viola odorata
Wohlriechendes Veilchen
Winterharte, mehrjährige Pflanze; 7 cm groß. Süß duftende, weiße oder violettfarbene Blüten erscheinen ab dem späten Winter bis zum zeitigen Frühling.
Die Blätter sind herzförmig und bilden eine Rosette. *Viola odorata* ist eine der wenigen Veilchenarten, die duften. Sie wurde gekreuzt; das Ergebnis heißt Palma-Veilchen, es blüht in vielen Farben. In letzter Zeit hat das Interesse an dieser Pflanze erneut zugenommen, so dass es in speziellen Gärtnereien wieder angeboten wird.

Viola reichenbachiana
Waldveilchen
Winterharte, mehrjährige Pflanze; 2–20 cm groß. Zeitig im Frühling erscheinen blasse lilafarbene/blaue Blüten. Die Blätter sind grün und herzförmig. Der Unterschied zwischen dieser Veilchenart und *Viola riviniana* ist die unterschiedliche Blütezeit sowie eine leicht unterschiedliche Färbung.

Viola riviniana
Hainveilchen
Winterharte, mehrjährige Pflanze; 2–20 cm hoch. Zeitig im Sommer erscheinen blasse blaue/lilafarbene Blüten.
Die Blätter sind grün und herzförmig. Diese Veilchenart entwickelt von selbst keine Ableger.

KULTIVIERUNG

Vermehrung
Aussaat: Den kleinen Samen im Frühherbst in vorbereitete Saatschalen aussäen. Humusreiches Substrat verwenden. Gießen. Zuletzt eine Schicht Kompost obenauf legen. Mit Glas oder Plastik abdecken. Die Schalen entweder in eine Ecke des Gartens oder in ein Kalthaus stellen (nach einer Zeit der Stratifikation keimt der Samen besser). Im Frühling, wenn die Sämlinge groß genug sind, in Töpfe verpflanzen. Sobald die Temperaturen gestiegen sind, die Veilchen im Abstand von 30 cm verziehen.
Stecklinge: Im Frühling kann man Stecklinge, die bereits Wurzeln getrieben haben, von ausgewachsenen Pflanzen nehmen. Zur weiteren

Wurzelbildung in Anzuchttöpfchen pflanzen. Dazu mit Rinde und Torf versetztes Substrat verwenden. Sind die jungen Pflänzchen voll entwickelt, abhärten und im Spätfrühling ins Freiland einsetzen. Gut wässern. Wenn Sie das Veilchen über Wurzelausläufer vermehren wollen, nehmen Sie diese im Spätfrühling und pflanzen sie im Abstand von 30 cm im Garten ein. Die Veilchen fest in den Boden drücken. Gut wässern.
Wurzelausläufer können im Frühherbst auch in Töpfen gezogen werden. Dazu einen Ableger in einen Topf passender Größe setzen; mit Rinde und Torf versetztes Substrat verwenden. In einem Kalthaus überwintern und gelegentlich gießen. Holen Sie die Veilchen im Frühling ins Haus – und erfreuen Sie sich an den Blüten! Nach der Blüte die Pflanzen an einer vorbereiteten Stelle ins Freiland setzen.
Teilung: Im Frühsommer nach der Blüte geeignete Pflanzen teilen. Sinnvoll ist es, immer drei Veilchen zusammen einzusetzen – das sieht hübscher aus, vor allem dann, wenn eines der Pflänzchen nicht anwurzelt. Im Garten einsetzen; dabei ebenso wie bei Wurzelausläufern verfahren.

Anfälligkeiten
Bei mildem Wetter kann es vorkommen, dass in Kübeln gezogene Veilchen von der Roten Spinnmilbe befallen werden. Eine Möglichkeit, dieses Problem in den Griff zu bekommen, ist, die Blätter mit Wasser zu besprühen. Sollte das nichts nützen, müssen Sie dem Schädling mit einer Spritzbrühe zu Leibe rücken (dabei die Anweisungen des Herstellers befolgen!).
Bei der Vermehrung von Veilchen kann es Ihnen passieren, dass die Wurzeln faulen, wenn der Boden nicht durchlässig genug ist. Auch junge Pflanzen verrotten manchmal, wenn sie zu stark gegossen werden und das Wasser nicht ausreichend abfließen kann.

Pflegemaßnahmen
Frühling: Stecklinge nehmen; Wurzelausläufer in Töpfe oder ins Freiland setzen.
Sommer: Pflanzen teilen und wieder einsetzen.
Herbst: Aussaat; Wurzelausläufer in Töpfe pflanzen und unter Glas überwintern
Winter: Den Boden im Garten mit Kompost anreichern.

Gartenkultivierung
Veilchen gedeihen am besten auf mittelschwerem, nährstoffreichem Boden in halbschattiger Lage. Ist der Boden leicht und/oder steinig, sollten Sie ihn im Herbst mit etwas Kompost oder Mulch anreichern. Im Frühjahr dann in den Boden einarbeiten.
Die Veilchen im Abstand von 30 cm in den Garten pflanzen, sobald die Frostperiode vorüber ist. Sind die Pflanzen fest verwurzelt, werden sie bald einen dichten Blütenteppich bilden. Hier erwähnte Veilchenarten müssen im Winter nicht geschützt werden!

Ernte
Zeitig im Frühling die Veilchenblätter zum sofortigen Gebrauch oder zum Trocknen pflücken. Die Blüten zum Trocknen oder Kandieren sammeln, wenn sie sich öffnen.
Die Wurzeln für medizinische Zwecke im Herbst ausgraben und trocknen.

Pflanzen in Kübeln

Veilchen eignen sich gut für Kübelpflanzung. Dazu mit Rinde, Torf und Splitt versetztes Substrat verwenden. Nach der Blüte mit Flüssigdünger düngen. Während der Sommermonate den Kübel im Halbschatten aufstellen. Im Winter mögen Veilchen keine Wärme; wenn es ihnen zu warm wird, werden sie kraftlos und blühen nicht. Das Wichtigste ist also, die Pflanzen an einem kühlen, luftigen Ort bei Temperaturen nicht über 7 °C zu überwintern. Die Veilchen regelmäßig gießen.

Kulinarisches

Veilchenblüten *(V. odorata)* werden kandiert häufig zur Verzierung von Kuchen, Eis und anderen selbst gemachten Süßspeisen verwendet. Sie schmecken aber auch gut in Salaten. Außerdem können Sie mit den Blüten ein interessantes Öl herstellen (als Basis Mandelöl nehmen).
Die Blüten von *V. riviniana* dienen auch zur Verzierung von Nachspeisen oder werden in Salate gegeben. Sie sind mild im Geschmack.

Wohlriechendes Veilchen
(Viola odorata)

Heilkraft

In medizinischer Hinsicht ist nur *V. odorata* bedeutsam. Am häufigsten verwendet man den Wurzelstock. Er wirkt als beruhigendes Expektorans und wird zur Behandlung von Atemwegserkrankungen, wie Bronchitis und Keuchhusten, eingesetzt. Er verfügt über kühlende Eigenschaften und hat sich nach durchzechten Nächten bewährt. Ein Veilchenumschlag lindert die Schmerzen bei entzündeten Brustwarzen. Das Kraut wird in der Krebstherapie bei gut- und bösartigen Erkrankungen eingesetzt. Das Rhizom wirkt in hoher Dosis als Brech- und Abführmittel. Die Blüten haben eine beruhigende Wirkung Sie helfen bei Schlaflosigkeit.

Weitere Nutzung

Die Blüten von *V. odorata* sind Bestandteil von Potpourris und Parfüms.

EXOTISCHE KRÄUTER

Ingwerwurzel

Die folgenden Kräuter wachsen in den tropischen Gebieten Australiens, Indiens, Chinas, Südamerikas, der Westindischen Inseln und in Florida.
Außerhalb dieser Klimazonen können die genannten Pflanzen in Gewächshäusern und im Haus gezogen werden.

ARTEN

Die Größenangaben beziehen sich auf das Wachstum der Pflanzen in ihrer natürlichen Umgebung. Unter kühleren Bedingungen bleiben sie kleiner.

Elettaria cardamomum
Kardamom
Familie: Ingwergewächse *(Zingiberaceae)*. Mehrjährig; bis zu 3 m groß. Weiße Blüten mit einer blauen, weiß gestreiften Lippe und gelbem Grund. Die Stängel, an denen sich die Hülsen entwickeln, entspringen am Boden. Da die Pflanze in schattigen Bergwäldern mit einer durchschnittlichen Niederschlagsmenge von 3,5 l und einem Temperaturmittel von 23 °C gedeiht, ist es nicht einfach, sie zu kultivieren bzw. reichlich zu ernten. Das ist auch der Grund, warum Kardamom so teuer ist.

Curcuma longa
Kurkuma
Auch Gelbwurz genannt.
Familie: Ingwergewächse *(Zingiberaceae)*. Mehrjährig; 1 m groß. Blüten mit weißen Spitzen und einer dunkelgelben Lippe. Große Knollen, von dunkelgelber Farbe. Lange, grüne, schmale Blätter.

Cymbopogon citratus
Zitronengras
Familie: Süßgräser *(Gramineae)*. Mehrjährig; ein großes Gras mit scharfkantigen Blättern, die in Büscheln wachsen. Das weißliche, knollige Ende wird zum Kochen verwendet. Es verleiht Currys einen zitronigen Geschmack.

Zingiber officinale
Ingwer
Familie: Ingwergewächse *(Zingiberaceae)*. Mehrjährig; bis zu 3 m groß. Die Blüten sind gelblich grün, die Lippe ist dunkelrot mit gelben Flecken und Streifen. Ingwer wächst wie Schilfrohr und hat würzige grüne Blätter. Zum Kochen verwendet man das Rhizom.

Zitronengras

KULTIVIERUNG

Vermehrung
Teilung: Teilen Sie im Frühling. Die hier beschriebenen Kräuter sollten jedes Jahr umgetopft werden; das alte Substrat von den Wurzeln entfernen und die Pflanzen teilen. Das neue Substrat soll sich wie folgt zusammensetzen: 2 Teile Torf, 1 Teil sterile Lehmerde; mit Splitt oder scharfem Sand mischen. Die Kräuter dürfen nicht zu lang auf nassem Untergrund stehen! Die Pflanzen richtig zu gießen ist eine Kunst!

Gartenkultivierung
Nur in tropischem Klima können diese Kräuter im Garten gezogen werden; anderswo als Kübelpflanzen halten!

PFLANZEN IN KÜBELN

In Kübeln erreichen diese Pflanzen ihre natürliche Größe normalerweise nicht, entwickeln keine Blüten und das Rhizom lässt sich nicht in der Küche verwenden. Sie sehen jedoch interessant aus, und Ingwer und Kardamom verströmen einen aromatischen Duft.

Kurkuma

Das Substrat sollte sich aus 2 Teilen Torf, 1 Teil Lehm, mit etwas scharfem Sand oder Splitt vermischt, zusammensetzen. Notwendig ist außerdem eine hohe Luftfeuchtigkeit. Im Winter die Pflanzen trocken halten, im Frühling umtopfen . Das Zitronengras gedeiht gut in Kübeln. Frisches Zitronengras aus dem Supermarkt schlägt nach 1 bis 2 Wochen Wurzeln, wenn Sie es in einen Krug mit Wasser stellen. Dann können Sie das Kraut einpflanzen.

Anfälligkeiten
In ihrer natürlichen Umgebung sind die Pflanzen nicht anfällig für Schädlinge und Krankheiten. In Kübeln gehalten, werden sie jedoch gern von Blattläusen sowie der Roten Spinnmilbe befallen. In diesem Fall eine Spritzbrühe verwenden.

Ernte
Kardamom und Kurkuma: In unseren Breiten ist es kaum möglich, Samen, Wurzeln oder Blätter dieser Pflanzen zu ernten.
Ingwer: Frischen Ingwer können Sie konservieren, indem Sie die Haut vom Rhizom kratzen, dieses in mehrere Teile schneiden und in eine saubere, trockene Flasche füllen. Etwas trockenen Sherry oder Weinessig darüber gießen, sodass der Ingwer vollkommen bedeckt ist. Die Flasche gut verschlossen in den Kühlschrank stellen.
Zitronengras: Einen Stiel mit einem Messer an der Wurzel abschneiden und etwa 10 cm des unteren Teils des Stängels zum Kochen verwenden. Blätter entfernen.

Kulinarisches

Kardamom: Wesentlich häufiger als die einzelnen Samen verwendet man die ganze Samenhülse. Es gibt Hülsen in unterschiedlichen Farben: Weißer Kardamom ist meist gebleichter grüner Kardamom (er ist weniger intensiv im Geschmack). Schwarze Kardamomhülsen sehen aus wie schwarze Käfer. Schwarzer Kardamom hat einen erdigeren, stärkeren Geschmack als grüner. Gemahlen sollten Sie nur den Samen des schwarzen Kardamom verwenden. Generell gilt, dass der Samen nur zerkleinert wird, wenn unbedingt nötig (dazu Mörser und Stößel verwenden). Man kauft Kardamom in asiatischen Läden. Er ist ein wichtiger Bestandteil von Currys und Pickles.
Ingwer: Das Rhizom mit seinem scharfen Geschmack ist eine wichtige Zutat in asiatischen Gerichten. Verwenden Sie nur frische Ingwerwurzeln; gemahlener Ingwer schmeckt ganz anders. Dazu die Haut des Rhizoms mit einem scharfen Messer abkratzen und dieses entweder fein hacken oder raspeln. Man benötigt Ingwerwurzeln für viele asiatische Gerichte; außerdem gibt es kandierten Ingwer zu kaufen.
Zitronengras: Zitronengras ist frisch oder getrocknet erhältlich. In Asienläden wird das Kraut oft als „Sereh" bezeichnet. Frische Blätter vor dem Kochen schälen, in Scheiben schneiden oder hacken; getrocknete Blätter zu Sträußchen zusammenbinden und nach dem Kochen entfernen. In Pulverform schmeckt das Zitronengras intensiv. Ersetzen kann man es durch Zitronenmelisse, Zitronenverbene und Zitronenschale.
Kurkuma: Das Gewürz gewinnt man aus gemahlenen Rhizomen. Es ist gelborange und wird zum Einfärben von Currys, Garam Masala, Linsen, Reis und Getreidegerichten verwendet. Daher kommt auch der Name Gelbwurzel.

Schwarze Kardamomkapseln

Grüne Kardamomkapseln

Ingwertee

Heilkraft

Kardamom: Diese Pflanze regt die Verdauung an und wirkt beruhigend bei Blähungen. Kräuterkundige verwenden Kardamom häufig als Geschmackskorrigens. Kardamom verhindert auch die bei manchen Abführmitteln auftretenden Bauchschmerzen.
Kurkuma: Das Kraut wird in China bei krampfartigen Schmerzen verwendet.
Ingwer: Ingwer wirkt sich positiv auf die Verdauung aus. Er wird bei Blähungen, Übelkeit und Kreislaufstörungen eingesetzt. Kauen Sie Ingwer (evtl. kandierten Ingwer) bei Reisekrankheit. Ingwertee hilft bei Erkältungen und Grippe.

Weitere Nutzung

Kurkuma: Man verwendete das Kraut, um die Kutten buddhistischer Mönche zu färben.

Vermehrung

Eine der größten Freuden eines Gärtners ist es, selbst Pflanzen zu ziehen. Der spätere Erfolg hängt allerdings davon ab, wie gut Sie die für die Anzucht notwendigen Dinge vorbereitet haben und wie viel Sorgfalt und Aufmerksamkeit Sie in den ersten kritischen Wochen aufbringen können.
Hauptsächlich werden Pflanzen über Samen, Stecklinge und Ableger vermehrt.
Dieses Kapitel liefert Ihnen grundsätzliche Informationen und Schritt-für-Schritt-Anweisungen zu den verschiedenen Anzuchtmethoden. Da aber keine Regel ohne Ausnahme ist, lesen Sie bitte den Abschnitt „Vermehrung“ bei der Charakterisierung der einzelnen Kräuter zusätzlich nach.

Aussaat

Aussaat im Freiland
Die meisten einjährigen Kräuter lassen sich jährlich aus Samen vermehren, den man ins Freiland ausbringt. Dies gilt jedoch nicht für Majoran, dessen Samen so klein ist, dass er besser in einem Topf gezogen wird, und für Basilikum, weil der Samen in kälteren Klimazonen nicht aufgeht. Normalerweise wird der Samen Mitte bis Ende des Frühlings, wenn der Boden sich erwärmt hat, ausgesät. Kräuter gedeihen auf unterschiedlichen Böden. Die meisten Küchenkräuter stammen allerdings aus Mittelmeerländern und bevorzugen einen sandigen, durchlässigen Standort. Ist der Boden feucht und lehmig, verbessern Sie die Anzuchtbedingungen, indem Sie eine feine Schicht Sand in die Saatrillen geben.

Das Beet vorbereiten
Bevor Sie den Samen ausbringen, prüfen Sie die Beschaffenheit des Bodens (S. 220/221). Er muss genügend Nährstoffe enthalten. Graben Sie das Beet um und markieren Sie mit einer Schnur, die Sie über jeder Reihe befestigen, eine gerade Linie. Ziehen Sie eine schmale, 6 bis 13 mm tiefe Rille mit dem Stiel der Grabgabel oder Hacke. Säen Sie die Samenkörner dünn aus (2 bis 3 Samenkörner alle 25 mm). Säen Sie nicht zu dicht, da die Sämlinge sich sonst gegenseitig behindern und anfällig für Krankheiten werden.

Anzuchtschalen

Den Samen schützen
Wenn Sie den Samen im Gewächshaus oder in einem Blumenkasten ansäen, können Sie die Temperatur und die Feuchtigkeit, die für das Gedeihen notwendig sind, besser kontrollieren. Außerdem können Sie schon früher im Jahr mit der Anzucht beginnen. Es ist ein schönes Gefühl zu sehen, wie die Sämlinge keimen. Das macht die Freude auf den Frühling umso größer!

Den Samen vorbehandeln
Samen benötigt meist Luft, Licht, Wärme und Feuchtigkeit zum Keimen. Manche Samenkörner brauchen länger, bis sie keimen, andere haben eine harte Hülle und benötigen deshalb Unterstützung. Hier zwei recht hilfreiche Techniken:
Skarifikation: Wenn man Samen mit harter Schale sich selbst überlässt, dauert es oft lange, bis er keimt. Um den Vorgang zu beschleunigen, reiben Sie den Samen zwischen zwei Bögen feinem Sandpapier. Das macht die Schale dünner, sodass die zur Keimung notwendige Feuchtigkeit besser eindringen kann.
Stratifikation: Mancher Samen braucht eine Zeit lang Kälte (ca. 1 bis 6 Monate) zum Keimen. Mischen Sie den Samen mit feuchtem Sand. Füllen Sie das Ganze in eine Plastiktüte und legen Sie diese in den Kühl- oder Gefrierschrank. Nach ca. 4 Wochen den Samen aussäen und mit Perlit abdecken.

Die Anzuchtbehälter vorbereiten
Einer der Hauptgründe, warum das Substrat verseucht ist, sind schmutzige Anzuchtbehälter. Um ein Ausbreiten von Krankheiten zu minimieren, sollten Sie alle schwarzen Ränder, die sich in den Töpfen oder Anzuchtschalen befinden, entfernen. Reinigen Sie die Behälter hierzu gründlich mit Spülmittel und spülen Sie mit klarem Wasser nach. Anschließend 24 Stunden stehen lassen. Auch altes Substrat ist ein Nährboden für Pilze und andere Krankheiten. Entfernen Sie bereits verwendetes Substrat.

Substrat
Am besten ist es, wenn Sie für die Aussaat steriles Substrat verwenden. In normaler Gartenerde ist zu viel Unkrautsamen enthalten, der leicht mit dem keimenden Kräutersamen verwechselt werden kann. Im Normalfall wählen Sie für die Anzucht Ihrer Kräuter ein Substrat, das 50 % Rinde und 50 % Anzuchterde auf Torfbasis enthält. (Es sei denn, dass für bestimmte Kräuter ein anderes Mischungsverhältnis angegeben ist.)

Für Kräuter allerdings, die einen durchlässigeren Untergrund benötigen oder eine Stratifikation im Freiland, empfehle ich folgende Mischung: 25 % Torf, 50 % Rinde und 25 % Splitt bzw. Sand. Für Samen, der sehr lange zum Keimen braucht, sollten Sie humusreiches Substrat verwenden.

In Saatschalen aussäen
Vorbereitung: In eine saubere Saatschale das Substrat bis 1 cm unter den Rand füllen und dieses mit einem flachen Stück Holz festdrücken. Das Substrat allerdings nicht zu fest zusammendrücken, da es sonst nicht mehr durchlässig ist, was zur Folge hat, dass die Sämlinge faulen.
Das Substrat nicht bis zum Rand zu füllen ist wichtig, damit Samen und Erde beim Gießen nicht weggeschwemmt werden und die Sämlinge genügend Platz haben, wenn man die Schalen mit Karton oder Glas bedeckt.
Beim Gießen einen feinen Brausenkopf auf die Gießkanne setzen, damit die Sämlinge nicht beschädigt werden. Keinesfalls so gießen, dass Staunässe entsteht. Das Substrat soll feucht sein, nicht nass. Später nur noch sparsam wässern, das Substrat aber an der Oberfläche nicht austrocknen lassen. Zu wenig Wasser kann eventuell ein Auskeimen verhindern, zu viel Wasser lässt die Sämlinge faulen.

Methoden
Es gibt 3 Hauptmethoden, den Samen auszusäen. Für welche Sie sich entscheiden, hängt von der Größe des Samens ab (von klein nach groß geordnet):
1. Den Samen auf das Substrat streuen und mit einer feinen Schicht Perlit abdecken.
2. Den Samen entweder mit der Hand oder einem flachen Holzstück in das Substrat drücken. Mit Perlit abdecken.
3. Den Samen entsprechend der eigenen Größe in das Substrat drücken. Mit Erde abdecken.

Kartontrick
Sind die Sämlinge zu klein, um sie per Hand auszusäen, können Sie sich mit einem Stück Pappe behelfen, das Sie auf eine Größe von 10 x 5 cm zuschneiden und in der Mitte falten. In den gefalteten Karton etwas Samen geben und diesen vorsichtig in die vorbereitete Saatschale streuen (siehe unten).

In Anzuchttöpfchen aussäen
Der Samen kann in einem eigenen Töpfchen keimen, zu einem kräftigen Sämling heranwachsen und einen Wurzelballen ausbilden. Beim Umtopfen werden die jungen Pflänzchen nicht beschädigt, und es müssen keine beim Versetzen abgebrochenen Wurzeln neu ausgebildet werden. Diese Anzuchtmethode eignet sich besonders für Pflanzen wie den Koriander, der ein Umtopfen nur schlecht verträgt. Ein weiterer Vorteil, wenn man den Samen in einzelne Töpfchen aussät, ist, dass man die Menge des Saatguts besser unter Kontrolle hat und auch Schädlinge leichter bekämpfen kann. Außerdem können Sämlinge aus Anzuchttöpfchen später leichter ins Freiland gesetzt oder umgetopft werden.
Zu kaufen gibt es Anzuchttöpfchen in unterschiedlichen Größen, wobei ich die größeren bevorzuge, damit die Sämlinge genügend Zeit haben, sich zu einer kräftigen Jungpflanze zu entwickeln.
Wenn Sie die Töpfchen zur Aussaat vorbereiten, achten Sie darauf, dass Sie genügend Platz haben, damit das Substrat nicht überall verstreut liegt. Füllen Sie die Töpfchen bis zum Rand mit dem Substrat; streifen Sie überflüssiges mit einem Stück Holz ab. Drücken Sie das Substrat nicht fest. Beim Gießen setzt sich die Erde genug, um noch Platz für den Samen zu schaffen und um mit einer Schicht Perlit abzuschließen. Für eilige Gärtner gibt es bereits fertig gefüllte Anzuchttöpfchen – Sie brauchen nur den Samen ausstreuen und gießen. Die Prinzipien, die für die Aussaat in Anzuchttöpfchen gelten, sind dieselben wie für Saatschalen. Ist der Samen ausgebracht, sollten Sie Ihre Töpfchen mit dem jeweiligen Pflanzennamen und dem Datum kennzeichnen. Am Datum können Sie später erkennen, ob der Samen schnell oder langsam keimt. Wollen Sie im nächsten Jahr den gleichen Samen aussäen, erleichtert es Ihnen die Organisation.

Der Samen keimt
Samen benötigt Wärme und Feuchtigkeit zum Keimen. Normalerweise erfolgt die Aussaat entweder im Herbst oder im Frühling. Im Folgenden finden Sie eine Übersicht, welche Pflanzen unter welchen Bedingungen am besten keimen. Nähere Angaben zur Keimung entnehmen Sie bitte den einzelnen Kräuterbeschreibungen in diesem Buch.

Keimtabelle
Heiß 27–32 °C
Rosmarin

Warm 15–21 °C
Die meisten Pflanzen, einschließlich der aus den Mittelmeerländern stammenden Kräuter; Schnittlauch und Petersilie.

Kühl 4–10 °C
Lavendel – alter Lavendelsamen braucht Zeit zur Stratifikation.

Stratifikation
Arnika (alter Samen), Sweet Woodruff, Gelbe Iris, Mohn, Seifenkraut, Süßdolde, Hopfen (alter Samen), Veilchen.

Skarifikation
Alle Hülsenfrüchte, wie zum Beispiel Ginster, Klee und Wicken.

Lichtkeimer (nicht abdecken!)
Kamille, Fingerhut, Thymian, Winterbohnenkraut, Mohn, Majoran.

In einem Kalthaus ist ein Heizstrahler zeitig im Frühjahr für solche Kräuter von Nutzen, die bei warmen bis heißen Temperaturen keimen. Im Haus können Sie ein Brett neben (niemals auf!) die Heizung stellen. Die meisten Pflanzen keimen auch im Dunkeln. Schauen Sie einmal täglich nach den Kräutern. Spitzt das erste Grün aus der Erde, stellen Sie Ihre Anzuchtschale an einen warmen, hellen Platz, jedoch nicht in die direkte Sonne.

Abhärten
Sind die Sämlinge groß genug, werden sie aus den Anzuchtschalen genommen und einzeln umgesetzt. Jede Pflanze soll einen eigenen Wurzelballen ausbilden.
Ob Sie die Sämlinge versetzen können, testen Sie dadurch, dass Sie an einer oder zwei Pflanzen leicht ziehen. Sie sollten sich mit dem Wurzelballen leicht von dem Töpfchen lösen. Falls nicht, lassen Sie die Pflanzen noch 1 bis 2 Tage in den Töpfchen.
Härten Sie die Jungpflanzen ab, indem Sie sie während des Tages immer länger im Freien stehen lassen. Haben sich die Kräuter einmal an „natürliches" Klima gewöhnt, können Sie sie direkt an eine vorbereitete Stelle ins Freiland setzen oder auch in einen großen Kübel pflanzen.

Stecklinge

Manche Pflanzen können nur über Stecklinge vermehrt werden. Dazu gehören zum Beispiel nichtblühende Kräuter, wie die Kamille 'Treneague', und panaschierte Arten, wie der dreifarbige Salbei.
Ein einziger Zweig kann Wurzeln schlagen und den ganzen Lebenszyklus von neuem entstehen lassen.
Bei der Kräuterzucht kennt man viererlei Stecklinge:

1. Unverholzte Stecklinge, die man im Frühling nimmt.

2. Schwach verholzte Stecklinge, die man im Sommer nimmt.

3. Harte Stecklinge, die man im Herbst nimmt.

4. Wurzelableger, die man im Frühling oder Herbst nimmt.

Damit unverholzte Stecklinge Wurzeln schlagen, schadet es nicht, in einem Gewächshaus oder an einem schattigen Fensterbrett Heizplatten oder Heizschlangen unter die Töpfe oder Anzuchtschalen zu stellen. Für schwach verholzte und verholzte Ableger sowie für Wurzelableger eignet sich ein Frühbeet.

Unverholzte Stecklinge

Unverholzte Stecklinge sind meist Schösslinge mehrjähriger Pflanzen, die man ab dem Frühling bis Mitte des Sommers schneidet. Dazu gehören Gileadbalsam, Monarda, Kamille, Minze, Prostanthera, Rosmarin, Geranie, Thymian, Krauser Salbei und Wermut. Detaillierte Informationen erhalten Sie bei den Beschreibungen der einzelnen Kräuter.

1. Eine Pflanze treibt neue Schösslinge aus, wenn man sie im Winter kräftig zurückschneidet (dies begünstigt das Wachstum, sobald die Temperaturen im Frühling steigen). Die Schösslinge abschneiden, wenn sie groß genug sind.

2. Einen Topf, eine Saatschale oder ein Anzuchttöpfchen mit 50 % Rinde und 50 % Torf füllen. Das Substrat muss durchlässig sein, da Stecklinge häufig faulen, wenn sie noch keine Wurzeln haben. Das Substrat andrücken. Bis zum Rand sollten etwa 2 cm frei bleiben. Wenn Sie wenig Platz haben, können Sie auch den unteren Teil einiger Stecklinge in feuchtes Torfmoos stecken, bis sich Wurzeln entwickeln.

3. Die Stecklinge morgens schneiden. Wählen Sie kräftige Schösslinge mit vielen Blättern aus. Die besten Ergebnisse erzielen Sie mit nicht blühenden Schösslingen, an denen Sie die unteren Blätter belassen. Die Schösslinge mit einem Messer abschneiden. Mit einer Schere drückt man häufig die Enden der Stecklinge zusammen und verhindert damit ein Auswurzeln.

4. Den Steckling sofort in Plastik einschlagen und in den Schatten legen oder in Wasser stellen. Weiche Stecklinge reagieren empfindlich, wenn sie Feuchtigkeit verlieren (dies kann bewirken, dass sie keine Wurzeln schlagen). Können Sie sich nicht sofort um die Stecklinge kümmern, legen Sie diese in einer Dose in den Kühlschrank.

5. Schneiden Sie den Steckling 5 mm unter einer Blattachsel ab; der Steckling sollte etwa 10 cm lang sein.

6. Ist der Steckling weniger als 10 cm lang, diesen mit einem Absatz abschneiden. Die unteren Blätter entfernen und das Endstück abschneiden.

7. Den Stängel vor einem Knoten – die Stelle, an der ein Blatt entspringt – schneiden. Die Blätter entfernen; nur an der Spitze 2 oder 3 Blätter belassen. Die Pflanze wird, wenn sie Wurzeln schlägt, über diese Blätter mit Nährstoffen versorgt. Die Blätter an der Basis nicht abreißen, das kann zu Verletzungen und Krankheiten führen. Schneiden Sie die Blätter vorsichtig mit einem Messer ab.

8. In das Substrat ein Loch bohren und den Steckling bis zu den Blättern hineinstecken. Die Blätter sollen das Substrat nicht berühren oder von diesem bedeckt werden. Die Blätter würden zu faulen beginnen und möglicherweise von einem Pilz befallen werden, der sich ausbreitet und auf andere Stecklinge übergreift. Setzen Sie nicht allzu viele Stecklinge in einen Kübel oder mehr als eine Kräutersorte, da die Pflanzen oft unterschiedlich viel Zeit zum Wurzeln brauchen. Manche Gärtner verwenden ein Wurzelpulver, das synthetische Pflanzenhormone und Fungizide enthält. Diese können bei „schwierigen" Kräutern hilfreich sein. Der Steckling sollte in das Wurzelpulver getaucht werden, bevor man ihn einpflanzt.

9. Die Stecklinge beschriften und mit Datum versehen. Das Substrat nur gießen, wenn es wirklich nötig ist (das erstmalige Wässern nach dem Einpflanzen sollte genügen). Die Pflanzen nicht in die direkte Sonne stellen. In den ersten Wochen ist ein schattiges Plätzchen am besten.
Die Stecklinge auf eine Heizplatte stellen oder den Behälter mit Plastikfolie bedecken, die von einem Draht in die Höhe gehalten wird (damit das Plastik nicht die Blätter berührt). Sie können auch von einer Plastikflasche den Boden herausschneiden und diese über den Topf stülpen. Wenn Sie eine Plastikfolie verwenden, wenden Sie diese nach einigen Tagen, damit das Kondenswasser nicht auf den Steckling tropft.

10. In der ersten Woche die Stecklinge jeden Morgen (nie abends!) mit Wasser besprühen. Versuchen Sie nicht, allzu früh durch ein Anheben des Stecklings festzustellen, ob er Wurzeln geschlagen hat. Besser ist es, zu prüfen, ob aus dem Drainageloch Wurzeln dringen. Im Durchschnitt dauert es 2 bis 4 Wochen, bis Pflanzen auswurzeln. Da das Substrat für die Stecklinge nur wenig Nährstoffe enthält, sollten Sie regelmäßig düngen, sobald sich die ersten Wurzeln zeigen.

11. Wenn der Steckling Wurzeln geschlagen hat, härten Sie ihn allmählich ab, indem Sie ihn zeitweise ins Freiland an einen sonnigen Platz stellen.

12. Die Pflanzen in Blumenerde umsetzen. Nach dem Umtopfen wässern und beschriften.

13. Etwa 4 bis 5 Wochen nach dem Umtopfen – wenn das Kraut gedeiht – die Spitze der Jungpflanze entfernen. Dies begünstigt ein kräftiges Wachstum.

14. Lassen Sie die Pflanze im Topf, bis sich ein richtiges Wurzelsystem ausgebildet hat. Dies können Sie überprüfen, indem Sie das Kraut gelegentlich aus dem Topf heben. Die Pflanze dann ins Freiland versetzen.

Schwach verholzte Stecklinge

Diese nimmt man gegen Ende der Wachstumsperiode (Mitte des Sommers bis Herbstmitte) von buschigen Kräutern, wie zum Beispiel Rosmarin und Myrte. Dabei wie unter Punkt 2–8 bei den unverholzten Stecklingen beschrieben vorgehen. Folgende Ausnahmen sind dabei zu beachten:

1. Das Substrat muss noch durchlässiger sein, da

schwach verholzte Stecklinge länger im Anzuchttopf bleiben. Das Substrat sollte zu gleichen Teilen aus Torf, Sand und Rinde bestehen.

2. Stellen Sie den jeweiligen Behälter in ein Kalthaus, in ein Frühbeet oder auf ein Fensterbrett in die Garage. Auf keinen Fall für zusätzliche Wärme sorgen.

3. Es dauert etwa 4 bis 6 Wochen, bis ein schwach verholzter Steckling Wurzeln schlägt. Wenn der Herbst sehr warm ist und das Substrat bzw. die Stecklinge drohen auszutrocknen, besprühen Sie die jungen Pflänzchen morgens einmal pro Woche. Ansonsten nicht zu viel gießen.

4. Härten Sie die Pflanzen im Frühling nach dem letzten Frost ab. Düngen, wenn die Pflanzen austreiben.

Verholzte Stecklinge
Diese nimmt man Mitte des Sommers bis in den späten Herbst, wie für unverholzte Stecklinge unter Punkt 2–8 beschrieben wird. Das Substrat sollte jedoch noch durchlässiger sein. Verwenden Sie zu gleichen Teilen Rinde, Torf und Sand. Das Gießen auf ein Minimum beschränken. Die Stecklinge in einem Kalthaus oder Frühbeet überwintern. Bis die Pflanzen wurzeln, können 12 Monate vergehen.

Wurzelstecklinge
Eine gute Methode für Pflanzen mit kriechenden Wurzeln, wie Monarda, Beinwell, Meerrettich, Zitronenmelisse und Minze.

1. Im Frühling oder Herbst einige gesunde Wurzeln ausgraben.

2. Einen Topf oder eine Saatschale bis 3 cm unter den Rand mit einer Mischung aus 50 % Rinde und 50 % Torf füllen. Das Ganze reichlich wässern und die Stecklinge zum Einpflanzen vorbereiten.

3. 4 bis 8 cm einer Wurzel, an der sich eine Knospe befindet, abschneiden.

Alle oben erwähnten Pflanzen können über Wurzelstecklinge vermehrt werden – mit Ausnahme von Beinwell und Meerrettich. Bei diesen Kräutern schneiden Sie die Wurzeln mit einem scharfen Messer in 4 bis 8 cm lange Stücke. Aus jedem Teilstück entsteht eine neue Pflanze, wenn Sie die Wurzeln in eine Saatschale stecken!

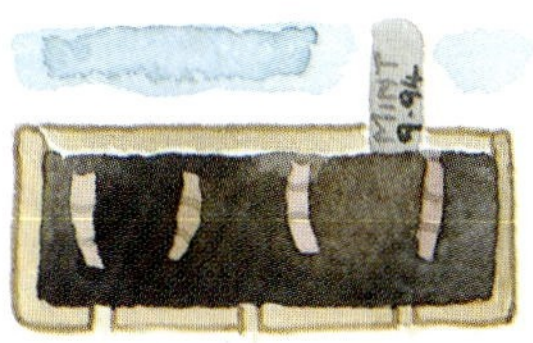

4. Bohren Sie ein Loch in das Substrat. Wenn Sie Töpfe oder Saatschalen benutzen, sollte der Abstand 3 bis 6 cm betragen. Die Stecklinge senkrecht in den Boden stecken.

5. Eine dünne Schicht Substrat einfüllen; mit einer Lage Perlit abdecken.

6. Die Pflanzschale beschriften und mit dem Datum versehen, da Sie nicht erkennen können, was sich in der Schale befindet, solange die Pflanzen noch nicht ausgetrieben haben.

7. Es dauert ca. 2 bis 3 Wochen, bis sich Wurzeln zeigen. Erst gießen, wenn Wurzeln oder oberirdisches Wachstum zu sehen ist. Dann mit Flüssigdünger düngen.

8. Zeigen sich Wurzeln, allmählich abhärten.

9. In Blumenerde umsetzen. Die Pflanzen beschriften und mit dem Datum versehen.

10. Etwa 2 bis 3 Wochen nach dem Umtopfen – wenn das Kraut gedeiht – die Spitze der Jungpflanze entfernen. Dies begünstigt ein kräftiges Wachstum.

11. Die Pflanze im Topf lassen, bis sich ein richtiges Wurzelsystem ausgebildet hat. Wenn die Frostperiode vorüber ist, die Kräuter in den Garten pflanzen.

Ableger

Hierbei bildet ein Teil der Pflanze Wurzeln aus, während er noch mit der Mutterpflanze verbunden ist. Besonders geeignet sind Lorbeer, Rosmarin und Salbei.

1. Einige niedrig wachsende Zweige einer Elternpflanze im Winter zurückschneiden, um kräftiges Austreiben zu begünstigen. Den Boden um die Pflanze herum im Winter und zeitigen Frühling am besten mit Torf und Sand anreichern.

2. Die Blätter und die seitlichen Schösslinge eines jungen, kräftigen Stängels auf einer Länge von 10 bis 60 cm abschneiden. Nur die Blätter an der Spitze des Stängels übrig lassen.

3. Den Stängel umknicken und die Stelle markieren. Dort eine Mulde ausheben, die an einer Seite etwa 10 bis 15 cm tief ist und an der Seite zum Stängel hin abflacht.

4. Rauen Sie den Stängel auf, dort wo er den Boden berührt.

5. Den Stängel an die flach abfallende Seite der Mulde drücken; im rechten Winkel im Boden befestigen, sodass er aufrecht steht. Mit Erde bedecken und diese festdrücken.

6. Die Pflanze gut angießen. Den Boden feucht halten.

7. Den bewurzelten Ableger im Herbst abtrennen. Nach 3 bis 4 Wochen die Spitze der Jungpflanze abschneiden, damit das Kraut buschig nachwächst.

8. Bevor Sie den Ableger aus der Erde nehmen, prüfen Sie, ob sich ein Wurzelsystem ausgebildet hat. Im Zweifelsfall den Ableger noch ein Jahr stehen lassen.

9. Die Jungpflanze an eine andere Stelle im Garten verpflanzen oder in einen Topf setzen. Mit Rinde, Torf und Sand versetztes Substrat verwenden. Beschriften.

„Anhäufeln"
Damit kann man Ableger ziehen und das Aussehen alter Pflanzen verbessern. Gut geeignet sind hierfür Salbei und Thymian.

1. Im Frühling mit Torf und Sand vermischte Erde über das verholzte Mittelstück anhäufeln, sodass man nur noch die Schösslinge sieht.

2. Im Spätsommer haben viele Schösslinge Wurzeln ausgebildet. Man kann sie abschneiden und an anderer Stelle wieder einpflanzen.

3. Die alte Pflanze ausgraben und beseitigen.

EINEN KRÄUTERGARTEN PLANEN

Kräuter sind so vielseitig, dass eigentlich jeder an ihnen Gefallen findet. Der eine, weil er sie zum Kochen schätzt, der andere weil er Kräuter lieber roh in Salaten genießt, und ein Dritter, weil er sich an ihren Düften erfreut und gerne den Schmetterlingen zusieht, wie sie an den Blüten Nektar saugen. Kräuter haben darüber hinaus den Vorteil, dass man sie überall anpflanzen kann. Sie gedeihen im Blumenkasten oder in einem Topf auf der Fensterbank, sie können als Zimmerpflanzen gehalten werden, eignen sich aber auch zur Freilandbepflanzung. Am besten zieht man Kräuter biologisch. Der Boden wird dann nicht durch chemische Schadstoffe verunreinigt und keines der Kräuter, die Sie später einmal verzehren wollen, ist verseucht. Biologisch zu gärtnern ist gleichzeitig eine Einladung an Bienen und andere Insekten, sich im Garten niederzulassen und so für ein natürliches Gleichgewicht zu sorgen.

Hintere Reihe, von links nach rechts: *Mentha* x *piperita citrata, Achillea decolorans, Pelargonium* **'Mabel Grey'**, *Thymus* x *citriodorus fragrantissimus*
vordere Reihe, von links nach rechts: *Satureja spicigera, Allium schoenoprasum, Alchemilla conjuncta, Helichrysum italicum* **'Dartington'**

VORAUSSETZUNGEN

Im Grunde sind Kräuter wild wachsende Pflanzen, sodass man versuchen sollte, die Bedingungen zu schaffen, die ihrem natürlichen Lebensraum sehr nahe kommen. Das kann natürlich ein bisschen schwierig sein, da Kräuter überall auf der Welt zu Hause sind. Die meisten Küchenkräuter stammen aus Mittelmeerländern und bevorzugen einen trockenen, sonnigen Standort. Kräuter sind aber auch anpassungsfähig und gedeihen außerhalb ihrer angestammten Umgebung, wenn Sie ein wenig auf ihre Vorlieben achten.

STANDORT

Bevor Sie mit Ihrer Planung beginnen, sollten Sie einmal Ihren Garten im Detail inspizieren. Legen Sie sich einen einfachen Plan an und markieren Sie Nord und Süd. Zeichnen Sie alles ein, was Schatten wirft. Notieren Sie sich auch, wie Ihr Boden beschaffen ist, ob er als nass, trocken, schwer usw. einzustufen ist. Der Boden ist ganz entscheidend für die Auswahl der Kräuter, die Sie in Ihrem Garten anpflanzen können.

BODENBESCHAFFENHEIT

Es gibt vier wesentliche Bodentypen.

Kalkboden

Dieser Boden ist normalerweise leicht und sehr durchlässig. Dies kann in heißen Sommern Probleme bereiten. Der Boden ist alkalisch und es macht teilweise Schwierigkeiten, seinen pH-Wert zu verringern, sodass manche Pflanzen verkümmern und die Blätter sich gelblich verfärben, da Mineralien – insbesondere Eisen – ausgeschwemmt werden. Wenn Ihre Kräuter nicht gedeihen, pflanzen Sie diese in einem Hochbeet an, da Sie dann die Erde verwenden können, die Sie benötigen.

Kräuter, die gern auf kalkhaltigem Boden stehen: Buchsbaum, *Buxus sempervirens;* Katzenminze, *Nepeta cataria;* Zichorie, *Cichorium intybus;* Primel, *Primula veris;* Ysop, *Hyssopus officinalis;* Wacholder, *Juniperus communis;* Maiglöckchen, *Convallaria majalis;* Lungenkraut, *Pulmonaria officinalis;* Oregano *(Origanum vulgare),* Thymian *(Thymus);* Nelken, *Dianthus;* Rosmarin, *Rosmarinus;* Kleiner Wiesenknopf, *Sanguisorba minor.*

Tonboden

Dieser Boden besteht aus kleinen Teilchen, die zusammenkleben, wenn sie nass werden – das macht den Boden schwer. Trocknet dieser Boden aus, wird er steinhart. Weil ein Tonboden das Wasser zurückhält und eine Luftzirkulation um die Wurzeln herum nicht zulässt, wird er auch als „kalter Boden" bezeichnet. Auch wenn er über natürliche Nährstoffe verfügt, ist es dennoch besser, in die obere Schicht Kompost einzuarbeiten. Das fördert ein Anwurzeln der Pflanzen und verbessert außerdem die Durchlässigkeit. Wenn man Kräuter anpflanzt, die einen durchlässigen Boden bevorzugen, wie zum Beispiel Lavendel, mischt man an dem geplanten Standort etwas scharfen Sand bei.

Kräuter, die auf tonigem Boden gedeihen: Monarda, *Monarda;* Beinwell, *Symphytum;* Minze, *Mentha;* Wermut, *Artemisia absinthium.*

Lehmerde

Dieser Boden besteht aus Lehm und Sand. Er enthält viel Humus und ist reich an

Nährstoffen. Es gibt unterschiedliche Typen von Lehmerde: **1.** eine Sorte, die mehr Lehm enthält und im Frühling und Winter ziemlich nass ist; **2.** leichte Lehmerde, mit einem größeren Anteil Sand; für Kräuter gut geeignet; **3.** mittlere Lehmerde mit einem etwa gleich großen Anteil an Lehm und Sand. Kräuter, die unter diesen Bedingungen gedeihen: Basilikum, *Ocimum*; Lorbeer, *Laurus nobilis*; Heil-Batunge, *Betonica officinalis*; Kümmel, *Carum carvi*; Katzenminze, *Nepeta racemosa*; Kerbel, *Anthriscus cerefolium*; Schnittlauch, *Allium schoenoprasum*; Koriander, *Coriandrum sativum*; Dill, *Anethum graveolens*; Frauenmantel, *Alchemilla mollis*; Liebstöckel, *Levisticum officinale*; Petersilie, *Petroselinum crispum*; Raute, *Ruta graveolens*; Salbei, *Salvia*.

Sandboden

Dieser Boden ist so durchlässig, dass Nährstoffe sehr schnell ausgewaschen werden. Andererseits erwärmt er sich im Frühling schnell. Wollen Sie auf einem solchen Untergrund fleischige Kräuter anpflanzen, müssen Sie ihn mit Kompost anreichern, damit er Feuchtigkeit speichert und zusätzlich mit Nährstoffen versorgt wird. Kräuter, die einen sandigen Boden mögen: Arnika, *Arnica montana*; Borretsch, *Borago officinalis*; Kamille, *Chamaemelum*; Nachtkerze, *Oenothera missouriensis*; Fenchel, *Foeniculum*; Lavendel, *Lavandula*; Majoran, *Origanum*; Estragon, *Artemisia dracunculus*; Thymian, *Thymus*; Winterbohnenkraut, *Satureja montana*.

Den Standort vorbereiten

Stilrichtung

Als nächstes sollten Sie sich Gedanken darüber machen, wie Ihr Kräutergarten aussehen soll. Formal angelegte Kräutergärten werden nach strengen geometrischen Mustern angepflanzt. In einem naturnahen Kräutergarten dagegen wachsen viele Pflanzensorten scheinbar wild durcheinander. So ein Garten sieht möglicherweise so aus, als hätte man sich keine Mühe gemacht, was die Planung angeht. Das täuscht aber – die schönsten, naturnahen Gärten sind wohl durchdacht. Wichtig ist, dass Sie alle Kräuter gut erreichen können. Schließlich wollen Sie sie frisch verwenden oder zum Trocknen ernten. Trittsteine leisten gute Dienste. Sie können Sie auch als Gestaltungselemente verwenden. Wenn möglich, werden Kräuter nicht weiter als 75 cm von einem Trittstein entfernt angepflanzt, und die Beete sollten nicht breiter als 1 bis 1,2 m sein. Bei breiteren Beeten sollten Sie nochmals Trittsteine verlegen, damit Sie auch wirklich an die Pflanzen herankommen.

Den Standort vorbereiten

Haben Sie sich für einen Standort entschieden und wissen, was zu tun ist, müssen Sie den Boden vorbereiten.

Unkraut jäten

Wenn Sie dies gleich zu Beginn tun, werden Sie sich später nicht die Mühe machen müssen, Quecken, Winden und Erdholunder zu entfernen. Vor dem Frühling sprießt kein Unkraut. Wenn Sie Unkraut loswerden möchten, sollten Sie die betreffende Stelle im Herbst mit schwarzem Plastik abdecken. Heben Sie einen kleinen Graben um das Plastik herum aus und bedecken Sie die Ränder der Folie mit Erde.
Bekommen die Unkräuter kein Licht mehr, sterben sie häufig ab. Die schwarze Folie müssen Sie allerdings bis zum nächsten Frühling liegen lassen. Gefällt Ihnen der Anblick nicht, legen Sie einige Trittsteine auf die Folie (achten Sie aber darauf, keine Löcher in das Plastik zu reißen – das Unkraut würde an diesen Stellen zum Vorschein kommen), bedecken Sie diese außerdem mit Rinde und stellen Sie einige mit Kräutern bepflanzte Terracottatöpfe darauf.
Haben Sie nicht genügend Geduld, besorgen Sie ein Unkrautvernichtungsmittel. Es gibt kein organisches Mittel, aber Sie können Ammoniumsulphamat verwenden, das es in Haushaltswarenläden zu kaufen gibt. Lesen Sie die Gebrauchsanweisung sorgfältig durch, lösen Sie das Mittel in Wasser auf und besprühen Sie das Unkraut damit. Es wirkt bei den meisten mehrjährigen Pflanzen. Sprühen Sie keinesfalls Pflanzen ein, die Sie gerne behalten möchten.
Ammoniumsulphamat ist sowohl für die Umwelt als auch für uns weniger schädlich als andere Mittel, da es, sobald die Pflanze abstirbt, in Ammoniumsulphat umgewandelt wird, das von Gärtnern als Dünger eingesetzt wird. Obwohl es sich also um kein organisches Mittel handelt, ist es letzten Endes sogar noch nützlich. Aber auch diese Art der Unkrautbekämpfung braucht ein wenig Zeit!

Den Boden prüfen

Stellen Sie fest, ob Ihr Boden sauer oder alkalisch ist. Kräuter gedeihen am besten auf einem Boden mit einem pH-Wert zwischen 6,5 und 7,5. Um den pH-Wert zu ermitteln, kaufen Sie sich in einem Gartencenter ein Test-Set.

Saurer Boden (pH-Wert: 0–6,5)

Die Böden in dieser Kategorie reichen von sauren bis

nahezu neutralen Böden. Dazu gehören: Torf, Sandboden, grober Lehmboden und schwerer Lehmboden. Pflanzen, die unter diesen Bedingungen gedeihen: Arnika, *Arnica montana*; Löwenzahn, *Taraxacum officinale*; Beinwell, *Symphytum officinale*; Fingerhut, *Digitalis purpurea*; Waldgeißblatt, *Lonicera periclymenum*; Poleiminze, *Mentha pulegium*; Ampfer, *Rumex rugosus*, Schildampfer, *Rumex scutatus*; Süßdolde, *Myrrhis odorata*.

Alkalischer Boden (pH-Wert: 7,7–14)

Böden in dieser Kategorie enthalten Kalk oder leichte Lehmerde. Kräuter, die auf solchen Böden wachsen, sind unter dem Abschnitt „Kalkboden" aufgelistet. Werte, die sich entweder dem einen oder dem anderen Ende der pH-Skala nähern, neigen dazu, die für das Wachstum der Pflanzen notwendigen Nährstoffe nicht freizusetzen. Ist der Boden sehr sauer, sollten Sie im Spätherbst Kalk unterarbeiten, um den pH-Wert zu erhöhen. Harken Sie die oberen 10 cm des Bodens und reichern Sie ihn mit Kalk an. Tonböden brauchen ebenfalls eine gute Bearbeitung; seien Sie aber behutsam, damit Sie sandigen Böden nicht zu viel Kalk zufügen. Es ist nicht nötig, Böden öfter als alle 3 Jahre zu kalken, es sei denn, Ihr Boden ist sehr sauer. Geben Sie Kalk niemals gleichzeitig mit Mist, Gartenkompost oder Dünger auf Ihren Boden, da eine eventuelle chemische Reaktion Ihre Bemühungen zunichte machen kann. Als Regel kann gelten, den Boden entweder 1 Monat vor Ausbringung von Mist oder 3 Monate danach bzw. 1 Monat nach der Düngung zu kalken. Ist der Boden alkalisch, arbeiten Sie jeden Herbst 5 bis 10 cm tief Mist ein. Graben Sie den Boden dann im Frühling um.

Achten Sie darauf, dass der Boden vor allem im Winter und zeitig im Frühling durchlässig ist.
Lehmboden verhindert die Luftzirkulation um die Wurzeln der Pflanzen herum. Das behindert nicht nur das Wachstum, sondern hat auch zur Folge, dass der Boden sehr kalt bleibt und dadurch das Wachstum im Frühling und der Keimprozess verzögert sind. Um den Boden leichter zu machen, können Sie Blätterkompost oder, wenn die Fläche klein ist, etwas Torf unterheben.
Überprüfen Sie, ob der Boden während der Wachstumsperiode Feuchtigkeit speichert. Ist der Boden sandig, trocknet er im Sommer möglicherweise aus. In diesem Fall sollten Sie Mist oder auch Gartenkompost einarbeiten.
Graben Sie den Boden um. Bei schweren Böden tun Sie dies am besten zeitig im Winter, damit der Frost die Erdklumpen aufbrechen kann. Leichte Böden sollten zeitig im Frühling umgegraben werden, da der Boden so im Winter geschützt bleibt und die Nährstoffe nicht verloren gehen. Es tut dem Boden immer gut, wenn Sie ihn im Winter mit einer Schicht Mist oder Gartenkompost bedecken und dann im Frühjahr umgraben.

Wege

Ob Sie nun einen formal angelegten Kräutergarten anpflanzen wollen oder einen naturnahen – Sie kommen nicht umhin, Wege anzulegen. Dabei haben Sie die Qual der Wahl!

Gras

Ein Grasweg ist relativ einfach anzulegen und sieht gut aus. Ein weiterer Pluspunkt sind die geringen Kosten.
Legen Sie den Weg mindestens in der Breite Ihres Rasenmähers an, da Sie sonst das Gras mit der Schere schneiden müssen. Sinnvoll ist es, den Weg am Rand entweder mit Hölzern, Metall oder Backsteinen zu begrenzen. Ein Nachteil von Graswegen ist, dass man sie mähen muss und dass sie kein großes Gewicht aushalten.

Kies

Kieswege werden gern mit Kräutern bepflanzt. Legen Sie Kieswege sorgfältig an, da sich sonst leicht eine Wasserrinne bildet, was Ihren Pflanzen schadet. Zuerst entfernen Sie vorsichtig die obere Bodenschicht. Dann heben Sie den Boden bis zu einer Tiefe von 30 cm aus. Vorteilhaft ist es, ein Holzbrett zwischen Gartenerde oder Rasen und dem neu angelegten Weg anzubringen. Das verhindert, dass Erde auf den Weg fällt. Füllen Sie den ausgehobenen Graben 14 cm hoch mit Schotter. Vermischen Sie die ausgehobene Erde mit Torf, Rinde und Sand im Verhältnis von 3:1:1:1. Geben Sie von dieser Mischung 8 cm auf den Schotter. Schließen Sie mit 8 cm Kies ab. Es gibt Kies in vielen verschiedenen Farben; die meisten Gartencenter haben eine große Auswahl vorrätig. Bevor Sie mit dem Pflanzen beginnen, walzen Sie den Weg. Kräuter, die gern auf Kies stehen, sind kriechender und aufrecht wachsender Thymian, Winterbohnenkraut und Poleiminze. Ein Nachteil von Kieswegen ist das Unkraut.

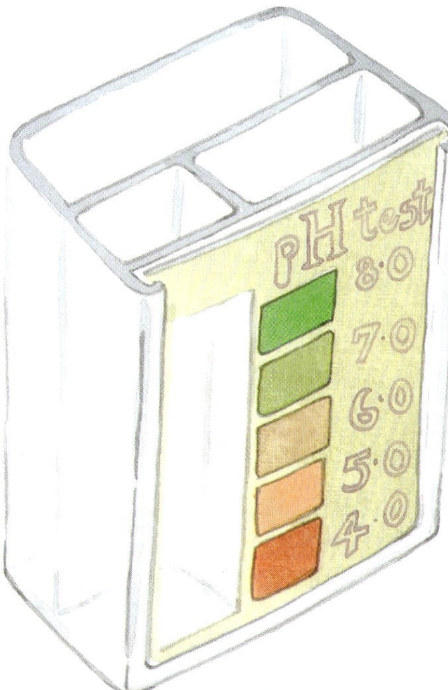

Boden-Test-Set

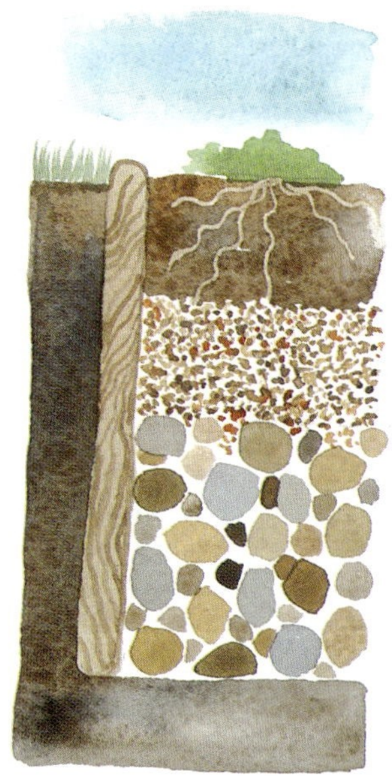

Klinker
Diese Steine sind mittlerweile sehr modern geworden. Es gibt sie in unterschiedlichen Farben; Klinker können ganz traditionell verarbeitet werden – es lassen sich mit ihnen aber auch Muster verlegen. Kaufen Sie Klinker in Standardgröße, heben Sie den Boden 10 cm tief aus. Bringen Sie eine hölzerne Umrandung an. Verteilen Sie 5 cm hoch scharfen Sand auf dem Untergrund, streichen Sie ihn glatt und feuchten Sie ihn an. Legen Sie nun die Klinker im gewünschten Muster auf den Sand. Lassen Sie zwischen den einzelnen Klinkern 2–5 mm Zwischenraum. Klopfen Sie die Steine mit einem Gummihammer fest.
Wenn Sie den Weg mit Kräutern bepflanzen wollen, sollten Sie dort keine Klinker verlegen, wo später die Pflanzen stehen sollen. An diesen Stellen heben sie später etwas Substrat unter und setzen die Kräuter darauf.
Ist der ganze Weg verlegt, geben Sie eine Mischung aus feinem, trockenem Sand und Zement im Verhältnis von 4:1 in die Zwischenräume und bürsten diese ein. Die Sand-Zement-Mischung nimmt Feuchtigkeit aus der Luft auf, wird fest und verbindet die Klinker.

Pflastersteine
Pflastersteine nehmen unter Umständen viel Platz in Anspruch und sind zudem teuer. In Gartencentern haben Sie normalerweise eine große Auswahl. Sie können auch beim Baustoffhändler nachfragen; dort bekommen Sie wahrscheinlich einen besseren Preis, vor allem, wenn Sie große Mengen ordern.
Wenn die Steine sich auf einer Ebene mit dem Boden befinden sollen, heben Sie den Untergrund nur in der Höhe der Steine plus 5 cm aus. Verteilen Sie 5 cm hoch scharfen Sand auf dem Boden, streichen Sie ihn glatt, legen Sie die Steine darauf und klopfen Sie sie fest.
Sollen die Steine erhöht liegen, geben Sie lediglich eine dünne Schicht Sand auf den Boden und klopfen die Steine darauf fest.

Den Garten bepflanzen

Wenn Sie einen Garten neu anlegen, sollten Sie zuerst alle Pflanzen an ihren späteren Platz legen. Daraufhin machen Sie einen Rundgang und versuchen, einen Überblick zu bekommen. Jetzt lassen sich Veränderungen noch problemlos durchführen! Sind Sie zufrieden, heben Sie den Pflanzengrößen entsprechend Löcher aus und arbeiten scharfen Sand oder Splitt ein – falls nötig! Drücken Sie die Pflanzen fest in den Boden und wässern Sie diese.

Alternativen

Hochbeete
Ist Ihr Boden schwierig zu bearbeiten, ist ein Hochbeet eine gute Lösung. Darüber hinaus hat man Hochbeete auch deswegen besser im Griff, weil sich die darauf angepflanzten Kräuter nicht so schnell im restlichen Garten ausbreiten können. Außerdem ist ein Hochbeet leicht zu erreichen und man kann prima ernten.
Die ideale Höhe liegt zwischen 30 und 75 cm. Ist das Beet mehr als 1 m hoch, müssen Sie ein Fundament für die Stützwände anlegen, damit sie nicht umkippen. Stützwände kann man aus alten Eisenbahnschwellen (teuer), halbierten Baumstämmen oder (alten) Klinkern herstellen.
Ein Hochbeet von 30 cm sollte so angelegt werden: Zuerst kommt eine 8 cm hohe Schicht Schotter auf den Untergrund. Darauf folgt eine 8 cm dicke Schicht Kies. Obenauf schichtet man eine Mischung aus Torf, Rinde, Splitt oder scharfem Sand und Erde im Verhältnis 1:1:1:3.

Rasen
Viele Kräuter sind ausgezeichnete Bodendecker. Sie sollten aber keine allzu große Fläche mit Kräutern bepflanzen. Einen kleinen Bereich mit kriechenden Kräutern anzulegen, ist für jeden Besucher, der unvorbereitet über den Rasen läuft, eine nette Überraschung, wenn plötzlich angenehme Gerüche vom Boden her aufsteigen. Bereiten Sie den Standort gut vor, denn darin liegt der Schlüssel für erfolgreiches Gärtnern.
Wollen Sie einen Rasen auf normalem Boden anpflanzen, heben Sie den Untergrund 30 cm tief aus und legen Sie ihn genauso wie ein Hochbeet an: 8 cm Schotter, 8 cm Kies, 14 cm Mischsubstrat – 1 Teil Torf, 2 Teile scharfen Sand, 3 Teile Erde. Neben der Kamille eignen sich Minze, *Mentha requienii* im Abstand von 10 cm angepflanzt, oder kriechender Thymian im Abstand von 25 cm.

Kräutergärten

Sie können meinen Entwurf, einen Kräutergarten anzulegen, ganz genau befolgen – oder aber auf Ihre eigenen Bedürfnisse, Wünsche und natürlich auf den Ihnen zur Verfügung stehenden Platz zuschneiden.
Ich hoffe, dass meine Vorschläge Ihnen genügend Spielraum und geistige Freiheit lassen, eigene Vorstellungen zu verwirklichen – und Ihnen dennoch einige Anregungen geben!

Erster Kräutergarten

Wenn Sie Ihren ersten Kräutergarten planen, sollten Sie sich zuerst überlegen, welche Pflanzen Sie am liebsten haben möchten. Dieser hier abgebildete Kräutergarten entspricht genau meinem eigenen. Er ist übersichtlich gegliedert und zweckmäßig angelegt. Wichtig ist, dass die Kräuter für Sie leicht zu erreichen sind, damit Sie sie täglich verwenden können. Einen guten Zugang ermöglichen zum einen die Einteilung des Kräutergartens in vier Bereiche und zum anderen die Wege, die um die Beete herum verlaufen und sie zudem unterteilen.
In diesem Kräutergarten habe ich einen regelrechten „Kräuter-Querschnitt" angepflanzt, allerdings mit dem Schwerpunkt auf Küchenkräutern. Grund dafür ist die Überlegung, dass, je mehr man sich mit Kräutern beschäftigt und sie auch nutzt, sie um so besser versteht.
Ich gebe Ihnen an dieser Stelle nur einige wenige warnende Hinweise: Pflanzen Sie Dill und Fenchel nicht nebeneinander, da sie sich vermischen und ihren charakteristischen Geschmack einbüßen. Pflanzen sie außerdem Dill oder Koriander nicht in die Nähe von Wermut; auch das beeinträchtigt den Geschmack. Verschiedene Minzesorten, in unmittelbarer Nähe gepflanzt, kreuzen sich und verlieren mit der Zeit ihre Eigenheiten. Wenn Sie Lavendel anpflanzen, um den Samen zu sammeln, halten Sie die einzelnen Sorten streng getrennt.

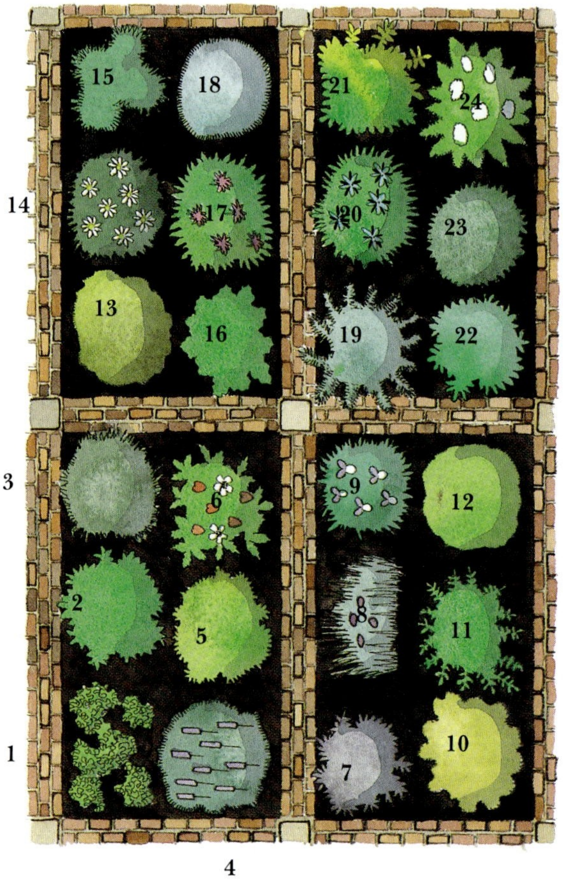

1 **Petersilie** *Petroselinum crispum*
2 **Ananasminze** *Mentha suaveolens* 'Variegata'
3 **Fenchel** *Foeniculum vulgare*
4 **Lavendel 'Munstead'** *Lavandula angustifolia* 'Munstead'
5 **Oregano, Dost** *Origanum vulgare*
6 **Walderdbeere** *Fragaria vesca*
7 **Salbei** *Salvia officinalis purpurascens*
8 **Schnittlauch** *Allium schoenoprasum*
9 **Veilchen** *Viola tricolor*
10 **Krauser Oregano** *Origanum vulgare* 'Aureum Crispum'
11 **Kleiner Wiesenknopf** *Sanguisorba minor*
12 **Zitronenthymian** *Thymus* x *citriodorus*
13 **Thymian** *Thymus* x *vulgaris*
14 **Römische Kamille** *Chamaemelum nobile*
15 **Ysop** *Hyssopus officinalis* spp. *aristatus*
16 **Schildsauerampfer** *Rumex scutatus*
17 **Monarda** *Monarda didyma*
18 **Currypflanze** *Helichrysum italicum* 'Dartington'
19 **Rosmarin** *Rosmarinus officinalis*
20 **Borretsch** *Borago officinalis*
21 **Zitronenmelisse** *Melissa officinalis* 'Aurea'
22 **Apfelminze** *Mentha suaveolens*
23 **Winterbohnenkraut** *Satureja montana*
24 **Kerbel** *Anthriscus cerefolium*

Kräuterbad-Garten

Dieser Kräutergarten wirkt im Vergleich zu konventionell angelegten Gärten sicher ein bisschen exzentrisch. Wenn ich aber ganz erschöpft aus der Gärtnerei komme und mein Rücken schmerzt, gibt es für mich nichts Schöneres, als in einem Kräuterbad zu entspannen und ein gutes Buch zu lesen.

Zu den Kräutern, die ich am häufigsten für ein Bad verwende, gehören Thymian, um einem schmerzenden Rücken Linderung zu verschaffen, Lavendel, um mich mit neuer Energie zu versorgen, und Pfefferminze. Binden Sie einen Büschel Ihrer Lieblingskräuter mit einer Schnur zusammen und halten Sie diese unter heißes Leitungswasser. Der Duft der Kräuter wird alsbald sowohl Wasser als auch Zimmer durchdringen. Sie können aber auch einige getrocknete Kräuter in ein Musselinsäckchen füllen und im Bad aufhängen. Denken Sie daran, wenn Sie einen Kräutergarten anlegen, dass alle Pflanzen gut erreichbar sind. Der Hopfen muss an einer Stange emporklettern können.

Stellen Sie eine Bank in der Nähe von Lavendel und Rosmarin auf und legen Sie dort hin und wieder eine Ruhepause ein.

1 **Lavendel** 'Seal' *Lavandula* x *intermedia* 'Seal'
2 **Zitronenverbene** *Aloysia triphylla*
3 **Rosmarin** 'Benenden Blue' *Rosmarinus officinalis* 'Benenden Blue'
4 **Salbei** *Salvia officinalis icterina*
5 **Baldrian** *Valeriana officinalis*
6 **Fenchel** *Foeniculum vulgare purpureum*
7 **Rainfarn** *Tanacetum vulgare*
8 **Thymian** 'Golden Lemon' *Thymus* x *citriodorus* 'Golden Lemon'
9 **Kamille** *Chamaemelum nobile* 'Flore Pleno'
10 **Dachwurz** *Sempervivum tectorum*
11 **Pfefferminze** *Mentha* x *piperita*
12 **Thymian** 'Orange Scented' *Thymus* x *citriodorus* 'Fragrantissimus'
13 **Mädesüß** *Filipendula* 'Fragrantissimus' *ulmaria*
14 **Fenchel** *Foeniculum vulgare*
15 **Poleiminze** *Mentha pulegium*
16 **Hopfen** *Humulus lupulus*
17 **Lavendel** *Lavandula stoechas*
18 **Lorbeer** *Laurus nobilis*
19 **Römische Kamille** *Chamaemelum nobile*
20 **Zitronenbalsam** *Melissa officinalis*
21 **Thymian** 'Porlock' *Thymus praecox* 'Porlock'
22 **Rosmarin** *Rosmarinus officinalis* 'Bodendecker'
23 **Goldmajoran** *Origanum vulgare* 'Aureum'
24 **Zitronenpfefferminze** *Mentha* x *piperita citrata*
25 **Beinwell** *Symphytum officinale*
26 **Alpenfrauenmantel** *Alchemilla mollis*
27 **Schafgarbe** *Achillea millefolium*
28 **Lavendel** 'Grappenhall' *Lavandula* x *intermedia* 'Grappenhall'
29 **Thymian** 'Silver Posie' *Thymus vulgaris* 'Silver Posie'

Aromatherapie-Garten

Was mir an Kräutern besonders gut gefällt, ist ihr Duft. Alle Menschen verbinden mit Düften bestimmte Erinnerungen, und auch die Aromatherapie nimmt immer mehr an Bedeutung zu. Dieser Garten soll nicht dazu dienen, eigene Öle gewinnen zu wollen – das ist ein sehr komplexer Prozess –, nein, in ihm sollen Sie all die Kräuter vorfinden, die das tägliche Leben erleichtern können. Außerdem ist solch ein Aromatherapie-Garten auch ausgesprochen dekorativ – und die Pflanzen sind, von ihrem Aroma einmal abgesehen, sehr nützliche Kräuter. Majoran, Basilikum, Thymian, Fenchel und Rosmarin sind ausgezeichnete Küchenkräuter. Aus Kamille und Melisse lassen sich wohltuende, entspannende Kräutertees bereiten.
Ich habe in diesen Garten Trittsteine gelegt, damit Sie alle Pflanzen gut erreichen können. Sind die Kräuter erst einmal groß geworden, werden Sie die Steine kaum mehr wahrnehmen.
Hier nun eine Auflistung der in diesem Garten gepflanzten Kräuter und jeweils ein Hinweis auf die Wirkung ihrer ätherischen Öle.

	Kräuter	**So wirken die ätherischen Öle**
1	**Basilikum** *Ocimum basilicum*	konzentrationsfördernd
2	**Monarda** *Monarda fistulosa*	aufbauend
3	**Kamille** *Chamaemelum nobile*	entspannend
4	**Fenchel** *Foeniculum vulgare*	entgiftend
5	**Geranie** *Pelargonium graveolens*	entspannend
6	**Ysop** *Hyssopus officinalis*	beruhigend
7	**Wacholder** *Juniperus communis*	anregend
8	**Melisse** *Melissa officinalis*	antidepressiv
9	**Lavendel** *Lavandula angustifolia*	besänftigend
10	**Rosmarin** *Rosmarinus officinalis*	erfrischend
11	**Majoran** *Origanum majorana*	beruhigend
12	**Thymian** *Thymus vulgaris*	anregend

WEISSER KRÄUTERGARTEN

Diesen Garten anzulegen hat mir viel Spaß gemacht. Über die Stufen, die durch ihn hindurchführen, gelangt man zur Vordertür des Hauses. Zu beiden Seiten dieser Stufen wächst eine niedrige Lavendelhecke. Im Frühling, noch bevor der Lavendel und die Maiglöckchen blühen, bildet das Labkraut einen richtigen weißen Blütenteppich. Das ist aber erst der Anfang. Bis in den Herbst hinein blühen dann auch alle anderen Kräuter. Dieser Garten besticht vor allem wegen seiner Vielzahl an unterschiedlichen Düften, Blättern und Blüten.
Will man eine Einfassung bepflanzen, kann man ohne weiteres die hier vorgestellte Anordnung der Kräuter übernehmen. Auch wenn dieser Kräutergarten recht unkonventionell aussieht, kann man die einzelnen Pflanzen doch ganz traditionell verwenden. So zum Beispiel den Knoblauchschnittlauch zu Kartoffeln, den Andorn bei Husten, die Kamille, um einen beruhigenden Tee zuzubereiten, und den Lavendel für ein Kräutersäckchen oder im Bad.
Was diesen Garten aber noch auszeichnet, ist, dass man ihn ohne große Mühe anlegen kann. Nur auf die Rabatte muss man Acht geben und sie im Frühling und nach der Blüte zurückschneiden, damit sie ihre Form behält.

1 **weißer Lavendel** *Lavandula angustifolia nana alba*
2 **Waldmeister** *Galium odoratum*
3 **Monarda 'Schneewittchen'** *Monarda punctata* 'Schneewittchen'
4 **Jakobsleiter** *Polemonium caeruleum album*
5 **Schafgarbe** *Achillea millefolium*
6 **Fingerhut** *Digitalis purpurea alba* (GIFTIG)
7 **Römische Kamille** *Chamaemelum nobile*
8 **Maiglöckchen** *Convallaria majalis* (GIFTIG)
9 **weißer Thymian** *Thymus serpyllum albus*
10 **Ysop** *Hyssopus officinalis albus*
11 **Thymian 'Snowdrift'** *Thymus serpyllum* 'Snowdrift'
12 **Knoblauchschnittlauch** *Allium tuberosum*
13 **Pyrethrum** *Tanacetum cinerariifolium*
14 **Süßdolde** *Myrrhis odorata*
15 **Baldrian** *Valeriana officinalis*
16 **Weißer Andorn** *Marrubium vulgare*
17 **Prostanthera** *Prostanthera cuneata*

SALATKRÄUTERGARTEN

Kräuter verleihen Salaten das gewisse Etwas – sie schmecken pikanter und sehen appetitlicher aus. Im inneren Kreis dieses Kräutergartens stehen zwei große Pflanzen, Zichorie und Rote Gartenmelde, einander gegenüber. Außerdem habe ich den Borretsch, eine weitere große Pflanze, gegenüber der Zichorie eingesetzt, so dass die blauen Blüten zu einem regelrechten Farbtupfer werden. Auch in diesem Kräutergarten gibt es einen Ring aus Trittsteinen, die den Zugang zu den einzelnen Pflanzen erleichtern. An die von mir getroffene Auswahl der Kräuter müssen Sie sich nicht strikt halten; Sie können jederzeit eine Pflanze, die sie besonders gerne mögen, mit aufnehmen und eine andere dafür weglassen. Achten Sie jedoch darauf, wie groß Ihre Kräuter werden! Pflanzen Sie zum Beispiel Angelika nicht in den äußeren Kreis, da sie sonst die Kräuter im Innern verdeckt. Ebenso sollten Sie vermeiden, dass Sie im inneren Kreis eine niedrige Pflanze neben ein sich ausbreitendes Kraut setzen.
Diese Kräuter, wie ich Sie Ihnen vorschlage, können Sie in einem kleinen Garten oder am Rand eines Gemüsegartens anpflanzen. Da die meisten hier vorgestellten Kräuter einjährige Pflanzen sind oder Kräuter, deren oberirdische Teile im Herbst absterben, sollten Sie im Herbst den Boden düngen, indem Sie etwas Blätterkompost einarbeiten. Die mehrjährigen Pflanzen werden dann im folgenden Jahr kräftig austreiben und die „Einjährigen" gute Startbedingungen im nächsten Frühjahr haben.

1 **Schnittlauch** *Allium schoenoprasum*
2 **Kümmel** *Carum carvi*
3 **Borretsch** *Borago officinalis*
4 **Kleiner Wiesenknopf** *Sanguisorba minor*
5 **Petersilie** *Petroselinum crispum hortense*
6 **Kapuzinerkresse** *Tropaeolum majus*
7 **Schildsauerampfer** *Rumex scutatus*
8 **Ysop** *Hyssopus officinalis*
9 **Ringelblume** *Calendula officinalis*
10 **Estragon** *Artemisia dracunculus*
11 **Senfrauke** *Eruca vesicaria*
12 **Schlüsselblume** *Primula veris*
13 **Pfefferminze** *Mentha spicata*
14 **Zichorie** *Cichorium intybus*
15 **Zitronenthymian** *Thymus* x *citriodorus*
16 **Knoblauchschnittlauch** *Allium tuberosum*
17 **Rote Gartenmelde** *Atriplex hortensis* 'Rubra'

ARZNEIKRÄUTERGARTEN

Diesen Garten schätze ich nicht nur als Arzneikräutergarten, sondern auch wegen der Ruhe und Beschaulichkeit, die er ausstrahlt. Die Kräuter sind nicht nur für medizinische Zwecke gedacht, sondern sollen dem ganzen Menschen guttun.

Wie wohltuend kann es sein, auf der Bank zu sitzen und den Libellen über dem Teich zuzusehen!

Einige der Kräuter, die hier angepflanzt sind – wie zum Beispiel die Iris –, dürfen Sie sich nicht in Eigenregie verschreiben. Die Iris ist aber eine so schöne Pflanze und sieht wundervoll mit Mädesüß und Baldrian aus. Kamille, Pfefferminze, Dill und Melisse können Sie sich dagegen ohne weiteres selbst verordnen – am besten in Form von Tees. Ich empfehle jedem, der einen Arzneikräutergarten anlegen möchte, sich ein gutes Buch zum Thema Naturmedizin zuzulegen oder sich von einem erfahrenen Kräutersammler beraten zu lassen. Bei Beschwerden sollten Sie Ihren Arzt konsultieren!

1 **Iris** *Iris versicolor*
2 **Mädesüß** *Filipendula ulmaria*
3 **Baldrian** *Valeriana officinalis*
4 **Meerrettich** *Armoracia rusticana*
5 **Salbei** *Salvia officinalis*
6 **Frauenmantel** *Alchemilla mollis*
7 **Rosmarin** *Rosmarinus officinalis*
8 **Dill** *Anethum graveolens*
9 **Kamille** *Chamaemelum nobile*
10 **Weißer Andorn** *Marrubium vulgare*
11 **Beinwell** *Symphytum officinale*
12 **Mutterkraut** *Tanacetum parthenium*
13 **Stiefmütterchen** *Viola tricolor*
14 **Melisse** *Melissa officinalis*
15 **Knoblauch** *Allium sativum*
16 **Pfefferminze** *Mentha* x *piperita*
17 **Fenchel** *Foeniculum vulgare*
18 **Ringelblume** *Calendula officinalis*
19 **Lavendel** *Lavandula* x *intermedia* 'Seal'
20 **Thymian** *Thymus vulgaris*
21 **Dachwurz** *Sempervivum tectorum*

KÜCHENKRÄUTERGARTEN

Am besten ist es, Küchenkräuter an einem sonnigen Platz mit direktem Zugang von der Küche aus anzupflanzen. Am deutlichsten wird dies bei Regen – denn nichts ist so lästig, als Kräuter aus dem Garten holen zu wollen, die man nur nach langem Fußmarsch erreichen kann. Außerdem schmecken Kräuter umso besser, je sonniger der Standort ist. Der Grund dafür ist, dass die Sonne die in den Kräutern enthaltenen Öle an die Blattoberfläche der Pflanze bringt. Dies gilt zum Beispiel für Salbei, Koriander, Rosmarin, Basilikum, Oregano und Thymian.

Küchenkräuter kann man direkt im Garten oder in Kübeln ziehen. Im Garten sollten die Pflanzen allerdings auf einem durchlässigen Untergrund stehen.

Legen Sie einen Trittstein in die Nähe eines jeden Krautes, damit Sie es immer gut erreichen können, egal, ob Sie Blätter ernten, Unkraut jäten oder düngen wollen. Der hier angelegte Kräutergarten kann ebenso gut in Kübeln angepflanzt werden. Was Sie sehen, ist nur eine ganz begrenzte Auswahl möglicher Küchenkräuter. Sollten Sie eines vermissen, können Sie es einfach ergänzen oder gegen ein anderes Kraut austauschen.

1 **Ingwerminze** *Mentha* x *gracilis*
2 **Kerbel** *Anthriscus cerefolium*
3 **Koriander** *Coriandrum sativum*
4 **Petersilie** *Petroselinum crispum hortense*
5 **Schnittlauch** *Allium schoenoprasum*
6 **Rosmarin** *Rosmarinus officinalis* 'Corsican Blue'
7 **Thymian** *Thymus vulgaris*
8 **Angelika** *Angelica archangelica*
9 **Fenchel** *Foeniculum vulgare*
10 **Winterbohnenkraut** *Satureja montana*
11 **Basilikum** *Ocimum basilicum minimum* var. 'Greek'
12 **Schildsauerampfer** *Rumex scutatus*
13 **Lorbeer** *Laurus nobilis*
14 **Süßdolde** *Myrrhis odorata*
15 **Knoblauch** *Allium sativum*
16 **Oregano** *Origanum vulgare* spp.
17 **Estragon** *Artemisia dracunculus*
18 **Liebstöckel** *Levisticum officinale*
19 **Knoblauchschnittlauch** *Allium tuberosum*
20 **Melisse** *Melissa officinalis*
21 **Pfefferminze** *Mentha spicata* 'Moroccan'
22 **Dill** *Anethum graveolens*
23 **Petersilie** *Petroselinum crispum*
24 **Zitronenthymian** *Thymus* x *citriodorus*
25 **Majoran** *Origanum majorana*

FÄRBERGARTEN

Das Interesse, mit Pflanzen Wolle oder Stoffe zu färben, hat deutlich zugenommen, da gerade Kräuter ein breites Spektrum schöner Farben hervorbringen.
In diesem Garten wachsen Färberpflanzen, die sich problemlos ziehen lassen. Ich habe hier einzelne Beete angelegt, da man von jedem Kraut eine beträchtliche Menge benötigt, wenn man Farbstoff gewinnen möchte. Außerdem vereinfachen die Beete das Einsammeln von Blättern, Blüten und Wurzeln. Lassen Sie auch zwischen den Beeten reichlich Platz, damit Sie die Pflanzen gut erreichen und pflegen können!

Aus den 8 hier vorgestellten Kräutern kann man sehr unterschiedliche Farben herstellen. Mehr Tipps zum Thema Pflanzenauswahl gibt Ihnen das Kapitel über Naturfarben.
Bei der Platzwahl müssen Sie eigentlich nur berücksichtigen, dass der Holunder ein ziemlich großer Baum wird. Pflanzen Sie ihn also an einer Stelle, wo er den anderen Kräutern nicht in die Quere kommt.
Der Herbst ist die ideale Jahreszeit, den Boden mit Blätterkompost zu mulchen.

4 6 5 2

1 3 7 8

Kraut	Teil	Beizmittel	Farbe
1 **Färberkamille** *Anthemis tinctoria*	Blüten	Alaun	hellgelb
	Blüten	Kupfer	oliv
2 **Schwarzer Holunder** *Sambucus nigra*	Blätter	Alaun	grün
	Beeren	Alaun	violett/dunkelrot
3 **Ringelblume** *Calendula officinalis*	Blütenblätter	Alaun	hellgelb
4 **Mädesüß** *Filipendula ulmaria*	Wurzeln	Alaun	schwarz
5 **Petersilie** *Petroselinum crispum*	frische Blätter	Alaun	creme
6 **Johanniskraut** *Hypericum perforatum*	Blüten	Alaun	beige
7 **Sauerampfer** *Rumex acetosa*	ganze Pflanze	Alaun	dunkles, schmutziges Gelb
8 **Rainfarn** *Tanacetum vulgare*	Blüten	Alaun	Gelbtöne

Potpourri-Garten

Sie sollten selbst gemachten Potpourris den Vorzug geben, da Sie ihnen ein sanftes Aroma verleihen und für die Augen angenehme Farben auswählen können.
In diesem Garten wurden Kräuter angepflanzt, die man trocknen und für Potpourris verwenden kann. Dazu müssen Blätter und Blütenblätter gesammelt, getrocknet und aufbewahrt werden wie im Kapitel „Ernte" auf den Seiten 236/237 beschrieben. Weitere Informationen erhalten Sie außerdem bei der Beschreibung der einzelnen Kräuter. Legen Sie einen Potpourri-Garten an einem sehr sonnigen Standort an, damit die in den Kräutern enthaltenen Öle an die Blattoberfläche gelangen und Sie in den Genuss des Aromas kommen. Da solch ein Kräutergarten besonders empfindlich ist, sollten Sie darauf achten, dass der Boden sehr durchlässig ist. Einige Kräuter müssen im Herbst hochgebunden werden, so zum Beispiel Zitronenverbene, Ananassalbei und die duftenden Geranien 'Attar of Roses'. In kühleren Gegenden brauchen Myrte und Lavendel im Winter Schutz.

1 **Eberraute** *Artemisia abrotanum*
2+17 **Sonnenwende** *Heliotropium arborescens*
3+18 **Kamille** *Chamaemelum nobile* 'Flore Pleno'
4 **Rosen** *Rosa damascena*
5 **Zitronenverbene** *Aloysia triphylla*
6 **Monarda** *Monarda didyma*
7 **Thymian** *Thymus* x *citriodorus* 'Fragrantissimum'
8 **Ananassalbei** *Salvia elegans* 'Scarlet Pineapple'
9 **Iris** *Iris florentina*
10 **Nelken** *Dianthus splendens* 'Doris'
11 **Geranie** *Pelargonium* 'Attar of Roses'
12 **Thymian** *Thymus herba-barona*
13 **Lavendel** *Lavandula dentata*
14 **Myrte** *Myrtus communis*
15 **Ysop** *Hyssopus officinalis* spp. *aristatus*
16 **Rosmarin 'Benenden Blue'** *Rosmarinus officinalis* 'Benenden Blue'
19 **Oregano** *Origanum vulgare*

Römischer Kräutergarten

Im Lauf der Jahre bin ich immer wieder aufgefordert worden, eine Liste mit den Pflanzen zu erstellen, die in einem echten römischen Kräutergarten vorhanden waren. Der auf dieser Seite angelegte Garten beinhaltet einige der zahlreichen Kräuter, die die Römer mit nach Britannien gebracht haben. Die kreisförmige Hecke ist so zwar nicht ganz stimmig, ebenso verhält es sich mit dem Lavendel 'Hidcote' und seinen dunkelroten bzw. blauen Blüten, der natürlich eine Züchtung jüngerer Zeit ist. Ich habe mich dennoch dazu entschlossen, diese Sorte anzupflanzen, da sie nicht in die Höhe wächst und gut zu pflegen ist. Wenn Sie's jedoch ganz genau nehmen, greifen Sie zu *Lavandula angustfolia*. Diese Lavendel-Art wird wesentlich größer.
Kein richtiger Römer hätte auf die Dachwurz verzichtet, die ihn vor Hexen, Blitz und Feuer schützte. Auch dem Kümmel sagte man nach, dass er vor Hexen Schutz gewähre. Darüber hinaus nutzte man ihn als Küchenkraut und für Liebestränke. Unvollständig wäre ein römischer Kräutergarten ohne Lorbeerbaum, mit dessen Blättern man die siegreichen Soldaten bekränzte. Bezug hat der Lorbeer noch zu einer älteren Zivilisation – das Dach des Apollo-Tempels in Delphi bestand komplett aus Lorbeerblättern.
Lavendel gaben die Römer in ihre Bäder zur Entspannung nach einem langen und anstrengenden Tag.

1 **Lavendel 'Hidcote'** *Lavandula angustifolia* 'Hidcote'
2 **Wermut** *Artemisia absinthium*
3 **Katzenminze** *Nepeta cataria*
4 **Alant** *Inula helenium*
5 **Myrte** *Myrtus communis*
6 **Winterheckenzwiebel** *Allium fistulosum*
7 **Koriander** *Coriandrum sativum*
8 **Süßholz** *Glycyrrhiza glabra*
9 **Winterbohnenkraut** *Satureja montana*
10 **Kümmel** *Carum carvi*
11 **Petersilie** *Petroselinum crispum*
12 **Raute** *Ruta graveolens*
13 **Poleiminze** *Mentha pulegium*
14 **Ysop** *Hyssopus officinalis*
15 **Dill** *Anethum graveolens*
16 **Balsamkraut** *Tanacetum balsamita*
17 **Dachwurz** *Sempervivum tectorum*
18 **Lorbeer** *Laurus nobilis*

Kräuter in Kübeln

In all den Jahren, seit ich Kräuter ziehe, habe ich die Erfahrung gemacht, dass sich nur ganz wenige Pflanzen nicht für Kübel eignen. In dem Kapitel des Buches, in dem ich sämtliche Kräuter alphabetisch geordnet vorstelle, habe ich Ihnen detaillierte Informationen zu jeder einzelnen Pflanze gegeben und bin auch auf die Haltung in Kübeln eingegangen. An dieser Stelle möchte ich Ihnen nun allgemeinere Hinweise und Ratschläge geben, was Kübelpflanzen angeht.

Kübel

- Der Kübel muss die richtige Größe haben. Bei einer großen Pflanze soll der Kübel unten weit genug sein, damit er nicht umkippt – auch wenn er an einem windigen Platz steht.
- Manchmal ist es einfacher, sich um mehrere einzelne Kübel zu kümmern als um einen Blumenkasten. Außerdem können Sie so viel besser auf die Bedürfnisse jedes einzelnen Krauts eingehen.
- Wenn Sie „unkonventionelle" Kübel verwenden, wie zum Beispiel alte Gießkannen, achten Sie darauf, dass ein Dränageloch vorhanden ist. Legen Sie Stücke zerbrochener Blumentöpfe über das Loch, damit es nicht verstopft.

Hängeampeln

Kräuter gedeihen auch in Hängeampeln. Problematisch ist lediglich der Standort: nicht zu windig und nicht zu lange in der Sonne. Kräuter sind meist schnellwüchsige Pflanzen – werden sie zu viel oder zu wenig gegossen, verlieren sie ihre Blätter. Kräuter sollten regelmäßig gepflückt werden; auch das ist in Hängeampeln nicht immer gewährleistet.
Geeignete Pflanzen: doppelblütige Kamille, kriechender Thymian, niedrig wachsender Rosmarin, Katzenminze, kriechendes Bohnenkraut, Majoran, Ananasminze, Poleiminze.

Die Hängeampeln vorbereiten

- Geben Sie etwas Torfmoos in den Korb. Darauf legen Sie eine schwarze Plastikfolie, in die Sie einige Löcher gebohrt haben.
- Füllen Sie den Korb zur Hälfte mit Substrat. Setzen Sie die Pflanzen in den Korb. Hängende Kräuter kommen nach außen, größere, aufrecht wachsende in die Mitte. Pflanzen Sie nicht zu viele Kräuter auf einmal.
- Restliches Substrat einfüllen. Wässern. Das Wasser abfließen lassen, bevor Sie die Ampel aufhängen.
- Der Korb muss gut erreichbar sein. Wenn es warm ist, müssen Sie mindestens zweimal täglich gießen – am Morgen und am Abend.

Substrat und organischer Dünger

Ganz entscheidend für das Wohlbefinden der Pflanzen ist es, das richtige Substrat zu verwenden.

Rinde-Torf-Sand-Gemisch

Ich halte diese Mischung für sehr zweckmäßig, da sie einem Überwässern vorbeugt: Die Rinde speichert das Wasser und schützt somit vor Austrocknung. Dieses Substrat kann man sowohl für Kübel als auch für Hängeampeln verwenden. Als weiterer Pluspunkt wäre zu nennen, dass man weiß, welche Nährstoffe enthalten sind, und weiteres Düngen darauf abstimmen kann.

Humusreiche Mischung

Wenn Sie humusreiches Substrat herstellen wollen, ist dieses Rezept besonders gut geeignet.

4 Teile gute, unkrautfreie Gartenerde
3 Teile Gartenkompost
3 Teile feuchter Torf
1 Teil scharfer Sand

Blumenerde

Blumenerde ist normalerweise torfhaltig; ihr sind Chemikalien zugesetzt. Zu kaufen gibt es die Erde in Beutel abgepackt sowohl im Supermarkt als auch im Gartencenter. Negativ ist, dass man die Pflanzen regelmäßig düngen muss, da die in der Erde enthaltenen Nährstoffe schnell aufgebraucht sind. Da das Substrat leicht ist, müssen Sie darauf achten, dass große Pflanzen nicht umfallen können.
Ein Problem, das sehr häufig auftritt, ist, dass Blumenerde, sobald sie einmal ausgetrocknet ist, Wasser nur schwer aufnimmt.

Dünger

Sie können organischen Dünger in Gartencentern kaufen. Die folgenden Dünger sind bestens geeignet für Blumentopferde oder Anzuchtsubstrat.
Flüssiger Meeresalgendünger: Dieser Dünger enthält kleine Mengen an Stickstoff, Phosphor, Kalium sowie Spurenelemente. Meeresalgendünger ist gut für den Boden und wird leicht von den Pflanzen aufgenommen. Man kann die Kräuter auch damit einsprühen.
Meeresalgendünger mit Calcium: Dieser Dünger enthält Calcium, Magnesium, Natrium und zahlreiche Spurenelemente. Besonders gut zum Anreichern von Anzuchtsubstrat geeignet. Beachten Sie die Anweisungen des Herstellers.

Alternativen

Folgende Substrate können Sie für Kübelpflanzen verwenden.
John Innes: Dieses Substrat ist in jedem Gartencenter oder Haushaltswarengeschäft erhältlich. Es ist humushaltig; außerdem sind Chemikalien zugesetzt. Positiv wäre zu vermerken, dass die in der Erde befindlichen Nährstoffe lange erhalten bleiben und deshalb weniger zusätzlich gedüngt werden muss. Das Substrat speichert das Wasser gut und ist stabil, was vor allem für größere Pflanzen von Bedeutung ist. Wenn es austrocknet, nimmt es Wasser leicht auf. Man darf das Substrat nicht überwässern.
Achtung: Dieses Substrat eignet sich nicht für Hängeampeln, da es in nassem Zustand sehr schwer wird.

Torffreies Substrat

Torffreies Substrat wird immer häufiger angeboten. Dazu zählen:
Kokosfaser: Die Kokosfaser ist ein Nebenprodukt der Kokosnuss. Da diese Faser in Mode gekommen ist, werden mehrere Produkte auf dem Markt angeboten (zu überhöhten Preisen).

Zu bedenken ist jedoch, dass man die Kokosfaser um die halbe Welt transportieren muss, nur um dann damit Kräuter einzutopfen. Die Faser zersetzt sich nicht vollständig und ist sehr wasserdurchlässig. Deshalb fügen einige Hersteller eine Substanz zu, die Wasser speichert und nur nach und nach freigibt.
Da die Kokosfaser sehr leicht ist, kann es auch hier Probleme mit großen Pflanzen geben.

Als weiterer Minuspunkt gilt, dass die im Substrat enthaltenen Nährstoffe sehr schnell aufgebraucht sind, sodass man die Kräuter von Anfang an regelmäßig düngen muss.
Kompostierte Rinde: Dieses Substrat ist für Kräuter, die in Kübeln gezogen werden, nicht zu empfehlen, wenn man es ohne Zusatz von Torf oder Erde verwenden möchte.
Probleme bereiten das Gießen und der Nährstoffverlust. Wenn die Rinde nicht lange genug kompostieren konnte, sind die Nährstoffe schnell verbraucht, und dann „verhungern" die Pflanzen. Versetzen Sie deshalb das Substrat mit Torf oder Erde.

Pflegemassnahmen

Frühling: Falls nötig sollten Sie die Pflanzen jetzt umtopfen. Ein sicheres Zeichen dafür sind aus dem Topf quellende Wurzeln. Nehmen Sie größere Töpfe. Holen Sie die Pflanze vorsichtig aus dem alten Behälter. Entfernen Sie dann Unkraut sowie abgestorbene Blätter. Handelt es sich um eine mehrjährige Pflanze, schneiden Sie die Spitze ab, um neues Wachstum zu fördern. Geben Sie Kiesel oder anderes Material in den Kübel, damit das Wasser gut abfließen kann. Fügen Sie dem Substrat einen Esslöffel Holzkohlestückchen hinzu. Sobald die Pflanzen austreiben oder blühen, sollten Sie sie regelmäßig mit flüssigem Meeresalgendünger düngen.
Sommer: Gießen Sie die Pflanzen richtig; vermeiden Sie, dass die Töpfe vollständig austrocknen. Manche Pflanzen vertragen keine Mittagssonne. Schneiden Sie die Blüten ab. Düngen Sie einmal pro Woche mit flüssigem Meeresalgendünger. Entfernen Sie von Schädlingen befallene Blätter.
Herbst: Stutzen Sie mehrjährige Kräuter. Jäten Sie das Unkraut und ersetzen Sie die obere Schicht des Substrats. Bringen Sie vor dem ersten Frost empfindliche Pflanzen in Sicherheit. Gießen Sie weniger.
Winter: Schützen Sie alle Kübelpflanzen vor Frost. Stellen Sie sie in ein Kalthaus oder in die Garage. Ist es sehr kalt, bedecken Sie die Kübel mit Säcken. Gießen Sie nur, wenn unbedingt notwendig.

Hintere Reihe, von links nach rechts: *Pulmonaria officinalis, Prostanthera rotundifolia, Buxus sempervirens* 'Elegantissimus', *Rosmarinus* 'Benenden Blue', *Buxus sempervirens*; vordere Reihe, von links nach rechts: *Prostanthera rotundifolia rosea, Origanum vulgare* 'Aureum', *Ruta graveolens* 'Jackman's Blue', *Artemisia pontica*

ERNTE

Je mehr Blätter und Blüten Sie von Ihren Kräutern pflücken, umso gesünder und kräftiger wird die Pflanze. Es ist ein Gerücht, dass man Schnittlauch, der zum Blühen begonnen hat, erst wieder im nächsten Jahr ernten kann. Pflücken Sie einige Schnittlauchblüten und geben Sie sie in Salate. Schneiden Sie dann das Kraut bis auf 4 cm über den Boden zurück und düngen Sie es – nach einem Monat können Sie wieder ernten. Ziehen Sie am besten immer zwei Schnittlauchpflanzen gleichzeitig: eine wegen der Blüten und eine zum Ernten.
Kurz nachdem Ihre Kräuter austreiben, können Sie schon zum ersten Mal ernten. Dies fördert kräftiges Wachstum. Die meisten Kräuter sind kurz vor der Blüte am geschmacksintensivsten. Schneiden Sie die Stängel früh am Morgen ab, besser noch an einem wolkigen Tag (vorausgesetzt es ist nicht zu feucht), keinesfalls in praller Mittagshitze. Es bekommt den Pflanzen besser, wenn Sie ganze Stängel und nicht einzelne Blätter oder Blüten abknipsen. Verwenden Sie dazu stets ein scharfes Messer oder eine (Garten-)Schere. Kürzen Sie die Spitzen der Zweige um 5 bis 8 cm. Schneiden Sie jedoch keine älteren, verholzten Pflanzenteile ab. Achten Sie darauf, dass Ihre Kräuter eine ansehnliche Form behalten. Sammeln Sie nur Kräuter, die nicht von Schädlingen oder Krankheiten befallen sind. Sind Ihre Kräuter mit Gartenerde beschmutzt, reinigen Sie sie mit kaltem Wasser. Tupfen Sie die Kräuter dann möglichst schnell ab. Legen Sie jedes Kraut für sich allein zum Trocknen hin!

ERNTE

Einjährige Kräuter
Die meisten einjährigen Kräuter kann man zweimal während einer Wachstumsperiode ernten. Stutzen Sie sie nach der Ernte auf 10 bis 15 cm zurück und düngen Sie nach jeder Ernte mit Flüssigdünger. Ernten Sie ein Kraut zum ersten Mal, schneiden Sie es nicht zu stark zurück, da es sich sonst nicht erholt. Stutzen Sie einjährige Pflanzen vor dem ersten Frost zum letzten Mal, da sie das Wachstum zu diesem Zeitpunkt bereits eingestellt haben.

Mehrjährige Kräuter
Hier können Sie schon im ersten Jahr ernten – später ist eine Steigerung auf 2 bis 3 Ernten möglich. Schneiden Sie keinesfalls bereits verholzte Zweige ab, da die Pflanze dann möglicherweise nicht mehr weiterwächst. Auch mehrjährige Kräuter sollten Sie zum letzten Mal stutzen, bevor der erste Frost einsetzt. Ein Zurückschneiden spät im Jahr schwächt die Pflanzen, und sie überstehen den Winter vielleicht nicht. Auch hier gibt es Ausnahmen: Salbei kann man noch ernten, wenn es friert; in geschützten Lagen können Thymian und Majoran in Maßen auch im Winter geerntet werden.

Blüten und Samen
Pflücken Sie die Blüten zum Trocknen, wenn sie sich öffnen. Samen sammeln Sie, wenn sich die Farbe der Kapseln verändert; klopfen Sie gegen die Hülsen und die Samen fallen heraus.

Wurzeln
Wurzeln schmecken am intensivsten am Ende einer Wachstumsperiode. Graben Sie die Wurzeln aus, wenn die Pflanzen das Wachstum einstellen. Heben Sie die Wurzel aus dem Boden, ohne die Haut zu verletzen. Waschen Sie die Wurzel ab.

Zum Trocknen ausgelegte Kräuter

Schneiden Sie alle oberirdischen Teile und die Schösslinge ab. Wollen Sie die Wurzeln trocknen, schneiden Sie kräftige Wurzeln der Länge nach durch und die Hälften nochmals in kleinere Stücke.

TROCKNEN

Hierbei wird der Pflanze möglichst schnell Wasser entzogen und gleichzeitig die ätherischen Öle erhalten. Es sieht zwar dekorativ aus, wenn Kräuterbüschel in der Küche aufgehängt sind, der Geschmack geht dabei jedoch meist verloren. Kräuter sollten an einem warmen, dunklen, trockenen und gut belüfteten Platz getrocknet werden. Je schneller sie trocknen, desto besser bleiben die aromatischen Öle erhalten. Dunkelheit bewirkt, dass Farbe und Geschmack erhalten bleiben. Die Luft soll trocken sein, gleichzeitig muss für eine gute Durchlüftung gesorgt werden, um den

Trockenvorgang zu beschleunigen und um Schimmelbildung zu verhindern.

Geeignete Plätze zum Trocknen von Kräutern:
- ein luftiger Hängeschrank
- ein Platz auf dem Dachboden (wenn es dort nicht zu heiß wird)
- ein Backofen, wobei die Temperatur niedrig sein und die Ofentür einen Spalt offen bleiben soll (legen Sie die Kräuter auf ein Stück braunes Papier, in das Sie einige Löcher geschnitten haben)
- eine Warmhalteplatte
- ein spärlich möblierter Raum mit verdunkelten Fenstern und leicht angelehnter Tür

Die Temperatur sollte zwischen 21 und 33 °C liegen. Jedes Kraut muss für sich getrocknet werden; das gilt vor allem für intensiver duftende Pflanzen wie Liebstöckel. Breiten Sie die Kräuter auf Tabletts oder einem Holzgestell aus, auf das Sie Musselin oder ein Netz legen. Diese Tabletts oder Gestelle bringen Sie in den Trockenraum; wichtig ist, dass die Luft dort gut zirkuliert. In den ersten Tagen sollten Sie die Kräuter immer wieder mal wenden. Wurzeln benötigen zum Trocknen eine höhere Temperatur – sie sollte zwischen 50 und 60 °C liegen. Man kann sie im Ofen schneller und leichter trocknen; dabei müssen sie regelmäßig gewendet werden. Vorsicht: Wurzeln brechen leicht. Samen wird ohne künstliche Wärme an einem luftigen Platz getrocknet. Fast reife Samenkapseln hängen Sie in Papiertüten auf, sodass der Samen, wenn er reif ist, in die Tüten fällt. Er muss vollständig trocken sein, bevor er in Behältern aufbewahrt wird – das kann bis zu 2 Wochen dauern.

Tipp: Eine weitere Methode, Blüten, Wurzeln oder Samenkapseln zu trocknen, ist, die Kräuter in kleinen Büscheln zu bündeln. Schnüren Sie diese nicht zu fest zusammen, damit auch hier die Luft zirkulieren kann. Hängen Sie die Kräuterbüschel auf Kleiderbügel an einen luftigen, dunklen Ort, bis sie trocken sind.

Wie lange es dauert, bis die Kräuter getrocknet sind, ist von Pflanze zu Pflanze unterschiedlich. Werden Kräuter in eine Dose gegeben, noch bevor sie ganz trocken sind, nehmen sie Feuchtigkeit aus der Luft auf und verderben. Die Blätter sollen spröde, fast ein wenig bröckelig sein; sie dürfen, wenn man sie anfasst, brechen, aber nicht zu Staub zerfallen. Auch die Wurzeln müssen ganz trocken sein. Fühlen sie sich weich und schwammig an, sind sie noch nicht richtig trocken und beginnen in einer Dose nach kurzer Zeit zu faulen.

Kräuter schnell trocknen

Mikrowellenhersteller behaupten, dass es 3 bis 4 Minuten dauert, um 10 Stängel eines Krauts zu trocknen. Ich habe das ausprobiert und festgestellt, dass die Pflanzen schnell ausdörren. Man sollte kleinblättrige Kräuter wie Rosmarin und Thymian 1 Minute, größere Blätter wie Minze etwa 3 Minuten in der Mikrowelle trocknen. Geben Sie einen Eierbecher voll Wasser mit in das Gerät.
Vorsicht: Salbei kann sich entzünden ...

Aufbewahrung

Kräuter verlieren Geruch und Farbe, werden sie nicht richtig gelagert. Füllen Sie Blätter und Wurzeln lose in ein dunkles Glasgefäß mit luftdicht abschließendem Deckel. Beschriften Sie das Glas mit Kräuternamen und Datum. Stellen Sie es in einen dunklen Schrank, denn nichts ist der Qualität von Kräutern abträglicher als Licht.
Nach einigen Tagen sollten Sie nochmals nach den

Petersilie kann in einer Tüte oder in einem Eiswürfelbehälter eingefroren werden

Kräutern sehen. Hat sich im Glas Feuchtigkeit niedergeschlagen, waren die Kräuter noch nicht richtig getrocknet. Nehmen Sie sie aus dem Glas und breiten Sie sie noch einige Tage zum Trocknen aus.
Da getrocknete Kräuter höchstens 1 Jahr lang halten, sollte Ihr Vorrat einen Winter nicht überdauern. Getrocknete Kräuter wirken 3- bis 4-mal intensiver als frische. Verlangt ein Rezept einen Esslöffel frische Kräuter und Sie haben nur getrocknete, ist ein Teelöffel völlig ausreichend.

Tipp: Besitzen Sie große dunkle Gefäße, können Sie Thymian und Rosmarin mit dem Stängel aufbewahren. So lassen sich die Kräuter leichter zu Eintöpfen geben und vor dem Servieren wieder entfernen.

Einfrieren

Küchenkräuter einzufrieren hat einige Vorteile: Geruch, Farbe und Inhaltsstoffe bleiben weitgehend erhalten. Diese schnelle und einfache Methode, Kräuter zu konservieren, wird immer beliebter. Es ist besser, Kräuter wie Fenchel, Dill, Petersilie, Estragon und Schnittlauch einzufrieren als zu trocknen.
Pflücken Sie die Kräuter, waschen Sie sie mit kaltem Wasser ab und schwenken Sie sie vor dem Einfrieren trocken. Zerdrücken Sie die Blätter nicht. Geben Sie kleine Mengen Kräuter in beschriftete Plastikdosen. Füllen Sie jeweils nur ein Kraut ein oder stellen Sie gleich eine Kräutermischung her. Legen Sie die Kräuter an einen bestimmten Platz in Ihr Gefriergerät oder verpacken Sie diese noch mal in einem Behälter, damit sie nicht beschädigt werden. Sie müssen die Kräuter vor dem Kochen nicht auftauen. Gehackte Petersilie stellen Sie her, indem Sie ganze Büschel in Tüten einfrieren und das gefrorene Kraut von Hand zerkleinern. Taut Petersilie im Ganzen auf, ist sie schlaff. Diese Art und Weise, Kräuter zu zerkleinern, eignet sich für alle feinblättrigen Pflanzen. Eine andere Möglichkeit, Kräuter einzufrieren, ist, fein gehackte Blätter in Eiswürfelbehälter zu geben und mit Wasser aufzufüllen. Für einen durchschnittlich großen Würfel rechnet man 1 Esslöffel Kräuter auf 1 Teelöffel Wasser.

Tipp: Borretschblüten und Blätter panaschierter Minzesorten sehen einzeln in Eiswürfeln eingefroren sehr dekorativ in Drinks und Obstsalaten aus.

Kräuteröle, Kräuteressig und Eingelegtes

Viele Kräuter verfügen über antiseptische und antibakterielle Eigenschaften und wurden, schon lange bevor es Kochbücher gab, für Eingemachtes verwendet. Kräuter regen Appetit und Verdauung an und verfeinern den Geschmack vieler Speisen. Ich hoffe, die nachfolgenden Rezepte können Sie dazu verleiten, selbst Essig und Öl herzustellen. Kräuter eignen sich hervorragend für Salatdressing und Tomatensoßen, sie schmecken in Marinaden, in die man Fisch und Fleisch einlegt, und ergänzen viele Gemüsegerichte. Selbst hergestellte Kräuteressige und -öle sind ein willkommenes Mitbringsel!

Kräuteröle

Man verwendet sie für Salatdressing, Marinaden, Soßen, pfannengerührte Gerichte und zu Kurzgebratenem.
Sie benötigen ein sauberes Glasgefäß mit Schraubverschluss, das 500 ml fasst.

Basilikumöl
Eine gute Möglichkeit, den einzigartigen Duft des Basilikums „einzufangen" und zu erhalten.

4 EL Basilikumblätter
500 ml Oliven- oder Sonnenblumenöl

Die Blätter von den Stängeln entfernen und mit einem Mörser zerkleinern. Kleinblättriges Basilikum im Ganzen im Mörser zerdrücken. Etwas Öl hinzufügen und weiter leicht stampfen. Dadurch werden die Blätter verletzt, sodass sich das Basilikumöl mit dem Öl vermischt. Die Blätter mit dem restlichen Öl vermengen, das Ganze in einen Behälter mit weitem Hals füllen und dicht verschließen. Das Gefäß auf ein sonniges Fensterbrett stellen. Jeden zweiten Tag schütteln. Nach 2 Wochen das Öl durch Musselin in eine dekorative Flasche seihen und einige frische Basilikumblätter hinzufügen. Dies erleichtert Ihnen, die Basilikumsorte wiederzuerkennen und sieht außerdem frisch und appetitlich aus. Die Flasche beschriften. Ebenso können Sie mit Dill, Fenchelgrün, Majoran, Rosmarin und (Zitronen-)Thymian verfahren.

Kräuteröl
Passt zu vielen Gerichten.

1 EL Salbei
1 EL Zitronenthymian
1 EL Oregano
1 EL Petersilie
1 Lorbeerblatt
500 ml Oliven- oder Sonnenblumenöl

Alle Blätter abzupfen, in einen Mörser geben und leicht stampfen. Etwas Öl untermischen, damit sich die Düfte durchdringen. Mit dem restlichen Öl in ein Gefäß mit weitem Flaschenhals füllen. Abdecken und auf einem sonnigen Fensterbrett 2 bis 3 Wochen stehen lassen.
Das Gefäß täglich schütteln oder das Öl umrühren. Durch Musselin in eine dekorative Flasche abseihen. Ist genügend Platz in der Flasche, geben Sie von jedem Kraut einen frischen Zweig hinein.

Süsse Öle

Süße Öle passen gut zu fruchtigen Gerichten, Marinaden und Nachtischen. Verwenden Sie dafür Mandelöl, das gut mit Rosenblütenblättern und den Blüten von Nelken, Lavendel, Zitronenverbene und Geranien harmoniert. Stellen Sie süße Öle wie pikante her. Vermischen Sie jeweils 4 EL zerkleinerter (Blüten-)Blätter mit 500 ml Mandelöl.

Würzige Öle

Diese Öle eignen sich gut für Salate, passen aber auch zu Kurzgebratenem und pfannengerührten Speisen. Empfehlenswert sind vor allem der Samen von Koriander, Dill und Fenchel. Vermischen Sie 2 Esslöffel Samen, den Sie zuerst mit etwas Öl in einem Mörser zerkleinern, mit 500 ml Oliven- oder Sonnenblumenöl. Geben Sie einige ganze Samenkörner zum Öl, wenn Sie es in die Flasche umfüllen. Beschriften nicht vergessen! Ansonsten wie bei den vorher beschriebenen Ölen verfahren.

Kräuteressig

Kräuteressige passen zu Bratensäften, Soßen, Marinaden und Salatdressings.

10 EL gehackte Kräuter, z. B. Basilikum, Kerbel, Dill, Fenchel, Knoblauch, Zitronenmelisse, Majoran, Minze, Rosmarin, Bohnenkraut, Estragon oder Thymian
500 ml Weißwein- oder Apfelessig

Die Blätter vorsichtig im Mörser stampfen. Die Hälfte des Essigs erwärmen (nicht kochen!) und über die zerkleinerten Kräuter gießen. Die Kräuter weiter stampfen. Abkühlen lassen. Diese Mischung mit dem restlichen Essig vermengen und in ein Gefäß mit weitem Hals füllen. Mit einem säurefesten Deckel gut verschließen. Stellen Sie das Ganze auf ein sonniges Fensterbrett und schütteln Sie das Gefäß 2 Wochen lang täglich. Machen Sie einen Geschmackstest! Sollte der Essig intensiver schmecken, seihen Sie ihn ab und wiederholen das Ganze mit frischen Kräutern. Diesen Essig aufbewahren oder durch Musselin abseihen. Einen frischen Kräuterzweig in die Flasche geben.

Zeit sparen
1 Flasche (500 ml) Weißweinessig
4 große Kräuterzweige
4 geschälte Knoblauchzehen

Etwas Essig aus der Flasche gießen und dafür 2 Kräuterzweige sowie die Knoblauchzehen hineingeben. Falls möglich, wieder mit Essig auffüllen. Die Flasche unverschlossen 2 Wochen auf ein sonniges Fensterbrett stellen. Die Kräuterzweige gegen frische austauschen.

Samenessig
Wie Kräuteressig zubereiten. 2 Esslöffel Samen mit 500 ml Weißwein- oder Apfelessig vermischen. Der Samen folgender Kräuter eignet sich gut zur Herstellung von Samenessig: Dill, Fenchel und Koriander.

Blütenessig
Gleiche Herstellungsweise. Blütenessig passt zu Obstsalaten und wird für Kosmetika verwendet. Vermischen Sie die Blüten von Holunder, Kapuzinerkresse, Veilchen, Nelken, Lavendel, Nachtkerze, Rosmarin oder Thymian sowie Rosenblütenblätter in folgendem Verhältnis:
10 EL Blütenköpfchen oder -blätter
500 ml Weißweinessig

Eingelegter Meerrettich
Eine Meerrettichwurzel waschen und schälen. In einer Küchenmaschine oder per Hand raspeln. Den Meerrettich in kleine Gläser füllen und mit gesalzenem Essig, bestehend aus 1 Teelöffel Salz auf 250 ml Apfel- oder Weißweinessig, bedecken. Die Gläser verschließen und den Meerrettich 4 Wochen durchziehen lassen.

Eingelegte Kapuzinerkressesamen
Kapuzinerkressesamen sammeln, solange sie noch grün sind. Eine Lake herstellen aus 100 g Salz und 1 l Wasser. Darin die Samen 24 Stunden einlegen. Abseihen und jeweils 2 Esslöffel Samen in ein kleines Gefäß füllen. 1 geschälte Knoblauchzehe, 1 Teelöffel schwarze Pfefferkörner, 1 Teelöffel Dillsamen sowie 1 Teelöffel Muskatblüten vermengen und Weißweinessig aufgießen. Das Ganze zum Köcheln bringen. Abseihen und über die Samen gießen. Gefäße mit säurefesten Deckeln verschließen; 4 Wochen ziehen lassen. Geöffnet muss das Glas im Kühlschrank aufbewahrt und der Inhalt schnell verbraucht werden.

WÜRZIGES GELEE

Verwenden Sie Majoran, Minze, Rosmarin, Salbei, Sommerbohnenkraut, Estragon und Thymian.

(ergibt 2 x 350 g)

1 kg Backäpfel, entkernt und zerkleinert
1 Bund Kräuter (etwa 15 g)
900 ml Wasser
500 g Zucker
2 EL Weinessig
2 EL Zitronensaft
4 EL gehackte Kräuter

Die Äpfel mit dem Kräuterbund in einen großen Topf geben und mit kaltem Wasser bedecken. Zum Kochen bringen und köcheln lassen, bis die Äpfel weich sind (ca. 30 Minuten). In einen Entsafter stellen und über Nacht abtropfen lassen. Den abgetropften Saft abmessen und 500 g Zucker zu jeweils 600 ml Flüssigkeit geben. Bei mäßiger Hitze rühren, bis sich der Zucker aufgelöst hat. Unter Rühren zum Kochen bringen, bis der Siedepunkt erreicht ist (nach ca. 20 bis 30 Minuten). Den Schaum abschöpfen. Essig, Zitronensaft und die gehackten Kräuter einrühren. Das Gelee in geeignete Gefäße füllen, diese verschließen und beschriften.

SÜSSE GELEES

Verfahren Sie wie beim vorhergehenden Rezept beschrieben; Essig und Zitronensaft weglassen und stattdessen 150 ml Wasser hinzugeben. Für süße Gelees gut geeignet: Monarda, Lavendelblüten, Zitronenverbene, Geranien, Veilchen und Zitronenmelisse.

EINGELEGTES

Koriander-Chutney
(ergibt 2 x 500 g)

1 kg Äpfel, geschält, entkernt und in Scheiben geschnitten
500 g Zwiebeln, geschält und grob gehackt
2 Knoblauchzehen, geschält und zerdrückt
je 1 rote und grüne Paprikaschote, entkernt und in Streifen geschnitten
900 ml Rotweinessig
500 g brauner Zucker
1/2 EL ganzer Koriandersamen
6 Pfefferkörner, in einem Stück Musselin zusammengebunden
6 Pimentkörner
50 g Ingwerwurzel, geschält und geschnitten
2 EL Korianderblätter, gehackt
2 EL Minze, gehackt

Äpfel, Zwiebeln, Knoblauch und Paprikaschoten in einen großen Topf geben. Den Essig aufgießen und das Ganze zum Kochen bringen. Etwa 30 Minuten köcheln lassen, bis die Zutaten weich sind. Zucker, Pfeffer- und Pimentkörner zufügen. Den Ingwer in den Topf geben. Erhitzen und rühren, bis sich der Zucker aufgelöst hat. Köcheln lassen, bis es eindickt (ca. 60 Minuten). Gehackten Koriander und Minze unterrühren. In heiße, sterilisierte Gläser abfüllen. Abkühlen lassen. Danach verschließen und beschriften.

FARBTABELLE

Frühe Aufzeichnungen belegen, dass man Kräuter zum Färben von Kleidungsstücken verwendet hat. Bis zum 19. Jahrhundert und dem Beginn einer chemischen Industrie gab es ausschließlich „natürliche" Farbstoffe. Dann wurden diese Farben durch chemische ersetzt, da die Ergebnisse besser vorherbestimmbar waren und die Farbpalette größer war. Heute ist der Wunsch nach natürlichen Farben wieder größer. Damit nahm auch das Interesse an Pflanzenfarben zu.

In dieser Tabelle sind die gebräuchlichsten Färberkräuter aufgelistet. Sie werden feststellen, dass Gelb-, Braun- und Grautöne dominieren. Zum Färben braucht man viel Pflanzenmaterial – plündern Sie die Kräuter in Ihrem Garten nicht allzu sehr. Pflücken Sie die Blüten, wenn sie erscheinen, die Blätter, solange sie jung, frisch und grün sind; graben Sie die Wurzeln im Herbst aus und zerkleinern Sie diese, bevor Sie sie verwenden.

FARBTABELLE

Bezeichnung	*Botanischer Name*	*Verwendete Teile*	*Beizmittel*	*Farbe*
Beinwell	*Symphytum officinale*	Blätter und Stiele	Alaun	Gelbtöne
Färberkamille	*Anthemis tinctoria*	Blüten	Alaun	Gelbtöne
Färberkamille	*Anthemis tinctoria*	Blüten	Kupfer	Olivtöne
Holunder	*Sambucus nigra*	Blätter	Alaun	Grüntöne
Holunder	*Sambucus nigra*	Blätter	Alaun	Violett / Dunkelrot
Goldrute	*Solidago canadensis*	Ganze Pflanze	Chrom	Goldgelb
Ackerschachtelhalm	*Equisetum arvense*	Blätter und Stiele	Alaun	Gelbtöne
Wacholder	*Juniperus communis*	Zerdrückte Beeren	Alaun	Gelbtöne
Ringelblume	*Calendula officinalts*	Blütenblätter	Alaun	Hellgelb
Mädesüß	*Filipendula ulmaria*	Wurzeln	Alaun	Schwarz
Brennnessel	*Urtica dioica*	Ganze Pflanze	Kupfer	Graugrün
Johanniskraut	*Hypericum perforatum*	Blüten	Alaun	Beigetöne
Ampfer	*Rumex acetosa*	Ganze Pflanze	Alaun	Schmutzgelb
Ampfer	*Rumex acetosa*	Wurzeln	Alaun	Beige/Rosa
Rainfarn	*Tanacetum vulgare*	Blüten	Alaun	Gelbtöne
Färberwaid	*Isatis tinctoria*	Blätter	Ammoniak	Blautöne

STOFF

Färben kann man jede Naturfaser. In den nächsten Abschnitten wird erläutert, wie man Wolle färbt. Wolle ist das Material, das am leichtesten und einfachsten zu färben ist. Man kann natürlich auch Seide, Leinen und Baumwolle einfärben – diese Textilien sind allerdings schwieriger.

VORBEREITUNG

Das Färben ist ein ziemlich lang dauernder Prozess. In dem Zimmer, in dem Sie färben, sollten Sie sämtliche Flächen abdecken. Einige der Beizmittel sind giftig – bringen Sie diese also nicht in die Nähe von Kindern, Haustieren oder Nahrungsmitteln.

Der eigentliche Färbevorgang ist nicht kompliziert; man braucht lediglich einige Hilfsgegenstände und vor allem genügend Platz.

1 großes Gefäß aus rostfreiem Edelstahl, beispielsweise ein Einmachtopf
1 Eimer und 1 Schüssel aus rostfreiem Edelstahl
1 Zange (aus Holz oder rostfreiem Edelstahl; wird zum Hochheben benötigt)
1 Messbecher
1 Paar Gummihandschuhe

Aus Johanniskrautblüten gewinnt man einen gelben Farbstoff.

Mörser und Stößel
Thermometer
Wasser; man braucht unbedingt weiches Wasser – ist Ihr Leitungswasser zu hart, verwenden Sie entweder Regenwasser oder destilliertes Wasser
Waage

Das Färben umfasst 4 Arbeitsschritte:
– Vorbereitung des Materials (Entfetten)
– Vorbereitung des Beizmittels
– Vorbereitung der Färberpflanze
– das Färben

Das Material vorbereiten

Bereiten Sie die Wolle vor, indem Sie sie in einer heißen Seifenflockenlösung waschen, um eventuelle Fettrückstände zu entfernen.
Gehen Sie stets vorsichtig mit der Wolle um. Spülen Sie sie mehrmals aus; drücken Sie die Wolle zwischen jeder Spülung leicht aus. Dem letzten Spülgang setzen Sie 50 ml Essig zu.

Das Beizmittel vorbereiten

Beizmittel fixieren die Farbe. Man erhält sie in der Apotheke. Die hier aufgeführten Beizmittel sind allgemein bekannt. Manche Färber lehnen zwar die Verwendung von Beizmitteln ab; aber verzichtet man darauf, bleichen die Farben allzu schnell aus.
Alaun: 25 g auf 500 g trockene Wolle verwenden. Alaun ist ein sehr nützliches Beizmittel; seine vollständige Bezeichnung lautet: Kalium-Aluminium-Sulphat. Manchmal wird Kaliumhydrogentartrat, Weinstein, hinzugefügt (Achtung: Das ist nicht das Backmittel!), um den Färbevorgang zu erleichtern und um die Farbe aufzuhellen.
Eisen: 5 g auf 500 g trockene Wolle verwenden Eisensulphat macht die Farben matter und tiefer. Man gibt es erst am Schluss dazu – nachdem man bereits Alaun verwendet hat. Nehmen Sie die Wolle aus dem Behälter, bevor Sie das Eisen hinzufügen. Legen Sie die Wolle dann wieder zurück und lassen Sie das Ganze köcheln, bis die gewünschte Farbtiefe erreicht ist.
Kupfer: 15 g auf 500 g trockene Wolle verwenden Wenn Sie das Kupfersulphat mit 300 ml Essig mischen, verleiht dies den Farben einen grünblauen Stich. **Warnung:** Handschuhe tragen; Kupfer ist giftig!
Chrom: 15 g auf 500 g trockene Wolle verwenden. Kaliumdichromat ist lichtempfindlich – bewahren Sie das Beizmittel möglichst im Dunkeln auf.
Die Farben gewinnen mit diesem Mittel an Tiefe, und die Wolle fühlt sich weich und seidig an. **Warnung:** Handschuhe tragen; Chrom ist giftig!
Lösen Sie das Beizmittel in etwas heißem Wasser auf, rühren Sie es in 20 Liter Wasser ein, das auf 50 °C erhitzt ist.
Hat sich das Mittel vollständig aufgelöst, geben Sie die gewaschene, nasse Wolle hinein. Die Wolle muss bedeckt sein. Zum Kochen bringen und bei 80–95 °C etwa 1 Stunde köcheln lasssen. Die Wolle herausnehmen und spülen.

Die Pflanze vorbereiten

Wie der jeweilige Farbton ausfällt, hängt von verschiedenen Faktoren ab: Pflanze, Wasser, Beizmittel, Einweichzeit. Auch die für das Färben notwendige Pflanzenmenge ist unterschiedlich. Beginnen Sie am besten mit 500 g gebeizter Wolle in Strängen auf 500 g Pflanzenmaterial. Hacken oder zerkleinern Sie die Pflanze, füllen Sie sie in ein Musselin- oder Nylonsäckchen und verschließen Sie dieses. Weichen Sie das Säckchen über Nacht in 20 l weichem, lauwarmem Wasser ein. Bringen Sie das Wasser mit dem Pflanzenmaterial langsam zum Kochen. Verringern Sie die Hitze und lassen Sie alles bei 80–95 °C köcheln, bis das Wasser die gewünschte Farbe annimmt. Dies dauert 1 bis 3 Stunden. Nehmen Sie den Topf vom Herd und das Pflanzenmaterial aus dem Topf. Lassen Sie die Flüssigkeit auf Handtemperatur abkühlen.

Färben

Die Wolle in den Topf geben. Das Wasser zum Kochen bringen, ab und zu mit der Holzzange umrühren. 1 Stunde köcheln lassen. Den Topf vom Herd nehmen, die Wolle im Farbbad liegenlassen, bis das Wasser kalt ist oder die Wolle den richtigen Farbton angenommen hat. Die Wolle mit der Zange herausnehmen und in lauwarmem Wasser spülen, bis keine Farbe mehr ausläuft. Mit kaltem Wasser nachspülen. Die Wollstränge über einer Stange trocknen. Nicht in direkte Hitze hängen. Gewichte an jedem Strang befestigen, damit sich die Wolle nicht eindreht.

ANFÄLLIGKEITEN

Kräuter werden an sich nur selten von Schädlingen und Krankheiten befallen. Viele Kräuter vertreiben sogar Schädlinge.
Wenn Sie gut Acht geben und stets nach den Pflanzen sehen, ist der Einsatz einer Giftspritze in der Regel überflüssig.

SCHÄDLINGSBEKÄMPFUNG

Biologische Kontrolle
Wenn Sie nur im Freiland Kräuter und Gemüse anpflanzen, werden Schädlinge meist von anderen Tieren gefressen. Im geschlossenen System eines Gewächshauses geht diese natürliche Balance jedoch verloren.
Alle Möglichkeiten, Schädlingen auf biologischem Weg zu Leibe zu rücken, sind im Vergleich mit chemischen Mitteln relativ teuer. Außerdem wirken sie nur bei warmen Temperaturen.

Organische Sprays
Mit organischen Sprays können Sie gegen Schädlinge, wie zum Beispiel Blattläuse, vorgehen. Sie erhalten diese Mittel in Gartencentern oder Haushaltswarengeschäften. Achten Sie darauf, dass es sich dabei wirklich um ein organisches Spray handelt. Ich benutze normalerweise eine Flüssigseife, die mit Regenwasser vermischt auf die Läuse gesprüht wird. Diese Flüssigseife ist vollkommen unschädlich für Marienkäfer, Bienen und andere Insekten.
Es gibt keine organischen Fungizide. Allerdings kann man aus Holunderblättern ein Spray herstellen, das bei Mehltau hilft.
Auch aus Kamille lässt sich ein Spray gewinnen, das ein Faulen junger Pflänzchen verhindert.

Mischkulturen
Bestimmte Pflanzen wirken sich auf das Gedeihen anderer positiv aus. Duftende Kräuter, wie Ysop, Thymian, Schnittlauch und Petersilie, halten den Kräutergarten gesund. Es gibt keine wissenschaftlichen Untersuchungen, die dies belegen, aber Gärtner berichten, dass ihr Gemüse besser gedeiht, wenn Sie diese Kräuter mit anpflanzen.
Viele Kräuter vertreiben Insekten. Das liegt an den Gerüchen, die sie ausströmen. Besonders gute Dienste leisten: Rainfarn, Poleiminze, Kapuzinerkresse, Brennnessel, Knoblauch, Schnittlauch, Ysop, Wermut und Eberraute.
Man kann Kräuter auch als Insektizide einsetzen. *Pyrethrum* wird heute sogar industriell bei der Herstellung von Insektiziden verwendet.

Chemische Schädlingsbekämpfung
Manchen Leuten bleibt nichts anderes übrig, als chemische Schädlingsbekämpfungsmittel zu verwenden. Ich glaube trotzdem, dass man die meisten Kräuter ohne Einsatz von Chemie ziehen kann. Gerade wenn man Kräuter in der Küche verwenden will, lohnt sich ein Mehraufwand.
Entscheiden Sie sich jedoch für ein chemisches Schädlingsbekämpfungsmittel, sollten Sie eines auswählen, das dann auch genau Ihr Problem löst! Befolgen Sie genau die Anweisungen des Herstellers! Bewahren Sie die Flasche nach Gebrauch sicher in einem Schrank auf, sodass sie nicht in die Hände von Kindern gelangt.

Borretsch und Bohnen wachsen in der Mischkultur.

SCHÄDLINGE

Es gibt sehr viele Schädlinge – ich habe hier einige herausgegriffen, die eine Gefahr für Ihre Kräuter darstellen können.

Verschiedene Blattlausarten
Achten Sie zeitig im Frühling im Gewächshaus und später auch im Freiland auf Grüne Blattläuse. Sobald Sie welche entdecken, vernichten Sie sie! Bei starkem Befall bringen Sie eine Spritzbrühe zum Einsatz. Verfahren Sie dabei genau nach den Anweisungen des Herstellers.
Verhalten Sie sich genauso, sobald Sie andere Blattlausarten bemerken. Spritzen Sie nicht mit großem Druck auf die Pflanzen, da diese sonst beschädigt werden. Topfpflanzen, wie Kapuzinerkresse, waschen Sie vorsichtig unter dem Wasserhahn ab oder verwenden eine Spritzbrühe.

Möhrenfliege

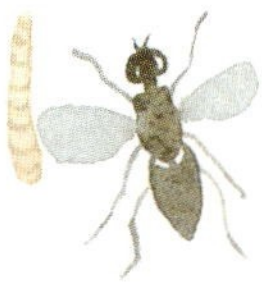

Die Larve der Möhrenfliege kriecht im Frühsommer in die Wurzeln. Vor allem Kräuter aus der Ordnung der *Apiaceae* mit Pfahlwurzeln sind gefährdet. Als erstes Krankheitszeichen werden die Blätter gelb und kümmerlich. Auch die Petersilie ist vor diesem Schädling nicht gefeit. Graben Sie befallene Pflanzen aus und vernichten Sie sie. Große Kräuter werden meist mit der Möhrenfliege fertig. Entfernen Sie beschädigte Blätter und düngen Sie mit flüssigem Meeresalgendünger. Zur Vorbeugung können Sie im Frühling große Plastikfolien um die Pflanze anbringen oder eine Frostschutzdecke auf die Jungpflanzen legen. Säen Sie erst im Spätsommer aus, entgehen Sie der Fliege normalerweise.

Raupen des Kohlweißlings

Diese befallen bevorzugt ab dem Spätfrühling bis in den Frühherbst Kräuter mit großen Blättern, wie z. B. Meerrettich. Überprüfen Sie Ihre Pflanzen wöchentlich. Sammeln Sie die Raupen mit der Hand ein und vernichten Sie sie.

Blattschneider

Diese Larven befallen Liebstöckel, wilden Stangensellerie, bestimmte Ampferarten und verschiedene Minzen. Die Larven fressen sich durch das Blatt, legen sich windende Tunnel an, die wie silbrige Spuren aussehen. Zupfen Sie die befallenen Blätter ab und vernichten Sie sie. Ansonsten welkt das Blatt.

Rote Spinnmilbe

Spinnmilben lieben heißes, trockenes Klima und vermehren sich schnell in Gewächshäusern. Erstes Anzeichen eines Befalls ist eine gepunktete Blattoberfläche. Wenn Sie die Blattunterseite mit einem Vergrößerungsglas betrachten, entdecken Sie die winzigen Spinnmilben. Ein weiteres Zeichen sind Spinnennetze. Bekämpfen Sie die Spinnmilbe mit einer Spritzbrühe oder mit einem natürlichen Feind: *Phytoseiulus persimilis.* Nie beide Methoden gleichzeitig anwenden.

Schildläuse

Meist bemerkt man unbewegliche, wachsartige, gelbbraune, flache, ovale Erhebungen auf der Blattunterseite oder an den Stängeln von Lorbeerbäumen. Die Blätter sind schließlich von klebrigem, schwarzem, rußigem Schimmel überzogen. Entfernen Sie die Schildläuse vorsichtig, oder waschen Sie sie mit Flüssigseife ab. Verfahren Sie dabei nach den Anweisungen des Herstellers.

Schnecken

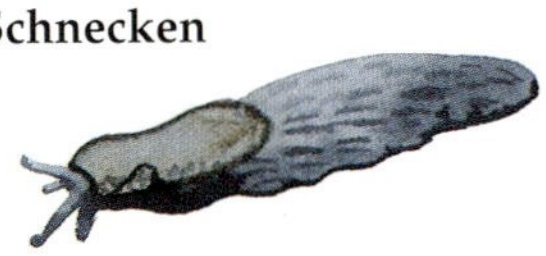

Schnecken wird man nur los, wenn man sie per Hand entfernt oder Bierfallen aufstellt. Es gibt einen mikroskopisch kleinen Wurm, der als natürlicher Feind fungiert und die Schnecken mit einem Bakterium infiziert – nach zwei Wochen sterben die Schnecken dann ab. Schnecken auf diese Art zu beseitigen, ist zwar teuer, lohnt sich aber, wenn Sie besonders schöne Kräuter schützen wollen.

Dickmaulrüssler

Der Dickmaulrüssler kann eine ziemliche Plage sein. Halten Sie im Frühling und zeitig im Herbst nach ihm Ausschau. Die Larven sind weiß mit einem orangefarbenen Kopf. Ausgewachsene Tiere sind Nachtkäfer und haben einen Rüssel. Die Larven fressen die Wurzeln, die Käfer die Blätter. Eine besondere Vorliebe haben sie für Weinstöcke. Ich habe viele organische Methoden der Schädlingsbekämpfung ausprobiert: Ich habe die Pflanzen bestrahlt, 10 000 Kräuter umgetopft und sie im Herbst mit Nematodes (Fadenwürmer) gegossen, da die Würmer die Larven vernichten. Dazu muss es allerdings warm sein.

Weiße Fliege

In einem Gewächshaus ist die Weiße Fliege ein Problem, im Freiland weniger. Wichtig ist, so schnell wie möglich auf den Schädling zu reagieren – entweder, indem man ihm mit einem natürlichen Feind, *Encarsia formosa,* zu Leibe rückt, einer winzigen Wespe, die ihre Eier in die Larven der Weißen Fliege ablegt. Leider benötigen diese Parasiten Wärme, um sich zu vermehren, sodass diese Methode der Schädlingsbekämpfung zeitig im Frühling wie auch im Herbst ausscheidet. Sie können die Pflanzen auch mit einer Spritzbrühe behandeln und dies nach einer Woche wiederholen.

Schädlinge

Pfefferminzrost (und andere ähnliche Krankheiten)

Von Rost befallene Pflanzen sollten ausgegraben und weggeworfen werden. Im Herbst können Sie auch Stroh um kranke Pflanzen herum verteilen und anzünden. Dies sterilisiert sowohl Boden als auch Kraut. Beinwell wird von einer ähnlichen Rostkrankheit befallen. Am besten ist es, befallene Pflanzen alle 4 Wochen kräftig zu stutzen und mit Mist und Kompost zu düngen.

Mehltau

Diese Erkrankung tritt auf, wenn es heiß und trocken ist und die Pflanzen dicht stehen. Vorbeugende Maßnahmen sind, gut zu gießen, die empfohlenen Pflanzabstände einzuhalten und im Herbst die herabfallenden Blätter zu entfernen. Es hilft den Pflanzen, wenn Sie sie im Frühling oder Herbst mulchen. Erholt sich Ihre Pflanze nicht, vernichten Sie die beschädigten Blätter und sprühen das Kraut mit Holunderjauche ein.

JAHRESKALENDER

Dieser Kalender geht davon aus, dass der Kräutergarten in Nordeuropa liegt, dass die Frostperiode am 1. April vorbei ist und ab dem 20. Oktober wieder einsetzt. Gärtner, die ihre Pflanzen unter anderen klimatischen Bedingungen ziehen, müssen die hier aufgelisteten Daten ihren Bedürfnissen entsprechend abwandeln. Aber jeder, der sich mit Pflanzen beschäftigt, weiß, dass man sich nie hundertprozentig festlegen kann, da jedes Jahr anders verläuft – mal ist das Wetter heißer, windiger, trockener oder kälter.

JANUAR

Der Januar ist einer der ruhigsten Monate. Achten Sie darauf, wie kalt es ist, und schützen Sie empfindliche Pflanzen eventuell mit einer Frostschutzdecke oder Mulch. Dieser Monat eignet sich auch, um neue Pläne zu schmieden und Veränderungen zu planen; Sie können beispielsweise darüber nachdenken, ob Sie neue Wege oder Platten verlegen möchten. Im Januar außerdem Samen für die Frühlingsaussaat bestellen.

Frische Kräuter
Mit etwas Schutz: Lorbeer, Ysop, Rosmarin, Salbei, Winterbohnenkraut, Thymian, Zitronenthymian, Kerbel, Petersilie.

Kultivierung
Samen, der bei Hitze keimt: Petersilie
Aussaat im Garten: Falls Sie noch nicht im Herbst ausgesät haben, dann bringen Sie jetzt den Samen aus von: Süßdolde, Waldmeister, Schlüsselblume; diese Pflanzen brauchen eine Zeit der Stratifikation.
Aussaat im Gewächshaus: Schnittlauch, Minze und Estragon.

Pflanzen in Kübeln
Minimal gießen. Alte Kübel fürs Umtopfen im Frühling säubern.

Garten
Prüfen Sie, ob der Winter Schäden angerichtet hat.

FEBRUAR

Wenn die Tage länger werden und das Wetter nicht allzu unfreundlich ist, können Sie jetzt Ihren Garten langsam in Ordnung bringen. Wollen Sie zeitig mit dem Pflanzen beginnen und haben Sie im Herbst eine Stelle vorbereitet, breiten Sie dort schwarze Plastikfolie aus. Dies erwärmt den Boden und verhindert, dass Unkraut sprießt.

Frische Kräuter
Mit etwas Schutz: Lorbeer, Ysop, Rosmarin, Salbei, Winterbohnenkraut, Thymian, Zitronenthymian, Kerbel, Petersilie.
Der Schnittlauch beginnt zu wachsen; auch Minze kann man möglicherweise schon ernten.

Kultivierung
Samen, der bei Hitze keimt: Borretsch, Dill, Petersilie
Aussaat im Kalthaus: Kerbel
Teilung: Wenn es nicht friert, kann man mehrjährige Kräuter teilen; die neuen Pflanzen sollten man aber schützen. Schnittlauch, Zitronenmelisse, Minze, Oregano, Schildampfer und Estragon.

Pflanzen in Kübeln
Da man die Kübel im Winter nach innen brachte, treiben die Pflanzen eventuell jetzt schon aus. Säubern Sie sie und beginnen Sie mit dem Gießen.

Garten
Entfernen Sie abgestorbene oder beschädigte Pflanzenteile. Prüfen Sie, ob Wind oder Schnee Schäden verursacht haben.

Winterharte Verbenen müssen nicht geschützt werden.

MÄRZ

Frühling liegt in der Luft. Auch wenn der März kalt bleiben sollte, dürfen sie schon mit der Gartenarbeit beginnen. Wenn Sie allerdings Pech haben, kann es passieren, dass Sie im April noch einmal aussäen müssen. Stellen Sie empfindliche Pflanzen allmählich ungeschützt ins Freie und bringen Sie diese in Ordnung, indem Sie alle abgestorbenen Pflanzenteile entfernen.

Frische Kräuter
Angelika, Zitronenmelisse, Lorbeer, Schnittlauch, Fenchel, Ysop, Minze, Petersilie, Pfefferminze, Poleiminze, Raute, Salbei, Ampfer, Thymian, Bohnenkraut.

Kultivierung
Samen, der bei Hitze keimt: Borretsch, Fenchel, Koriander, Majoran, Raute und Basilikum – gegen Ende des Monats.
Aussaat im Kalthaus: Kerbel, Schnittlauch, Dill, Zitronenmelisse, Liebstöckel, Petersilie, Salbei, Sommerbohnenkraut, Ampfer.
Aussaat im Garten: Kerbel, Schnittlauch, Petersilie, Kamille, Rainfarn, Kümmel, Borretsch, Fenchel. Prüfen Sie den Samen, den Sie im vergangenen Herbst ausgesät haben, um ihm eine Zeit der Stratifikation zu geben. Keimt dieser Samen, bringen Sie ihn in ein Kalthaus.
Wurzelstecklinge: Minze, Estragon, Monarda, Kamille, Ysop, Rainfarn, Waldmeister, Süßdolde.

Teilung: Minze, Estragon, Wermut, Liebstöckel, Raute, Ampfer, Zitronenmelisse, Kleiner Wiesenknopf, Kampferkraut, Thymian, Winterbohnenkraut, Majoran, Mutterkraut, Andorn, Poleiminze.
Ableger: Der März ist sehr gut dafür geeignet, Ableger alter Salbei- und Minzepflanzen zu nehmen.

Pflanzen in Kübeln
Bringen Sie alle Töpfe in Ordnung und schneiden Sie die Pflanzen in Form. Beginnen Sie, Ihre Pflanzen mit flüssigem Meeresalgendünger zu düngen. Falls nötig, topfen Sie Kräuter um. Setzen Sie Jungpflanzen in Kübel.

Garten
Beseitigen Sie alle Winterschäden. Harken Sie Ihren Garten und düngen Sie ihn mit Knochenmehl. Wenn Sie einen alkalischen Boden im Herbst mit Mist gedüngt haben, arbeiten Sie diesen nun ein.
Entfernen Sie die schwarze Plastikfolie, jäten Sie Unkraut und legen Sie eine Woche, bevor Sie mit der Aussaat beginnen wollen, eine schützende Abdeckung auf die dafür vorgesehenen Stellen. Das erwärmt den Boden und hält ihn trocken. Gegen Ende des Monats, wenn die Frostperiode zu Ende geht, stutzen Sie den Lavendel. Tun Sie dies bei allen Pflanzen, die älter als 2 Jahre sind. Mulchen Sie diese Kräuter.
Ebenso sollten Sie alle Salbeipflanzen, die älter als 2 Jahre sind, zurückschneiden. Passen Sie aber gut dabei auf – Salbei verträgt es nicht, wenn Sie bereits verholzte Teile abschneiden. Stutzen Sie Holunder und Rosmarin; diese beiden Kräuter dürfen auch etwas kräftiger beschnitten werden.
Versetzen Sie, falls nötig, folgende Pflanzen: Mutterkraut, Schnittlauch, Minze, Majoran, Ampfer, Andorn, Raute.

Beinwell 'Goldsmith', an einem schattigen Plätzchen angepflanzt, ist ein sehr dekoratives Kraut für Einfassungen.

April

Plötzlich hat der Tag nicht mehr genügend Stunden. April ist der wichtigste Monat für die Aussaat im Freiland – sobald es die Bodenverhältnisse zulassen. Jetzt ist auch die Zeit, um Äste von Büschen zu entfernen, die im Winter gelitten haben und die nun kräftige Schösslinge austreiben.

Frische Kräuter
Angelika, Zitronenmelisse, Lorbeer, Borretsch, Kümmel, Kerbel, Schnittlauch, Fenchel, Ysop, Liebstöckel, Majoran, Minze, Petersilie, Rosmarin, Salbei, Winterbohnenkraut, Ampfer, Thymian, Estragon, Zitronenthymian.

Kultivierung
Samen, der bei Hitze keimt: Basilikum
Aussaat im Kalthaus: Borretsch, Kerbel, Koriander, Dill, Fenchel, Zitronenmelisse, Majoran, Salbei, Sommerbohnenkraut, Winterbohnenkraut. Ampfer, Schildampfer, Andorn, Raute, Monarda, Kümmel, Thymian.
Aussaat im Garten: Petersilie, Schnittlauch, Ysop, Kümmel, Ringelblume.
Sämlinge: Pikieren Sie den im vergangenen Monat ausgesäten Samen. Härten Sie die Sämlinge ab, bevor Sie sie ins Freiland setzen.
Weiche Stecklinge: Raute, Minze, Salbei, Eberraute, Winterbohnenkraut, Thymian, Andorn, Lavendel, Rosmarin, Currypflanzen.
Wurzel: Süßdolde, Fenchel, Minze.
Teilung: Poleiminze, Schnittlauch, Frauenmantel, Kleiner Wiesenknopf, Estragon.

Pflanzen in Kübeln
Sie sollten nun alle Kübel ins Freie bringen; geben Sie Acht beim Gießen und Düngen.

Garten
Im Garten sind Sie jetzt ziemlich beschäftigt. Wenn die Frostperiode endgültig vorüber ist, müssen Sie folgende Pflanzen zurechtstutzen: Lorbeer, Winterbohnenkraut, Ysop, Lavendel, Raute, vor allem die panaschierte Raute, Eberraute und Thymian.

Mai

Im Garten sprießt und gedeiht es. Einjährige Kräuter müssen ausgedünnt werden. Empfindliche und nicht frostharte Pflanzen sollten in einem Frühbeet oder an einer warmen Wand stehend abgehärtet werden.
Besondere Aufmerksamkeit gilt dem Basilikum. Topfen Sie Ihre Kübelpflanzen um und ersetzen Sie die obere Schicht des Substrats.

Frische Kräuter
Nahezu alle Kräuter können jetzt frisch geerntet werden.

Kultivierung
Aussaat im Garten: Koriander, Dill, Kerbel, Petersilie, Majoran, Basilikum und alle anderen einjährigen Kräuter.
Sämlinge: Pikieren Sie die im vergangenen Monat ausgesäten Sämlinge. Pflanzen Sie diese in Töpfe oder ins Freiland.
Unverholzte Stecklinge: Majoran, Minze, Oregano, Rosmarin, Winterbohnenkraut, Estragon, Thymian.

Pflanzen in Kübeln
Diese Pflanzen sehen nun sehr dekorativ aus. Stutzen Sie sie, damit sie ihre Form behalten. Gießen und düngen Sie regelmäßig.

Garten
Eberraute stutzen.

Ernte
Angelika in ihrem zweiten Jahr ernten. Thymian vor der Blüte zum Trocknen abschneiden.

JUNI

Eine gute Zeit für Ihren Garten. Alle Kräuter sind gepflanzt und gedeihen.

Frische Kräuter
Alle

Kultivierung
Aussaat im Garten: Basilikum, Borretsch, Schnittlauch, Koriander, Dill, Fenchel, Majoran, Sommerbohnenkraut, Winterbohnenkraut. Wenn Sie wollen, können Sie auch alle anderen Kräuter aussäen.
Stecklinge: Da sämtliche Pflanzen austreiben, können Sie auch entsprechend viele Stecklinge nehmen. Achten Sie darauf, dass Sie nur nicht blühende Schösslinge abschneiden.
Unverholzte Stecklinge: Alle mehrjährigen *Origanum*-Sorten, Minze, Rosmarin, Salbei, panaschierte Zitronenmelisse, Estragon, Thymian.
Teilung: Thymian.
Ableger: Rosmarin.

Pflanzen in Kübeln
Topfen Sie einjährige Kräuter in Kübel um und stellen Sie diese in Küchennähe auf. Basilikum, Majoran usw.

Garten
Wenn Sie Basilikum in den Garten pflanzen, tun Sie dies jetzt. Knipsen Sie die Spitzen junger Triebe ab, damit die Pflanze schön buschig wird.
Schneiden Sie Buchsbaumhecken zurück. In einem frisch angelegten Kräutergarten sollte gründlich Unkraut gejätet werden.

Ernte
Ernten Sie Angelika im zweiten Jahr. Schneiden Sie Salbei zum Trocknen ab.

JULI

Die Kräutersaison nähert sich langsam ihrem Ende; es wird langsam Zeit, mit der Planung für das nächste Jahr zu beginnen.
Fangen Sie an, Samen zu sammeln. Nehmen Sie Stecklinge von empfindlichen Kräutern.

Frische Kräuter
Alle

Kultivierung
Aussaat im Garten: Kerbel, Angelika, Borretsch, Koriander, Dill, Liebstöckel, Petersilie.
Unverholzte Stecklinge: Wermut, Geranien, Lavendel, Thymian.
Ableger: Rosmarin.

Pflanzen in Kübeln
Da die Temperaturen steigen, müssen Sie entsprechend viel gießen.

Garten
Schneiden Sie den Lavendel nach der Blüte zurück, damit er seine Form behält. Ist der Kräutergarten frisch angelegt und sind die Pflanzen noch nicht vollständig ausgebildet, müssen Sie darauf Acht geben, dass sie nicht austrocknen. Gießen Sie die Kräuter also regelmäßig. Sind die Pflanzen erst einmal richtig verwurzelt, macht ihnen selbst eine Zeit der Dürre normalerweise nichts aus.

Ernte
Trocknen: Zitronenmelisse, Andorn, Sommerbohnenkraut, Ysop, Estragon, Thymian, Lavendel.
Trocknen und für Potpourris: Lavendel, Rosmarin.
Samen: Kümmel, Angelika.

AUGUST

Normalerweise ist der August ein Ferienmonat. Im Garten ist es der Monat, in dem man erntet und für den Winter konserviert. Ernten und trocknen Sie Kräuter für Potpourris; sammeln Sie den Samen für die Aussaat im nächsten Jahr.

Frische Kräuter
Alle

Kultivierung
Aussaat im Garten oder Gewächshaus: Angelika, Koriander, Dill, Liebstöckel, Petersilie, Winterbohnenkraut.
Unverholzte Stecklinge: Lorbeer, Wermut, Rosmarin, Thymian, Lavendel, Geranien, Gileadbalsam, Ananassalbei, Myrte.

Pflanzen in Kübeln
Wenn Sie verreisen, bitten Sie einen Freund, die Kübelpflanzen zu gießen.

Garten
Stutzen Sie Buchsbaum und Currypflanze ein zweites Mal.
Schneiden Sie andere Kräuter, die unordentlich aussehen, zurück. Gießen Sie Ihre Pflanzen weiterhin regelmäßig. Achten Sie besonders auf Minze, Petersilie und Beinwell, die reichlich Wasser zum Gedeihen benötigen. Es gibt keinen zwingenden Grund, die Kräuter zu düngen, wenn Sie den Boden gut vorbereitet haben. Wurden die Pflanzen jedoch von Schädlingen befallen und müssen sich erholen, dann tun ihnen Meeralgen in Form eines Flüssigdüngers gut.

Ernte
Trocknen: Thymian, Salbei, Muskatellersalbei, Majoran, Lavendel.
Einfrieren: Minze, Poleiminze.
Öle: Basilikum.
Samen: Angelika, Anis, Kümmel, Koriander, Kreuzkümmel, Kerbel, Dill, Fenchel.

SEPTEMBER

Mitte des Monats sollte das Basilikum aus dem Garten genommen und die Blätter konserviert werden.
Nehmen Sie Stecklinge von Buchsbaum usw. und pflanzen Sie diese in Frühbeete, um im Frühjahr eine Hecke anlegen zu können.

Frische Kräuter
Zitronenmelisse, Basilikum, Lorbeer, Borretsch, Kümmel, Kerbel, Muskatellersalbei, Fenchel, Ysop, Ringelblume, Majoran, Minze, Petersilie, Poleiminze, Pfefferminze, Rosmarin, Salbei, Winterbohnenkraut, Ampfer, Thymian

Kultivierung
Aussaat im Garten oder Gewächshaus: Angelika, Schnittlauch, Koriander, Petersilie, Winterbohnenkraut.
Unverholzte und schwach verholzte Stecklinge: Rosmarin, Thymian, Estragon, Lavendel, Raute, Currypflanze, Buchsbaum.
Teilung: Monarda.

Pflanzen in Kübeln
Gegen Ende des Monats stellen Sie alle Kübelpflanzen nach innen. Schützen Sie empfindliche Pflanzen wie zum Beispiel Lorbeerbäume, Myrte, Geranien.

Garten
Zu Monatsanfang stutzen Sie buschige Kräuter ein letztes Mal (Lorbeer, Lavendel usw.). Warten Sie nicht zu lange, da der erste Frost sonst eventuell neue Triebe schädigt.
Stellen Sie Basilikum in ein Gewächshaus oder in die Küche. Wollen Sie Zitronenverbene im Freiland lassen, müssen Sie sie entsprechend schützen.

Ernte
Trocknen oder Einfrieren: Löwenzahn (Wurzeln), Petersilie, Ringelblume, Muskatellersalbei, Pfefferminze.
Samen: Angelika, Anis, Kümmel, Kerbel, Fenchel.

Botanische Bezeichnungen

Die Kräuter in dem Kapitel „Kräuter von A bis Z" wurden alle gemäß ihres botanischen (lateinischen) Namens alphabetisch aufgelistet. Darüber hinaus ist der Name der Familie und anderer Arten innerhalb der Gattung angegeben.
Die Pflanzen werden unter ihrem botanischen Namen geführt, weil sie meist verschiedene volkstümliche Bezeichnungen haben. Beispielsweise wird der Holunder auch Zickenblüten, Achenstaude, Betscheletee, Holderknopf und Reckholder genannt. Noch größer ist die Verwirrung aber dann, wenn ein volkstümlicher Name in anderen Ländern für ganz andere Pflanzen verwendet wird. Zum Beispiel wird in England Mädesüß *(Filipendula ulmaria)* häufig „Königin der Wiese" genannt, während dieser Name in Amerika einer Dostart *(Eupatorium purpureum)* vorbehalten ist.
Latein ist die Sprache, in der weltweit Pflanzen bezeichnet werden. Das auch heute noch gebräuchliche System der Einteilung wird „binäres System" genannt und wurde von dem schwedischen Botaniker Carl von Linné (1707–1778) entwickelt. In diesem System wird jede Pflanze durch zwei lateinische Begriffe klassifiziert. Das erste Wort ist der Gattungsname (z. B. *Thymus),* der zweite der die Art bezeichnende Beiname (z. B. *vulgaris);* zusammen ergibt das einen international gebräuchlichen Namen (z. B. *Thymus vulgaris).*
Das Linnésche System wurde weiterentwickelt, so dass die gesamte Pflanzenwelt sich in einen weit verzweigten Stammbaum auffächert. Die Pflanzen werden entsprechend der Struktur ihrer Blüten, Früchte oder Samen in Familien zusammengefasst. Eine Familie beinhaltet beispielsweise die Gattung *Cannaceae.* Innerhalb der Gattung der *Cannaceae* ist der Hopfen eine Art *(Spezies).* Die Familie der *Asteraceae,* zu der über 800 Gattungen gehören, wie *Achillea, Arnica, Artemisia,* um nur einige zu nennen, beinhaltet über 13 000 Arten.
Wild wachsende Pflanzen werden für die Anpflanzung im Garten kultiviert. Dies geschieht entweder dadurch, dass man unter den Sämlingen eine Auswahl trifft, oder indem man Pflanzen dazu bringt, dass sie mutieren. Solche Pflanzen bezeichnet man als Züchtung (Kultivar). Diese Züchtungen vermehrt man normalerweise über Stecklinge oder durch Teilung. Züchtungen erhalten Namen in der jeweiligen Landessprache; diese Namen werden in Anführungsstriche gesetzt, wie z. B. *Thymus* 'Doone Valley'. Dadurch sind sie von wild vorkommenden Arten unterschieden, denen man kursiv geschriebene, lateinische Bezeichnungen gibt, wie z. B. *Thymus pulegioides.*
Kreuzungen zwischen Arten, normalerweise derselben Gattung, werden Hybride genannt und mit einem Multiplikationszeichen versehen: *Thymus* x *citriodorus.*
Jedes Kraut aus dem Kapitel „Kräuter von A bis Z" ist am Anfang der Beschreibung mit folgender Information versehen:
Genus oder botanischer Gattungsname: *Thymus*
Volkstümlicher Name: Thymian
Weitere Namen: unter diesen ist die Gattung ebenfalls bekannt.
Familie: Lippenblütengewächse *(Lamiaceae)*
Im darauf folgenden Abschnitt werden unter der Überschrift „Arten" andere Spezies derselben Gattung vorgestellt, die ähnliche Kräutereigenschaften aufweisen. In diesem Teil der Beschreibung werden nachstehende Informationen geliefert:
Botanischer Name: *Thymus praecox* ssp. *arcticus (Thymus serpyllum)*
Volkstümlicher Name: wilder, kriechender Thymian, Sandthymian
Zum Schluss muss noch auf ein Problem hingewiesen werden. Viele Pflanzen werden reklassifiziert und seit langem geltende Namen geändert. Das ist das Ergebnis wissenschaftlicher Forschung und Studien, wenn man herausfindet, dass man eine Pflanze fälschlicherweise einer bestimmten Gattung zugesprochen hat. In diesem Buch habe ich versucht, die neuesten Informationen einzuarbeiten – trotzdem werden in den nächsten Jahren noch weitere Änderungen auf uns zukommen.

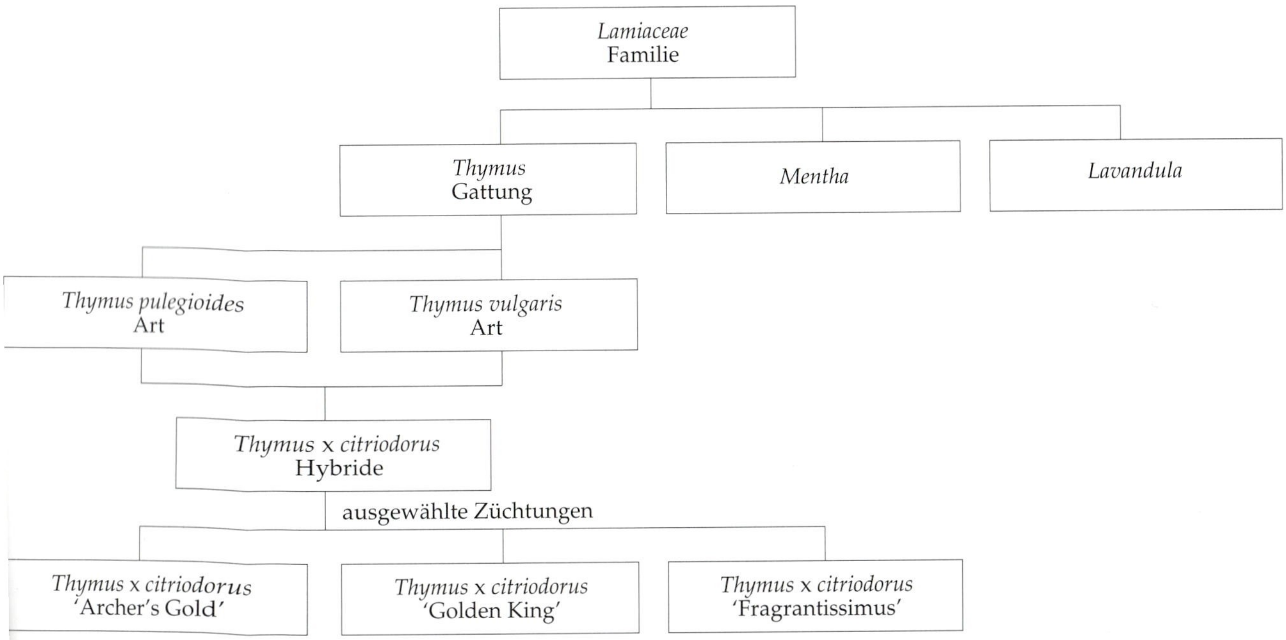

OKTOBER

Im Oktober werden winterharte, mehrjährige Kräuter gepflanzt.

Frische Kräuter
Basilikum, Lorbeer, Borretsch, Kerbel, Fenchel, Ysop, Ringelblume, Majoran, Petersilie, Rosmarin, Salbei, Winterbohnenkraut, Ampfer, Thymian.

Kultivierung
Samen, der bei Hitze keimt: Petersilie.
Aussaat im Garten: Katzenminze, Kerbel, Wermut, Kamille, Fenchel, Angelika
Unverholzte und schwach verholzte Stecklinge: Lorbeer, Holunder, Ysop, Eberraute, Lavendel, Thymian, Currypflanze, Buchsbaum.
Wurzelstecklinge: Rainfarn, Poleiminze, Minze, Estragon.
Teilung: Mutterkraut, Majoran, Schnittlauch, Zitronenmelisse, Frauenmantel, Ysop, Monarda, Kampferkraut, Liebstöckel, Ampfer, Salbei, Oregano, Poleiminze.

Pflanzen in Kübeln
Allmählich weniger gießen.

Garten
Den Garten säubern und Unkraut jäten. Pflanzen abschneiden und Samenkapseln sammeln. Minze zurückschneiden, Winterbohnenkraut und Ysop stutzen. Mit Blätterkompost düngen. Umgraben. Einjährige Kräuter, wie zum Beispiel Dill, Koriander, Borretsch, Sommerbohnenkraut, Majoran, und ebenso zweijährige Kräuter, wie beispielsweise Petersilie und Kerbel, entfernen.
Schützen Sie die Kräuter, die Sie auch im Winter ernten möchten, mit einer Frostschutzdecke. Dazu gehören Petersilie, Kerbel, Zitronenthymian, Kleiner Wiesenknopf.
Graben Sie Estragon aus und topfen Sie das Kraut in Schalen um.
Prüfen Sie den pH-Wert bei alkalischen Böden im Abstand von 3 Jahren. Arbeiten Sie 5 bis 10 cm tief Mist ein. Graben Sie schwere Böden um und düngen Sie diese mit Mist.

NOVEMBER

Die Tage werden kürzer, und die ersten Fröste setzen ein. Bringen Sie den Garten in Ordnung. So lange der Boden nicht gefroren ist, können winterharte Kräuter eingepflanzt werden.

Frische Kräuter
Basilikum, Lorbeer, Ysop, Majoran, Minze, Petersilie, Rosmarin, Raute, Salbei, Thymian.

Kultivierung
Aussaat: Säen Sie Samen folgender Pflanzen aus (sie brauchen eine Zeit der Stratifikation): Arnika (alter Samen), Waldmeister, Gelbe Iris, Mohn, Seifenkraut, Süßdolde, Hopfen (alter Samen), Veilchen. Säen Sie den Samen in Schalen und bedecken Sie diese mit Glas. Stellen Sie die Schalen in eine geschützte Gartenecke.

Pflanzen in Kübeln
Reduzieren Sie das Gießen. Schneiden Sie die Kübelpflanzen zurück und gönnen Sie ihnen Winterruhe.

Garten
Nun säubern Sie Ihren Garten zum letzten Mal. Schneiden Sie alle Pflanzen zurück (Zitronenmelisse, Mutterkraut, Andorn). Arbeiten Sie Blätterkompost unter. Stutzen Sie den Holunder. Graben Sie einen Teil der Minze und des Schnittlauchs aus. Setzen Sie diese Kräuter in Töpfe und stellen Sie sie in ein Gewächshaus – so können Sie sich auch im Winter mit frischen Kräutern versorgen.

DEZEMBER

Winterpause!
Frische Kräuter
Lorbeer, Ysop, Majoran, Oregano, Minze, Petersilie, Kerbel, Rosmarin, Raute, Salbei, Thymian.

Garten
Auch wenn Ihr Garten eine Ruhepause einlegt, bedeutet das noch lange nicht, dass auch Sie die Beine hochlegen können.
Entfernen Sie abgestorbene Pflanzenteile. Wenn nötig, schützen Sie Ihre Kräuter. Ist es sehr kalt, müssen Sie Ihre Terracottatöpfe mit Säcken umwickeln. Bringen Sie Lorbeerbäume nach drinnen, wenn die Temperaturen stark abfallen.
Achten Sie auf Ihre Kräuter im Gewächshaus – Sie brauchen spätestens an Weihnachten frisches Grün für Ihre Weihnachtsgans!

Hintere Reihe: **Gamander** *(Teucrium scorodonia* **'Crispum');** **Kamille** *(Chamaemelum nobile* **'Treneague')**
Vordere Reihe: **Mädesüß** *(Filipendula ulmaria variegata);* **Dachwurz** *(Sempervivum tectorum);* **Oregano** *(Origanum vulgare* **'Nanum')**

Glossar

Abkochung, Absud: Kräuterextrakt (wenn das verwendete Pflanzenmaterial hart und holzig ist, also bei Wurzeln, Holz, Rinde, Nüssen), den man erhält, wenn man eine bestimmte Pflanzenmenge in einer bestimmten Wassermenge für eine bestimmte Zeit kocht. Eine durchschnittliche Abkochung besteht aus 25 g Kräutern auf 600 ml Wasser. Man bringt beides zum Kochen und lässt das Ganze dann etwa 10 bis 15 Minuten weiterköcheln. Eine Abkochung sollte abgeseiht werden, solange sie noch heiß ist.

Adstringens: Mittel mit zusammenziehender Wirkung. Es führt dazu, dass Blutungen aus kleinen Blutgefäßen oder Absonderungen aus Schleimhäuten gestillt werden.

Analgetikum: Schmerzstillendes Mittel.

Aromatherapie: Die Verwendung ätherischer Öle bei der Behandlung von Krankheiten und in der Kosmetikherstellung.

Ätherisches Öl: Öl, das man durch Pflanzendestillation erhält und das für das charakteristische Aroma der Pflanze verantwortlich ist.

Atropin: Alkaloid aus der Familie der Nachtschattengewächse *(Solanaceae).*

Aufguss: Ein Aufguss wird hergestellt, indem man eine bestimmte Menge kochendes Wasser über eine bestimmte Menge weiches Pflanzenmaterial (Blätter oder Blütenblätter) gießt. Ein durchschnittlicher Aufguss besteht aus 25 g getrockneten Kräutern bzw. 75 g frischen Kräutern auf 600 ml kochendes Wasser. Den Aufguss vor dem Abseihen 10 bis 15 Minuten abgedeckt stehen lassen.

Ausläufer: Schössling, der Wurzeln schlägt, sobald er den Boden berührt.

Beizmittel: Substanz, die man beim Färben verwendet. Das Beizmittel geht mit dem Farbstoff eine chemische Verbindung ein und fixiert diesen.

Blätterkompost: Teilweise kompostierte Blätter.

Busch: Mehrjährige Pflanze, die vom Grund aus holzige Stängel ausbildet.

Diuretikum: Ein harntreibendes Mittel.

Einjährige Pflanzen: Pflanzen, die ihren gesamten Lebenszyklus von Keimung über Blüte bis zum Absterben in einer Wachstumsperiode durchlaufen.

Emetikum: Mittel, das Brechreiz bewirkt.

Flechtmustergarten: Dekorativer, formal angelegter Garten, der vor allem im 16. Jahrhundert populär war. Er wird durch sehr niedrige Hecken gegliedert und ist nach einem geometrischen Muster angeordnet.

Frostschutzdecke: Diese Decken gibt es in vielen verschiedenen Ausführungen. Man legt sie auf Pflanzen, um diese vor Frost, Wind, Hagel, Vögeln, Kaninchen und anderen Schädlingen zu schützen, die die Blätter anknabbern. Frostschutzdecken lassen Regenwasser und etwa 85% des Lichts eindringen.

Gegenmittel: Substanz, die ein Gift neutralisiert.

Genus: Der botanische Begriff für verschiedene Pflanzenarten mit gemeinsamen Merkmalen (Gattung).

Herbizid: Unkrautvernichtungsmittel.

Homöopathie: Von Samuel Hahnemann begründetes Heilverfahren, das auf der Ähnlichkeitsregel *(similia similibus)* begründet ist.
Die Homöopathie geht davon aus, dass Arzneimittel, die bei gesunden Menschen in hohen Dosen verabreicht ein bestimmtes Krankheitsbild erzeugen, in Verdünnung ein Krankheitsbild heilen, das diesen Erscheinungen ähnlich ist. Das Verdünnen erfolgt nach dem Dezimalsystem.

Karminativum: Substanz, die bei Blähungen und Koliken Erleichterung verschafft.

Krautige Pflanzen: Pflanzen, die nicht holzig sind und die nach jeder Wachstumsperiode absterben.

Mehrjährige Pflanzen: Pflanzen, die 3 oder mehr Jahre alt werden.

Mulch: Substanz, die man um eine Pflanze herum ausbreitet, um diese vor Unkraut, Wasserverlust, Kälte oder Hitze zu schützen und um Nährstoffe zu bewahren.
Mulch kann aus verschiedenstem Material bestehen: Dies reicht von Sägemehl über Kiefernnadeln bis hin zu schwarzer Plastikfolie. Normalerweise verwendet man aber Stroh und verwelkte Blätter.
Mulch sollte nur auf feuchte Böden gelegt werden.

Perlit: Vulkanisches Gestein. Es ist steril und hat einen neutralen pH-Wert, d. h., es ist weder sauer noch alkalisch.

Pfahlwurzel: Die Hauptwurzel; sie ist länger als alle anderen Wurzeln.

Rhizom: Unterirdisch wachsender Spross, der Nährstoffe speichert und Wurzeln und Schösslinge ausbildet.

Saponin: Substanz, die in Wasser schäumt und reinigende Wirkung hat.

Spezies: Pflanzen derselben Art innerhalb einer Gattung (Genus), die ihre Merkmale über Samen weitervererben.

Staubgefäß: Produziert Blütenstaub.

Stigma: Narbe der Blütenpflanzen.

Thymol: Bakterizid und Fungizid, das in ätherischen Ölen vorkommt.

Tinktur: Lösung, die man gewinnt, wenn man Pflanzenmaterial in Alkohol- oder Alkohol-Wasser-Lösungen verdünnt.

Vermizid: Substanz, die Würmer abtötet.

Zweijährige Pflanzen: Pflanzen, die Wuzeln und Blätter in der ersten Wachstumperide ausbilden, dann blühen, aussame und gegen Ende der zweiten Wachstum periode absterben.

Klima

Das Klima ist ein ganz entscheidender Faktor bei der Pflanzenzucht und im wesentlichen dafür bestimmend, welche Kräuter man ziehen kann. Die meisten mehrjährigen Pflanzen sind winterhart, aber die Kräuter, die aus Mittelmeerländern stammen (und das sind mehr als die Hälfte in diesem Buch!), können in langen, nassen und kalten Wintern durchaus Schaden nehmen, weil sie nur flach wurzeln. Davon betroffen sind zum Beispiel Pflanzen wie Lorbeer, Rosmarin und einige Thymianarten.

Andererseits vertragen mehrjährige Kräuter, die Knollen ausbilden, keine warmen Winter, da bei diesen Pflanzen die oberirdischen Teile absterben, diese eine Art „Winterschlaf halten" und so regenerieren.

In dem Kapitel „Kräuter von A bis Z" habe ich bei jeder Pflanze angegeben, wie man sie im Winter behandeln muss. Die folgenden Daten geben die Temperaturen an, die eine Pflanze für kurze Zeit aushalten kann, ohne dauerhaft geschädigt zu sein.

Nicht frosthart (empfindlich): 0 °C

Winterhart: -5 °C bis –15 °C

Vollkommen winterhart: unter –15 °C

Ist das Klima, in dem Sie leben, für ein bestimmtes Kraut gänzlich ungeeignet, schlage ich Ihnen vor, dass Sie diese Pflanze entweder im Topf oder als einjähriges Kraut kultivieren.

Ein weiterer wichtiger Klimafaktor sind die zu erwartenden Fröste. Wenn Sie einjährige Kräuter im Garten anpflanzen oder einjährige bzw. mehrjährige Kräuter ernten wollen, ist es wichtig, ob bzw. wann mit Bodenfrösten gerechnet werden muss. Pflanzen Sie die Sämlinge einjähriger Kräuter zu früh ins Freiland, gehen diese ein, wenn es noch einmal friert. Auch empfindliche Pflanzen, wie zum Beispiel Basilikum, vertragen nächtliche Temperaturen unter 4 °C nicht.

Mehrjährige Kräuter sollten Sie zum letzten Mal einen Monat bevor der erste Winterfrost auftritt ernten. Andernfalls haben die abgeschnittenen Stängel nicht genügend Zeit zu „heilen", und der Frost kann die Pflanze schädigen, schlimmstenfalls ganz vernichten.

In der Gegend, in der ich wohne, ist mit den letzten Frösten Ende April zu rechnen. Im Herbst beginnt die Frostperiode dann wieder Ende Oktober. Deshalb pflanze ich einjährige Kräuter nie vor Anfang Mai ins Freiland und stelle die Ernte bei mehrjährigen Pflanzen Mitte September ein. Sicher ist sicher! Als Vorsichtsmaßnahme empfehle ich Ihnen, stets eine Frostschutzdecke bei der Hand zu haben. Das kann das Überleben Ihrer Pflanzen sichern!

Register